고전시가 해석 풀이집

고전을
면하다

구성과 특징

1부

고전 (苦戰)을 면하는 길

How to use '고전을 면하다'

- 『고전을 면하다』 교재를 활용하는 가장 효율적인 방법을 STEP 1, 2, 3의 과정으로 안내합니다.
- 단계별 학습법을 익혀 2부에 수록된 고전시가 작품들을 빈틈없이 공부할 수 있습니다.

 STEP 1 고전시가 원문과 현대어 풀이를 반복해서 읽어 보자.

첫째, 교재에 제시된 고전시가 원문을 읽고 둘째, 현대어 풀이를 읽은 다음 셋째, 이 둘을 비교해 보자. 고전시가 원문과 현대어 풀이를 비교함으로써 작품에 쓰인 단어와 표현의 의미를 쉽게 파악할 수 있을 거야. 아래의 예를 통해 STEP 1의 학습법을 배워 보자.

 STEP 2 OX 문제 풀이로 작품 이해를 확인하자.

고전시가 원문과 현대어 풀이를 비교해 가며 공부한 다음에 기출 선지를 변형한 ⊙ ⊗ 문제를 통해 작품의 내용을 정확히 이해했는지를 점검해 보자. 즉, STEP 2에서는 원문과 현대어 풀이를 근거로 정답을 선택하는 사고의 과정을 훈련해 보는 거야.

 STEP 3 다양한 장치를 통해 작품을 빈틈없이 공부하자!

2부에 실린 각 작품에는 고전시가 원문, 현대어 풀이, ⊙ ⊗ 문제뿐만 아니라, 작품에 대한 깊고 넓은 이해를 돕기 위한 다양한 학습 장치를 수록해 두었어. '해석의 틀'은 고전시가 작품에 자주 등장하는 표현들에 대해, '해석의 덤'은 작품 해석을 깊이 있게 해주는 표현들에 대해 설명하고 있지. 그리고 각 작품의 주제와 표현상의 특징 및 작품 전체에 대한 꼼꼼한 설명도 담았으니, STEP 3에서는 각종 장치를 통해 빈틈없이 작품에 대한 핵심 정리를 해 두자!

고전시가 '이것만은 알고 가자'

- 본격적인 고전시가 작품 공부에 앞서 미리 알아두면 좋을 기본적인 고어, 자주 나오는 주제 · 단어 · 표현상의 특징을 정리해 두었습니다.

- **1부** How to use '고전을 면하다'**와 고전시가 '이것만은 알고 가자'의 내용을 충분히 학습한 후 2부로 넘어가세요.**

2부

고전
(古典)으로
통하는
길

---

01 「이화(梨花)에 월백(月白)하고~」 　　　　　　이조년 　　　🔍 15 ⓔ 모평A

● 이화(梨花)에 월백(月白)하고 은한(銀漢)이 ● 삼경(三更)인 제 ^{Q1, Q2}
하얗게 핀 배꽃에 밝은 달이 비치고 은하수는 깊은 밤(밤11시~새벽1시)을 알리는 때에,

[해석의 틀] '이화'는 배꽃이라는 뜻으로, '도화(복숭아꽃)', '두견화(진달래꽃)', '행화(살구꽃)' 등과 함께 '봄'이라는 계절적 배경을 나타낼 때 주로 사용되는 시어이다.

[해석의 틀] '삼경'은 밤 11시부터 새벽 1시를 뜻하는데, '깊은 밤'이라는 상징적 의미를 지녀 시가에 자주 등장한다.

➕ 일지춘심(一枝春心)을 ● 자규(子規)야 알랴마는
배나무 한 가지에 어려 있는 봄날의 정서를 두견새가 알고 우는 것이겠냐마는,

[해석의 덤] '춘심'은 '봄철에 느끼는 심회'와 '남녀 간의 사랑' 두 가지 뜻으로 해석할 수 있다. 따라서 '일지춘심'은 '배나무 한 가지'라는 자연물에 화자의 정서가 투영된 것이라 할 수 있다.

Q1 밝은 달빛을 받는 '이화'에서 환기된 화자의 정서가 '자규'를 통해 심화되고 있다.
(○)(×)

Q2 '삼경'은 화자가 대상과 이별하는 시간적 배경이다.
(○)(×)

• 고전시가 공부의 핵심은 작품 해석을 하는 데 있습니다. 현대어 풀이를 고전시가 원문 바로 아래 배치하여, 원문과 현대어 풀이를 함께 읽으며 작품의 내용을 쉽게 이해할 수 있도록 했습니다.

• 수능, 모의평가, 학력평가에 기출된 적 있는 작품은 시험별 출처를 표기하였습니다.
(🔍 22 ⑪ 수능 은 '2022학년도 11월 수능 시험'에 출제된 작품이라는 의미입니다.)

• 수능, 모의평가, 학력평가에 출제된 선지를 변형하여 (○)(×) 문제로 제시하였습니다. 이를 통해 자신이 작품의 내용을 올바르게 이해하고 있는지를 점검하며 실전적으로 학습할 수 있습니다.

● 이화(梨花)에 월백(月白)하고 은한(銀漢)이 ● 삼경(三更)인 제 ^{Q1, Q2}
하얗게 핀 배꽃에 밝은 달이 비치고 은하수는 깊은 밤(밤11시~새벽1시)을 알리는 때

[해석의 틀] '이화'는 배꽃이라는 뜻으로, '도화(복숭아꽃)', '두견화(진달래꽃)', '행화(살구꽃)' 등과 계절적 배경을 나타낼 때 주로 사용되는 시어이다.

[해석의 틀] '삼경'은 밤 11시부터 새벽 1시를 뜻하는데, '깊은 밤'이라는 상징적 의미를 지녀 시가에 자

➕ 일지춘심(一枝春心)을 ● 자규(子規)야 알랴마는
배나무 한 가지에 어려 있는 봄날의 정서를 두견새가 알고 우는 것이겠냐마는,

[해석의 덤] '춘심'은 '봄철에 느끼는 심회'와 '남녀 간의 사랑' 두 가지 뜻으로 해석할 수 있다. 따라 '배나무 한 가지'라는 자연물에 화자의 정서가 투영된 것이라 할 수 있다.

[해석의 틀] '두견새(접동새)'는 그 울음소리가 구슬퍼서 한과 서러움의 정서를 불러일으키는 소재로 시
다정(多情)도 병(病)인 양하여 잠 못 들어 하노라 ^{Q3}
정이 많은 것도 병인 듯싶어 잠 못 들어 하는구나.

• [해석의 틀]에서는 고전시가 작품에 자주 등장 하여 기억해 두면 작품 해석에 도움이 될 만한 표현을 정리해 두었습니다.

• [해석의 덤]에서는 작품을 조금 더 깊이 해석할 수 있게 해주는 표현을 정리해 두었습니다.

• '눈여겨볼 어휘'는 형광펜을 칠해 반복적으로 살펴보며 자연스럽게 익힐 수 있도록 했습니다.

[주제]
자연 속에서 어부로 살아가는 즐거움

[특징]
① 대조적인 의미를 지닌 공간을 제시하여 주제를 부각함
[근거] '천심녹수', '만첩청산' ↔ '십장홍진'
② 설의를 통해 화자의 고조된 감정을 드러냄
[근거] '일반청의미를 어느 분이 아루실가', '아주에 누어신들 니즌 스치 이시랴'

[해제]
「어부단가」는 고기잡이를 하는 어부를 화자로 설정하여 자연 속에서 풍류를 즐기 을 노래하는 한편, 속세에 대한 걱정과 미련 또한 드러내고 있다.

🔍 〈보기〉로 작품 보기
이현보는 만년에 혼탁한 정계(政界)에 싫증을 느껴 병을 핑계로 사직하고 고향이 와 여생을 보냈다. 그는 자연을 즐기며 시작(詩作)에 힘썼으며, 고려 때부터 전 「어부가」를 「어부단가」로 개작하기도 하였다. 이현보는 이 작품을 통하여 유유 는 삶과 우국의 심정을 형상화하였다.

• [주제], [특징], [해제] 등을 통해 해당 작품을 깊고 넓게 이해하여, 수능과 내신을 아우르는 공부를 할 수 있도록 구성하였습니다.

• 🔍 〈보기〉로 작품 보기 에서는 문제와 함께 제시 된 〈보기〉의 내용을 실어 실제 시험에서 해당 작품을 어떻게 바라보았는지 살펴볼 수 있습니다.

• 기출 문제를 더 자세히 분석하고 싶다면, 『홀수 국어 기출 분석서 문학』을 활용하세요.

CONTENTS
목차

작품 이름으로 찾기

4주 완성 학습 PLAN

• 각 DAY별로 표시된 페이지의 작품들을 꼼꼼히 공부한 후 학습 날짜를 적고 ☐에 체크해 보세요.

	페이지	학습 날짜		확인
DAY 01	P.12~P.31	월	일	☐
DAY 02	P.34~P.38	월	일	☐
DAY 03	P.39~P.44	월	일	☐
DAY 04	P.45~P.49	월	일	☐
DAY 05	P.50~P.54	월	일	☐
DAY 06	P.57~P.63	월	일	☐
DAY 07	복습	월	일	☐
DAY 08	P.64~P.71	월	일	☐
DAY 09	P.72~P.77	월	일	☐
DAY 10	P.78~P.81	월	일	☐
DAY 11	P.82~P.89	월	일	☐
DAY 12	P.90~P.95	월	일	☐
DAY 13	P.97~P.100	월	일	☐
DAY 14	복습	월	일	☐
DAY 15	P.104~P.110	월	일	☐
DAY 16	P.111~P.118	월	일	☐
DAY 17	P.119~P.125	월	일	☐
DAY 18	P.126~P.131	월	일	☐
DAY 19	P.132~P.137	월	일	☐
DAY 20	P.138~P.143	월	일	☐
DAY 21	복습	월	일	☐
DAY 22	P.144~P.151	월	일	☐
DAY 23	P.152~P.159	월	일	☐
DAY 24	P.160~P.167	월	일	☐
DAY 25	P.170~P.177	월	일	☐
DAY 26	P.178~P.190	월	일	☐
DAY 27	P.192~P.198	월	일	☐
DAY 28	복습	월	일	☐

수능 국어

1등급을 위한

고전시가 해석

집중 학습 프로그램

1부

고전(苦戰)을 면하는 길

How to use '고전을 면하다'

고전시가 공부에서 가장 중요한 것은 고전시가를 해석하는 능력을 기르는 거야. 이를 위해 『고전을 면하다』에는 고전시가 작품들의 원문과 이에 대한 친절하고 자세한 현대어 풀이, 그리고 작품에 대한 설명을 실어 놓았어. 이를 어떻게 활용하여 공부하면 좋을지를 STEP 1, 2, 3의 세 단계로 나누어 설명해 줄게.

STEP 1 고전시가 원문과 현대어 풀이를 반복해서 읽어 보자.

첫째, 교재에 제시된 고전시가 원문을 읽고 둘째, 현대어 풀이를 읽은 다음 셋째, 이 둘을 비교해 보자. 고전시가 원문과 현대어 풀이를 비교함으로써 작품에 쓰인 단어와 표현의 의미를 쉽게 파악할 수 있을 거야. 아래의 예를 통해 STEP 1의 학습법을 배워 보자.

이화에 월백하고 은한이 삼경인 제 일지춘심을 자규야 알랴마는 다정도 병인 양하여 잠 못 들어 하노라 <div align="right">– 이조년, 「이화에 월백하고~」 –</div>	하얗게 핀 배꽃에 밝은 달이 비치고 은하수는 깊은 밤(밤 11시~새벽 1시)을 알리는 때에 배나무 한 가지에 어려 있는 봄날의 정서를 두견새가 알고 우는 것이겠냐마는 정이 많은 것도 병인 듯싶어 잠 못 들어 하는구나.

첫째 원문 읽기	이화에	월백하고	은한이	삼경인 제
둘째 현대어 풀이 읽기	하얗게 핀 배꽃에	밝은 달이 비치고	은하수는	깊은 밤을 알리는 때에
셋째 비교하기	'이화'는 '배꽃'을 말하는 거구나.	'월백'은 '밝은 달'로 해석할 수 있고,	'은한'은 '은하수'인 거고,	'삼경'은 '깊은 밤'인 거네. '월백', '은한', '삼경'을 고려하면 시간적 배경은 밤인가 봐.

▼

원문	일지춘심을	자규야	알랴마는
현대어 풀이	배나무 한 가지에 어려 있는 봄날의 정서를	두견새가	알고 우는 것이겠냐마는
비교하기	'춘심'은 '봄날의 정서'이니까 계절적으로는 봄을 배경으로 하는구나.	'자규'는 '두견새'이고,	'알랴마난'은 '알고 우는 것이겠냐마는'으로 해석되는 거네.

▼

원문	다정도	병인 양하여	잠 못 들어	하노라
현대어 풀이	정이 많은 것도	병인 듯싶어	잠 못 들어	하는구나
비교하기	'다정'은 정이 많은 것,		화자는 잠을 이루지 못하는 봄밤의 정서를 드러내고 있어.	

 이러한 과정을 반복하여 고전시가에 나오는 표현들에 익숙해지는 것이 중요해. 고전시가에는 비슷한 단어, 표현들이 반복해서 나오기 때문에 이 책에 실린 고전시가들을 이와 같은 방법으로 3회 이상 읽다 보면 암기하려고 애쓰지 않더라도 자주 나오는 단어, 표현들을 자연스럽게 해석할 수 있을 거야.

✏️ 연습으로 탄탄하게 / 다음의 ___ 안에 들어갈 말을 쓰시오.

흥망이 유수하니 만월대도 추초로다
오백 년 왕업이 목적에 부쳤으니
석양에 지나는 객이 눈물겨워 하노라
               – 원천석, 「흥망이 유수하니~」 –
	(나라의) 흥하고 망함이 운수에 달려 있으니, 만월대(고려 왕궁터)에도 가을 풀이 우거져 있구나.
	  오백 년 왕조의 업적이 목동의 피리 소리에 깃들어 있으니
	  석양에 지나가는 나그네가 (그 소리를 듣고) 눈물겨워 하는구나.

첫째 원문 읽기	흥망이	유수하니	만월대도	추초로다
둘째 현대어 풀이 읽기	(나라의) 흥하고 망함이	운수에 달려 있으니,	만월대(고려 왕궁터)에도	가을 풀이 우거져 있구나
셋째 비교하기	'흥망'은 _____을 말하는 거고	'유수'는 _____에 달려 있다는 뜻이네. 운수에 달려 있다는 건 운명에 따라 결정된다는 뜻인가?		'추초'는 가을 풀을 말하네. '-로다'는 '_____'라고 감탄형으로 해석하네.

정답: 흥하고 망함, 운수, -구나

▼

원문	오백 년	왕업이	목적에	부쳤으니
현대어 풀이	오백 년	왕조의 업적이	목동의 피리 소리에	깃들어 있으니
비교하기		'왕업'은 '왕조의 _____'을 말하네. 위에서 '만월대'가 '고려 왕궁터'라고 했으니 여기서 왕조는 _____ 왕조를 말하는 것인가 봐.	'_____'은 목동의 '피리 소리'로 해석할 수 있네.	'부치다'는 '깃들어 있다'로 해석할 수 있네.

정답: 업적, 고려, 목적

▼

원문	석양에	지나는 객이	눈물겨워 하노라
현대어 풀이	석양에	지나가는 나그네가	(그 소리를 듣고) 눈물겨워 하는구나
비교하기		'객'은 '_____'구나.	'-노라'도 '-로다'처럼 _____형으로 해석하네.

정답: 나그네, 감탄

OX 문제 풀이로 작품 이해를 확인하자.

고전시가 원문과 현대어 풀이를 비교해 가며 공부한 다음에 기출 선지를 변형한 ⓞ ⓧ 문제를 통해 작품의 내용을 정확히 이해했는지를 점검해 보자. 즉, STEP 2에서는 원문과 현대어 풀이를 근거로 정답을 선택하는 사고의 과정을 훈련해 보는 거야.

이화에 월백하고 은한이 삼경인 제 일지춘심을 자규야 알랴마는 다정도 병인 양하여 잠 못 들어 하노라 　　　　　　　– 이조년, 「이화에 월백하고∼」 –	하얗게 핀 배꽃에 밝은 달이 비치고 은하수는 깊은 밤(밤 11시∼새벽 1시)을 알리는 때에 배나무 한 가지에 어려 있는 봄날의 정서를 두견새가 알고 우는 것이겠냐마는 정이 많은 것도 병인 듯싶어 잠 못 들어 하는구나.

Q. '이화', '월백', '은한'은 순수한 백색의 이미지를 통해 애상감을 형성하고 있다.　　

　　💬 원문과 현대어 풀이를 비교했을 때, '이화'는 '흰 배꽃', '월백'은 '밝은 달', '은한'은 '은하수'로 해석할 수 있고, 이 셋 모두 흰색의 이미지에 해당하는 걸 알 수 있어. 화자는 이렇게 흰 배꽃이 달빛을 받는 늦은 밤에 애가 타는 심정 때문에 잠에 들지 못하고 있는 거니까, '이화', '월백', '은한'은 백색의 이미지로 애상감(슬픈 정서)을 형성한다고 볼 수 있는 거겠지! 따라서 정답은 ○야.

✎ 연습으로 탄탄하게 / 다음의 ＿＿＿ 안에 들어갈 말을 쓰시오.

흥망이 유수하니 만월대도 추초로다 오백 년 왕업이 목적에 부쳤으니 석양에 지나는 객이 눈물겨워 하노라 　　　　　　　– 원천석, 「흥망이 유수하니∼」 –	(나라의) 흥하고 망함이 운수에 달려 있으니, 만월대(고려 왕궁터)에도 가을 풀이 우거져 있구나. 오백 년 왕조의 업적이 목동의 피리 소리에 깃들어 있으니 석양에 지나가는 나그네가 (그 소리를 듣고) 눈물겨워 하는구나.

Q. '석양'은 화자의 정서를 심화하는 배경이다.　　　　ⓞ ⓧ

　　💬 화자는 옛 고려 왕궁터인 '＿＿＿＿＿'를 '석양에 지나'며 '＿＿＿겨워' 하고 있네. 그 이유는 '오백 년 왕업이 목적에 부쳤'기 때문인데, '오백 년 왕조'는 현대는 왕궁터만 남아 있는 과거의 ＿＿＿ 왕조를 말하는 것이니, '추초' 즉 '가을 풀'이 우거진 '만월대'에서 들리는 '목동의 ＿＿＿＿＿'는 쓸쓸한 분위기를 강조하는 것으로 볼 수 있어. 그리고 이때 '＿＿＿'은 화자의 슬픔, 쓸쓸함을 심화하는 배경이 될 수 있겠지.

정답: ⓞ / 만월대, 눈물, 고려, 피리 소리, 석양

다양한 장치를 통해 작품을 빈틈없이 공부하자!

2부에 실린 각 작품에는 고전시가 원문, 현대어 풀이, ⓞ ⓧ 문제뿐만 아니라, 작품에 대한 깊고 넓은 이해를 돕기 위한 다양한 학습 장치를 수록해 두었어. '해석의 틀'은 고전시가 작품에 자주 등장하는 표현들에 대해, '해석의 덤'은 작품 해석을 깊이 있게 해주는 표현들에 대해 설명하고 있지. 그리고 각 작품의 주제와 표현상의 특징 및 작품 전체에 대한 꼼꼼한 설명도 담았으니, STEP 3 에서는 각종 장치를 통해 빈틈없이 작품에 대한 핵심 정리를 해 두자!

01 「이화(梨花)에 월백(月白)하고~」 　이조년

● 이화(梨花)에 월백(月白)하고 은한(銀漢)이 ● 삼경(三更)인 제
하얗게 핀 배꽃에 밝은 달이 비치고 은하수는 깊은 밤(밤11시~새벽1시)을 알리는 때에.

> ● 해석의 틀 '이화'는 배꽃이라는 뜻으로, '도화(복숭아꽃)', '두견화(진달래꽃)', '행화(살구꽃)' 등과 함께 '봄'이라는 계절적 배경을 나타낼 때 주로 사용되는 시어이다.

> ● 해석의 틀 '삼경'은 밤 11시부터 새벽 1시를 뜻하는데, '깊은 밤'이라는 상징적 의미를 지녀 시가에 자주 등장한다.

> 💬 '이화', '도화', '두견화', '행화'는 계절상 '봄'임을 알려주는 시어이네. 아마 모두 봄에 피는 꽃이어서 그런가 봐. '삼경'은 밤 11시부터 새벽 1시를 뜻해서 '깊은 밤'이라는 상징적 의미를 가졌다고 하네. 즉 '이화'와 '삼경'은 이 작품의 시간적 배경이 '봄밤'임을 알려 주는 표현들이구나!

➕ 일지춘심(一枝春心)을 ● 자규(子規)야 알랴마는
배나무 한 가지에 어려 있는 봄날의 정서를 두견새가 알고 우는 것이겠냐마는.

> ➕ 해석의 덤 '춘심'은 '봄철에 느끼는 심회'와 '남녀 간의 사랑' 두 가지 뜻으로 해석할 수 있다. 따라서 '일지춘심'은 '배나무 한 가지'라는 자연물에 화자의 정서가 투영된 것이라 할 수 있다.

> ● 해석의 틀 '자규(두견새)'는 그 울음소리가 구슬퍼서 한과 서러움의 정서를 불러일으키는 소재로 쓰인다.

> 💬 앞으로도 고전시가에서 '자규'가 나오면 작품의 주된 정서나 분위기가 한과 서러움일 가능성이 크다는 점을 염두에 두고 읽어야겠어!

다정(多情)도 병(病)인 양하여 잠 못 들어 하노라
정이 많은 것도 병인 듯싶어 잠 못 들어 하는구나.

> 주제
> 봄밤에 느끼는 애상감

> 특징
> 시각적 심상과 청각적 심상을 통해 화자의 심정을 부각함
> 근거 (시각적 심상) '이화', '월백', '은한' 등, (청각적 심상) '자규'

> 해제
> 「이화에 월백하고~」는 봄밤에 느끼는 낭만적인 분위기를 감각적으로 표현하고 있다. 백색의 이미지를 지닌 '이화'와 '월백'이라는 두 대상이 어우러지며 서정적인 분위기를 조성하고, 여기에 두견새의 구슬픈 울음소리까지 더해지면서 화자의 애틋한 심정이 심화되고 있다.

> 💬 '이화', '월백', '은한'은 각각 흰 배꽃, 달빛, 은하수라서 눈으로 볼 수 있는 시각적 심상, '자규'는 두견새니까 두견새의 울음소리라는 청각적 심상으로 볼 수 있구나.

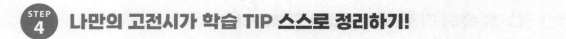

STEP 4 나만의 고전시가 학습 TIP 스스로 정리하기!

고전시가 '이것만은 알고 가자'

'아는 만큼 보인다'라는 말처럼 고전시가 작품을 학습하기 전에 미리 알아둔다면 효율적인 학습에 도움이 될 만한 내용들이 있어. 고어 읽기의 기본, 고전시가에 자주 나오는 주제, 단어, 표현법이 바로 그러한 내용에 해당하지. 그래서 고전시가 '이것만은 알고 가자'에서는 2부에 수록된 작품의 학습을 본격적으로 시작하기에 앞서 먼저 고전시가 공부의 기초를 다져보려고 해.

1 고어 읽기의 기본

고전시가 작품은 비교적 현대어와 비슷하게 표기되어 출제될 때도 있고, 현대어와는 많이 다르게 표기되어 출제될 때도 있어. 아래에 제시된 2011학년도 수능과 2020학년도 9월 모의평가에 출제된 「상춘곡」처럼 한 작품이 여러 번 시험에 출제된 경우에도 작품을 표기한 방식이 조금씩 다를 수 있지. 따라서 우리는 고전시가 원문이 어떤 방식으로 표기되어 출제되더라도 막힘없이 읽고 해석할 수 있게끔 공부해 놓는 것이 필요해. 그럼 지금부터 고어를 읽는 가장 기본적인 방법을 알려 줄게.

<table>
<tr><td>2020학년도 9월 모평</td><td>2011학년도 수능</td></tr>
<tr><td>
홍진(紅塵)에 뭇친 분네 이 내 생애 엇더ᄒᆞ고
녯사롬 풍류룰 미출가 못 미출가
천지간 남자 몸이 날만 혼 이 하건마ᄂᆞᆫ
산림에 뭇쳐 이셔 지락(至樂)을 ᄆᆞ룰 것가
</td><td>
홍진(紅塵)에 묻힌 분네 이 내 생애 어떠한고
옛사람 풍류를 미칠까 못 미칠까
천지간 남자 몸이 나만한 이 많건마는
산림에 묻혀 있어 지락(至樂)을 모를 것인가
</td></tr>
<tr><td>– 정극인, 「상춘곡」 –</td><td>– 정극인, 「상춘곡」 –</td></tr>
</table>

1. 소리 내서 읽기

고전시가는 오늘날과는 달리 소리나는 대로 표기된 경우가 많기 때문에, 소리 내서 읽어 보면 저절로 그 뜻을 파악할 수 있는 어휘가 많아. 그러니 일단 소리 내서 읽어 보자.

쟈근 거시 노피 떠서 만믈을 다 비취니 밤듕의 광명이 너만ᄒᆞ니 또 잇ᄂᆞ냐 보고도 말 아니 ᄒᆞ니 내 벋인가 ᄒᆞ노라 　　　　　　　– 윤선도, 「오우가」 –	작은 것이 높이 떠서 세상의 모든 것을 다 비추니, 한밤중에 밝게 빛나는 것이 너(달)만한 것이 또 있겠느냐? 보고도 말을 하지 않으니 내 벗인가 하노라.

 원문의 '쟈근'은 현대어 풀이의 '작은'에, '거시'는 '것이'에, '노피'는 '높이'에 대응돼. 표기된 것만 보면 오늘날과는 많이 다른 단어가 사용된 것 같지만, 막상 소리 내서 읽어 보면 그 뜻을 쉽게 파악할 수 있을 거야.

2. 'ㆍ'는 '아' 혹은 '으'로 읽기

'ㆍ'는 소리와 글자가 없어지면서 '아' 혹은 '으' 로 바뀌었어. 그러니 'ㆍ'를 첫 음절에서는 '아', 둘째 음절 이하에서는 '으'로 읽어 보자.

산수간 바위 아래 띠집을 짓노라 ᄒᆞ니
그 모른 ᄂᆞᆷ들은 웃ᄂᆞᆫ다 ᄒᆞᆫ다마ᄂᆞᆫ
어리고 하암의 ᄠᅳᆺ에는 내 분인가 ᄒᆞ노라

– 윤선도, 「만흥」 –

산과 물 사이 바위 아래 초가집을 지으려 하니
그 뜻을 모르는 남들은 비웃는다지만
어리석고 세상 물정 모르는 시골뜨기의 생각에는 이것이 내 분수에 맞는 것 같구나.

원문의 'ᄒᆞ니'는 현대어 풀이의 '하니'에, 'ᄂᆞᆷ'은 '남'에, '웃ᄂᆞᆫ다'는 '웃는다'에 대응돼. 첫 음절에 'ㆍ'가 있는 'ᄒᆞ니', 'ᄂᆞᆷ'에서는 '아'로, 둘째 음절 이하에 'ㆍ'가 있는 '웃ᄂᆞᆫ다'에서는 '으'로 읽으면 그 뜻을 파악할 수 있어.

3. 어두자음군은 된소리로 읽기

어두자음군은 단어의 초성에서 둘 이상의 자음이 발음되는 것이었어. 'ᄡᆞᆯ'처럼 초성에 'ㅄ' 같은 둘 이상의 자음이 나오는 거지. 시간이 흐르며 초성에 둘 이상의 자음을 표기하는 방법은 없어졌어. 그러니 초성 자리에 서로 다른 둘 이상의 자음이 합쳐 나올 때에는 마지막 자음을 된소리로 읽어 보자.

청하애 바볼 ᄡᆞ고 녹류에 고기 ᄢᅦ여
노적화총에 ᄇᆡ ᄆᆡ야두고
일반청의미를 어ᄂᆡ 부니 아ᄅᆞ실가

– 이현보, 「어부단가」 –

푸른 연잎에 밥을 싸고 버들가지에 물고기를 꿰어서,
갈대와 억새풀이 가득한 곳에 배를 대어 묶어 두니,
자연의 참된 의미를 어느 분이 아시겠는가?

'ᄡᆞ고'의 초성 'ㅄ'에는 둘 이상의 자음이 나왔는데, 둘 중에 마지막 자음은 'ㅅ'이니까 'ㅄ'은 'ㅅ'의 된소리인 'ㅆ'으로 읽으면 돼. 그리고 앞서 'ㆍ'는 첫 음절에서는 '아', 둘째 음절 이하에서는 '으'로 읽는다고 했으니까 'ㆍ'가 첫 음절에서 사용된 'ᄡᆞ고'의 'ㆍ'는 '아'로 읽으면 돼. 그래서 'ᄡᆞ고'는 '싸고'로 읽을 수 있는 거지. 그럼 바로 앞에서 본 「만흥」의 'ᄠᅳᆺ'은 어떻게 읽을까? 'ㅳ'의 마지막 자음인 'ㄷ'의 된소리 'ㄸ'으로 읽으면 되니까 'ᄠᅳᆺ'은 '뜻'으로 읽으면 되겠지?

4. 'ㄷ, ㅌ'을 'ㅈ, ㅊ'으로, 'ㄴ, ㄹ'을 'ㅇ, ㄴ'으로 읽기

현대 국어의 구개음화는 받침 'ㄷ, ㅌ'이 모음 '이'나 반모음 'ㅣ'로 시작하는 형식 형태소 앞에서 [ㅈ, ㅊ]으로 발음되는 현상이지만, 중세 국어 시기는 구개음화가 일어나기 전이었어. 그래서 고전시가에 나오는 '디, 티'는 '지, 치'로, '뎌, 텨'는 '져, 쳐'로 바꾸어 읽으면 돼. 한편 현대 국어의 두음 법칙은 단어의 첫 음절의 모음이 'ㅣ, ㅑ, ㅕ, ㅛ, ㅠ'인 경우에 어두의 'ㄴ'이나 'ㄹ'이 없어지고, 'ㅏ, ㅗ, ㅜ, ㅡ, ㅐ, ㅔ, ㅚ' 앞의 'ㄹ'은 'ㄴ'으로 변하는 현상이야. 예를 들어 '녀자', '뇨소', '락원', '로인'을 '여자', '요소', '낙원', '노인'으로 적는 거지. 중세 국어 시기에는 두음 법칙도 일어나지 않았으니, 두음 법칙의 조건이라면 단어 첫머리의 'ㄴ'은 'ㅇ'으로 'ㄹ'은 'ㄴ'으로 바꿔 읽으면 대부분 그 의미가 파악될 거야.

나모도 병이 드니 뎡ᄌᆞ라도 쉬리 업다
호화이 셔신 제ᄂᆞᆫ 오리 가리 다 쉬더니
닙 디고 가지 것근 후ᄂᆞᆫ 새도 아니 안ᄂᆞᆫ다

– 정철, 「나모도 병이 드니~」

나무도 병이 드니 정자나무라도 쉴 사람이 없구나.
(나무가 무성하여) 호화롭게 서 있을 때에는 오고 가는 사람들이 다 쉬더니
잎이 (떨어)지고 가지가 꺾인 후에는 새마저도 앉지 않는구나.

'닙'은 두음 법칙을 적용하여 '잎'으로 바꾸어 읽고, '디고'는 구개음화를 반영하여 '디'를 '지'로 바꾸어 읽으면 돼.

② 고전시가 주제별 분류

시험에 출제되는 고전시가 작품의 주제는 대개 '자연 친화'와 '충성심/우국', '사랑/한/애환' 등으로 분류할 수 있어. 따라서 각 주제에 대해 간단하게 알고 있으면 작품에 접근하기 수월하지. 물론 이외에 부모님에 대한 '효' 같은 유교 윤리를 주제로 한 작품, 기행 경험을 표현한 작품, 현실에 대한 비판 의식을 드러낸 작품 등도 있으니 위의 세 가지 주제를 중심으로 하되 이를 확장해가며 공부하자.

1. 자연 친화

고전시가 작품에서 가장 눈여겨볼 주제는 바로 '자연 친화'야. 자연 친화는 자연을 긍정적인 공간으로 여기면서 자연에서 사는 삶을 긍정, 예찬하는 태도를 말하지. 자연 친화를 주제로 한 작품에는 자연에 있는 화자가 그 속에서 사는 삶의 즐거움, 만족감에 대해 이야기하는 작품과 속세에 있는 화자가 자연에 살기를 소망하면서 자연에 대한 긍정적 인식을 드러내는 작품 등이 있어.

청하애 바불 뿌고 녹류에 고기 께여	푸른 연잎에 밥을 싸고 버들가지에 물고기를 꿰어서,
노적화총에 비 미야두고	갈대와 억새풀이 가득한 곳에 배를 대어 묶어 두니,
일반청의미를 어니 부니 아루실가	자연의 참된 의미를 어느 분이 아시겠는가?
산두에 한운이 기호고 수중에 백구ㅣ 비이라	산봉우리에 구름이 한가롭게 피어나고, 물 위에는 갈매기가 날고 있구나.
무심코 다정호니 이 두 거시로다	아무런 욕심이 없이 다정한 것은 이 두 가지로다.
일생애 시르믈 넛고 너를 조차 노로리라	한평생의 시름을 잊어버리고 너희와 더불어 지내고 싶구나.
— 이현보, 「어부단가」 —	

💬 이 작품에서 화자는 '산봉우리에 구름이 한가롭게 피어나'는 평화로운 자연 속에서 '갈매기'를 바라보며 이들과 더불어 살고 싶다고 말하고 있어. 자연 속에 있는 화자가 자연과 더불어 사는 삶에 대한 지향을 드러내고 있는 거지.

내 버디 멋치나 호니 수석과 송죽이라	내 벗이 몇인가 하니 물과 바위, 소나무와 대나무라.
동산의 돌 오르니 그 더욱 반갑고야	동쪽 산에 달이 떠오르니 그 더욱 반갑구나.
두어라 이 다숫 밧긔 또 더호야 머엇호리	두어라, 이 다섯(물, 바위, 소나무, 대나무, 달)밖에 또 더하여 무엇하겠는가.
— 윤선도, 「오우가」 —	

💬 이 작품에서 화자는 다섯 가지 자연물, 즉 '물, 바위, 소나무, 대나무, 달'을 자신의 '벗'이라고 말하고 있어. 자연물을 친구로 삼아 그 외에는 벗을 더할 필요가 없다고 하며 자연에 대한 지극한 애정을 드러내는 데에서 화자의 자연 친화적인 태도를 확인할 수 있지.

귀거래 귀거래 말뿐이오 갈 이 없어
전원이 장무하니 아니 가고 어떨꼬
초당에 청풍명월이 나명들명 기다리나니
　　　　　　— 이현보, 「귀거래 귀거래~」 —

(고향으로) 돌아가리라, 돌아가리라 말만 할 뿐 (실제로) 갈 사람은 없고,
고향의 논밭과 동산이 (잡초가 우거져) 점점 거칠어 가니 아니 가면 어찌할 것인가?
초가에 맑은 바람과 밝은 달(자연)이 들락날락하며 나를 기다리고 있거늘.

💬 이 작품에서 화자는 고향에 있는 '맑은 바람과 밝은 달', 즉 '자연'이 자신을 기다리고 있다고 말하며, 고향으로 돌아가기를 노망하고 있어. 앞서 말했듯이 자연 친화는 자연 속에서 나는 삶의 즐거움, 만족감을 드러내는 것 외에도 속세에 있는 화자가 자연으로 가서 살기를 노망하는 마음을 드러내는 것도 포함해. 따라서 고향의 자연으로 돌아가서 자연과 함께하는 삶을 노망하고 있는 이 작품의 화자 역시 자연 친화적 태도를 드러낸 것으로 볼 수 있어.

수간모옥을 벽계수 앒픠 두고
송죽 울울리예 풍월주인 되여셔라
엇그제 겨을 지나 새봄이 도라오니
도화행화난 석양리예 픠여 잇고
녹양방초난 세우중에 프르도다
　　　　　　　　(중략)
수풀에 우난 새난 춘기를 못내 계워
소리마다 교태로다
물아일체어니 흥이이 다롤소냐
　　　　　　— 정극인, 「상춘곡」 —

몇 칸짜리 초가집을 맑은 시냇물 앞에 두고
소나무와 대나무가 울창한 이곳에서 자연의 주인(자연을 즐기는 사람)이 되었구나!
엊그제 겨울이 지나고 새봄이 돌아오니,
복숭아꽃과 살구꽃은 석양 속에 피어 있고,
푸른 버들과 향기로운 풀은 가랑비 속에 푸르구나.
　　　　　　　　(중략)
수풀에서 우는 새는 봄 흥취에 겨워
(지저귀는) 소리마다 마치 교태를 부리는 듯하구나!
자연과 내가 한 몸이 되었으니 (나의) 흥겨움이 (새의 흥겨움과 어찌) 다르겠는가?

💬 이 작품에서 화자는 '복숭아꽃과 살구꽃'이 피고, '버들'과 '풀'이 푸른 빛을 띠고, '내'가 지저귀는 모습을 제시하여 '새봄'이 돌아온 주변 풍경을 자세하게 묘사하고 있어. 또한 자연과 자신이 한 몸이 되었다고 생각할 정도로 자연과 일체감을 느끼고 있으므로 자연 친화적인 태도가 드러난다고 할 수 있지.

망혜를 단단히 신고 죽장을 흩어 짚으니
도화 핀 시내 길이 방초주에 이었어라
잘 닦은 거울 속 절로 그린 석병풍
그림자를 벗을 삼아 서하로 함께 가니
도원은 어드매오 무릉이 여기로다
　　　　　　— 정철, 「성산별곡」 —

미투리(짚신과 같은 신)를 바삐 신고 대나무 지팡이를 흩어 짚으니
복숭아꽃이 핀 시내의 길은 향기로운 풀이 우거진 모래사장으로 이어졌구나.
잘 닦은 거울처럼 맑은 물속에 저절로 그려진 병풍 같은 석벽의
그림자를 벗 삼아 서쪽 개울로 함께 가니
무릉도원(신선이 사는 곳, 낙원, 이상향)이 어디인가? 무릉도원은 (바로) 여기로구나.

💬 이 작품에서 화자는 '복숭아꽃이 핀 시내의 길'을 따라 가고 있어. 고전시가에서 '도화'는 계절적 배경이 봄임을 알려주는 소재로 '무릉도원'의 이미지와도 관련 있지. '무릉도원'은 복숭아꽃이 피는 아름다운 곳이라는 말로 이상향을 비유적으로 나타내는데, 이처럼 자연을 '무릉도원' 같은 이상향으로 여기는 건 또한 자연 친화적 태도를 드러내는 것으로 볼 수 있어.

2. 충성심 / 연군 / 우국

고전시가의 작가층 중 대부분을 차지하는 사대부 남성은 임금에 대한 충성심, 연군(임금에 대한 연모와 그리움), 우국(나라에 대한 걱정) 등을 노래하는 경우가 많았지. 그 중에는 남성 화자를 내세우지 않고 여성 화자의 목소리로 연군지정을 드러내는 작품도 있어. 이처럼 신하인 자신을 여성으로, 임금을 연인으로 설정하여 연인을 향한 사랑, 그리움을 토로하는 방식으로 임금에 대한 충성심을 표현한 작품 들을 '충신연주지사'라고 불러.

어버이 그릴 줄을 처음부터 알아마는 임금 향혼 뜻도 하늘이 삼겨시니 진실로 임금을 잊으면 긔 불효인가 여기 노라 　　　　　　　　　　　– 윤선도, 「견회요」 –	어버이를 그리워할 줄(효심)은 처음부터 알았지만, 임금을 향한 마음(충심)도 하늘이 만들어 주었으니, 정말로 임금을 잊는다면 그것이 곧 불효가 아닌가 생각하노라.

💬 이 작품에서 화자는 임금을 향한 충성심이 부모님을 향한 효심처럼 하늘이 만들어 준 것이라는 점에서 둘을 동일시하며 변하지 않는 충성심을 표현하고 있어.

국운이 불행하여 왜적의 흉한 침략 만고의 그 원한을 못 씻어 버렸거든 백분에 한 가지도 못 씻어 버렸거든 이 몸이 무상한들 신하 되어 있다가 궁달의 길이 달라 못 모시고 늙어간들 우국단심이야 어느 땐들 잊겠는가 　　　　　　　　　　　– 박인로, 「선상탄」 –	나라의 운수가 불행하여 왜적의 흉악한 침략에 빠져 아주 오랜 세월 동안에 억울함과 원통함을 씻어 버리지 못했는데, 억울하고 원통한 마음을 아직 백 분의 일도 씻어 버리지 못했는데, 이 몸이 변변치 못하지만 신하가 되어 있다가 신하와 임금의 신분이 서로 달라 (임금을) 모시지 못하고 늙어간다고 한들 나라에 대한 걱정과 임금을 향한 충성이야 어느 때라고 잊을 수 있겠는가?

💬 이 작품에서 화자는 왜적의 침략으로 황폐해진 나라의 운수를 걱정하면서 '우국단심' 즉 '나라에 대한 걱정과 임금을 향한 충성'을 드러 내고 있어.

꿈에나 임을 보려 턱 받치고 기대니 앙금도 차도 찰샤 이 밤은 언제 샐꼬 하루도 열두 때 한 달도 서른 날 져근덧 생각 마라 이 시름 잊자 하니 마음의 맺혀 있어 골수의 깨쳐시니 편작이 열히 오나 이 병을 어찌하리 어와 내 병이야 이 임의 탓이로다 차라리 싀어지여 범나비 되오리라 꽃나무 가지마다 간 데 족족 앉았다가 향 묻은 날개로 임의 옷에 옮으리라 임이야 날인 줄 모르셔도 내 임 좇으려 하노라 　　　　　　　　　　　– 정철, 「사미인곡」 –	꿈에서라도 임을 보려고 턱을 받치고 기대니, 원앙새를 수놓은 이불이 차기도 차구나. 이 (기나긴) 밤은 언제나 샐 것인가? 하루도 열두 때이고, 한 달도 서른 날인데 잠시라도 (임) 생각을 말고 이 시름을 잊으려 하지만, (시름이) 마음속에 맺혀 있어 뼛속까지 사무쳤으니, 편작(중국 전국시대의 명의)이 열 명이 오더라도 이 병을 어떻게 고치겠는가? 아아, 내 병이야 (이 모든 것은) 임의 탓이로다. 차라리 죽어서 호랑나비가 되리라. (호랑나비가 되면) 꽃나무 가지마다, 가는 곳마다 앉았다가 향기 묻은 날개로 (그 향을) 임의 옷에 옮기리라. 임께서 (그 호랑나비가) 나인 줄을 모르셔도 나는 임을 따르려 하노라.

💬 이 작품에서 화자는 꿈에서라도 임을 보고 싶어 하지만 소망을 이루지 못해 한탄하고 있어. 그러면서 차라리 죽어 '호랑나비'로 다시 태어나서라도 임을 따르고 싶다는 지고지순한 사랑을 드러내고 있지. 이는 신하가 자신을 여인에, 임금을 사랑하는 연인에 빗대어 표현하며 변하지 않는 충성심을 드러냄으로써 '연군'의 심정을 노래한 작품이야.

3. 사랑 / 한 / 애환

고전시가 작품 중에는 사랑하는 이에 대한 애정이나 간절한 기다림, 그리고 연인과 이별한 슬픔이나 한스러운 심정 등을 표현한 것이 많지. 이런 작품들의 경우 정서를 섬세하게 표현하면서 화자가 처한 상황이나 심정을 보여줄 수 있는 다른 상징물을 제시하기도 해. 참고로 가부장적인 사회 분위기 속에서 남편이 있음에도 독수공방하거나, 남편과 사별한 뒤에도 개가를 할 수 없었던 조선시대 규방 여성들의 한을 노래한 '가사'는 '규방가사'라는 하나의 유형을 이루고 있어.

이화우 흩뿌릴 제 울며 잡고 이별한 임 추풍낙엽에 저도 날 생각는가 천 리에 외로운 꿈만 오락가락 하노매 <div align="right">– 계랑, 「이화우 흩뿌릴 제~」 –</div>	배꽃이 비처럼 흩날리는 봄에 울며 잡고 헤어진 임. 가을바람에 떨어지는 나뭇잎을 보며 임도 나를 생각하고 계시는가? 천 리 길 머나먼 곳에 외로운 꿈만 오락가락 하는구나.

💬 이 작품에서 화자는 봄에 이별한 임을 가을이 되어서도 그리워하며 임을 향한 애정과 이별의 슬픔을 동시에 표현하고 있어.

임이 오마 하거늘 저녁밥을 일찍 지어 먹고 중문 나서 대문 나가 지방 위에 올라가 앉아 손을 이마에 대고 오는가 가는가 건넌 산 바라보니 거머희뜩 서 있거늘 저것이 임 이로구나. 버선을 벗어 품에 품고 신 벗어 손에 쥐고 곰비임비 임비곰비 천방지방 지방천방 진 데 마른 데를 가리지 말고 워 렁충창 건너가서 정엣말 하려 하고 곁눈 으로 흘깃 보니 작년 칠월 사흗날 껍질 벗 긴 주추리 삼대가 살뜰히도 날 속였구나. 모쳐라 밤이기에 망정이지 행여나 낮이 런들 남 웃길 뻔 하였어라. <div align="right">– 작자 미상, 「임이 오마 하거늘」 –</div>	임이 오겠다고 하기에 저녁밥을 일찍 지어 먹고, 중문을 나와서 대문으로 나가 문지방 위에 올라가 앉아서, 손을 이마에 대고 (임이) 오는가 가는가 하여 건너편 산을 바라보니, 검은 빛과 흰 빛이 뒤섞인 모양이 (누군가 가) 서 있는 모습처럼 보이기에, 저것이 임이구나. 버선을 벗어 품에 품고 신을 벗어 손에 쥐고 엎치락뒤치락 허둥대며 진 땅과 마른 땅을 가리지 않고 우당퉁탕 건너가서, 정다운 말을 하려고 곁눈으로 흘깃 보니, 작년 칠월 사흗날에 갈아서 벗겨 놓은 가늘 고 긴 삼대가 잘도 나를 속였구나. 마침 밤이기에 망정이지 행여 낮이었다면 남을 웃길 뻔했구나.

💬 이 작품에서 화자는 '임'이 온다는 얘기를 전해 듣고, 저녁밥을 일찍 지어 먹은 후에 문 앞에서 임을 기다리고 있어. 동탕에서 멀리 보이는 '주투리 삼대'를 임인 줄 알고 착각하여 허둥지둥 달려가는 행동에 대한 자세한 묘사를 통해 화자의 간절한 기다림을 드러내고 있어.

차라리 잠이 들어 꿈에나 보려 하니 바람에 지는 잎과 풀 속에 우는 벌레 무슨 일 원수로서 잠조차 깨우는가 천상의 견우직녀 은하수 막혔어도 칠월 칠석 일 년 일도 실기치 않거든 우리 임 가신 후는 무슨 약수 가렸관대 오거나 가거나 소식조차 그쳤는고 <div align="right">– 허난설헌, 「규원가」 –</div>	차라리 잠이 들어 꿈에서나마 (임을) 보려 하니, 바람에 떨어지는 잎과 풀 속에 우는 벌레는 무슨 일로 원수져서 (내) 잠까지 깨우는가? 하늘의 견우와 직녀는 은하수가 막혔어도 칠월 칠석 일 년에 하루는 (만나는) 시기를 놓치지 않는데, 우리 임 가신 후에 무슨 장애물이 가렸는지 오는지 가는지 소식조차 끊어졌는가?

💬 이 작품은 규방 여성들의 한을 노래한 규방가사로, 화자는 소식이 끊긴 임을 그리워하며 독수공방하는 자신의 처지에 대해 한탄하고 있어. 일 년에 한 번 만나는 견우·직녀라는 다른 대상을 끌어와 자신의 상황과 대조하여 자신의 처지를 부각하고 있지. 참고로 화자가 꿈속에서라도 임을 보려고 하는데, 벌레 소리 때문에 잠에서 깨어난다는 설정은 사랑과 한을 노래하는 고전시가 작품에서 자주 등장해.

③ 고전시가 빈출 단어·표현

앞서 고전시가 작품의 주제를 크게 세 가지로 나누어 살펴보았어. 이제 한 걸음 더 나아가 이와 같은 주제를 드러내는 데 자주 사용되는 단어와 표현들에 대해 공부해 보자. 어휘와 의미를 읽어본 후에 예를 통해 실제 작품에서 해당 어휘가 어떻게 활용되었는지를 구체적으로 확인해 보자.

1. 자연, 자연 친화

• 자연의 대유적 표현(=자연)

어휘	의미	예
강호, 강산	강과 호수, 강과 산	강호애 병이 깁퍼 죽림의 누엇더니 – 정철, 「관동별곡」 다만당 다툴 이 업슨 강산을 지키라 후시도다 – 윤선도, 「만흥」
산림, 산수, 산천	산과 숲, 산과 물	산림에 뭇쳐 이셔 지락을 무롤 것가 – 정극인, 「상춘곡」
임천	숲과 샘	아마도 임천 한흥을 비길 곳이 없어라 – 윤선도, 「만흥」
청풍명월(淸風明月)	맑은 바람과 밝은 달	초당에 청풍명월이 나명들명 기다리나니 – 이현보, 「귀거래 귀거래~」
풍월강산(風月江山)	바람과 달, 강과 산	임자 없는 풍월강산에 절로절로 늙으리라 – 박인로, 「누항사」

• 다양한 자연의 모습을 나타내는 표현

어휘	의미	예
기암(奇巖), 기암괴석(奇巖怪石)	기이하게 생긴 바위 혹은 바위와 돌	기암괴석이 눈 속에 무쳐셰라 – 이이, 「고산구곡가」
노화(蘆花)	갈대꽃	노화 깊은 곳에 명월청풍 벗이 되어 – 박인로, 「누항사」
녹양(綠楊), 녹양방초(綠楊芳草)	푸른 버드나무, 푸른 버들과 향기로운 풀	녹양에 우는 황앵 교태 겨워하는구나 – 송순, 「면앙정가」 녹양방초는 세우중에 프르도다 – 정극인, 「상춘곡」
도화(桃花)	복숭아꽃	도화행화는 석양리예 퓌여 잇고 – 정극인, 「상춘곡」
두견화(杜鵑花)	진달래꽃	송간 세로에 두견화룰 부치들고 – 정극인, 「상춘곡」
벽계수(碧溪水)	푸른 시냇물	수간모옥을 벽계수 앏픠 두고 – 정극인, 「상춘곡」
백구(白鷗)	흰 갈매기	백구야 누디 마라 네 버딘 줄 엇디 아는 – 정철, 「관동별곡」
사양(斜陽)	석양	사양과 섞어지어 세우조차 뿌리는구나 – 송순, 「면앙정가」
연하(煙霞)	안개와 노을	연하로 집을 삼고 풍월로 벗을 사마 – 이황, 「도산십이곡」
이화(梨花)	배꽃	이화우 흩뿌릴 제 울며 잡고 이별한 임 – 계랑, 「이화우 흩뿌릴 제~」
척촉(躑躅)	철쭉	동각에 숨운 곳치 척촉인가 두견화인가 – 안민영, 「매화사」
행화(杏花)	살구꽃	도화행화는 석양리예 퓌여 잇고 – 정극인, 「상춘곡」
황앵(黃鶯)	꾀꼬리	녹양에 우는 황앵 교태 겨워하는구나 – 송순, 「면앙정가」
황운(黃雲)	누런 빛깔의 구름이라는 뜻으로, 누렇게 익은 곡식을 이르는 말	황운은 또 어찌 만경에 펼쳐진고 – 송순, 「면앙정가」

• 자연을 예찬하는 태도를 나타내는 표현

어휘	의미	예
금수(錦繡)	수놓은 비단이라는 뜻으로, 자연의 모습이 비단처럼 아름답다는 의미	된서리 빠진 후에 산빛이 금수로다 – 송순, 「면앙정가」
무릉, 도원, 무릉도원(武陵桃源)	이상향	도원은 어드매오 무릉이 여기로다 – 정철, 「성산별곡」
물아일체(物我一體)	자연과 내가 하나가 되는 경지	물아일체어니 흥이이 다룰소냐 – 정극인, 「상춘곡」
연하고질(煙霞痼疾), 천석고황(泉石膏肓)	자연의 아름다운 경치를 몹시 사랑하고 즐기는 성품	ᄒ믈며 천석고황을 고쳐 므슴 ᄒ료 – 이황, 「도산십이곡」
풍월주인(風月主人)	맑은 바람과 밝은 달 따위의 아름다운 자연을 즐기는 사람	송죽 울울리예 풍월주인 되여셔라 – 정극인, 「상춘곡」
춘만(春滿)	봄이 가득함	이곡은 어듸미오 화암에 춘만커다 – 이이, 「고산구곡가」

• 자연에서의 소박한 삶의 태도를 나타내는 표현

어휘	의미	예
도롱이, 녹사의(綠蓑衣)	우비	삿갓에 도롱이 닙고 세우중에 호미 메고 – 황희, 「사시가」 청약립은 써 잇노라 녹사의 가져오냐 – 윤선도, 「어부사시사」
모옥(茅屋), 초막(草幕) / 모첨(茅簷)	초가집 / 초가지붕의 처마	누항 깊은 곳에 초막을 지어 두고 – 박인로, 「누항사」 모첨 찬 빗치 석양이 거에로다 – 신계영, 「전원사시가」
죽장망혜(竹杖芒鞋)	대나무 지팡이와 짚신	죽장망혜 단표자로 천리강산 구경 가세 – 작자 미상, 「유산가」
단사표음(簞食瓢飲)	대나무로 만든 밥그릇에 담은 밥과 표주박에 든 물이라는 뜻으로, 청빈하고 소박한 생활을 이르는 말	단사표음을 이도 족히 여기노라 – 박인로, 「누항사」
단표누항(簞瓢陋巷)	누항에서 먹는 한 그릇의 밥과 한 바가지의 물이라는 뜻으로, 선비의 청빈한 생활을 이르는 말	단표누항에 헛된 생각 아니 하네 – 정극인, 「상춘곡」
안빈낙도(安貧樂道), 안빈일념(安貧一念)	가난한 생활을 하면서도 편안한 마음으로 도를 즐겨 지킴	안빈 일념을 적을망정 품고 있어 – 박인로, 「누항사」

• 자연 속에서 한가한 태도를 나타내는 표현

어휘	의미	예
미음완보(微吟緩步), 소요음영(逍遙吟詠)	작은 소리로 읊으며 천천히 거닒	미음완보ᄒ야 시냇ᄀ의 호자 안자 – 정극인, 「상춘곡」 소요음영ᄒ야 산일이 적적훈디 – 정극인, 「상춘곡」
한중진미(閑中眞味)	한가한 가운데 깃드는 참다운 맛	한중진미룰 알 니 업시 호재로다 – 정극인, 「상춘곡」

• 속세를 나타내는 표현

어휘	의미	예
만승(萬乘)	황제	누고셔 삼공도곤 낫다 ᄒ더니 만승이 이만ᄒ랴 – 윤선도, 「만흥」
삼공(三公)	삼정승(영의정, 좌의정, 우의정), 높은 벼슬	
홍진(紅塵), 인간(人間), 인세(人世)	속세, 세속적인 인간 세상	홍진에 뭇친 분네 이 내 생애 엇더ᄒ고 – 정극인, 「상춘곡」

• 기타 어휘

어휘	의미	예
경, 경물	경치, 아름다운 경치	눈 아래 헤친 경이 철철이 절로 나니 – 정철, 「성산별곡」
세우(細雨)	가랑비	녹양방초는 세우중에 프르도다 – 정극인, 「상춘곡」
소부 허유	소부와 허유, 은사(벼슬을 하지 않고 숨어 살던 선비)	이제로 헤어든 소부 허유가 약돗더라 – 윤선도, 「만흥」
조화옹(造化翁)	조물주	어와 조화옹이 헌ᄉ토 헌ᄉ홀샤 – 정철, 「관동별곡」
희황	태평성대를 이룩했다고 알려진 인물로, 태평성대를 상징함	희황을 모르러니 이 적이야 괴로구나 – 송순, 「면앙정가」

2. 충성심 / 연군 / 우국

• 충성심을 나타내는 표현

어휘	의미	예
국화	임금에 대한 지조와 절개, 오상 고절(傲霜孤節)로 쓰이기도 함	국화야 너는 어이 삼월동풍 다 지내고 / 낙목한천에 네 홀로 피었느냐 / 아마도 오상고절은 너뿐인가 하노라 – 이정보, 「국화야 너는 어이~」
매화	임금에 대한 지조와 절개, 아치 고절(雅致孤節)로 쓰이기도 함	백설이 잦아진 골에 구루미 머흐레라 / 반가운 매화는 어느 곳에 피었는고 – 이색, 「백설이 잦아진 골에~」
우국단심(憂國丹心), 우국성심(憂國誠心)	나라를 걱정하는 정성스러운 마음, 나라에 대한 걱정과 임금 에 대한 충성	우국단심이야 어느 땐들 잊겠는가 – 박인로, 「선상탄」 이 중의 우국성심은 풍년을 원하노라 – 이휘일, 「전가팔곡」

• 기타 어휘

어휘	의미	예
고신(孤臣)	외로운 신하	고국의 못 죽는 고신이 눈물겨워 ᄒ노라 – 이정환, 「비가」
북궐(北闕)	임금께서 계신 궁궐	장안을 도라보니 북궐이 천리로다 – 이현보, 「어부단가」
성세(聖世)	태평성대	성세에 한민되어 너 좇아 다니려니 – 안조원, 「만언사」
성은(聖恩)	임금의 큰 은혜	어와 성은이야 가디록 망극ᄒ다 – 정철, 「관동별곡」
역군은(亦君恩)	이 또한 임금의 은혜라는 뜻으로, 임금에 대한 충성심을 드러냄	이 몸이 이렁 굼도 역군은이샷다 – 송순, 「면앙정가」

3. 사랑, 이별

• 여인을 나타내는 표현

어휘	의미	예
섬섬옥수, 옥수(玉手)	여인의 고운 손	옥수의 타는 수단 옛 가락 있다마는 – 허난설헌, 「규원가」
화용월태	여인의 고운 모습	화용월태 이내 얼굴 꽃 화 자로 부처 두고 – 작자 미상, 「덴동어미화전가」
홍안(紅顔)	젊어서 혈색 좋은 얼굴	홍안을 어디 두고 백골만 묻혔느냐 – 임제, 「청초 우거진 골에~」

• 여인과 관련된 사물을 나타내는 표현

어휘	의미	예
규방, 규중 / 사창	여인의 방 / 방의 창문	규중에 남은 인연 그대 한몸 뿐이로세 – 작자 미상, 「봉선화가」 사창 여읜 잠을 살뜨리도 씨오는고야 – 작자 미상, 「귀쏘리 져 귀쏘리~」
나위, 수막	여인의 방을 장식한 장막	나위 적막하고 수막이 비어 있다 – 정철, 「사미인곡」

• 이별, 외로움, 그리움과 관련 있는 표현

어휘	의미	예
독수공방, 무인 동방(無人洞房)	임이 안 계시는 외로운 방	무인 동방에 내 뜻 알 이는 너뿐인가 하노라 – 작자 미상, 「귀쏘리 져 귀쏘리~」
실솔	귀뚜라미. 가을 밤 우는 귀뚜라미는 화자의 외로운 심정과 연관된 소재로 등장함	가을 돌 방에 들고 실솔이 상에 울 제 – 허난설헌, 「규원가」
원앙금침	원앙을 수놓은 부부의 이불과 베개. (원)앙금(침)이 차갑다는 표현으로 나타나면 독수공방의 외로움을 의미함	비단 휘장에 달 비치니 원앙금침이 싸늘하다 – 허난설헌, 「사시사」

• 정서, 태도를 나타내는 표현

어휘	의미	예
객, 객수	나그네, 나그네의 시름	석양에 지나는 객이 눈물겨워 하노라 – 원천석, 「흥망이 유수하니~」
괴다	사랑하다	괴시란디 아즐가 우러곰 좃니노이다 – 작자 미상, 「서경별곡」
선흐다	서운하다	잡ᄉ와 두어리마ᄂᆞᆫ / 선흐면 아니 올셰라 – 작자 미상, 「가시리」
슬믜다	싫고 밉다	왕정이 유한ᄒ고 풍경이 못 슬믜니 – 정철, 「관동별곡」
슬ㅋ장, 슬카장	실컷	마음의 먹은 말삼 슬카장 삷쟈 하니 – 정철, 「속미인곡」
슬허ᄒ다	슬퍼하다	ᄉᆞ롬이 져 시만 못ᄒ물 못니 슬허ᄒ노라 – 박효관, 「뉘라셔 가마귀를~」
어리다	어리석다	이 마음 어리기도 임 위흔 탓이로세 – 윤선도, 「견회요」
어엿브다	불쌍하다	어엿븐 그림자 날 좇을 뿐이로다 – 정철, 「속미인곡」

어휘	의미	예
여의다, 여히다	이별하다, 헤어지다	이 원수 가난귀신 어이하여 여의려뇨 – 정훈, 「탄궁가」 여히므론 아즐가 여히므논 질삼뵈 부리시고 – 작자 미상, 「서경별곡」
외다	그르다, 잘못되다	슬프나 즐거오나 옳다 ᄒ나 외다 ᄒ나 – 윤선도, 「견회요」
우음, 우움	웃음	말솜도 우움도 아녀도 몯내 됴하ᄒ노라 – 윤선도, 「만흥」
ᄌ로	자주	구룸빗치 조타 ᄒ나 검기롤 ᄌ로 ᄒ다 – 윤선도, 「오우가」
하다	많다(多), 크다(大)	노래 삼긴 사룸 시름도 하도 할샤 – 신흠, 「노래 삼긴 사룸~」
헌ᄉᄒ다, 헌사ᄒ다	야단스럽다, 대단하다	어와 조화옹이 헌ᄉ토 헌ᄉᄒ샤 – 정철, 「관동별곡」
혜다	생각하다, 헤아리다	아무가 아무리 일러도 임이 혜여 보소서 – 윤선도, 「견회요」
둏다(됴타)	좋다	산 됴코 물 됴ᄒ 골에 삼긴 대로 늘그리라 – 박인로, 「입암이십구곡」
좋다(조타)	깨끗하다, 맑다	구룸빗치 조타 ᄒ나 검기롤 ᄌ로 ᄒ다 – 윤선도, 「오우가」
수이, 쉬	쉽게	청산리 벽계수ㅣ야 수이 감을 자랑 마라 – 황진이, 「청산리 벽계수ㅣ야~」 쉬 짓기 유명터니 선생의 빠른 재주 – 김인겸, 「일동장유가」
ᄒ마(하마)	이미, 벌써	엇그제 젊었더니 ᄒ마 어이 다 늙거니 – 허난설헌, 「규원가」
~고져	~하고자(소망, 의도)	출하리 한강의 목멱의 다히고져 – 정철, 「관동별곡」
~다호라	~같구나	유월ㅅ 보로매 아으 별해 ᄇ론 빗 다호라 – 작자 미상, 「동동」
~도곤	~보다	누고셔 삼공도곤 낫다 ᄒ더니 만승이 이만ᄒ랴 – 윤선도, 「만흥」
~ㄹ셰라	~할까 두렵다	잡ᄉ와 두어리마ᄂᆞ눈 / 선ᄒ면 아니 올셰라 – 작자 미상, 「가시리」

• 기타 어휘

어휘	의미	예
고텨, 고쳐	다시	급장유 풍채를 고텨 아니 볼 게이고 – 정철, 「관동별곡」
남여(藍輿)	뚜껑 없는 가마	남여 완보ᄒ야 산영루의 올나ᄒ니 – 정철, 「관동별곡」
단적, 어적(漁笛)	피리 소리, 어부의 피리 소리. 한가로운 정취를 드러낼 때 씀	어적도 흥에 겨워 달을 따라 부는구나 – 송순, 「면앙정가」
만고(萬古)	아주 먼 옛날, 오랜 세월 동안	성현의 가신 길이 만고에 ᄒ가지라 – 권호문, 「한거십팔곡」
빈천, 빈천거	가난한 삶	내 빈천 슬히 여겨 손을 저어 물러 가며 – 박인로, 「누항사」
빗기, 비겨	비스듬히	명사길 니근 몰이 취선을 빗기 시러 – 정철, 「관동별곡」
삼경(三更)	하룻밤을 다섯으로 나눈 셋째 부분(밤 11시부터 새벽 1시까지), 깊은 밤	이화에 월백하고 은한이 삼경인 제 – 이조년, 「이화에 월백하고~」
삼기다	만들다, 생기다	산 됴코 물 됴ᄒ 골에 삼긴 대로 늘그리라 – 박인로, 「입암이십구곡」
삼동(三冬)	겨울의 석 달, 한겨울	삼동에 베옷 입고 암혈에 눈비 맞아 – 조식, 「삼동에 베옷 입고~」
싀어지다	죽다	추라리 싀어지어 억만 번 변화ᄒ여 – 조위, 「만분가」
우부(愚夫)	어리석은 사람	우부도 알며 ᄒ거니 긔 아니 쉬운가 – 이황, 「도산십이곡」
호탕정회(浩蕩情懷)	넓고 큰 마음	호탕정회야 이에서 더할소냐 – 송순, 「면앙정가」

고전시가에서 자주 묻는 표현상의 특징

고전시가에 가장 자주 사용되는 표현상의 특징으로 설의적 표현, 영탄적 표현, 대구적 표현을 꼽을 수 있어. 이 표현법들은 문제에서 묻지 않더라도 작품을 해석하고 내용을 이해하는 데 중요한 역할을 하니까 꼭 기억해 두자.

1. 설의적 표현

설의적 표현은 의문문의 형식으로 강조하고자 하는 내용을 제시하는 표현법이야. 아래의 기출 문제에 ◯ 또는 ⊗로 답한 후 이어지는 설명을 읽어 보도록 해.

2016학년도 수능B 40번

(가)
어와 동량재(棟梁材)*룰 뎌리 ᄒᆞ야 어이 홀고
헐쓰더 기운 집의 의논(議論)도 하도 할샤
뭇 목수 고자(庫子) 자* 들고 허둥대다 말려ᄂᆞ다
　　　　　　　　　　　　　　　－ 정철, 「어와 동량재룰~」 －

(나)
옷 버서 문허진 담 뉘라셔 곳쳐 쏠고
블한당 구멍 도적 아니 멀니 단이거든
화살 춘 수하상직(誰何上直)* 뉘라셔 힘써 홀고
　　　　　　　　－ 이원익, 「고공답주인가(雇工答主人歌)」 －

*동량재: 건축물의 마룻대와 들보로 쓸 만한 재목.
*고자 자: 창고지기가 쓰는 작은 자.
*수하상직: "누구냐!" 하고 외치는 상직군.

아 동량이 될 만한 좋은 재목을 저렇게 하면(내버려 두면) 어떻게 할 것인가?
　헐고 뜯어내어 기울어 가는 집에 의견만이 많기도 많구나.
　여러 목수들이 자를 들고 허둥대기만 하다가 말려는가.

　옷 벗어 무너진 담(위기에 처한 국가의 모습을 비유)을 누가 고쳐 쌓을 것인가?
　불한당 구멍 도적(왜적)은 멀리 다니지 않거든
　화살 찬 상직군을 누가 힘써 할 것인가?

Q. (나)와 달리 (가)에서는 설의적인 표현을 통해 안타까움의 정서가 강조되고 있다.　　　　◯　⊗

💬 　(가)의 '뎌리 ᄒᆞ야 어이 홀고'는 '저렇게 하면(내버려 두면) 어떻게 할 건인가?'로 해석할 수 있는데, 동량재가 내버려뎌 있는 낭황에 대한 안타까움을 드러내는 구절로 볼 수 있어. 또한 (나)의 '뉘라셔 곤쳐 쏠고'와 '뉘라셔 힘써 홀고'는 '누가 고쳐 쌓을 건인가?', '누가 힘써 할 건인가?'로 해석할 수 있는데, '무너진 담'을 누가 고쳐 쌓을 건이며 도적이 멀리 가지 않은 채 위협하는 낭황에 '누하낭직'을 누가 힘써 할 건인지에 대한 염려와 안타까움을 드러낸 구절로 볼 수 있지. 특 (가), (나) 모두 널의적 표현을 통해 안타까움의 정서를 드러냈는데, 딜문에서는 '(나)와 달리 (가)에서는'이라고 했으니까 텅답은 ⊗야.

설의적 표현의 예

넘 의외 부운 곳튼 부귀이사 브룰 주리 이시랴　　　　　　　　　　　　　　　－ 김득연, 「산중잡곡」
다른 사람의 뜬구름 같은 부귀를 부러워할 리 있겠는가?

그 밧긔 여남은 일이야 분별훌 줄 이시랴　　　　　　　　　　　　　　　　　－ 윤선도, 「견회요」
그 밖의 다른 일이야 생각하거나 걱정할 필요가 있겠는가?

아모타 백년행락이 이만한들 어찌하리　　　　　　　　　　　　　　　　　　－ 정극인, 「상춘곡」
아무튼 한평생 누리는 즐거움이 이만하면 어떠한가?(=만족스럽지 않은가?)

편작이 열히 오나 이 병을 어찌하리　　　　　　　　　　　　　　　　　　　－ 정철, 「사미인곡」
편작(중국 전국시대의 명의)이 열 명이 오더라도 이 병을 어떻게 고치겠는가?

2. 영탄적 표현

영탄적 표현은 감정을 강하게 드러내는 방식으로 주로 감탄사나 감탄형 어미를 사용해서 나타내. 이 외에 명령이나 권유, 혹은 설의적 표현을 통해 감정을 강하게 드러내는 경우도 영탄이라고 볼 수 있어. 아래의 기출 문제에 ⊙ 또는 ⊗로 답한 후 이어지는 설명을 읽어 보도록 해.

2015학년도 6월 모평A 43번

이화에 월백하고 은한이 삼경인 제 일지춘심을 자규야 알랴마는 다정도 병인 양하여 잠 못 들어 하노라 　　　　　　　　– 이조년, 「이화에 월백하고~」 –	하얗게 핀 배꽃에 밝은 달이 비치고 은하수는 깊은 밤(밤 11시~새벽 1시)을 알리는 때에 　배나무 한 가지에 어려 있는 봄날의 정서를 두견새가 알고 우는 것이겠냐마는 　정이 많은 것도 병인 듯싶어 잠 못 들어 하는구나

Q. 영탄적 표현으로 화자의 단호한 의지를 표출하고 있다.

💬 종장의 '자규야 알랴'는 '두견새가 알고 우는 건이겠냐'로 해석할 수 있으므로, 설의적 표현을 사용해 화자가 느끼는 애상감을 강하게 드러낸 것으로 볼 수 있어. 또한 종장의 '잠 못 들어 하노라'는 '잠 못 들어 하는구나'로 해석할 수 있으며, '다정' 즉 복잡한 마음 때문에 잠을 이루지 못하는 화자의 감정을 영탄을 통해 드러낸 표현으로 볼 수 있지. 다만 영탄적 표현을 통해 감정을 강하게 드러낼 뿐, 이를 통해 화자의 단호한 의지를 표출하고 있는 건 아니기 때문에 정답은 X야.

영탄적 표현의 예

어져 내 일이야 그릴 줄을 모르던가	– 황진이, 「어져 내 일이야~」

아아! 내가 한 일이 후회스럽구나. (임을) 그리워할 줄을 몰랐단 말인가?

두어라 세간 소식 나는 몰라 하노라	– 권구, 「병산육곡」

두어라, 세상 소식을 나는 모르고자 하노라.

원근창애에 머문 것도 하도 할샤	– 송순, 「면앙정가」

멀리 또는 가까이에 있는 푸른 절벽에 머문 것(산봉우리)이 많기도 많구나.

사면을 돌아보니 어와 장할시고	– 김인겸, 「일동장유가」

(배 밖의) 전후좌우의 모든 방면을 돌아보니 아아 굉장하구나.

흐르는 내가 되어 집 앞에 두르고저	– 이광명, 「북찬가」

흐르는 시냇물이 되어 (어머니가 계신) 집 앞을 두르며 흐르고 싶구나.

---

3. 대구적 표현

대구적 표현은 문장 구조가 같거나 유사한 구절을 나란히 배열하는 표현법을 말해. 비슷한 구절을 나란히 두기 때문에 내용을 강조하고, 운율감을 줄 수 있지. 아래의 기출 문제에 ⊙ 또는 ⊗로 답한 후 이어지는 설명을 읽어 보도록 해.

2016학년도 수능B 40번

사람 사람마다 이 말삼 드러사라 이 말삼 아니면 사람이라도 사람 아니 이 말삼 잇디 말고 배우고야 마로리이다 <제1수>	사람 사람마다 이 말씀을 들으십시오. 이 말씀을 따르지 않으면 사람이라도 사람이 아니니 이 말씀을 잊지 말고 배워야 할 것입니다.
아바님 날 나흐시고 어마님 날 기르시니 부모(父母)곧 아니시면 내 몸이 업실랏다 이 덕(德)을 갚흐려 하니 하늘 가이 업스샷다 <제2수>	아버님 날 낳으시고 어머님 나를 기르시니 부모님이 아니시면 내 몸이 없었을 것이로다. 이 덕을 갚으려 하니 하늘같이 끝이 없구나.
– 주세붕, 「오륜가」 –	

Q. 상반된 세계관이 대구의 형식을 통해 구체화되고 있다. ⊙ ⊗

> 💬 <제2수> 초장의 '아바님 날 나흐시고 어마님 날 기르시니'에서 '(누가) 날 ~시고', '(누가) 날 ~시니'라는 유사한 문장 구조가 반복되는 대구의 형식을 확인할 수 있어. 하지만 이 작품에서 나타난 대구의 형식은 상반된 세계관과 관련이 없기 때문에 정답은 X야.

대구적 표현의 예

북풍은 나무 끝에 불고 명월은 눈 속에 찬데　　　　　　　　　　　　　– 김종서, 「북풍은 나무 끝에 불고~」
북풍(겨울바람)은 나뭇가지 끝에 불고 밝은 달은 눈 위에서 차갑게 비치는데,

가노라 삼각산아 다시 보자 한강수야　　　　　　　　　　　　　　　　　– 김상헌, 「가노라 삼각산아~」
(나는) 가노라 삼각산(북한산의 옛 이름)아, 다시 보자 한강물아.

이런들 엇더ᄒ며 져런들 엇더ᄒ료　　　　　　　　　　　　　　　　　　　– 이황, 「도산십이곡」
이런들 어떠하며 저런들 어떠하리?

집 두헤 ᄌ차리 ᄠᅳᆮ고 문 알픠 ᄆᆞᆯ곤 심 기러　　　　　　　　　　　　– 김득연, 「산중잡곡」
집 뒤에 (있는) 산나물을 뜯고 문 앞에 (있는) 맑은 샘을 길어,

겨울 밤 차고 찬 제 자최눈 섞어 치고 / 여름 날 길고 길 제 구즌 비ᄂᆞᆫ 므스 일고　　　– 허난설헌, 「규원가」
겨울 밤 차고 찬 때 진눈깨비 섞어 내리고, / 여름날 길고 긴 때 궂은비는 무슨 일로 내리는가?

🏁 자 여기까지!

고어를 읽는 기본적인 방법과 고전시가에 자주 나오는 핵심 주제 3가지 그리고 빈출 단어, 표현상의 특징에 대해 공부했어. 지금까지 학습한 내용들을 바탕으로 2부에 실린 작품들을 본격적으로 공부해 보자.

수능 국어

1등급을 위한

고전시가 해석

집중 학습 프로그램

2부

고전(古典)으로 통하는 길

평시조

| 지문으로 출제된 평시조 |

● 이화(梨花)에 월백(月白)하고 은한(銀漢)이 ● 삼경(三更)인 제 ^{Q1, Q2}
하얗게 핀 배꽃에 밝은 달이 비치고 은하수는 깊은 밤(밤11시~새벽1시)을 알리는 때에.

● 해석의 틀 '이화'는 배꽃이라는 뜻으로, '도화(복숭아꽃)', '두견화(진달래꽃)', '행화(살구꽃)' 등과 함께 '봄'이라는 계절적 배경을 나타낼 때 주로 사용되는 시어이다.

● 해석의 틀 '삼경'은 밤 11시부터 새벽 1시를 뜻하는데, '깊은 밤'이라는 상징적 의미를 지녀 시가에 자주 등장한다.

➕ 일지춘심(一枝春心)을 ● 자규(子規)야 알랴마는
배나무 한 가지에 어려 있는 봄날의 정서를 두견새가 알고 우는 것이겠냐마는,

➕ 해석의 덤 '춘심'은 '봄철에 느끼는 심회'와 '남녀 간의 사랑' 두 가지 뜻으로 해석할 수 있다. 따라서 '일지춘심'은 '배나무 한 가지'라는 자연물에 화자의 정서가 투영된 것이라 할 수 있다.

● 해석의 틀 '두견새(접동새)'는 그 울음소리가 구슬퍼서 한과 서러움의 정서를 불러일으키는 소재로 쓰인다.

다정(多情)도 병(病)인 양하여 잠 못 들어 하노라 ^{Q3}
정이 많은 것도 병인 듯싶어 잠 못 들어 하는구나.

> **주제**
> 봄밤에 느끼는 애상감
>
> **특징**
> 시각적 심상과 청각적 심상을 통해 화자의 심정을 부각함
> **근거** (시각적 심상) '이화', '월백', '은한' 등, (청각적 심상) '자규'
>
> **해제**
> 「이화에 월백하고~」는 봄밤에 느끼는 낭만적인 분위기를 감각적으로 표현하고 있다. 백색의 이미지를 지닌 '이화'와 '월백'이라는 두 대상이 어우러지며 서정적인 분위기를 조성하고, 여기에 두견새의 구슬픈 울음소리까지 더해지면서 화자의 애틋한 심정이 심화되고 있다.

^{Q1} 밝은 달빛을 받는 '이화'에서 환기된 화자의 정서가 '자규'를 통해 심화되고 있다.
○ ×

^{Q2} '삼경'은 화자가 대상과 이별하는 시간적 배경이다.
○ ×

^{Q3} 종장에서 애상적 정서를 주체하지 못하는 화자의 모습을 확인할 수 있다.
○ ×

빠른 정답 ◉ 1. ○　2. X　3. ○　⋯ 해설 **p.202**

● 흥망(興亡)이 유수(有數)하니 만월대(滿月臺)도 추초(秋草)로다 ^{Q1}
(나라의) 흥하고 망함이 운수에 달려 있으니, 만월대(고려 왕궁터)에도 가을 풀이 우거져 있구나.

● 해석의 틀 '흥망'이란 '잘되어 일어남과 못되어 없어짐.'이라는 뜻이다. 주로 국가나 왕조가 생겨나 번영하다가, 시간이 지나 쇠락하게 되는 일을 나타낼 때 자주 사용된다.

오백 년(五百年) 왕업(王業)이 목적(牧笛)에 부쳤으니
오백 년 왕조의 업적이 목동의 피리 소리에 깃들어 있으니,

석양(夕陽)에 지나는 객(客)이 눈물겨워 하노라 ^{Q2, Q3}
석양에 지나가는 나그네가 (그 소리를 듣고) 눈물겨워 하는구나.

> **주제**
> 망국(고려의 멸망)에 대한 한과 회고
>
> **특징**
> ① 중의적인 시어와 영탄을 사용하여 화자의 정서를 부각함
> **근거** (중의적 시어) '석양': 해가 저물 무렵 / 고려 왕조의 멸망, (영탄) '만월대도 추초로다', '눈물겨워 하노라'
> ② 청각적 심상을 통해 인생무상의 정서를 드러냄
> **근거** '오백 년 왕업이 목적에 부쳤으니'
>
> **해제**
> 「흥망이 유수하니~」는 고려의 충신이었던 작가가 옛 고려의 성터를 지나면서 고려 왕조 오백 년의 업적을 생각하고, 세월의 무상함에 대해 슬픔을 드러내는 회고적 성격을 지닌 작품이다. 특히 잡초가 우거진 성터에서 목동의 구슬픈 피리 소리를 들으며 지금은 망해버린 옛 왕조를 떠올리는 모습에서 애상적인 분위기가 부각되어 나타난다. 또한 화자는 종장에서 자신을 '객'이라고 표현하며 주관적 정서를 객관화하여 드러내고 있다.

^{Q1} 화자는 독백의 방식으로 자신의 내면을 드러내고 있다.
○ ×

^{Q2} '석양'은 화자의 정서를 심화하는 배경이다.
○ ×

^{Q3} '눈물겨워 하노라'에서 침울한 분위기를 느낄 수 있다.
○ ×

빠른 정답 ◉ 1. ○　2. ○　3. ○　⋯ 해설 **p.202**

03

「천만리(千萬里) 머나먼 길에~」   왕방연   🔍 14 ⑪ 수능AB

천만리(千萬里) 머나먼 길에 고운 님 여의옵고 ^{Q1}
천만리 머나먼 곳(영월)에서 고운 임(단종)과 이별하고,

내 마음 둘 데 없어 냇가에 앉았으니 ^{Q2}
나의 (슬픈) 마음을 둘 데가 없어서 냇가에 앉았더니.

저 ● 물도 내 안 같아서 울어 밤길 가는구나 ^{Q3}
(흘러가는) 저 (시냇)물도 내 마음과 같아서 울면서 밤길을 흘러가는구나.

해석의 틀 (시냇)물이 소리를 내며 흐른다는 속성을 활용해, 물에 감정을 이입하여 화자의 슬픈 마음을 드러내는 표현 방식은 「견회요」 등에서도 확인할 수 있다.

주제
임(단종)과의 이별에서 느끼는 슬픔과 안타까움

특징
① 과장된 표현을 사용하여 화자의 심정을 드러냄
근거 '천만리 머나먼 길에 고운 님 여의옵고'
② 인간과 자연물을 동일시하여 화자의 슬픔을 부각함
근거 '저 물도 내 안 같아서 울어 밤길 가는구나'

해제
「천만리 머나먼 길에~」는 세조가 단종을 폐위시켜 유배 보내자, 어린 임금(단종)을 유배지로 모신 후 그를 혼자 남겨두고 돌아오는 길에 느낀 작가의 슬픔을 노래한 작품이다. 특히 화자가 깊은 밤 냇가에 홀로 앉아 시냇물이 흘러가는 소리를 들으며 이를 자신의 마음과 동일시하는 모습을 통해 주제 의식이 부각되고 있다.

빠른 정답 ● 1. ○ 2. X 3. ○   …▸ 해설 **p.202**

^{Q1} 초장에서 과장된 표현을 통해 임과 이별한 상황을 강조하고 있다.
○ ⊗

^{Q2} '냇가'는 속세와 대비되는 성찰의 공간을 의미한다.
○ ⊗

^{Q3} 종장에서 인간과 자연물의 동일시를 통해 화자의 슬픔을 표현하고 있다.
○ ⊗

04

「풍상(風霜)이 섞어 친 날에~」   송순   🔍 03 ❸ 학평

● 풍상(風霜)이 섞어 친 날에 갓 피온 황국화(黃菊花)를 ^{Q1, Q2}
바람 불고 서리가 내린 궂은 날에 갓 피어난 황국화를

해석의 틀 '풍상'은 바람과 서리란 의미로 시련과 고난을 비유한다. 이를 통해 궂은 상황에서도 피어난 '국화'의 절개가 더욱 강조되는 것이다.

금분(金盆)에 가득 담아 옥당(玉堂)에 보내오니
금화분에 가득 담아 홍문관(조선 시대에 궁중의 문서를 관리하던 관아)으로 보내주시니.

도리(桃李)야 꽃인 체 마라 님의 뜻을 알쾌라 ^{Q3, Q4}
복숭아꽃과 오얏꽃아, 꽃인 척 하지 마라. (황국화에 담겨 있는) 임금의 뜻을 알겠구나.

주제
변함없는 충정과 고고한 절개

특징
대조적인 소재를 통해 화자의 태도를 부각함
근거 '황국화' ↔ '도리'

해제
「풍상이 섞어 친 날에~」는 임금에 대한 충정을 상징적인 소재를 통해서 표현하고 있다. 지조와 절개를 상징하는 '황국화'와 금방 변해버리는 '도리'를 대조하여 화자의 충정을 강조하고 있는 것이다.

빠른 정답 ● 1. ○ 2. ○ 3. ○ 4. ○   …▸ 해설 **p.202**

^{Q1} '풍상'은 '황국화'를 돋보이게 하는 소재이다.
○ ⊗

^{Q2} '섞어 친'과 '갓 피온'은 대조적인 느낌을 주고 있다.
○ ⊗

^{Q3} '황국화'는 '도리'와 상징적 의미가 대비되는 자연물이다.
○ ⊗

^{Q4} '님의 뜻'은 시류에 편승하지 않는 강직한 신하가 되라는 의미이다.
○ ⊗

어져 내 일이야 그릴 줄을 모르던가 ^{Q1}
아아! 내가 한 일이 후회스럽구나. (임을) 그리워할 줄을 몰랐단 말인가?

있으라 하더면 가랴마는 제 구태여 ^{Q2}
있으라고 말했다면 (임이) 가셨겠냐마는 제 굳이

보내고 그리는 정(情)은 나도 몰라 하노라 ^{Q3}
보내고 나서 (임을) 그리워하는 마음을 나도 잘 모르겠구나.

주제
임을 그리워하는 마음

특징
① 행간 걸침을 통해 이별에 대한 화자의 심정을 부각함
　근거 '가랴마는 제 구태여 / 보내고'
② 영탄과 설의를 사용하여 화자의 안타까운 심정을 드러냄
　근거 (영탄) '어져', (설의) '그릴 줄을 모르던가' 등

해제
「어져 내 일이야~」는 이별한 임에 대한 화자의 심정을 여성의 섬세한 어조와 수사법으로 표현하고 있는 작품이다. '어져'라는 감탄사를 통해 이별의 안타까움을 생생하게 드러내고 있다. 특히 '가랴마는 제 구태여 / 보내고'는 행간 걸침으로 인해 '임이 굳이 가셨겠냐마는' 이라는 의미와 '내가 구태여 (임을) 보내고'라는 의미로 해석될 수 있다. 이를 통해 이별에 대한 화자의 심리를 다각적으로 드러내고 있다.

빠른 정답 ➊ 1. ○ 2. ○ 3. X   ⋯ 해설 p.202

^{Q1} 초장에서는 영탄과 설의적 표현을 활용하여 화자가 느끼는 회한을 나타내고 있다.
　⊙ ⊗

^{Q2} '제 구태여'를 '가랴마는'과 연결하면 도치법을 사용하여 화자를 떠난 임의 행위를 강조하는 구절이 되고, '보내고'와 연결하면 화자의 행위를 부각하는 구절이 된다.
　⊙ ⊗

^{Q3} 종장의 내용을 통해 화자의 슬픔이 임에 대한 원망으로 변하고 있음을 확인할 수 있다.
　⊙ ⊗

청초(靑草) 우거진 골에 자느냐 누웠느냐
푸른 풀이 우거진 골짜기에 자고 있느냐? 누워 있느냐?

● 홍안(紅顔)을 어디 두고 백골(白骨)만 묻혔느냐 ^{Q1}
고운 얼굴은 어디에 두고 백골만 묻혀 있느냐?

● 해석의 틀 '홍안'은 젊어서 혈색이 좋은 얼굴이라는 의미로, 젊고 아름다운 여인을 나타낼 때 주로 사용되는 표현이다.

잔(盞) 잡아 권(勸)할 이 없으니 그를 슬퍼 하노라 ^{Q2}
잔을 잡아 (술 한 잔) 권해줄 사람이 없으니 그것을 슬퍼하노라.

주제
이별한 임(황진이)에 대한 그리움

특징
① 대조적인 소재를 통해 화자의 심정을 부각함
　근거 '홍안' ↔ '백골'
② 의문형 어미를 통해 화자의 심정을 드러냄
　근거 '청초 우거진 골에 자느냐 누웠느냐', '홍안을 어디 두고 백골만 묻혔느냐'
③ 시각적 심상을 활용함
　근거 '청초', '홍안', '백골'

해제
「청초 우거진 골에~」는 작가가 과거에 인연이 있었던 황진이의 무덤 앞에서 그녀의 죽음을 안타까워하며 지은 작품이다. 특히 '청초', '홍안', '백골' 등 색채 대조를 이루는 시어들을 사용하여 죽은 황진이에 대한 애절한 심정을 부각하고 있다.

빠른 정답 ➊ 1. X 2. ○   ⋯ 해설 p.203

^{Q1} 중장에서 거스를 수 없는 자연의 섭리에 대한 경외감을 표현하고 있다.
　⊙ ⊗

^{Q2} 종장에서 대상의 부재에서 느끼는 안타까움을 드러내고 있다.
　⊙ ⊗

이화우(梨花雨) 흩뿌릴 제 울며 잡고 이별(離別)한 임
배꽃이 비처럼 흩날리는 봄에 울며 잡고 헤어진 임.
● 추풍낙엽(秋風落葉)에 저도 날 생각는가 ^{Q1, Q2} → Q1, Q2
가을바람에 떨어지는 나뭇잎을 보며 임도 나를 생각하고 계시는가?

🔖 **해석의 틀** '추풍낙엽'은 가을이라는 계절적 배경을 드러내는 데 사용된다. '실솔(귀뚜라미)', '서리' 등과 같은 시어도 가을을 나타낼 때 자주 등장하니 함께 알아두도록 하자!

천 리(千里)에 외로운 꿈만 오락가락 하노매
천 리 길 머나먼 곳에 외로운 꿈만 오락가락 하는구나.

> **주제**
> 이별한 임에 대한 그리움
>
> **특징**
> ① 하강적 이미지를 통해 애상적 분위기를 자아냄
> **근거** (하강적 이미지) '이화우 흩뿌릴 제', '추풍낙엽'
> ② 계절의 흐름과 공간적 거리를 제시하여 화자의 정서를 심화시킴
> **근거** (계절의 흐름) '이화우' → '추풍낙엽', (공간적 거리) '천 리'
>
> **해제**
> 「이화우 흩뿌릴 제~」는 배꽃이 흩날리는 봄에 임과 이별한 화자가 낙엽이 떨어지는 가을날까지도 임을 그리워하는 마음을 표현한 작품이다. 계절이 변화하는 모습을 감각적으로 제시하여 임에 대한 그리움을 부각하고 있으며, '천 리'라는 공간적 거리감을 제시하여 이별의 심정을 더욱 효과적으로 드러내고 있다.

빠른 정답 ● 1. ○ 2. X ⋯ 해설 p.203

Q1 초장과 중장에서 계절적 이미지를 활용하여 작품의 분위기를 형성하고 있다.
○ ✕

Q2 '이화우', '추풍낙엽'은 점층적 강조를 통해 주제를 효과적으로 드러내고 있다.
○ ✕

묏버들 가려 꺾어 보내노라 님에게 ^{Q1}
산버들 중 좋은 것을 가려내어 꺾어 임에게 보내노니.
자시는 창(窓) 밖에 심어 두고 보소서
주무시는 방의 창문 밖에 심어 놓고 보십시오.
밤비에 새잎 나거든 나인가도 여기소서
밤비에 (산버들에서) 새잎이 나면 저를 본 것처럼 여겨 주십시오.

> **주제**
> 임에 대한 사랑과 그리움
>
> **특징**
> 도치를 사용해 화자의 심정을 부각함
> **근거** '묏버들 가려 꺾어 보내노라 님에게'
>
> **해제**
> 「묏버들 가려 꺾어~」는 임에 대한 지고지순한 마음을 '묏버들'로 표현하고 있다. 화자는 임과 멀리 떨어져 있지만 이별의 상황에 좌절하지 않고 임에게 자신을 기억해 달라고 당부하고 있다. 화자는 이러한 자신의 사랑을 '묏버들'이라는 소재로 표현하여 재회의 소망을 간절히 호소하고 있는 것이다.

빠른 정답 ● 1. ○ ⋯ 해설 p.203

Q1 '묏버들'은 화자의 마음을 대신 전달하는 소재로 임에게 바치는 지순한 사랑을 의미한다.
○ ✕

어와 동량재(棟梁材)롤 뎌리 ᄒᆞ야 어이 ᄒᆞᆯ고
아! 동량(건축물의 마룻대와 들보)이 될 만한 좋은 재목을 저렇게 하면(내버려 두면) 어떻게 할 것인가?

헐ᄡᅳ더 기운 집의 의논(議論)도 하도 할샤 ^Q1
헐고 뜯어내어 기울어 가는 집에 의견만이 많기도 많구나.

뭇 목수 고자(庫子) 자 들고 허둥대다 말려ᄂᆞ다
여러 목수들이 작은 자를 들고 허둥대기만 하다가 말려는가.

> <Q1> 〈보기〉로 작품 보기를 참고할 때, '동량재'는 국가의 바람직한 경영을 위해 요구되는 중요한 요소를, '기운 집'은 위태로운 상태에 놓인 국가를 뜻한다.

> **주제**
> 당파 싸움으로 인해 인재들이 버림받는 현실에 대한 안타까움
>
> **특징**
> 비유를 활용해 주제를 우회적으로 표현함
> **근거** '동량재'(나라를 떠받들 만한 인재), '헐ᄡᅳ더 기운 집'(위기에 빠진 나라), '뭇 목수'(당쟁만 일삼는 신하들)
>
> **해제**
> 「어와 동량재롤~」은 능력이 있는 인재들이 버림받는 현실을 비판하고 있는 작품이다. 피폐해져 가는 국가의 현실을 '기운 집'에, 다투기만 하는 신하들을 '목수'에 빗대어 당시 세태를 비판하고 있다.
>
> 🔍 〈보기〉로 작품 보기
> 유학 이념에서는 국가를 가족의 확장된 형태로 본다. 집안의 화목을 위해서는 구성원들이 자기 역할에 충실해야 하듯, 국가의 안정적인 경영을 위해서는 군신(君臣)이 본분을 다해야 한다. 조선 시대 시가에서는 이러한 이념을 담아 국가를 집으로 표현하는 경우가 많다.

빠른 정답 ● 1. ○ ⋯ 해설 **p.203**

철령(鐵嶺) 노픈 봉(峰)을 쉬여 넘ᄂᆞᆫ 져 구름아
철령 높은 봉우리를 쉬어 넘는 저 구름아.

고신 원루(孤臣冤淚)롤 비 사마 ᄯᅴ여다가
귀양 가는 외로운 신하의 원통한 눈물을 비처럼 띄워다가,

님 계신 구중 심처(九重深處)에 ᄲᅮ려 본들 엇드리 ^Q1
임이 계신 겹겹이 문으로 막은 깊은 궁궐에 뿌려 본들 어떠하겠는가.

> <Q1> '철령 노픈 봉'과 '구중 심처'를 통해 화자와 임 사이의 거리감을 확인할 수 있다.

> **주제**
> 억울하게 귀양가는 원통한 심정에 대한 호소
>
> **특징**
> 구름에게 말을 건네는 방식을 통해 화자의 소망을 드러냄
> **근거** '철령 노픈 봉을 쉬여 넘ᄂᆞᆫ 져 구름아'
>
> **해제**
> 「철령 노픈 봉을~」은 화자가 유배를 가는 도중 '구름'을 보며 자신의 처지와 소망을 드러내는 작품이다. 화자는 '철령' 지방을 지날 적에 '쉬여 넘ᄂᆞᆫ 져 구름'을 보고 그것이 유배가는 자신의 무거운 발걸음과 닮아 있다고 생각한다. 또한 '구름'에게 임금이 계신 궁궐에 눈물의 비를 뿌려 달라고 부탁하며 임금에게 자신의 억울함과 원통함을 알아달라고 호소하고 싶은 심정을 드러내고 있다.

빠른 정답 ● 1. ○ ⋯ 해설 **p.203**

「조홍시가(早紅柿歌)」

박인로

🔍 04 ❺ 모평

반중(盤中) 조홍(早紅)감이 고와도 보이나다 ^{Q1}
쟁반 위에 놓인 붉은 홍시가 곱게도 보이는구나.

➕ 유자(柚子)가 아니라도 품음 직도 하다마는 ^{Q2}
(비록) 유자가 아니라 해도 품고 갈 만하지만,

> ➕해석의 덤 │ 중국 후한의 육적이라는 사람이 남의 집에 갔다가 대접받은 귤을 먹지 않고 어머니를 위해 품고 왔다는 회귤고사에서 나온 표현으로, 지극한 효성을 비유한다.

품어 가 반길 이 없을새 그로 설워하나이다 ^{Q3}
품속에 넣어간다 한들 반가워할 분(부모님)이 안 계시니, 그것을 서러워하노라.

> **주제**
> 부모님에 대한 지극한 효심과 그리움
>
> **특징**
> 고사를 인용하여 주제를 강조함
> 근거 '유자가 아니라도 품음 직도 하다마는'
>
> **해제**
> 「조홍시가」는 돌아가신 부모님을 그리워하고 다시 뵐 수 없음을 슬퍼하는 내용의 시조이다. '회귤고사'를 인용하여 부모님께 효성을 다할 수 없음을 안타까워하는 심정을 부각하고 있다.

Q1 중심 소재인 '조홍감'은 외적으로는 작품 창작의 계기가 되며, 내적으로는 정서를 환기하는 기능을 한다.
　　ⓞ ⓧ

Q2 중장에서는 '유자'에 관한 고사를 인용하여 주제를 효과적으로 부각하고 있다.
　　ⓞ ⓧ

Q3 '품어 가 반길 이 없을새'는 반어적 표현으로 주제 의식을 강조한다.
　　ⓞ ⓧ

빠른 정답 ◯ 1. ○ 2. ○ 3. X ┈ 해설 **p.203**

「빈천(貧賤)을 팔려고~」

조찬한

🔍 16 ❼ 학평

● 빈천(貧賤)을 팔려고 권문(權門)에 들어가니
가난하고 천하게 사는 것을 팔려고 권문세가(벼슬이 높고 권세가 있는 집안)를 찾아 들어가니,

덤 없는 흥정을 누가 먼저 하자고 하겠는가 ^{Q1}
이익이 없는 흥정을 누가 먼저 하자고 말하겠는가?

● 강산(江山)과 풍월(風月)을 달라하니 그건 그리 못하리 ^{Q2}
(빈천을 사 주는 대가로) 강산과 풍월(자연)을 달라고 하니 그건 그렇게 못하겠구나.

> ● 해석의 틀 │ 조선 시대 사대부들은 '빈천(가난)'한 상황 속에서도 '강산과 풍월(자연)'을 벗하며 안빈낙도(가난에 구애받지 않고 즐기는 마음으로 살아감)하고자 하였다. 이와 같은 삶의 자세를 취하는 대표적인 작품으로는 「누항사」 등이 있다.

> **주제**
> 부귀와도 바꿀 수 없는 자연 속에서의 삶, 빈곤한 삶 속에서도 잃지 않는 선비로서의 자세
>
> **특징**
> ① 세속과 자연을 대비함
> 근거 '권문' ↔ '강산과 풍월'
> ② 추상적인 대상을 구체적으로 표현함
> 근거 '빈천을 팔려고', '강산과 풍월을 달라하니'
>
> **해제**
> 「빈천을 팔려고~」는 가난하고 천하게 살더라도 자연에서 사는 즐거움을 권세(부, 권력)와 바꿀 수 없다는 화자의 자연 친화적 삶의 태도를 표현하고 있는 작품이다.
>
> 🔍 〈보기〉로 작품 보기
> 조선 시대에 여러 내우외환을 겪으면서 나라의 사정은 어려워졌고, 이에 따라 권력과 부귀를 지니지 못한 선비들도 삶의 어려움을 겪게 되었다. 그러면서 그들은 현실적인 삶의 문제와 선비로서 지조와 신념을 지키며 살아가려는 삶 사이에서 갈등했다.

Q1 '누가 먼저 하자고 하겠는가'에서 설의적 표현을 통해 의미를 강조하고 있다.
　　ⓞ ⓧ

Q2 계절감을 드러내는 소재를 활용하여 주제를 강조하고 있다.
　　ⓞ ⓧ

빠른 정답 ◯ 1. ○ 2. X ┈ 해설 **p.204**

동창이 밝았느냐 노고지리 우지진다 Q1, Q2
동쪽으로 난 창이 밝았느냐? 종달새가 우짖는구나.

소 칠 아이는 상기 아니 일었느냐
소를 먹일 아이는 아직도 일어나지 않았느냐?

재 너머 사래 긴 밭을 언제 갈려 하나니
고개 너머 이랑의 긴 밭을 언제 갈려고 하느냐?

Q1 밝아오는 '동창'과 지저귀는 '노고지리'를 통해 '아이'가 일어나야 할 때임을 알려주고 있다.

ⓞⓧ

Q2 '노고지리 우지진다'에서 청각적 심상을 확인할 수 있다.

ⓞⓧ

주제
근면한 노동 생활에 대한 권장

특징
① 농촌의 아침 풍경을 여유 있고 친근감 있게 묘사함
 근거 '노고지리 우지진다', '소 칠 아이는 상기 아니 일었느냐'
② 말을 건네는 방식을 사용하여 시적 상황을 생동감 있게 표현함
 근거 '동창이 밝았느냐', '상기 아니 일었느냐', '언제 갈려 하나니'

해제
「동창이 밝았느냐~」는 작가가 관직에서 물러나 여유로운 전원생활을 즐기며 쓴 작품이다. 평화로운 농촌의 일상을 그리면서 일찍 일어나 부지런히 일을 해야 한다는 가르침을 주는 '권농가(농사짓는 일에 관한 노래)' 중 하나이다. '노고지리(종달새)'는 계절적 배경이 봄임을 보여주는 자연물이며 이외에도 초장과 중장의 내용을 통해 작품의 시간적 배경을 확인할 수 있다.

빠른 정답 ▶ 1. ⓞ 2. ⓞ ⋯➙ 해설 **p.204**

초암(草庵)이 적료(寂廖)ᄒᆞᆫ디 벗 업시 호ᄌᆞ 안ᄌ Q1
초가 암자가 적적하고 고요한데 친구 하나 없이 홀로 앉아서,

평조(平調) 한 납히 백운(白雲)이 절로 존다
평조(곡조 이름) 가락을 읊으니 흰 구름이 절로 조는 것 같구나.

언의 뉘 이 죠흔 뜻을 알 리 잇다 ᄒᆞ리오 Q2
어느 누가 이 좋은 뜻을 아는 사람이 있다 하겠는가?

Q1 화자는 '초암'에서 자연에 묻혀 사는 삶의 즐거움을 노래하고 있다.

ⓞⓧ

Q2 종장은 현실에서 도피하고 싶은 화자의 심정을 드러내고 있다.

ⓞⓧ

주제
자연 속에서 느끼는 흥취

특징
① 의인을 사용하여 화자의 심정을 부각함
 근거 '백운이 절로 존다'
② 설의를 통해 자연 속에서 느끼는 만족감을 드러냄
 근거 '언의 뉘 이 죠흔 뜻을 알 리 잇다 ᄒᆞ리오'

해제
「초암이 적료ᄒᆞᆫ디~」는 자연 속에서 느끼는 한적한 정취를 드러내고 있는 작품이다. 시조의 창법 중 하나인 '평조 한 납'을 읊는 화자의 모습을 통해 자연 속에서의 한가롭고 운치 있는 분위기를 극대화하고 있으며, '백운'을 의인화하여 화자가 느끼는 물아일체의 심정을 효과적으로 표현하고 있다. 또한 임금이나 세속에 대한 언급 없이 자연 속에서 느끼는 한가로움과 만족스러움만을 표현한 것은 눈여겨볼만한 점이다.

빠른 정답 ▶ 1. ⓞ 2. ⓧ ⋯➙ 해설 **p.204**

15 「국화(菊花)야 너는 어이~」

이정보

국화(菊花)야 너는 어이 삼월동풍(三月東風) 다 지내고 ^{Q1}
국화야, 너는 어찌하여 따뜻한 봄철이 다 지나가고,
낙목한천(落木寒天)에 네 홀로 피었느냐 ^{Q2, Q3}
잎이 지는 추운 계절에 너 홀로 피어 있느냐?
아마도 ● 오상고절(傲霜孤節)은 너뿐인가 하노라 ^{Q4}
아마도 서리를 이겨내는 꿋꿋하고 높은 절개를 지닌 것은 너뿐인가 하노라.

● 해석의 틀 사대부들은 사군자(매화, 난초, 국화, 대나무)의 속성을 예찬하는 방식을 통해 임금에 대한 충성과 절개를 표현하기도 하였다. '오상고절'은 늦가을에 추위를 이겨내며 피는 국화를 이르는 말임을 기억해 두자!

주제
국화의 굳은 지조와 절개에 대한 예찬

특징
① 의인을 사용하여 대상(국화)에 대한 친근함을 드러냄
근거 '너는 어이 삼월동풍 다 지내고', '네 홀로 피었느냐', '너뿐인가 하노라'
② 계절을 대비하여 주제를 부각함
근거 '삼월동풍' ↔ '낙목한천'

해제
「국화야 너는 어이~」는 지조와 절개를 상징하는 '국화'를 예찬하고 있다. 계절의 대비를 통해 '국화'의 모습을 부각함으로써 추운 계절에 꽃을 피우는 국화의 속성을 예찬하고 있다. 또한 '국화'를 '너'라고 의인화하여 표현하고 있는데, 이를 화자의 지조와 절개를 드러내는 상징물로 본다면 국화처럼 지조와 절개를 지키고자 하는 화자의 신념을 보여 주는 작품으로도 해석할 수 있다.

빠른 정답 ○ 1. X 2. ○ 3. ○ 4. ○ ⋯ 해설 **p.204**

^{Q1} '동풍'이 불어오는 '삼월'은 화자가 대상과 이별하는 시간적 배경이다. ○ ⊗

^{Q2} '낙목한천'은 국화가 극복해야 하는 부정적인 현실을 의미한다. ○ ⊗

^{Q3} '네 홀로'에는 다른 꽃들과 대조되는 국화의 속성이 드러나 있다. ○ ⊗

^{Q4} '오상고절'은 국화가 지닌 굳건한 절개로 화자는 이런 속성을 지닌 대상을 예찬하고 있다. ○ ⊗

16 「임 이별 하올 적에~」

안민영

임 이별 하올 적에 저는 나귀 한치 마소 ^{Q1}
임과 이별할 때에 다리를 저는 나귀가 빨리 가지 못한다고 한탄하지 마시오.
가노라 돌아설 때 저는 걸음 아니런들
(임께서) 가겠다 하고 돌아설 때에 다리를 저는 나귀의 걸음이 아니었다면,
꽃 아래 눈물 적신 얼굴을 어찌 자세히 보리오 ^{Q2}
꽃나무 아래에서 눈물 적시며 (떠나는 임의) 얼굴을 어찌 자세히 볼 수 있겠습니까?

주제
사랑하는 사람과 이별하는 슬픔

특징
설의를 활용해서 임과 이별하는 슬픔을 토로함
근거 '어찌 자세히 보리오'

해제
「임 이별 하올 적에~」는 꽃이 피는 봄에 사랑하는 사람과 이별하는 슬픔을 표현한 작품이다. 종장의 '꽃 아래 눈물 적신 얼굴'은 이별을 슬퍼하는 화자의 얼굴 혹은 떠나는 임의 얼굴로 해석할 수도 있다. 후자의 해석에 따르면, 화자는 임과 이별하는 때에 나귀가 다리를 절기 때문에 떠나는 임의 얼굴을 자세히 볼 수 있어서 다행이라고 생각하는 상황으로 볼 수 있다. 이를 통해 임과의 이별을 지연시키고 싶은 화자의 간절한 마음이 드러난다.

빠른 정답 ○ 1. ○ 2. X ⋯ 해설 **p.204**

^{Q1} '저는 나귀 한치 마소'는 다리를 절며 느리게 걷는 '나귀'를 통해 임과 함께 있는 시간을 연장하고 싶은 화자의 심정을 드러내고 있다. ○ ⊗

^{Q2} 종장에서는 감정 이입을 통해 화자의 암담한 심정을 강조하고 있다. ○ ⊗

2부

고전(古典)으로 통하는 길

PART I

평시조

| 선택지에 제시된 평시조 |

백설(白雪)이 잦아진 골에 구루미 머흐레라
흰 눈이 잦아진 골짜기에 구름이 험하게 일고 있구나.

반가운 ● 매화(梅花)는 어느 곳에 피었는고
(나를) 반겨 줄 매화(나라의 앞일을 걱정하는 신하)는 어느 곳에 피어 있는가?

> ● 해석의 틀 '매화'는 이른 봄 추위를 무릅쓰고 가장 먼저 꽃을 피운다는 점에서 시련 속에서도 시그라들지 않는 임 (임금)에 대한 지조와 절개를 상징하기도 한다. 이러한 속성을 예찬하여 매화를 '아치고절(아담한 풍치와 높은 절개)'이라고 이르기도 한다는 사실을 함께 알아 두자!

석양(夕陽)에 홀로 서 있어 갈 곳 몰라 하노라
석양에 홀로 서서 갈 곳을 몰라 하노라.

> **주제**
> 몰락한 고려 왕조에 대한 안타까움
>
> **특징**
> ① 대조를 통해 주제를 형상화함
> 근거 '구름' ↔ '매화'
> ② 설의를 사용하여 화자의 심정을 드러냄
> 근거 '반가운 매화는 어느 곳에 피었는고'
>
> **해제**
> 「백설이 잦아진 골에~」는 고려 충신이었던 이색이 쇠퇴해가는 국운을 바로잡고자 하였 지만 그 뜻을 이루지 못하게 되자 이를 한탄하며 지은 작품이다. '백설'은 번성했던 고려 왕조 시절과 충신들을 뜻하며, '구름'은 신흥 세력을, '매화'는 우국지사를 뜻한다. 화자는 종장에서 '석양' 아래 점차 사라져가는 고려 왕조의 흔적을 보며 탄식하고 있는 것이다.

선인교(仙人橋) 나린 물이 자하동(紫霞洞) 흘러들어
선인교(개성 자하동에 있는 다리)에서 내려온 물이 자하동(개성 송악사 기슭의 고을 이름)으로 흘러드니.

반 천년(半千年) 왕업(王業)이 물소리뿐이로다
오백 년 이어온 (고려) 왕조의 업적도 물소리로만 남았구나.

아이야 ➕ 고국 흥망(故國興亡)을 물어 무엇하리오
아이야, 옛 왕조의 흥하고 망함을 물어본들 무엇하겠느냐?

> ➕ 해석의 덤 정도전은 조선의 개국 공신이다. 이 작품의 화자는 고려 왕조의 멸망에 대한 무상감을 드러내면서도, '고국 흥망을 물어' 보는 것이 부질없으며 현실을 받아들일 것을 은근히 드러내고 있다. 고려에 대한 지조를 끝까지 지킨 원천석의 「흥망이 유수하니~」와 비교해 보면 동일한 상황에 대한 서로 다른 인식을 확인할 수 있다.

> **주제**
> 고려 왕조의 몰락에서 느끼는 무상감
>
> **특징**
> ① 영탄과 설의를 사용하여 주제를 효과적으로 드러냄
> 근거 (영탄) '아이야', (설의) '고국 흥망을 물어 무엇하리오'
> ② 청각적 심상을 통해 화자의 심정을 드러냄
> 근거 '물소리뿐이로다'
>
> **해제**
> 「선인교 나린 물이~」에서 화자는 오백 년 동안 융성했던 고려 왕조가 저물어 가는 상황 을 안타까워하고 있다. 그때 느낀 무상함의 정서를 청각적 심상을 활용해 '물소리뿐'이 라고 효과적으로 제시하고 있다.

이런들 어떠하며 져런들 어떠하리
이렇게 산들 어떠하며 저렇게 산들 어떠하리.

만수산(萬壽山) 드렁칡이 얽혀진들 어떠하리
만수산의 칡덩굴이 서로 얽힌 것처럼 살아간들 어떠하리.

우리도 이같이 얽혀서 천년만년(千年萬年) 지내리라
우리도 이(만수산의 칡덩굴)처럼 얽혀서 한평생을 누리리라.

> **주제**
> 고려의 충신인 정몽주를 회유(조선 개국에 참여할 것을 권유)하고자 함
>
> **특징**
> ① 설의를 사용하여 화자의 의도를 효과적으로 드러냄
> **근거** '이런들 어떠하며 져런들 어떠하리', '얽혀진들 어떠하리'
> ② 상징적 시어를 사용하여 화자의 생각을 우회적으로 드러냄
> **근거** '만수산 드렁칡'
>
> **해제**
> 「이런들 어떠하며~」는 이방원이 새 왕조인 조선의 개국에 참여하지 않고 망한 왕조인 고려에 대한 충심을 버리지 않은 정몽주를 회유하고자 지은 작품이다. 작가는 칡덩굴처럼 함께 어울려 새로운 왕조를 위해 힘써 보는 것이 어떠하냐는 생각을 우회적으로 드러내며 상대방을 회유하고 있다.

까마귀 싸우는 곳에 백로(白鷺)야 가지 마라
까마귀(간신배) 모여 다투는 골짜기에 백로(아들 정몽주)야 가지 마라.

성낸 까마귀 흰 빛을 시샘할세라
성난 까마귀들이 새하얀 너의 몸을 시기하고 미워할까 두렵구나.

청강(淸江)에 기껏 씻은 몸을 더럽힐까 하노라
(그곳에 갔다가) 맑은 강물에 기껏 깨끗하게 씻은 (너의) 몸을 더럽힐까 걱정이 되는구나.

> **주제**
> 나쁜 무리와 어울리는 것에 대한 경계
>
> **특징**
> 대조를 통해 주제를 형상화함
> **근거** '까마귀' ↔ '백로'
>
> **해제**
> 「까마귀 싸우는 곳에~」의 작자가 고려의 충신인 정몽주의 어머니라는 것을 고려할 때, 이 작품은 고려의 국운이 저물어가는 상황으로 인해 위태로운 처지에 놓인 아들 정몽주를 걱정하며 지은 것으로 볼 수 있다. 또한 '까마귀'와 '백로'라는 대조적 소재를 통해 색채 대비를 나타내고 있다.

까마귀 검다 하고 백로(白鷺)야 웃지 마라
까마귀 겉모습이 검다고 하여 백로야 비웃지 마라.

겉이 검은들 속조차 검을쏘냐
(까마귀의) 겉이 검다고 해서 속까지 검겠느냐?

아마도 겉 희고 속 검은 것은 너뿐인가 하노라
아마도 겉이 희고 속이 검은 것은 너(백로)밖에 없을 것이다.

> **주제**
> 표리부동(겉으로 드러나는 언행과 속으로 가지는 생각이 다름)한 이들에 대한 비판
>
> **특징**
> ① 대조를 통해 주제를 형상화함
> **근거** '까마귀' ↔ '백로'
> ② 설의를 사용하여 화자의 심정을 드러냄
> **근거** '속조차 검을쏘냐'
>
> **해제**
> 「까마귀 검다 하고~」는 새 왕조(조선)의 건국에 참여한 시적 화자가 자신을 합리화하며 망한 왕조인 고려에 대한 절의를 지키는 고려 유신들을 비판하는 작품이다. 화자 자신을 '까마귀', 고려 유신을 '백로'에 비유하였으며 이를 각각 긍정적, 부정적으로 그리고 있다. '까마귀'는 겉이 검어 양심이 없다고 오해를 받을 수 있지만 속은 검지 않으며, '백로'는 겉으로는 희지만 속은 검은(겉과 속이 다른) 존재로 양심이 바르지 못한 존재라고 비판하고 있다.

내게 좋다 하고 남 싫은 일 하지 말며
나에게 좋다고 하여 남이 싫어하는 일을 하지 말고,

남이 한다 해도 의(義) 아니거든 좇지 말리
남이 한다고 해도 옳은 일이 아니면 따라하지 말 것이니.

우리는 천성(天性)을 지켜서 생긴 대로 하리라
우리는 타고난 성품을 잘 지켜서 생긴 대로 살아가리라.

> **주제**
> 의(義)를 따르는 삶
>
> **특징**
> ① 대구를 통해 주제를 부각함
> **근거** '내게 좋다 하고 남 싫은 일 하지 말며 / 남이 한다 해도 의 아니거든 좇지 말리'
> ② 화자의 가치관을 직설적으로 드러냄
> **근거** '우리는 천성을 지켜서 생긴 대로 하리라'
>
> **해제**
> 「내게 좋다 하고~」는 자신의 입장과 함께 타인의 입장도 고려하여 의를 좇을 것을 권하는 교훈적인 작품이다. 초장과 중장에서는 자신과 타인의 관계를 중시해야 함을 이야기하고 있으며, 종장에서는 자신의 천성을 따라야 함을 '생긴 대로 하리라'라고 직설적으로 표현하였다.

● 북풍(北風)은 나무 끝에 불고 명월(明月)은 눈 속에 찬데
북풍(겨울바람)은 나뭇가지 끝에 불고 밝은 달은 눈 위에서 차갑게 비치는데,

● 해석의 틀   '북풍'은 북쪽에서 불어오는 바람으로 겨울이라는 계절적 배경을 드러내며, '동풍'은 봄, '남풍'은 여름이라는 계절적 배경을 드러내는 소재이다.

만리변성(萬里邊城)에 일장검(一長劍) 짚고 서서
머나먼 변방의 성 위에서 긴 칼 한 자루를 짚고 서서,

긴 휘파람 큰 한 소리에 거칠 것이 없어라
휘파람 길게 불며 크게 소리 지르니 세상에 거칠 것이 없구나.

주제
추운 겨울에도 굴하지 않는 대장부의 기개

특징
① 계절감을 나타내는 시어와 대구를 활용하여 시적 상황을 드러냄
　근거 (계절감-겨울) '북풍', '눈', (대구) '북풍은 나무 끝에 불고 명월은 눈 속에 찬데'
② 영탄을 사용하여 대장부의 기상을 드러냄
　근거 '긴 휘파람 큰 한 소리에 거칠 것이 없어라'

해제
「북풍은 나무 끝에 불고~」의 작가 김종서는 함경도 지방을 개척하는 데에 혁혁한 공을 세운 인물로 이 작품 또한 그러한 맥락에서 해석할 수 있다. 초장에서는 '북풍', '눈' 등 계절감을 나타내는 시어를 통해 함경도 국경 주변의 황량한 겨울 풍경을 묘사하고 있는데, 종장에서는 이에 굴하지 않고 휘파람을 길게 불며 크게 소리를 지르는 장수의 모습을 통해 변방의 영토를 지키는 무인의 호방한 기개를 확인할 수 있다.

수양산(首陽山) 바라보며 ➕ 이제(夷齊)를 한(恨)하노라
수양산을 바라보며 백이와 숙제를 원망하노라.

➕ 해석의 덤   '이제'는 백이와 숙제를 아울러 이르는 말로, 이들은 주나라 무왕이 은나라를 토벌하여 주나라를 세우자 무왕의 행동이 '인의(仁義)'에 어긋난다고 생각해서 수양산에 들어가 고사리를 캐먹다가 굶어죽은 인물이다. 그 후 이들은 섬기던 나라(왕)에 대해 지조, 절개를 지킨 인물의 상징처럼 여겨진다. 임금이나 왕조에 대한 충성을 이야기하고자 할 때 등장하는 고사이다.

주려 죽을진들 채미(採薇)도 하는 것가
(절개를 지키려면) 굶어 죽을지언정 (수양산에서) 고사리는 왜 캐어 먹었는가?

아무대애 푸새엣것인들 긔 뉘 땅에 낫더니
비록 (그것들이) 산과 들의 풀이어도 그것이 누구의 땅에서 나왔는가?

주제
죽음마저도 각오하는 굳은 지조와 절개

특징
설의를 통해 화자의 굳은 다짐과 지조를 보여 줌
　근거 '주려 죽을진들 채미도 하는 것가', '아무대애 푸새엣것인들 긔 뉘 땅에 낫더니'

해제
「수양산 바라보며~」에서 초장의 '수양산'은 중의적 의미를 지닌 시어로, 고사 속 백이와 숙제가 숨어 살았다고 전해지는 수양산을 의미하면서 동시에 수양대군을 상징하는 표현이기도 하다. 또한 중장의 '채미' 역시 고사리를 뜯어 캐먹는다는 의미 외에도 수양대군을 모심으로써 받게 되는 관리의 녹봉을 뜻하는 것이기도 하다. 따라서 작가는 백이와 숙제의 충절이 부족했음을 비판하여 자신의 절의가 더욱 강함을 드러내고 있으며, 동시에 수양대군에게서는 작은 혜택도 보지 않겠다는 각오를 드러낸 것으로 볼 수 있다.

추강(秋江)에 밤이 드니 물결이 차노매라
가을 강에 밤이 드니 물결이 차갑구나.

● 낚시 들이치니 고기 아니 무노매라
낚싯대를 드리우니 고기들이 물지 않는구나.

🔵 해석의 틀 │ 자연 속에서 '낚싯대'를 드리우고 물고기를 잡는 모습은 화자의 자연 친화적 삶의 태도를 드러내는 장치이다.

● 무심(無心)한 달빛만 싣고 빈 배 저어 오노매라
욕심이 없는 달빛만 싣고 빈 배를 노 저어 오는구나.

🔵 해석의 틀 │ '무심'은 아무런 생각이나 감정 따위가 없음을 의미하기도 하지만, 고전시가에서는 욕심이 없다는 의미로 많이 활용된다. 주로 무심한 달(빛), 갈매기처럼 자연물과 함께 제시되어 욕심 없는 자연, 그리고 이를 즐기는 심정을 표현한다.

주제
가을밤의 풍경과 욕심 없는 삶의 태도

특징
대구를 활용하여 시적 상황과 분위기를 드러냄
근거 '추강에 밤이 드니 물결이 차노매라 / 낚시 들이치니 고기 아니 무노매라'

해제
「추강에 밤이 드니~」는 평소 자연의 경치를 즐기는 것을 좋아하여 풍류적인 생활을 했던 월산대군의 작품이다. 작가는 왕위 계승 서열에서 밀려난 이후 더욱 자연을 좇는 삶을 살았는데, 이 작품에도 그러한 태도가 나타난다. '무심한 달빛'은 세속의 욕심을 초월한 모습을 상징하는데, 이는 속세에서 벗어나 자연에서 은거하는 생애를 살아가겠다는 화자의 삶의 태도를 보여 준다고 할 수 있다.

귀거래(歸去來) 귀거래 말뿐이오 갈 이 없어
(고향으로) 돌아가리라, 돌아가리라 말만 할 뿐 (실제로) 갈 사람은 없고.

전원(田園)이 장무(將蕪)하니 아니 가고 어떨꼬
고향의 논밭과 동산이 (잡초가 우거져) 점점 거칠어 가니 아니 가면 어찌할 것인가?

초당(草堂)에 청풍명월(淸風明月)이 나명들명 기다리나니
초가에 맑은 바람과 밝은 달(자연)이 들락날락하며 (나를) 기다리고 있거늘.

주제
관직에서 물러나 자연 속에 묻혀 살고 싶은 소망

특징
① 설의를 통해 화자의 정서를 드러냄
근거 '전원이 장무하니 아니 가고 어떨꼬'
② 자연물을 의인화하여 대상에 대한 친밀함을 드러냄
근거 '초당에 청풍명월이 나명들명 기다리나니'

해제
「귀거래 귀거래~」는 이현보가 관직에서 물러나 고향으로 돌아가기 전, 송별연에서 지었다고 전해지는 시조이다. 제목의 '귀거래'는 중국의 시인인 도연명이 관직에 오른 지 80여 일 만에 「귀거래사」라는 작품을 남긴 뒤 다시 고향으로 돌아갔다는 일화를 본받아 지은 것으로 알려져 있다. 작가는 도연명의 일화를 차용함으로써 세속을 떠난 후 고향에서 즐기게 될 전원생활에 대한 기대감을 표현하고 있다.

농암(聾巖)에 올라 보니 노안(老眼)이 유명(猶明)이로다
농암에 올라 보니 늙은이의 눈인데도 오히려 더 밝게 보이는구나.

● 인사(人事)가 변(變)한들 ● 산천이야 변할까
인간 세상이 변한다고 한들 자연조차 변하겠는가?

[● 해석의 틀] 고전시가에서 자연은 인간 세상과 대비를 이루는 경우가 많다. 이때 속세와 달리 변하지 않고 욕심 없는 자연은 긍정적인 공간으로 나타난다.

암전(巖前)에 모수 모구(某水某丘)가 어제 본 듯하여라
바위 앞에 펼쳐진 물과 언덕들이 어제 본 것 같구나.

[주제]
자연의 불변성에 대한 감탄

[특징]
① 변하지 않는 자연과 변하는 인간 세상을 대조적으로 제시함
[근거] '인사가 변한들 산천이야 변할까'
② 설의를 통해 변하지 않는 자연의 속성을 부각함
[근거] '인사가 변한들 산천이야 변할까'

[해제]
「농암에 올라 보니~」는 76세 때 관직에서 물러나 고향인 안동으로 돌아온 이현보가 바위 위에 올라 고향의 모습을 내려다보면서 느낀 심정을 담아낸 작품이다. '농암'은 이현보의 고향인 안동에 있는 바위의 이름이다. 화자는 항상 변하는 인간 세상과는 달리 오랜만에 돌아왔음에도 불구하고 예전의 모습을 그대로 간직하고 있는 고향의 자연 풍경을 보고 반가움을 드러내고 있다.

12 「마음이 어린 후(後)니~」   서경덕   🔍 02 ⑩ 학평

마음이 어린 후(後)니 하는 일이 다 어리다
마음이 어리석으니 하는 일이 모두 어리석구나.

만중운산(萬重雲山)에 어느 님 오리마는
구름이 겹겹이 쌓여 험난하고 높은 이 산중으로 어느 임이 (나를) 찾아오겠는가마는,

지는 잎 부는 바람에 행여 그인가 하노라
떨어지는 나뭇잎 소리와 바람 부는 소리에 혹시 임이 오는 소리가 아닌가 하노라.

[주제]
사랑하는 임을 기다리는 간절한 마음

[특징]
과장을 사용하여 시적 상황을 효과적으로 드러냄
[근거] '만중운산'

[해제]
「마음이 어린 후니~」는 임에 대한 간절한 마음이 잘 드러난 작품이다. 화자는 '만중운산'으로 임이 오기 어려운 상황임을 알면서도 바람이 불어 잎이 떨어지는 소리라도 들리면 임이 오는 소리인가 생각하고 있다. 이를 통해 임을 기다리는 화자의 애타는 심정을 효과적으로 나타내고 있다.

두류산(頭流山) 양단수(兩端水)를 예 듣고 이제 보니
지리산 양단수를 옛날에 듣고 이제 와 보니,

● 도화(桃花) 뜬 맑은 물에 산영(山影)조차 잠겼어라
복숭아꽃이 떠내려가는 맑은 냇물에 산 그림자까지 잠겨 있구나.

아희야 ● 무릉(武陵)이 어듸오 나는 옌가 하노라
아이야, 무릉도원(신선이 사는 곳, 낙원, 이상향)이 어디냐? 내 생각으로는 여기인 것 같구나.

● 해석의 틀 '무릉도원'은 '복숭아꽃 피는 아름다운 곳'이란 말로 이상향을 비유적으로 나타내는 말이다. '무릉', '도원' 등으로 나타나기도 하며 자연 속에서 근심없이 살아가는 화자의 만족감을 드러내는 표현이다.

주제
지리산 양단수의 아름다운 풍경에 대한 예찬

특징
물음의 형식을 통해 지리산의 아름다운 풍경을 예찬함
근거 '아희야 무릉이 어듸오 나는 옌가 하노라'

해제
「두류산 양단수를~」에서 종장의 '무릉'은 중국의 대표적인 시인인 도연명이 지은 「도화원기」에 등장하는 말로, 이상 세계를 비유적으로 이르는 말이다. 흔히 무릉도원은 복숭아꽃이 아름답게 피어 있는 곳으로 묘사되는데, 중장의 '도화' 역시 그러한 맥락에서 사용된 시어이다. 즉 이 작품은 지리산의 자연 풍경을 무릉도원에 빗대어 표현함으로써 그 아름다움을 예찬하고 있는 것이다.

삼동(三冬)에 베옷 입고 암혈(巖穴)에 눈비 맞아
한겨울에 얇은 삼베옷을 입고, 바위굴에서 눈비 맞으며, (산중에 은거하며)

구름 낀 볕뉘도 쬔 적이 업건마는
구름 사이에 비치는 볕조차도 쬔 적(임금의 은혜를 입은 적) 없건마는.

서산(西山)에 ● 해 지다 하니 눈물겨워 하노라
서산에 해가 졌다(임금이 승하하셨다)고 하니 눈물겨워 하노라.

● 해석의 틀 오직 하나뿐인 존재로 세상을 밝게 비추는 '해'는 임금을 상징하는 소재로 자주 쓰인다. 따라서 '해 지다'는 임금의 승하를 비유한 것으로 볼 수 있다.

주제
승하한 임금을 향한 애도의 마음

특징
상징적인 시어를 사용하여 시상을 전개함
근거 '베옷'과 '암혈'(자연에서 은거하는 삶의 모습), '구름 낀 볕뉘'(임금의 은혜), '서산에 해 지다'(임금의 승하) 등

해제
「삼동에 베옷 입고~」에서 '베옷'과 '암혈'은 화자가 벼슬을 하지 않고 자연 속에서 은거하고 있는 처지임을 나타내는 시어이며, '구름 낀 볕뉘'는 임금의 은혜를 상징하는 시어이다. 즉 화자는 벼슬에 나아가지 않고 자연에서 은거하는 삶을 살았기에 임금의 은혜를 입은 적이 없었지만, 임금의 승하 소식을 듣고서는 슬픔을 느끼며 그 죽음을 애도하고 있는 것이다. 이러한 점을 고려할 때, '베옷'은 임금이 승하하여 입은 상복으로도 해석할 수 있다.

이 몸이 쓸 데 없어 세상(世上)이 버리오매
나의 재능이 쓸 데가 없어 세상(속세)이 버리기에,

서호(西湖) 옛집을 다시 쓸고 누웠으니
서호(이총의 호)의 옛집에 내려가 다시 쓸고 누웠으니,

일신(一身)이 한가(閑暇)할지나 님 못 뵈어 하노라
나의 몸은 한가하나 임(임금)은 뵙지 못하는구나.

주제
답답한 현실 상황에 대한 한탄과 임금을 그리는 충정

특징
영탄을 통해 화자의 답답한 심정을 효과적으로 보여 줌
근거 '일신이 한가할지나 님 못 뵈어 하노라'

해제
「이 몸이 쓸 데 없어~」의 종장 '일신이 한가할지나 님 못 뵈어 하노라'는 표면적으로는 임금에 대한 그리움을 나타내는 구절로 볼 수 있다. 하지만 초장에서 화자의 재능이 쓰이지 못하고 세상으로부터 버림받았다고 한 것과 이 작품이 작가의 유배 경험과 관련되어 있다는 점을 고려할 때 종장은 자신의 능력을 알아주는 이상적인 지도자에 대한 바람을 드러낸 구절로도 해석할 수 있다.

말 업슨 청산(靑山)이오 태(態) 업슨 유수(流水) ㅣ로다
말 없는 것이 푸른 산이요, 모양 없는 것이 흐르는 물이로다.

갑 업슨 청풍(淸風)과 임ᄌ 업슨 명월(明月)이로다
값이 없는 것(값을 지불하지 않아도 되는 것)이 청풍(부드럽고 맑은 바람)이고 주인 없는 것이 명월(밝은 달)이로다.

이 듕(中)에 일 업슨 니 몸이 분별(分別) 업시 늙그리라
이 (아름다운 자연) 속에서 병 없는 이 몸이 아무 걱정 없이 늙어 가리라.

주제
자연과 더불어 사는 근심 없는 삶

특징
대구와 반복을 통해 운율감을 형성함
근거 (대구) '말 업슨 청산이오 태 업슨 유수ㅣ로다 / 갑 업슨 청풍과 임ᄌ 업슨 명월이로다', (반복) '업슨'

해제
「말 업슨 청산이오~」는 인위적인 가치라고 볼 수 있는 '말, 태, 갑, 임ᄌ'가 없는 '청산, 유수, 청풍, 명월' 속에서 근심, 걱정 없이 묻혀 살고 싶다는 소망을 담고 있다. 특정 시어와 유사한 통사 구조를 반복하여 화자가 지향하는 자연의 속성을 강조하고 있다.

재 너머 성 권농(成勸農) 집에 술 익닷 말 어제 듣고
고개 너머에 사는 성 권농(성혼)의 집에 술이 익었다는 말을 어제 듣고,

누운 소 발로 박차 언치 놓아 눌러 타고
누워 있는 소를 발로 차서 일으켜 깔개를 (소의 등에) 얹어서 눌러 타고, (성 권농의 집으로 가니)

아이야 네 권농(勸農) 계시냐 정 좌수(鄭座首) 왔다 하여라
아이야, 네 권농 계시냐? 정 좌수(화자 자신)가 왔다고 전하여라.

주제
벗과 함께 술을 즐기고자 하는 풍류와 흥취

특징
성 권농의 집으로 가는 과정을 과감하게 압축하고 생략함
근거 '재 너머 성 권농~누운 소 발로 박차 언치 놓아 눌러 타고'

해제
「재 너머 성 권농 집에~」는 정철이 성혼의 집에 술이 익었다는 말을 듣고 함께 술을 마시기 위해 그의 집에 방문하는 내용을 담은 작품이다. 벗과 함께 술을 마시며 풍류를 즐기고자 하는 화자의 심정이 드러나 있다.

지당(池塘)에 비 뿌리고 양류(楊柳)에 내 끼인 제
연못에는 비가 내리며 버들가지에는 물안개가 끼어 있는데.

사공(沙工)은 어디 가고 ● 빈 배만 매였는고
뱃사공은 어디를 갔기에 빈 배만 매여 있는가?

● 해석의 틀 (사공이 없는) 빈 배, 빈 산 등은 화자의 외로운 심정을 드러내는 소재이다. 「속미인곡」, 「만분가」 등에서도 각각 '빈 배'와 '공산(空山)'을 활용해 화자의 외롭고 슬픈 마음을 나타내고 있다.

석양(夕陽)에 짝 잃은 갈매기는 오락가락 하더라
해질 무렵에 짝 잃은 갈매기는 계속 왔다 갔다 하는구나.

주제
석양이 지는 봄 풍경의 쓸쓸함

특징
① 시·공간적 배경과 계절적 이미지를 활용하여 화자가 느끼는 정서를 효과적으로 드러냄
근거 (시간적 배경) '석양', (공간적 배경) '지당', (계절적 이미지) '양류(봄)'
② 화자의 정서를 간접적으로 드러내는 사물을 통해서 시적 분위기를 형성함
근거 '빈 배', '짝 잃은 갈매기'
③ 설의를 사용해 화자의 심정을 드러냄
근거 '사공은 어디 가고 빈 배만 매였는고'

해제
「지당에 비 뿌리고~」는 봄철 석양이 지는 자연을 바라보면서 느낀 외로움과 쓸쓸함을 잘 보여 주는 작품이다. 초장에서는 공간적 배경인 '지당'과 계절적 배경을 나타내는 시어인 '양류'를 통해서 화자가 처한 시적 상황과 분위기를 드러내고 있다. 중장과 종장의 '빈 배'와 '짝 잃은 갈매기'는 화자가 바라보고 있는 적막하고 쓸쓸한 풍경을 효과적으로 드러낸다.

산(山)은 옛 산이로되 물은 옛 물이 아니로다
산은 옛날의 그 산 그대로지만, 물은 옛날의 그 물이 아니로다.

밤낮을 흐르거늘 옛 물이 있을쏘냐
밤낮으로 (쉬지 않고) 흐르니 옛날의 물이 있을 수 있겠는가?

사람도 물과 같도다 가고 아니 오는도다
(훌륭한) 인물도 저 물과 같아서 한번 가면 다시 오지 않는구나.

주제

떠나간 임에 대한 그리움

특징

① 변하지 않는 산과 변하는 물의 속성을 대조적으로 제시하며 시상을 전개함

근거 '산은 옛 산이로되 물은 옛 물이 아니로다'

② 설의를 사용해 화자의 심정을 드러냄

근거 '밤낮을 흐르거늘 옛 물이 있을쏘냐'

해제

「산은 옛 산이로되~」에서 종장의 '사람도 물과 같도다'는 두 가지의 의미로 해석할 수 있다. 먼저 '아무리 훌륭한 인재여도 흐르는 물처럼 한번 가버리면 다시 돌아오지 못한다'는 것, 즉 인생무상에 대해 이야기하고 있는 구절로 해석할 수 있다. 한편 작가가 황진이인 점을 고려하여 '사람'이 '서경덕'을 뜻하는 것으로 본다면, 종장은 떠나간 임(서경덕)에 대한 그리움을 드러내는 구절로도 볼 수 있다.

노래 삼긴 사롬 시름도 하도 할샤
노래를 (처음으로) 만든 사람, 시름이 많기도 많았구나.

닐러 다 못 닐러 불러나 푸돗던가
말로 하려고 하나 다 하지 못하여 (노래를) 불러서 시름을 풀었단 말인가?

진실(眞實)로 풀릴 거시면은 나도 불러 보리라
(노래를 불러서 시름이) 진실로 풀릴 것이면 나도 (노래를) 불러 보리라.

주제

노래로 시름을 해소하고자 하는 소망

특징

영탄을 통해 시름에서 벗어나고자 하는 화자의 의지를 강조함

근거 '진실로 풀릴 거시면은 나도 불러 보리라'

해제

「노래 삼긴 사롬~」은 신흠이 관직에서 물러난 뒤 고향에서 은거하던 때에 지은 것으로 알려진 시조이다. 노래를 불러서라도 시름을 해소하고 싶다는 발상에는 당시의 어지러운 정치 상황 속에서 비롯된 수많은 근심들을 모두 털어내고 싶다는 화자의 소망이 담겨 있다. 시름을 해소하는 방식으로 노래를 택한 것은 우리 삶에서 노래(문학)가 지니는 순기능을 인식한 표현으로도 볼 수 있다.

가노라 삼각산(三角山)아 다시 보자 한강수(漢江水)야
(나는) 가노라 삼각산(북한산의 옛 이름)아, 다시 보자 한강물아.

고국산천(故國山川)을 떠나고쟈 하랴마는
(내가) 고국산천을 떠나고 싶겠느냐마는.

시절(時節)이 하 수상(殊常)하니 올동말동 하여라
시절이 매우 뒤숭숭하니 다시 (고국으로) 돌아올 수 있을지 모르겠구나.

> **주제**
> 고국을 떠나 청나라로 향하는 길에 느끼는 슬픔
>
> **특징**
> ① 대구와 비유를 통해 고국을 떠나는 화자의 심정을 드러냄
> **근거** (대구) '가노라 삼각산아 다시 보자 한강수야', (비유) '삼각산', '한강수'(조선)
> ② 말을 건네는 방식을 통해 시상을 전개함
> **근거** '가노라 삼각산아 다시 보자 한강수야'
>
> **해제**
> 「가노라 삼각산아~」는 병자호란 이후 척화파(청나라에 끝까지 대항할 것을 주장한 이들)의 일원이었던 김상헌이 청나라로 끌려가는 상황에서 고국을 떠나는 슬픈 심정을 드러낸 작품이다. '삼각산'과 '한강수'는 고국인 조선을 비유하는 표현으로 볼 수 있다.

➕ 형산(荊山)의 박옥(璞玉) 얻어 세상(世上) 사람 보이러 가니
형산에서 옥돌을 얻었기에 세상 사람들에게 보이러 갔더니.

> ➕ **해석의 덤** '형산의 박옥'은 춘추 시대 초나라 사람 화씨가 형산에서 직경이 한 자나 되는 박옥(천연 그대로의 옥 덩어리)을 얻어 왕께 바쳤으나, 옥을 감정하는 사람이 이를 잘못 보고 돌이라 하여 두 발이 잘렸다는 고사를 인용한 것이다. 겉모습만 보고 진정한 가치를 알아보지 못하는 사람들을 비판하기 위해 사용된다.

겉이 돌이니 속 알 이 뉘 있으리
겉이 (다듬어져 있지 않은) 돌의 모습이니 (그 속이 옥이라고 한들) 알아볼 사람이 누가 있겠는가?

두어라 알 인들 없으랴 돌인 듯이 있거라
두어라, (세상에) 언젠가는 알아 줄 사람이 없겠는가? 돌인 듯이 (그대로 알아봐 줄 사람을 기다리고) 있어라.

> **주제**
> 겉모습에만 연연하여 대상의 진가를 깨닫지 못하는 이들에 대한 비판
>
> **특징**
> ① 고사를 활용하여 주제 의식을 드러냄
> **근거** '형산의 박옥 얻어 세상 사람 보이러 가니'
> ② 설의를 통해 화자의 비판적인 인식을 드러냄
> **근거** '겉이 돌이니 속 알 이 뉘 있으리'
>
> **해제**
> 「형산의 박옥 얻어~」는 겉모습만으로 사물을 판단하며 대상의 진정한 가치를 모르는 어리석음을 비판하는 작품이다. 하지만 화자가 기다리다 보면 언젠가는 대상의 가치를 알아줄 사람이 나타나리라 믿고 있음을 종장에서 확인할 수 있다.

꿈에 다니는 길이 발자춰 날작시면
꿈속에서 다니는 길에 발자취라도 남는다면,

님의 집 창(窓)밖이 돌길이라도 닳으리라
임의 집 창밖에 난 길이 돌길이라도 (내 발자취로 인해) 다 닳았으리라.

꿈길이 자춰 없으니 그를 슬퍼하노라
꿈속 길이(꿈속에서 임의 집으로 가는 길에는) 자취가 남지 않으니 그것을 슬퍼하노라.

주제

임을 향한 간절한 그리움과 사랑

특징

① 과장을 통해 임을 향한 화자의 지극한 사랑을 강조함

근거 '님의 집 창밖이 돌길이라도 닳으리라'

② 영탄을 통해 임을 만나지 못하는 화자의 슬픈 심정을 드러냄

근거 '꿈길이 자취 없으니 그를 슬퍼하노라'

해제

「꿈에 다니는 길이~」는 임과 이별한 상황에서 화자가 느끼는 간절한 그리움과 슬픔을 드러내고 있는 작품이다. 초장의 '꿈'은 현실에서는 이루기 어려운 일, 즉 헤어진 임을 만나 자신의 사랑을 표현하는 일이 가능한 공간을 배경으로 하고 있다. 꿈속에서 화자는 자신의 지극한 사랑을 '자취'를 통해 드러내고자 한다. 만약 꿈속에서 다니는 길에도 자취가 남는다면, 임의 집 창밖에 난 돌길은 임을 그리며 그 길을 수도 없이 지나다닌 자신의 자취로 인해 이미 다 닳아 없어졌을 것이라고 말하고 있는 것이다.

2부

고전(古典)으로 통하는 길

PART
I

연시조

2부

/

고전(古典)으로 통하는 길

PART

I

연시조

● 강호(江湖)에 봄이 드니 이 몸이 일이 하다
강호(자연)에 봄이 오니 이 몸이 일이 많다.

● 해석의 틀 선조들은 자연과 하나가 되어 여유롭게 지내는 것을 이상적인 삶의 태도로 생각하였기에 고전시가에는 유독 자연 친화적인 태도를 드러내는 작품이 많다. '강호(강과 호수)', '임천(숲과 샘)', '산수(산과 물)', '풍월(바람과 달)' 등은 모두 자연을 의미하는 표현으로 자주 등장하니 기억해두자!

나눈 그물 깁고 아희눈 밧츨 가니
나는 그물을 꿰메고, 아이는 밭을 가니,

뒷 뫼희 움이 튼 약초를 언지 캐려 ᄒᆞ느니 ^{Q1}
뒷산에 싹이 튼 약초를 언제 캐려 하나?

〈제1수〉

┌─ Q1 〈제1수〉에서는 계절을 직접 명시하고, 〈제2수〉부터는 계절을 짐작하게 하는 시어를 사용하여 일 년의 사시를 드러내고 있다.
ⓞ ⓧ

삿갓에 ● 도룡이 닙고 세우중(細雨中)에 호미 메고
삿갓을 쓰고, 비옷을 입고, 가는 비가 내리는 중에 호미를 메고,

● 해석의 틀 '도룡이(녹사의)'는 비옷으로, 소박한 삶의 모습을 드러내는데 이와 유사한 소재로는 '베옷', '죽장망혜(대나무 지팡이와 짚신)', '모옥(초가집)' 등이 있다.

산전(山田)을 홋매다가 ● 녹음(綠陰)에 누어시니 ^{Q2}
산에 있는 밭을 매다가 나무 그늘에 누워 있으니,

● 해석의 틀 '녹음'은 '남풍'과 더불어 여름이라는 계절을 나타내는 대표적인 시어이다.

목동이 우양(牛羊)을 모라다가 잠든 나를 깨우는구나
목동이 소와 양을 몰아다가 잠든 나를 깨우는구나.

〈제2수〉

┌─ Q2 〈제1수〉의 '그물 깁고'와 〈제2수〉의 '산전을 홋매는' 모습에서 자연을 노동하는 삶의 공간으로 인지하는 관점을 확인할 수 있다.
ⓞ ⓧ

대초볼 불근 골에 밤은 어이 뚯드르며
대추가 붉게 익은 골짜기에 밤은 어이 떨어지며,

벼 벤 그루터기에 게눈 어이 ᄂᆞ리눈고
벼를 벤 그루터기에 게는 어찌 내려와 기어 다니는가?

술 닉쟈 체쟝ᄉᆞ 도라가니 아니 먹고 어이리 ^{Q3}
술 익자 체장수(술을 체로 걸러주던 사람)가 돌아가니 아니 먹고 어찌하겠는가.

〈제3수〉

┌─ Q3 '술 닉쟈~아니 먹고 어이리'는 영탄적 표현을 사용하여 화자의 정서를 드러내고 있다.
ⓞ ⓧ

뫼혀눈 새가 긋고 들히눈 갈 이 없다
산에는 새가 그치고(멈추고) 들에는 가는 사람이 없다.

외로온 븨에 삿갓 쓴 져 늙은이 ^{Q4}
외로운 배에 삿갓을 쓴 저 늙은이,

낙디에 재미가 깁도다 눈 깁푼 줄 아눈가
낚시를 즐기는 재미가 깊구나. 눈 깊은 줄을 아눈가?

〈제4수〉

┌─ Q4 '늙은이'는 화자의 관점에서 볼 때, 현재 상황을 즐기고 있는 대상이자 화자와 상반된 태도를 취하는 대상이다.
ⓞ ⓧ

┌─ 주제
자연을 즐기는 삶

┌─ 특징
① 시간의 흐름(계절의 변화)에 따라 시상이 전개됨
■근거■ (봄) '강호에 봄이 드니', (여름) '녹음에 누어시니', (가을) '대초볼 불근 골에 밤은 어이 뚯드르며', (겨울) '눈 깁푼 줄 아눈가' 등
② 설의와 영탄을 사용해 화자의 만족감을 강조함
■근거■ '술 닉쟈 체쟝ᄉᆞ 도라가니 아니 먹고 어이리'

┌─ 해제
「사시가」는 자연에서 살아가는 화자의 풍류적인 삶을 노래한 연시조이다. 각 수에는 계절별로 화자가 지내는 자연 속 한가한 일상이 제시되어 있다.

빠른 정답 ⊙ 1. ○ 2. ○ 3. ○ 4. X ┈⟶ 해설 **p.205**

이 듕에 시름업스니 ● 어부(漁父)의 생애(生涯)로다 ^{Q1}
이 세상살이 가운데 근심 걱정할 일이 없는 것이 어부의 생활이로다.

> 🔵 해석의 틀 │ 고전시가에서 '어부'는 자연에 묻혀 사는 사람의 상징으로 자주 등장한다. 즉 이 경우 어부는 고기를 잡는 것을 직업으로 하는 진짜 어부가 아니라, 속세를 떠나 자연에서 낚시를 하면서 시를 읊고 풍류를 즐기는 가짜 어부, 가어옹(假漁翁)이다.

일엽편주(一葉扁舟)를 만경파(萬頃波)애 씌워두고 ^{Q2}
한 척의 조그만 배를 끝없이 넓은 바다 위에 띄워 두고,

● 인세(人世)를 다 니젯거니 날 가는 주를 알랴 ^{Q3}
인간 세상의 일을 다 잊었거니 세월 가는 줄을 알겠는가?　　〈제1수〉

구버눈 천심녹수(千尋綠水) 도라보니 만첩청산(萬疊靑山)
(아래로) 굽어보니 천 길이나 되는 푸른 물이고, 돌아보니 겹겹이 쌓인 푸른 산이로다.

● 십장홍진(十丈紅塵)이 언매나 ᄀ렛눈고 ^{Q4}
열 길이나 되는 붉은 먼지(속세를 비유적으로 이르는 말)가 얼마나 가려 있는가?

> 🔵 해석의 틀 │ '홍진'이란 사람이나 마차 따위가 흙길을 지나며 일으키는 '붉은 먼지'를 의미하며 속세를 비유하는 표현이다. 이 외에 '십장홍진', '인세', '세사' 등도 모두 자연과 대비되는 속세를 의미하는 표현이다.

강호(江湖)애 월백(月白)ᄒ거든 더욱 무심(無心)ᄒ얘라 ^{Q5}
강호(자연)에 밝은 달이 환하게 비치니 더욱 욕심이 없어지는구나.　　〈제2수〉

청하(靑荷)애 바불 ᄡ고 녹류(綠柳)에 고기 ᄶ여 ^{Q6}
푸른 연잎에 밥을 싸고 버들가지에 물고기를 꿰어서,

노적화총(蘆荻花叢)에 ᄇᆡ 미야두고
갈대와 억새풀이 가득한 곳에 배를 대어 묶어 두니,

➕ 일반청의미(一般淸意味)를 어늬 부니 아르실가 ^{Q7}
자연의 참된 의미를 어느 분이 아시겠는가?　　〈제3수〉

> ➕ 해석의 덤 │ '일반청의미'는 작고 평범하지만 그 속에서 찾을 수 있는 맑고 참된 의미를 말한다. 여기서는 자연에서 얻을 수 있는 소박한 즐거움을 뜻한다.

산두(山頭)에 한운(閑雲)이 기(起)ᄒ고 수중(水中)에 백구(白鷗)ㅣ 비(飛)라 ^{Q8}
산봉우리에 구름이 한가롭게 피어나고, 물 위에는 갈매기가 날고 있구나.

무심(無心)코 다정(多情)ᄒ니 이 두 거시로다
아무런 욕심이 없이 다정한 것은 이 두 가지로다.

일생(一生)애 시르믈 닛고 너를 조차 노로리라
한평생의 시름을 잊어버리고 너희와 더불어 지내고 싶구나.　　〈제4수〉

장안(長安)을 도라보니 ● 북궐(北闕)이 천리(千里)로다
한양을 돌아보니 궁궐(임금 계신 곳)이 천 리로다.

> 🔵 해석의 틀 │ '북궐'은 왕이 있는 궁궐을 의미한다. 즉 화자는 자연을 속세와 대비되는 이상적인 공간으로 여기며 자연 속에서 만족하면서도, 나라와 임금에 대한 걱정을 완전히 떨치지 못한 것이다. 사대부가 쓴 고전시가에는 이처럼 속세와 자연 사이에서 내적 갈등하는 화자의 모습이 종종 나타난다.

어주(漁舟)에 누어신둘 니즌 스치 이시랴
고깃배에 누워 있은들 (나랏일을) 잊은 적이 있겠느냐?

두어라 내 시름 아니라 제세현(濟世賢)이 업스랴
두어라, 내가 걱정할 일이 아니로다. 세상을 구제할 훌륭한 인재가 없겠느냐?　　〈제5수〉

Q1 '이 듕에~어부의 생애로다'에는 어부의 생활이 구체적으로 나타나 있다.
◯ ⊗

Q2 '만경파'는 '인세'와 대비되는 공간이다.
◯ ⊗

Q3 〈제1수〉의 '인세를 다 니젯거니'와 〈제5수〉의 '니즌 스치 이시랴'는 자연과 속세 사이에서의 내적 갈등을 보여 준다.
◯ ⊗

Q4 '구버눈~ᄀ렛눈고'에서 자연과 속세의 거리감을 '수(數)' 표현으로 드러내고 있다.
◯ ⊗

Q5 '강호애~무심ᄒ얘라'에서 영탄적 표현으로 화자의 '무욕'을 강조하고 있다.
◯ ⊗

Q6 '청하애~고기 ᄶ여'는 화자가 추구하는 소박한 삶의 모습을 구체적으로 그려낸 것이다.
◯ ⊗

Q7 '일반청의미'를 아는 사람이 적다는 의미를 설의적으로 강조하고 있다.
◯ ⊗

Q8 '한운'과 '백구'는 화자의 자연 친화적인 삶의 태도를 드러내는 자연물이다.
◯ ⊗

주제

자연 속에서 어부로 살아가는 즐거움

특징

① 대조적인 의미를 지닌 공간을 제시하여 주제를 부각함

근거 '천심녹수', '만첩청산' ↔ '십장홍진'

② 설의를 통해 화자의 고조된 감정을 드러냄

근거 '일반청의미를 어늬 부니 아르실가', '어주에 누어신돌 니즌 스치 이시랴'

해제

「어부단가」는 고기잡이를 하는 어부를 화자로 설정하여 자연 속에서 풍류를 즐기는 삶을 노래하는 한편, 속세에 대한 걱정과 미련 또한 드러내고 있다.

🔍 〈보기〉로 작품 보기

이현보는 만년에 혼탁한 정계(政界)에 싫증을 느껴 병을 핑계로 사직하고 고향에 돌아와 여생을 보냈다. 그는 자연을 즐기며 시작(詩作)에 힘썼으며, 고려 때부터 전해지던 「어부가」를 「어부단가」로 개작하기도 하였다. 이현보는 이 작품을 통하여 유유자적하는 삶과 우국의 심정을 형상화하였다.

빠른 정답 ⭕ 1. X 2. ◯ 3. ◯ 4. ◯ 5. ◯ 6. ◯ 7. ◯ 8. ◯   ⋯→ 해설 **p.205**

장부(丈夫)의 하올 사업(事業) 아는가 모르는가
대장부가 해야 할 일을 아는가 모르는가?

효제충신(孝悌忠信)밖에 하올 일이 또 있는가
어버이에 대한 효도, 형제간의 우애, 임금에 대한 충성, 벗과의 신의 외에 해야 할 일이 또 있는가?

어즈버 인도(人道)에 하올 일이 다만 인가 하노라
아아, 인간의 도리로 해야 할 일이 다만 이것(효제충신)뿐인가 하노라.　　　　　〈제1수〉

남산에 많던 ● 솔이 어디로 갔단 말고
남산의 그 많던 소나무(충신, 화자)가 다 어디로 갔다는 말인가?

【● 해석의 틀】 '솔'은 계절에 상관없이 항상 푸른 모습을 간직하고 있기에, 임금에 대한 충성을 상징하는 소재로 자주 사용된다.

➕ 난(亂) 후 부근(斧斤)이 그다지도 날랠시고
난 후에 도끼날이 그토록 빨랐던가?

【➕해석의 덤】 인목대비 폐위 사건 후 유배된 작가의 처지를 '도끼날'에 베어진 '소나무'에 빗대어 표현했다.

두어라 우로(雨露)곧 깊으면 다시 볼까 하노라
두어라, 비와 이슬(임금의 은혜)이 깊으면 (소나무를) 다시 볼까 하노라.　　　　　〈제2수〉

창(窓)밖에 세우(細雨) 오고 뜰 가에 제비 나니
창 밖에 가랑비가 내리고, 뜰 가에 제비가 날아드니,

적객의 회포는 무슨 일로 끝이 없어
귀양 온 나그네가 마음속에 품은 생각은 무슨 일 때문에 끝이 없는지

저 제비 비비(飛飛)를 보고 한숨 겨워하나니 Q1
저 제비가 날아가는 모습을 보고 한숨을 이기지 못하는구나.　　　　　〈제3수〉

Q1 '제비'는 화자의 시름을 환기하는 대상이다.
○ ⊗

적객에게 벗이 없어 공량(空樑)의 제비로다
귀양 온 나그네에게 벗은 없고, 다만 빈 대들보 위에 제비만 있구나.

종일 하는 말이 무슨 사설 하는지고
(제비가) 종일토록 하는 말은 무슨 이야기를 하는 것인가?

어즈버 내 풀어낸 시름은 널로만 하노라
아아, 내가 풀어낸 시름은 너보다도 많구나.　　　　　〈제4수〉

인간(人間)에 유정한 벗은 명월밖에 또 있는가 Q2
인간에게 (진정한) 뜻이 있는 벗은 밝은 달밖에 또 있는가?

천 리(千里)를 멀다 아녀 간 데마다 따라오니
천 리를 멀다 하지 않고 가는 곳마다 따라오니,

어즈버 반가온 옛 벗이 다만 넨가 하노라
아아, 반가운 옛 친구가 다만 너뿐인가 하노라.　　　　　〈제5수〉

Q2 '인간에~있는가'는 의문형 진술을 통해 화자의 정서를 강화하고 있다.
○ ⊗

설월(雪月)에 매화(梅花)를 보려 잔을 잡고 창을 여니
눈을 비추는 달빛에 매화(지조, 절개)를 보려고 술잔을 잡고 창문을 여니,

섞인 꽃 여원 속에 잦은 것이 향기로다
(눈 속에) 섞여 핀 꽃이 시들었지만, (꽃) 속에 깊이 향기가 배어 있구나.

어즈버 호접(蝴蝶)이 이 향기 알면 애 끊일까 하노라
아아, 나비(임금)가 (매화의) 이 향기(화자의 지조, 절개)를 알면 안타까워하겠구나.　　　　　〈제6수〉

주제

유배 생활에서 느끼는 고달픔과 임금에 대한 충정

특징

① 자연물이 가진 관습적 의미를 통해 화자의 정서를 드러냄

근거 '솔': 충신, '우로': 임금의 은혜, '매화': 지조와 절개, '호접': 임금

② 화자의 처지와 대비되는 소재를 제시함

근거 '제비' ↔ '적객(화자)'

③ 설의를 사용하여 화자의 태도를 드러냄

근거 '효제충신밖에 하올 일이 또 있는가', '인간에 유정한 벗은 명월밖에 또 있는가'

해제

「단가 육장」은 이신의가 인목대비의 폐위를 반대하는 상소문을 올렸다가 유배를 가게 됐을 때 자신의 심정을 담아 지은 연시조이다. 유배를 떠나게 된 작가는 자연물에 상징적인 의미를 부여하여 자신의 심정을 그려냈다. '솔'이 남산에 있다 베어졌다는 표현과 '매화'가 시들었지만 향기를 피운다는 표현에는 작가 자신이 비록 조정에서 쫓겨나 힘든 유배 생활을 하고 있지만 임금을 향한 지조와 절개에는 변함이 없다는 의미를 담고 있는 것이다.

빠른 정답 ◐ 1. ① 2. ① ⋯ 해설 p.205

평생(平生)에 원(願)하는 것이 다만 충효(忠孝)뿐이로다
평생에 원하는 것이 다만 임금께 충성하고 부모님께 효도하는 일뿐이로다.

이 두 일 말면 금수(禽獸)나 다를쏘냐 Q1
이 두 일(충과 효를 행하는 것)을 하지 않으면 짐승과 무엇이 다르겠는가?

마음에 ᄒᆞ고자 하여 십 년을 허둥대노라
(충효를) 마음으로 다하고자 하여 십 년을 허둥대고 있노라.   〈제1수〉

Q1 의문형 어미를 활용하여 화자의 정서를 강조하고 있다.
◯ ✕

계교(計較) 이렇더니 ● 공명(功名)이 늦었어라
서로 견주어 살펴보다 보니 공명(공을 세워 자기의 이름을 널리 드러냄)이 늦었구나.

● **해석의 틀** 사대부들은 관직에 나아가서는 유교적 이상을 실현하고자 했으며 돌아와서는 자연을 즐기고자 하였다. 이 중 '공명'은 유학자로서의 입신양명과 관련된 것으로 해석할 수 있다.

부급동남(負笈東南)해도 여공불급(如恐不及) ᄒᆞᄂᆞᆫ 뜻을
책을 지고 스승을 찾아다녀도 여공불급(이르지 못할까 두려워함)하는 뜻을

세월이 물 흐르듯 ᄒᆞ니 못 이룰가 ᄒᆞ여라
세월이 물 흐르듯 흘러가니 (뜻을) 못 이룰까 걱정이 되는구나.   〈제2수〉

비록 못 이뤄도 임천(林泉)이 좋으니라
(공명을) 비록 이루지 못해도 숲과 샘(자연)이 좋구나.

무심어조(無心魚鳥)는 절로 한가ᄒᆞᄂᆞ니
아무 욕심 없는 물고기와 새는 절로 한가하니,

조만(早晩)간 세사(世事) 잊고 너를 좇으려 ᄒᆞ노라
머지않아 세속(세상)의 일을 잊고 너를 좇으려 하노라.   〈제3수〉

강호(江湖)에 놀자 ᄒᆞ니 임금을 저버리겠고
강호(자연)에서 놀고자 하니 임금을 버려야 하고,

임금을 섬기자 ᄒᆞ니 즐거움에 어긋나네 Q2
임금을 섬기자 하니 (내가 누리고자 하는) 즐거움에 어긋나는구나.

혼자서 기로(岐路)에 서서 갈 데 몰라 ᄒᆞ노라
혼자 갈림길에 서서 (강호와 임금 사이에서) 갈 곳을 몰라 하노라.   〈제4수〉

Q2 〈제2수〉의 '부급동남'은 〈제4수〉의 '임금을 섬기'기 위해 화자가 행한 일이다.
◯ ✕

어쩌랴 이러구러 이 몸이 어찌할꼬
어쩌랴 이럭저럭 이 몸이 어찌할까?

행도(行道)도 어렵고 은둔처(隱處)도 정(定)하지 않았네
도를 행하는 것도 어렵고 은둔처도 정하지 못했네.

언제나 이 뜻 결단ᄒᆞ여 내 즐기는 바 좇을 것인가
언제나 이 뜻을 결단하여 내가 즐거워하는 바를 좇을 것인가?   〈제5수〉

출(出)ᄒᆞ면 치군택민(致君澤民) 처(處)ᄒᆞ면 조월경운(釣月耕雲)
(관직에) 나아가면 임금을 섬기며 은덕이 백성에게 미치게 하고 (자연에) 머물면 달을 낚고 구름에 밭을 가네.

명철군자(明哲君子)는 이룰사 즐기ᄂᆞ니
총명한 군자는 이럴수록 (자연을) 즐기나니

하물며 부귀(富貴) 위기(危機)ㅣ라 빈천거(貧賤居)를 ᄒᆞ오리라 Q3
하물며 부귀는 위태하니 가난한 삶을 살리라.   〈제8수〉

Q3 〈제4수〉의 '강호'를 화자가 선택한 이유 중 하나는 〈제8수〉의 '부귀 위기'이다.
◯ ✕

행장유도(行藏有道)ᄒᆞ니 버리면 구태 구ᄒᆞ랴
세상에 나아가거나 자연에서 은거하거나 상황에 따르면 되는 것이니 버리면 구태여 구하겠느냐?

산지남(山之南) 수지북(水之北) 병들고 늙은 나를
자연에 묻혀 사는 병들고 늙은 나에게

뉘라서 회보미방(懷寶迷邦)ᄒᆞ니 오라 말라 ᄒᆞᄂᆞᄂᆈ
누가 뛰어난 능력을 지녔다 하여 오라 말라 하는가?   〈제16수〉

성현(聖賢)의 가신 길이 만고(萬古)에 혼가지라 ^{Q4}
성현이 가신 길은 먼 옛날부터 한 가지라.

은(隱)커나 현(見)커나 도(道) ┃ 어찌 다르리 ^{Q5}
자연에 은거하거나 세상에 나아가거나 그 도가 어찌 다르리?

일도(一道) ┃ 오 다르지 아니커니 아무 덴들 어떠리 ^{Q6}
한 가지 도로 서로 다르지 않으니 아무 덴들 어떠하리.   〈제17수〉

주제

속세와 자연 속에서의 삶 사이에서의 고민과 안빈낙도의 추구

특징

① 대구를 통해 화자의 심정을 부각함

근거 '강호에 놀자 ᄒ니 임금을 저버리겠고 / 임금을 섬기자 ᄒ니 즐거움에 어긋나네' 등

② 의문형 어미를 활용하여 벼슬과 자연 사이에서 갈등하는 화자의 모습을 드러냄

근거 '어쩌랴 이러구러 이 몸이 어찌할꼬'

해제

「한거십팔곡」은 조선 중기에 권호문이 지은 총 19수의 연시조이다. 제목의 '한거'는 '한가롭게 지냄'을 의미하는 것으로,「한거십팔곡」은 화자가 벼슬에 뜻을 두던 때부터 이에 미련을 버리고 자연에 은거하는 삶을 선택하기까지의 과정을 담아내고 있다. 관직에 나아가 공명을 얻는 삶과 자연에 은거하는 삶 사이에서 화자가 경험한 내적 갈등이 드러나 있다.

빠른 정답 ⓞ 1.○ 2.○ 3.○ 4.X 5.○ 6.○   ┈→ 해설 **p.206**

^{Q4} 〈제2수〉의 '공명'을 이루기 위해 화자는 〈제17수〉의 '성현의 가신 길'을 따르고자 한다.
○ ⊗

^{Q5} 〈제8수〉의 '빈천거를 ᄒ'면서도 화자는 〈제17수〉의 '도'를 실천할 수 있다고 생각한다.
○ ⊗

^{Q6} 〈제4수〉의 '기로'가 〈제17수〉의 '일도'로 나타난 데에서 화자의 내적 갈등이 해소되었음을 알 수 있다.
○ ⊗

05 「도산십이곡(陶山十二曲)」

이황

이런들 엇더ᄒᆞ며 져런들 엇더ᄒᆞ료
이런들 어떠하며 저런들 어떠하리?

초야우생(草野愚生)이 이러타 엇더ᄒᆞ료
시골에 묻혀 사는 어리석은 사람(화자)이 이렇다 한들(공명이나 시비를 떠나 살아간들) 어떠하리?

ᄒᆞ믈며 ● 천석고황(泉石膏肓)을 고쳐 므슴 ᄒᆞ료 Q1
하물며 자연 속에서 살고 싶은 마음이 깊어 병이 된 것을 고쳐서 무엇하겠는가?

> ● 해석의 틀 '천석고황'과 '연하고질'은 자연을 사랑하는 마음이 고질병처럼 깊음을 의미하는 것으로, 자연을 즐기는 삶에 대한 지극한 만족감을 드러내는 표현이다.

〈제1곡 언지(言志)1〉

연하(煙霞)로 집을 삼고 풍월(風月)로 벗을 사마 Q2
안개와 노을을 집으로 삼고, 바람과 달을 친구로 삼아,

태평성대(太平聖代)에 병(病)으로 늘거 가네
태평스러운 세상에 (하는 일 없이) 병(자연 속에서 살고 싶은 절실한 마음)으로 늙어가지만,

이 중에 ᄇᆞ라ᄂᆞᆫ 일은 허믈이나 업고쟈
이 중에 바라는 일은 허물이나 없이 살았으면 하는 것이다. 〈제2곡 언지(言志)2〉

순풍(淳風)이 죽다 ᄒᆞ니 진실(眞實)로 거즛말이
(사람들의) 순박한 풍속이 다 사라졌다고 하는 것은 참으로 거짓말이다.

인성(人性)이 어지다 ᄒᆞ니 진실(眞實)로 올흔 말이 Q3
(성현들께서) 인간의 성품이 (본래부터) 어질다고 하는 말은 참으로 옳은 말이다.

천하(天下)에 허다영재(許多英才)를 소겨 말슴ᄒᆞᆯ가
세상에 수많은 슬기로운 사람들을 어찌 속여서 말할 수 있을 것인가? 〈제3곡 언지(言志)3〉

유란(幽蘭)이 재곡(在谷)ᄒᆞ니 자연(自然)이 듣디 죠해
그윽한 난초가 깊은 골짜기에 피어 있으니 자연의 속삭임을 듣는 것이 매우 좋구나.

백운(白雲)이 재산(在山)ᄒᆞ니 자연(自然)이 보디 죠해 Q4
흰 구름이 산마루에 걸려 있으니 자연의 모습이 보기 좋구나.

이 중에 피미일인(彼美一人)을 더욱 닛디 못ᄒᆞ애
이러한 가운데서도 저 아름다운 한 사람(임금)을 더욱 잊지 못하네. 〈제4곡 언지(言志)4〉

산전(山前)에 유대(有臺)ᄒᆞ고 대하(臺下)에 유수(有水)ㅣ로다
산 앞에는 (높은) 대가 있고, 대 아래에 물이 있구나.

ᄠᅦ 많은 갈며기는 오명가명 ᄒᆞ거든 Q5
떼를 지은 갈매기들은 왔다 갔다 하는데,

엇더타 교교백구(皎皎白駒)ᄂᆞᆫ 멀리 ᄆᆞᄋᆞᆷ 두는고 Q6
어찌하여 희고 깨끗한 말(어진 사람, 인재)은 (자연이 아닌) 먼 곳에 마음을 두는가? 〈제5곡 언지(言志)5〉

춘풍(春風)에 화만산(花滿山)ᄒᆞ고 추야(秋夜)에 월만대(月滿臺)라 Q7
봄바람에 꽃은 산에 가득 피고, 가을밤에는 달빛이 누대에 가득하구나.

사시가흥(四時佳興)이 사ᄅᆞᆷ과 ᄒᆞᆫ가지라
사계절의 좋은 흥취가 사람과 함께 하는구나.

ᄒᆞ믈며 어약연비(漁躍鳶飛) 운영천광(雲影天光)이야 어찌 끝이 있으리 Q8
하물며 자연의 아름다움(고기는 물에서 뛰놀고 솔개는 하늘을 날며 흐르는 구름은 그림자를 남기고 밝은 햇빛은 온 세상을 비춤)이야 어찌 끝이 있겠는가? 〈제6곡 언지(言志)6〉

천운대(天雲臺) 도라 드러 완락재(玩樂齋) 소쇄(瀟灑)ᄒᆞ듸
천운대를 돌아서 들어가니, 완락재가 맑고 깨끗하게 서 있는데,

만권생애(萬卷生涯)로 낙사(樂事)ㅣ 무궁(無窮)ᄒᆞ얘라 Q9
(거기서) 수많은 책을 읽으며 한평생을 보내는 즐거움이 무궁무진하구나.

이 중에 왕래풍류(往來風流)를 닐러 므슴 홀고
이렇게 지내면서 때때로 바깥을 거니는 재미를 새삼 말해서 무엇하겠는가?
〈제7곡 언학(言學)1〉

Q1 '천석고황'은 화자가 지향하는 삶의 자세로, 주제 의식을 드러내는 시어이다. ○ ⊗

Q2 '연하'와 '풍월'은 향유 대상으로서, 화자가 자신의 삶에 만족을 느끼도록 하는 소재이다. ○ ⊗

Q3 〈제2곡〉에서 허물없이 살고자 했던 화자가 〈제3곡〉에서 '순풍'과 '인성'에 대해 논한 것은 화자의 관심이 개인적인 삶에서 사회로 확대되었음을 보여 주는 것이다. ○ ⊗

Q4 '유란'과 '백운'은 화자가 심미적으로 완상하는 대상이다. ○ ⊗

Q5 '산전에~ᄒᆞ거든'에서 '대', '수', '갈매기'는 정적인 이미지를 구성하여 시상을 심화한다. ○ ⊗

Q6 '교교백구'는 화자의 무심한 심정이 투영된 상징적 존재이다. ○ ⊗

Q7 '화만산'과 '월만대'는 화자의 충만감을 자아 내는 풍경의 표상이다. ○ ⊗

Q8 〈제6곡〉은 화자의 인식을 점층적으로 드러 내어 주제 의식을 집약한다. ○ ⊗

Q9 '낙사ㅣ 무궁ᄒᆞ얘라'에는 현재의 삶에 대한 만족감이 드러나 있다. ○ ⊗

뇌정(雷霆)이 파산(破山)ᄒ야도 농자(聾者)ᄂ 몯 듣ᄂ니
우렛소리가 산을 깨뜨릴 듯이 심하더라도 귀머거리는 듣지를 못하며,

백일(白日)이 중천(中天)ᄒ야도 고자(瞽者)ᄂ 몯 보ᄂ니
밝은 해가 떠서 대낮같이 밝아도 소경은 보지를 못하니,

우리ᄂ 이목총명 남자(耳目聰明男子)로 농고(聾瞽) 곧디 마로리
우리는 귀와 눈이 밝은 사람이 되어서 귀머거리나 소경 같으면 안 될 것이다.(=학문을 닦아 도를 깨치며 살아야 함)   〈제8곡 언학(言學)2〉

고인(古人)도 날 몯 보고 나도 고인(古人) 몯 뵈
옛 성현도 나를 보지 못하고, 나도 옛 성현을 뵙지 못했네.

고인(古人)을 몯 봐도 녀던 길 알픠 잇니
옛 성현을 뵙지 못해도 그 분들이 가던 길(행하던 가르침)이 앞에 놓여 있으니

녀던 길 알픠 잇거든 아니 녀고 엇뎔고
가던 길(진리의 길)이 앞에 있는데 아니 가고 어찌할 것인가?   〈제9곡 언학(言學)3〉

당시(當時)예 녀던 길흘 몃 ᄒ로 ᄇ려 두고
그 당시에 (학문에 뜻을 두고) 가던 길을 몇 해나 버려 두고,

어듸 가 ᄃ니다가 이제아 도라온고 ^{Q10}
어디(벼슬길)에 가서 다니다가 이제야 돌아왔는가?

이제아 도라오나니 년 ᄃ ᄆ음 마로리
이제라도 돌아왔으니 다니던 곳(벼슬길)에 마음을 두지 않으리라.   〈제10곡 언학(言學)4〉

청산(靑山)은 엇뎨ᄒ야 만고(萬古)에 프르르며
푸른 산은 어찌하여 먼 옛날부터 변함없이 푸르며,

유수(流水)ᄂ 엇뎨ᄒ야 주야(晝夜)에 긋디 아니ᄂ고 ^{Q11}
흐르는 물은 어찌하여 밤낮으로 그치지 않는 것인가?

우리도 그치디 마라 만고상청(萬古常靑) 호리라 ^{Q12, Q13}
우리도 (부지런히 학문을 닦아서) 저 물같이 그치지 말고 저 산같이 변함없이 푸르리라.   〈제11곡 언학(言學)5〉

우부(愚夫)도 알며 ᄒ거니 긔 아니 쉬운가 ^{Q14}
어리석은 사람도 알아서 행하니, 그것(학문의 길)이 얼마나 쉬운 것인가?

성인(聖人)도 몯다 ᄒ시니 긔 아니 어려운가
(그러나) 성인도 다 행하지 못하니, 그것(학문의 길)이 얼마나 어려운 것인가?

쉽거나 어렵거나 중에 늙ᄂ 주를 몰래라
쉽든 어렵든 간에 학문을 닦는 생활 속에서 늙는 줄을 모르겠구나.   〈제12곡 언학(言學)6〉

주제
자연과 동화된 삶과 학문 수양

특징
① 대구와 설의를 통해 화자의 심정을 드러냄
근거 (대구) '이런들 엇더ᄒ며 져런들 엇더ᄒ료', '연하로 집을 삼고 풍월로 벗을 사마' 등, (설의) 'ᄒ믈며 천석고황을 고쳐 므슴 ᄒ료' 등
② 한자어를 사용하여 화자가 말하고자 하는 의미를 전달함
근거 '천석고황', '만고상청' 등

해제
「도산십이곡」은 내용상 크게 두 부분(전 6곡과 후 6곡)으로 나눌 수 있다. 〈제1곡 언지1〉~〈제6곡 언지6〉에서는 자연 속에서 사물들을 바라보며 느끼는 화자의 감흥을 드러내며, 〈제7곡 언학1〉~〈제12곡 언학6〉에서는 학문 수양에 대한 자세를 드러낸다. 이를 통해 작가인 퇴계 이황은 자연 속에서 인격 수양 및 학문 수양에 힘쓰고자 했음을 알 수 있다.

빠른 정답 ◐ 1. ○ 2. ○ 3. ○ 4. ○ 5. X 6. X 7. ○ 8. ○ 9. ○ 10. X 11. ○ 12. ○ 13. ○ 14. ○   ⋯➔ 해설 **p.206**

^{Q10} '어듸 가~도라온고'에서 화자는 현재와 대비되는 과거의 상황을 그리워하고 있다.
Ⓞ Ⓧ

^{Q11} '청산'과 '유수'는 화자에게 깨달음을 주는 자연물로, 화자는 자연물의 속성에 빗대어 의지를 드러내고 있다.
Ⓞ Ⓧ

^{Q12} 〈제11곡〉에서는 글쓴이가 생각하는 바람직한 삶의 자세를 드러내고 있다.
Ⓞ Ⓧ

^{Q13} 화자가 '그치디' 말아야 한다고 권하는 것은 〈제7곡〉의 '만권생애'이다.
Ⓞ Ⓧ

^{Q14} 〈제3곡〉을 참고할 때, '우부도~쉬운가'는 누구나 어진 인성을 지니고 있으니 그로부터 자기 수양이 가능함을 말하는 것으로 볼 수 있다.
Ⓞ Ⓧ

고산구곡담(高山九曲潭)을 사룸이 모로더니
고산의 아홉 굽이 계곡의 아름다운 경치를 사람들이 모르더니,

주모복거(誅茅卜居)호니 벗님니 다 오신다 ^{Q1}
내가 풀을 베고 (터를 닦아) 집을 짓고 사니 벗들이 모두 찾아오는구나.

어즈버 무이(武夷)를 상상(想像)호고 학주자(學朱子)를 호리라
아, 무이산에서 후학을 가르치던 주자를 생각하면서 주자학을 공부하리라. 〈제1수〉

일곡(一曲)은 어디미오 관암(冠巖)에 히 비췬다 ^{Q2}
일곡은 어디인가? 관암에 해가 비친다.

평무(平蕪)에 니 거드니 원산(遠山)이 그림이로다
잡초가 무성한 들판에 안개가 걷히니 먼 산의 경치가 그림같이 아름답구나!

송간(松間)에 녹준(綠樽)을 노코 벗 오는 양 보노라 ^{Q3}
소나무 사이에 술통을 놓고 벗이 찾아온 것처럼 바라보노라. 〈제2수〉

이곡(二曲)은 어디미오 화암(花巖)에 춘만(春滿)커다
이곡은 어디인가? 화암에 봄이 가득하구나.

벽파(碧波)에 곳을 띄워 야외(野外)로 보니노라
푸른 물결에 꽃을 띄워 멀리 들 밖(속세)으로 보내노라.

사룸이 승지(勝地)를 모로니 알게 혼들 엇더리 ^{Q4}
사람들이 경치 좋은 이곳을 모르니 알려서 찾아오게 한들 어떠하겠는가? 〈제3수〉

삼곡(三曲)은 어디미오 취병(翠屏)에 닙 퍼졌다 ^{Q5}
삼곡은 어디인가? 취병(푸른 병풍을 둘러친 듯한 절벽)에 녹음이 짙게 퍼졌다.

녹수(綠樹)에 산조(山鳥)는 하상기음(下上其音)호는 적에
푸른 나무 사이로 산새는 높고 낮은 소리로 지저귀는데,

반송(盤松)이 바람을 받으니 여름 경(景)이 없어라
작은 소나무가 바람에 흔들리니 여름 경치 같지 않게 시원하구나. 〈제4수〉

사곡(四曲)은 어디미오 송애(松崖)에 해 넘거다
사곡은 어디인가? 송애(소나무가 있는 절벽)에 해가 넘어간다.

담심암영(潭心巖影)은 온갖 빗치 좀겻셰라
연못 속에 비친 바위 그림자는 온갖 빛과 함께 잠겨 있구나.

임천(林泉)이 깁도록 죠흐니 흥(興)을 계워 호노라
수풀 속의 샘은 깊을수록 좋으니 흥을 이기지 못하노라. 〈제5수〉

오곡(五曲)은 어디미오 은병(隱屏)이 보기 됴타
오곡은 어디인가? 은병(으슥한 병풍처럼 둘러진 절벽)이 보기 좋구나.

수변정사(水邊精舍)는 소쇄(瀟灑)홈도 ᄀ이 업다
물가에 세워진 정사(학문을 닦는 곳)는 맑고 깨끗함이 끝이 없다.

이 중에 강학(講學)도 ᄒ려니와 영월음풍(咏月吟風) ᄒ리라
여기서 학문 연구도 하려니와 시를 짓고 읊으면서 풍류를 즐기리라. 〈제6수〉

육곡(六曲)은 어디미오 조협(釣峽)에 물이 넓다
육곡은 어디인가? 조협(낚시하기 좋은 골짜기)에 물이 넓다.

나와 고기와 뉘야 더욱 즐기는고
나와 물고기 중 누가 더 자연을 즐기고 있는가?

황혼(黃昏)에 낙대를 메고 대월귀(帶月歸)를 ᄒ노라
(이렇게 종일 즐기다가) 날이 저물면 낚싯대를 메고 달과 함께 집으로 돌아오노라. 〈제7수〉

Q1 화자는 자신이 '고산구곡담'에 터를 정함으로써 생긴 변화를 드러내고 있다. ◎ ✕

Q2 〈제2수〉~〈제10수〉까지 초장에 유사한 사구가 반복되어 형식적 통일성을 유지하고 있다. ◎ ✕

Q3 '송간에~보노라'에서 아침에 펼쳐진 풍경을 자신을 찾아온 '벗'과 함께 감상하는 화자의 모습을 확인할 수 있다. ◎ ✕

Q4 사람들을 일깨우려는 화자의 생각을 청자에게 묻는 방식으로 제시해 공감을 유도하고 있다. ◎ ✕

Q5 〈제4수〉의 '어디미오'는 구체적인 청자에게 질문하는 형식을 취하고 있다. ◎ ✕

칠곡(七曲)은 어디미오 풍암(楓巖)에 추색(秋色) 됴타
칠곡은 어디인가? 풍암(단풍으로 둘러싸인 바위)에 가을빛이 좋다.

청상(淸霜) 엷게 치니 절벽(絶壁)이 ● 금수(錦繡) l 로다
맑은 서리가 엷게 내리니 절벽이 수놓은 비단같이 아름답구나!

> ● 해석의 틀 **'금수'**는 수를 놓은 비단을 뜻하는데, 고전시가에서는 아름다운 경치를 바라보며 마치 비단을 펼쳐 놓은 것 같다는 비유를 종종 활용한다. 「상춘곡」, 「면앙정가」 등에도 이와 같은 표현이 나타나니 확인해 보자!

한암(寒巖)에 혼조셔 안쟈 집을 잇고 잇노라
차가운 바위에 혼자 앉아서 집안일(속세의 일)을 잊어버리고 있노라.　　　　　〈제8수〉

팔곡(八曲)은 어디미오 금탄(琴灘)에 돌이 붉다
팔곡은 어디인가? 금탄(악기를 연주하며 노는 시냇가)에 달이 밝구나.

옥진금휘(玉軫金徽)로 수삼곡(數三曲)을 연주하니
아주 좋은 거문고로 몇 곡을 연주하면서,

고조(古調)를 알 이 없으니 혼자 즐겨 ㅎ노라
옛 곡조를 알 사람이 없으니 혼자 즐기고 있구나.　　　　　〈제9수〉

구곡(九曲)은 어디미오 문산(文山)에 세모(歲暮)커다
구곡은 어디인가? 문산에 한 해(일 년)가 저물고 있구나.

기암괴석(奇巖怪石)이 눈 속에 무쳐셰라
기묘한 형상의 바위와 돌이 눈 속에 묻혀 있구나.

유인(遊人)은 오지 아니ㅎ고 볼 것 업다 ㅎ더라
사람들은 오지도 않고 볼 것이 없다고 하더라.　　　　　〈제10수〉

> **주제**
> 고산의 아름다운 경관과 학문 수양의 즐거움
>
> **특징**
> ① 고산의 아홉 골짜기에 맞게 아홉 수의 시조를 배치함
> **근거** '일곡은 어디미오', '이곡은 어디미오' 등
> ② 각 수마다 실제 지명과 장소를 제시하여 사실성을 높임
> **근거** 일곡 – 관암, 이곡 – 화암, 삼곡 – 취병, 사곡 – 송애, 오곡 – 은병, 육곡 – 조협, 칠곡 – 풍암, 팔곡 – 금탄, 구곡 – 문산
> ③ 자연 경치에 대한 예찬과 함께 학문 수양의 즐거움을 드러냄
> **근거** (자연 경치 예찬) '원산이 그림이로다', (학문 수양의 즐거움) '이 중에 강학도 ㅎ려니와 영월음풍 ㅎ리라' 등
>
> **해제**
> 「고산구곡가」는 자연을 벗하여 학문 수양에 힘쓰고자 하는 작가의 학구적 열의가 강하게 드러난 작품이다. 계절의 변화(시간의 경과)와 공간의 이동에 따라 시상이 전개되는 특징이 있다.
>
> 🔍 **〈보기〉로 작품 보기**
> 「고산구곡가」는 율곡 이이가 벼슬에서 물러나 황해도 해주 석담에서 은병정사를 짓고 후학 양성에 힘쓸 때에 지었다고 알려져 있다. 연시조를 이루고 있는 각 수들은 하루의 시간적 흐름과 사계절의 변화에 따른 자연의 모습을 중심으로 작가의 자연 친화적인 태도와 자연 속에서의 운치 있는 풍류를 드러내고 있다. 한편 사용된 소재와 내용을 통해 각 수의 초장에 제시된 지명은 작가가 그곳에서 발견한 자연적 풍경과 관련을 맺고 있음을 알 수 있다.

빠른 정답 ◎ 1. ○ 2. ○ 3. X 4. ○ 5. X 　⋯ 해설 **p.207**

지당(池塘)에 활수(活水)이 드니 노는 고기 다 헬로다
연못에 물이 흘러드니 (그 속에) 노는 고기를 다 헤아릴 정도로 맑구나.

송음(松陰)에 청뢰(淸籟)이 나니 금슬(琴瑟)이 여긔 잇다
소나무 그늘에 맑은 바람 소리가 들리니 거문고와 비파 소리를 듣는 듯하다.

안자서 보고 듣거든 도라갈 주를 모르로다 ^{Q1, Q2}
앉아서 (그 모습과 소리를) 보고 들으니 돌아갈 줄을 모르겠구나.   〈제2수〉

솔 아래 길롤 내고 못 우히 디롤 ᄊᆞ니
소나무 아래 길을 내고 연못 위에 축대를 쌓으니.

풍월연하(風月烟霞)는 좌우(左右)로 오ᄂᆞ괴야
바람과 달과 안개와 노을(아름다운 자연의 경치)은 좌우로 오는구나.

이 ᄉᆞ예 한가히 안자 늘는 주롤 모로리라 ^{Q3}
이 사이에 한가롭게 앉아 (있으니) 늙는 줄을 모르겠구나.   〈제3수〉

집 두헤 ᄌᆞ차리 ᄠᅳᆮ고 문 알픠 ᄆᆞᆰ곤 심 기러
집 뒤에 (있는) 산나물을 뜯고 문 앞에 (있는) 맑은 샘을 길어,

기장밥 닉게 짓고 산채갱(山菜羹) ᄆᆞ로 ᄉᆞᆯ마
기장밥을 익게 짓고 산나물로 만든 국을 푹 삶아,

조석(朝夕)게 풍미(風味)이 족(足)홈도 내 분(分)인가 ᄒᆞ노라 ^{Q4}
아침저녁으로 음식의 고상한 맛을 느낄 수 있는 것도 내 분수인가 하노라.   〈제5수〉

ᄇᆡ 고프거든 버구렛 밥 먹고 목 ᄆᆞ르거든 바갯 믈 마시니
배가 고프면 바구니의 밥을 먹고, 목이 마르면 바가지의 물을 마시니,

이리ᄒᆞᄂᆞᆫ 가온대 즐거오미 ᄯᅩ 인ᄂᆞᆫ다
이리하는 가운데 즐거움이 또 있겠는가?

ᄂᆞᄆᆡ의외 부운(浮雲) ᄀᆞᄐᆞᆫ 부귀(富貴)이사 브롤 주리 이시랴 ^{Q5}
다른 사람의 뜬구름 같은 부귀를 부러워할 리 있겠는가?   〈제6수〉

도원(桃源)이 잇다 ᄒᆞ야도 녜 듣고 못 봣더니
무릉도원(신선이 사는 곳, 낙원, 이상향)이 있다고 하여도 예전에 듣고 보지 못하였는데,

홍하(紅霞)이 만동(滿洞)ᄒᆞ니 이 진짓 거긔로다
붉은 노을이 골짜기에 가득하니 이곳이 과연 거기(무릉도원)로구나.

이 몸이 ᄯᅩ 엇더ᄒᆞ뇨 무릉인(武陵人)인가 ᄒᆞ노라 ^{Q6}
이 몸이 또 어떠한가? (내가 바로) 신선인가 하노라.   〈제14수〉

Q1 〈제2수〉는 주변 경치를 묘사한 후, 그 속에 머물며 즐거워하는 화자의 심정을 드러내고 있다.
ⓞⓧ

Q2 '안자서~모르로다'에서 영탄적 표현을 사용해 화자의 반성적 성찰을 드러내고 있다.
ⓞⓧ

Q3 〈제3수〉에는 화자가 본받고자 하는 자연의 모습이 나타나 있다.
ⓞⓧ

Q4 〈제5수〉에서는 화자의 소박한 삶을 그린 후, 그에 대한 화자의 감정을 드러내고 있다.
ⓞⓧ

Q5 'ᄂᆞᄆᆡ의외~브롤 주리 이시랴'에서는 설의적 표현을 통해 화자의 가치관을 강조하고 있다.
ⓞⓧ

Q6 '이 몸이~ᄒᆞ노라'에서는 자문자답의 형식을 통해 화자가 처한 공간을 이상향에 견주면서 그곳에서 살아가는 화자의 자긍심을 표현하고 있다.
ⓞⓧ

주제
자연에 묻혀 사는 삶에서 느끼는 만족감

특징
대구와 설의를 활용하여 자연 속에서의 삶을 즐기는 화자의 태도를 보여 줌

근거 (대구) '집 두헤 조차리 쓸고 문 알픠 물ㄱ심 기러', '빈 고프거든 버구렛 밥 먹고 목 모르거든 바갯 믈 마시니', (설의) '눔의외 부운 깃튼 부귀이사 브룰 주리 이시랴' 등

해제
「산중잡곡」은 혼탁한 조정의 모습에 낙심한 김득연이 벼슬에 뜻을 접고 고향인 안동에서 지내며 체험한 풍류를 담고 있다. 자연 속에 묻혀 사는 즐거움 이외에도, 소박한 삶의 모습과 안빈낙도의 자세를 확인할 수 있다.

빠른 정답 ◐ 1. ○ 2. X 3. X 4. ○ 5. ○ 6. ○ (⋯ 해설 **p.207**)

무정히 서 있는 바위 유정하여 보이느다
뜻 없이 서 있는 바위이지만 뜻이 있어 보이는구나.

최령(最靈)흔 오인(吾人)도 직립불의(直立不倚) 어렵건만
가장 영특한 사람들도 남에게 의지하지 않고 꼿꼿하게 바로 서기가 어렵거늘.

오랜 세월 곧게 선 자태 고칠 적이 업느다 Q1
오랜 세월 동안 곧게 선 (바위의) 저 모습은 변함이 없구나.　　　　〈제1수〉

강가에 우뚝 서니 쳐다볼수록 더욱 놉다
강가에 (바위가) 우뚝 솟아 있으니 우러러볼수록 더욱 높구나.

바람 서리에 불변흐니 뚫을수록 더욱 굳다 Q2
바람과 서리에도 변하지 않으니 (바위는 바람과 서리가) 뚫을수록 더욱 굳세도다.

사람도 이 바위 같으면 대장부인가 흐노라
사람도 이 바위와 같으면 대장부라 할 것이로다.　　　　　　　　〈제2수〉

말 한마디 업슨 바위 사귈 일도 업건만은
한마디의 말도 없는 바위와 사귈 일이 없었지만,

고모진태(古貌眞態)룰 벗 삼아 안즈시니 Q3
옛 모양 그대로 변함이 없는 참다운 태도를 벗으로 삼아 앉아 있으니,

세상에 이익되는 세 벗을 사귈 줄 모로노라
세상에 자신을 이롭게 하는 세 친구를 사귈 줄 모르노라.
(=바위를 벗 삼아 앉아 있으니 바위 외에 이익이 되는 세 벗을 사귈 필요가 없구나.)　〈제3수〉

탁연직립(卓然直立)흐니 본받음 직흐다마는 Q4
[화자의 말] – 꼿꼿하게 바로 서 있는 모습도 본받을 만하다마는,

구룸 깁흔 골짜기에 알 이 있어 츠조오랴
구름이 깊이 덮인 골짜기를 알 사람이 있어서 찾아오겠느냐?

이제나 광야에 옮겨 모두 보게 흐여라
이제야 (바위를) 넓은 들판으로 옮겨 모든 사람이 보게 하겠다.　　　〈제5수〉

세정(世情)이 하 수상흐니 나룰 본돌 반길넌가 Q5
[바위의 대답] – 세상의 형편이 크게 수상하니 나(바위)를 본들 (사람들이) 반기겠는가?

왕기순인(枉己循人)흐야 내 어디 옮아가리오
(어떤 이들은) 자기 몸을 굽혀 남을 좇으니 내가 어디로 옮겨가겠는가?

산 됴코 물 됴흔 골에 삼긴 대로 늘그리라 Q6, Q7
산 좋고 물 좋은 골짜기에 생긴 대로 늙으리라.　　　　　　　　〈제6수〉

천황씨(天皇氏) 처음부터 이 심산에 혼자 있어
[화자의 말] – 천황씨(중국 고대의 전설상의 제왕)는 태초부터 이 깊은 산에 혼자 있어,

너 보고 반기기를 몇 사람 지냈던고
(그 이후) 너(바위)를 보고 몇 사람이나 반가워하며 지냈더냐?

만고의 허다 영웅을 들어 보려 흐노라
(너(바위)를 보고 반가워한) 매우 먼 옛날의 수많은 영웅호걸들의 이야기를 (바위에게서) 들어
보려고 하노라.　　　　　　　　　　　　　　　　　　　　　　〈제7수〉

Q1 〈제1수〉에서는 바위를 인간보다 우월한 특성을
지닌 인격체로 제시하고 있다.
○ ×

Q2 '강가에~더욱 굳다'에서 화자는 바위의 높고
불변하는 속성을 예찬하고 있다.
○ ×

Q3 '말 한마디~안즈시니'에서 진실한 품성을 지닌
바위를 벗으로 삼고자 하는 화자의 의식을
확인할 수 있다.
○ ×

Q4 '탁연직립흐니 본받음 직흐다마는'에서 화자가
바위를 본받을 만한 특성을 지닌 대상으로 인식
하고 있음을 확인할 수 있다.
○ ×

Q5 '세정이~반길넌가'에 세태에 대한 부정적
인식이 드러나 있다.
○ ×

Q6 '산 됴코~늘그리라'에서 바위의 속성에 산과
물의 속성을 더함으로써 세속을 이상적인 공간
으로 정화하려는 의지를 드러내고 있다.
○ ×

Q7 〈제6수〉에 '바위가 답함'이라는 부제가 달려
있다고 할 때, 〈제5수〉와 〈제6수〉의 내용은
바위의 위치에 대한 화자와 바위 사이의 의견
교환으로 볼 수 있다.
○ ×

● 소허(巢許) 지낸 후에 ✚ 엄 처사를 만났다가
[바위의 대답] – 소부와 허유가 같이 지낸 후에 엄자릉을 만났다가

💿 **해석의 틀** 허유는 요나라의 황제가 자신에게 왕위를 물려주겠다고 한 말을 듣고 귀가 더럽혀졌다고 하며 영천에서 귀를 씻은 다음 '기산'으로 들어가 은거한 인물이다. 한편 소부는 소에게 물을 먹이려 강가로 끌고 왔지만, 허유가 귀를 씻은 물이 더럽다고 하며 물을 먹이지 않았다고 한다. 고전시가에서 소부와 허유는 속세를 등지고 자연에 묻혀 살았던 은사로 자주 등장한다.

✚ **해석의 덤** '엄 처사(엄자릉)'는 중국 동한시대에 은둔했던 선비로 자연에서 은거하며 살았던 대표적인 인물이다.

아쉽게 여의고 알 이 없이 버려 있더니
(그들과) 아쉽게 이별하고, 알 사람이 없이 버려져 있더니,

오늘사 또 너룰 만나니 시운인가 ᄒ노라 ^{Q8, Q9, Q10}
오늘에야 또 너(화자)를 만나니 시대의 운수인가 하노라.   ⟨제8수⟩

┌───
│ **주제**
│ 입암의 아름다운 경치 예찬
│
│ **특징**
│ ① 의인화된 대상과 대화하는 형식으로 시상을 전개함
│   **근거** '세정이 하 수상ᄒ니 나룰 본돌 반길넌가', '너 보고 반기기를 몇 사람 지냈던고'
│ ② 단정적인 어조로 대상을 예찬함
│   **근거** '오랜 세월 곧게 선 자태 고칠 적이 업ᄂ다', '바람 서리에 불변ᄒ니 뚫을수록 더욱 굳다'
│
│ **해제**
│ 「입암이십구곡」은 박인로가 '입암'에서 지은 29수의 연시조이다. 작가가 입암 28경을 중심으로
│ 자연 속에서 '바위'의 빼어난 모습을 예찬하고 그로부터 떠올린 유교적 덕목을 효과적으로
│ 드러내고 있다. 작가는 우뚝 솟아있는 바위가 지닌 '곧은' 속성을 닮고자 했으며, 이를 바탕
│ 으로 사람들에게 교훈(굳은 절개)을 주고자 한 것이다.
└───

빠른 정답 ◑ 1. ○ 2. ○ 3. ○ 4. ○ 5. ○ 6. ✕ 7. ○ 8. ✕ 9. ✕ 10. ○   ⸳⸳⸳ 해설 **p.208**

Q8 '오늘사~시운인가 ᄒ노라'에서는 미래에 대한 낙관적 전망을 확인할 수 있다.
◯ ✕

Q9 ⟨제8수⟩에서는 '만고의 허다 영웅'에 '너'를 포함시킴으로써 바위의 고고함을 부각하고 있다.
◯ ✕

Q10 ⟨제8수⟩에 '바위가 답함'이라는 부제가 달려 있다고 할 때, ⟨제7수⟩에서 화자가 궁금하게 여긴 점을 ⟨제8수⟩에서 바위가 대답해주고 있다고 볼 수 있다.
◯ ✕

명경(明鏡)에 티 끼었거든 값 주고 닦을 줄
맑은 거울에 먼지가 끼면 값을 주고 닦을 줄을

아이 어른 없이 다 알고 있건마는
아이 어른 할 것 없이 다 알고 있지만,

값 없이 닦을 명덕(明德)을 닦을 줄을 모르느냐 Q¹
값 없이 닦을 수 있는 마음의 맑은 덕을 닦을 줄을 모르느냐?   〈제1수〉

Q¹ 〈제1수〉에서는 대비적인 상황을 제시하여 현실의 부정적인 면을 드러내고 이를 안타까워하는 화자의 심정을 제시하고 있다.
◯ ✕

➕ 성의관(誠意關) 돌아들어 ➕ 팔덕문(八德門) 바라보니
성의관(뜻을 정성스럽게 하는 문)을 돌아 들어가서 팔덕문(유교의 윤리 강령인 팔덕을 갖춘 문)을 바라보니,

> ➕ 해석의 덤 '성의관'과 '팔덕문'은 실제로 존재하는 공간이라기보다는 관념적인 공간으로 이해하는 것이 더 적절하다. 생소한 공간이나 장소가 제시될 때에는 화자의 심리와 태도를 고려하여 이해하면 된다. 이 경우에는 맥락상 마음의 덕(명덕)을 닦는 공간으로 볼 수 있다.

크나큰 한길이 넓고도 곧다마는
크나큰 큰 길이 넓고도 곧게 뻗어 있건마는,

어찌타 진일 행인(盡日行人)이 오도가도 아닌 게오 Q²
어찌하여 하루 종일 행인이 오지도 가지도 않는 것이오?   〈제2수〉

Q² 〈제2수〉에는 '성의관'에서 '팔덕문'으로의 공간의 이동에 따른 화자의 의식 변화가 나타나 있다.
◯ ✕

구인산(九仞山) 긴 솔 베어 제세주(濟世舟)를 무어 내어
구인산(대덕(大德)으로 비유되는 높은 산)에 있는 큰 소나무를 베어 세상을 구할 만한 큰 배를 만들어서

길 잃은 행인(行人)을 다 건너려 하였더니
길 잃은 행인을 다 건너게 하려 했더니,

사공도 변변치 못하여 모강두(暮江頭)에 버렸느냐
사공(화자)이 변변치 못하여 저물어 가는 강가에 (배를) 버렸느냐?(=세상을 구할 수가 없구나.)   〈제3수〉

주제
부정적 세태 속에서 덕행을 실천하고자 하는 마음과 스스로에 대한 경계

특징
① 대비를 통해 현실의 부정적인 면을 드러냄
근거 '명경에 티 끼었거든 값 주고 닦을 줄' ↔ '값 없이 닦을 명덕을 닦을 줄을 모르느냐'
② 설의를 활용해 당시의 세태에 대한 비판적 인식과 안타까움을 드러냄
근거 '값 없이 닦을 명덕을 닦을 줄을 모르느냐' 등
③ 비유를 통해 올바른 삶의 태도(유교적 수양)를 형상화함
근거 '제세주'

해제
「자경」은 박인로가 은퇴 후 '임병양란(임진왜란과 병자호란)'으로 인해 혼탁했던 시기를 떠올리며 지은 3수의 연시조이다. 작가는 혼탁한 시대를 구하고자 하는 포부를 지녔으나 이를 펼치지 못한 채 은사(隱士)로 살아가게 되었다. 이 작품에서는 자신의 능력이 부족함을 한탄하며 스스로를 경계하고자 하는 심정을 드러내고 있다.

빠른 정답 ➊ 1. ◯ 2. ✕ ⋯→ 해설 p.208

내 이미 **백구** 잊고 백구도 나를 잊네
내가 이미 갈매기를 잊고, 갈매기도 나를 잊었네.

둘이 서로 잊었으니 누군지 모르리라
둘이 서로를 (구분하는 것을) 잊었으니 누군지 모르리라.

언제나 해옹을 만나 이 둘을 가려낼꼬
언제쯤 해옹(은자: 산야에 묻혀 숨어 사는 사람)을 만나 이 둘을 가려낼 수 있을까?

붉은 잎 산에 가득 빈 강에 쓸쓸할 때 ^{Q1}
붉은 잎이 산에 가득하고 빈 강은 쓸쓸하게 흘러갈 때.

가랑비 낚시터에 **낚싯대** 제 맛이라
가랑비가 내리는 낚시터에서 낚싯대로 (낚시하는 것이) 제맛이구나.

세상에 득 찾는 무리 어찌 알기 바라리 ^{Q2}
세상에 이익을 찾는 무리가 이것을 어찌 알기를 바라겠는가?

➕ 내 귀가 시끄러움 네 바가지 버리려믄
내 귀가 시끄러우니 네 바가지를 버리려무나.

> ➕ **해석의 덤** 자연에서 은거 생활을 하던 허유가 표주박으로 물을 마신 뒤 이를 나무에 걸어 두었으나, 바람에 흔들리는 표주박 소리가 속세의 시끄러움을 연상시킨다는 이유로 표주박을 없애버렸다는 고사를 활용한 표현이다.

⬤ 네 귀를 씻은 샘에 내 소는 못 먹이리
네 귀를 씻은 샘에 내 소는 못 먹일 것이다.

> ⬤ **해석의 틀** '귀를 씻'었다는 표현은 벼슬길에 나아가지 않고 기산에 은거하던 허유가 자신에게 임금의 자리를 주겠다는 요임금의 말을 거절하고는 더러운 말을 들었다며 샘에서 귀를 씻어내었다는 고사를 활용한 표현이다.

공명은 해진 신이니 벗어나서 즐겨보세
공명은 닳아 떨어진 신발과 같으니 (공명에서) 벗어나서 즐겨보자.

옥계산 흐르는 물 못 이뤄 달 가두고 ^{Q3}
옥계산에 흐르는 물이 연못을 이루어 달을 가두고,

맑으면 갓을 씻고 흐리면 발을 씻네
(물이) 맑으면 갓을 씻고, 흐리면 발을 씻네.

어떠한 세상 사람도 청탁(淸濁)을 모르래라
어떠한 세상 사람도 맑고 탁함을 모를 것이라.

> Q1 '붉은 잎'은 화자의 처지와 대비되는 소재이다. ⭕ ❌
>
> Q2 '세상에 득 찾는 무리'는 화자와는 달리 세속적 가치를 추구하는 사람들로 볼 수 있다. ⭕ ❌
>
> Q3 '달'은 화자가 자신의 삶을 성찰하는 매개체이다. ⭕ ❌

주제
자연 친화적인 삶의 추구

특징
① 자연 속에서 유유자적 살아가고 싶은 소망을 물아일체를 통해 표현함
　근거 '내 이미 백구 잊고 백구도 나를 잊네' 등
② 중국 고사를 인용하여 속세와 거리를 둔 채 은거하는 삶을 살고 싶은 화자의 소망을 드러냄
　근거 '내 귀가 시끄러움 네 바가지 버리려믄 / 네 귀를 씻은 샘에 내 소는 못 먹이리'

해제
「장육당육가」는 속세의 명예와 이욕에서 벗어나 초연한 태도로 은둔 생활을 하며 자연을 지향하는 마음이나 세상 사람들에 대한 질책 등 복잡한 심정을 담아냈다.

🔎〈보기〉로 작품 보기
이별은 갑자사화로 인해 유배되었다가 풀려난 후 옥계산에 은거했다. 그는 속세의 명리를 버리고 자연 속에 은거한 은일지사(隱逸之士)의 정신을 지향했다. 「장육당육가」에서는 현실 세계를 혼탁한 세상으로 여기고, 자연을 친화적 공간으로 생각하며 그 속에서 삶을 즐기려는 태도가 드러난다.

빠른 정답 ➡ 1. X 2. O 3. X 　⋯ 해설 **p.209**

뒷집의 술쌀을 꾸니 거친 보리 말 못 찼다
뒷집에서 술쌀을 빌리니 거친 보리가 한 말이 못 찼다.

주는 것 마구 찧어 쥐어 빚어 괴어 내니
(빌려) 주는 것을 마구 찧고 (손으로) 쥐어 (술을) 빚어 괴어 내니,

여러 날 주렸던 입이니 두나 쓰나 어이리 **Q¹**
여러 날 굶주렸던 (나의) 입이니 달든 쓰든 어쩌겠는가?   〈제3수〉

Q¹ 〈제3수〉에는 조촐하고 소박한 삶의 모습이 나타나 있다.   ○ ✕

어와 저 ➕ 백구(白鷗)야 무슨 수고 하느냐
아아 저 갈매기야, 무슨 수고를 하느냐?

> ➕ **해석의 덤** 고전시가에서 '백구(갈매기)'가 주로 '무심'과 어울려 욕심 없는 대상으로 나타나는 것과 달리, 「율리유곡」의 백구는 '고기 엿보기'를 하며 '군마음'을 가진 존재로 표현된다. 자주 등장하는 어휘는 그 상징적 의미를 기억해두면 해석에 도움이 되지만, 이처럼 달리 해석될 수도 있으니 반드시 문맥을 고려하여 시어의 의미를 파악하도록 하자!

갈 숲으로 서성이며 고기 엿보기 하는구나
갈대숲에서 서성이며 고기를 엿보고 있구나.

나같이 군마음 없이 잠만 들면 어떠리
나같이 다른 마음 없이 잠만 들면 어떠하겠는가?   〈제6수〉

삼공(三公)이 귀(貴)하다 흔들 강산(江山)과 바꿀쏘냐
삼정승(영의정, 우의정, 좌의정을 아울러 이르는 말, 높은 벼슬)이 귀한 것이라고 한들 강산(자연)과 바꿀 수 있겠는가?

조각배에 돌을 싣고 낚시대를 흩던질 제
조각배에 달빛을 가득 받으면서 낚싯대를 던질 때에,

이 몸이 이 청흥(淸興) 가지고 만호후(萬戶侯)인들 부러우랴
내가 이 맑은 흥을 가지고 있는데 세력이 큰 제후(부귀영화)인들 부러워하겠는가?   〈제8수〉

헛글고 싯근 문서(文書) 다 주어 내던지고
흐트러지고 시끄러운 문서는 모조리 내던지고,

필마(匹馬) 추풍(秋風)에 채찍을 쳐 돌아오니
한 필의 말을 타고 가을바람을 스치면서 (말을) 채찍으로 쳐서 (고향으로) 돌아오니,

아무리 매인 새 놓인다 한들 이토록 시원호랴 **Q²**
아무리 묶여있던 새가 놓인다 하더라도 이토록 시원할 수 있겠는가?   〈제10수〉

Q² '아무리~시원호랴'에서 설의적 표현을 통해 화자의 만족감을 표출하고 있다.   ○ ✕

● 동풍(東風)이 건듯 불어 적설(積雪)을 다 녹이니
동풍이 문득 불어 (겨우내) 쌓인 눈을 다 녹이니,

> ● **해석의 틀** '동풍이 건듯 불어 적설을 다 녹'인다는 표현은 겨울이 지나고 봄이 오는 계절적 배경을 나타낼 때 자주 사용하는 표현이다. 정철의 「사미인곡」에서도 '동풍이 건듯 불어 적설을 헤쳐 내니'와 같이 유사한 표현을 확인할 수 있다.

사면(四面) 청산(靑山)이 옛 모습 나노매라
사면의 푸른 산이 옛 모습을 드러내는구나.

● 귀밑의 해묵은 서리는 녹을 줄을 모른다 **Q³**
귀 밑의 해묵은 서리(백발)는 녹을 줄을 모른다.   〈제16수〉

Q³ 〈제16수〉에서 '동풍'이 부는 봄은 서글픔을 환기한다.   ○ ✕

> ● **해석의 틀** '귀밑의 서리'는 머리가 하얗게 센 것을 의미한다. 세월이 흘러 나이가 들어감을 나타낼 때 자주 사용하는 표현이다.

> **주제**
> 자연 속에서의 소박한 삶에 대한 만족감

> **특징**
> 설의를 통해서 자연에서의 소박한 생활에 대한 만족감을 드러냄
> **근거** '삼공이 귀하다 흔들 강산과 바꿀쏘냐', '이 몸이 이 청흥 가지고 만호후인들 부러우랴' 등

> **해제**
> 「율리유곡」은 자연에서 지내는 소박한 생활과 한가로움, 이에 대한 만족감에 초점을 맞추어 내용을 전개하고 있다. 화자는 이를 통해 속세에서 겪었던 어지러운 일들을 모두 잊고 자연과 더불어 풍류를 즐기면서 살고자 하는 바람을 드러내고 있다.

빠른 정답 **◯** 1. ○ 2. ○ 3. ○   ⋯ 해설 **p.209**

압개예 안기 것고 뭗뫼희 히 비췬다
앞 포구(배가 드나드는 곳)에 안개가 걷히고, 뒷산에 해가 비친다.

　븨떠라 븨떠라
　배 띄워라. 배 띄워라.

밤믈은 거의 디고 낟믈이 미러 온다
썰물은 거의 빠지고 밀물이 밀려온다.

　지국총(至匊悤) 지국총(至匊悤) 어사와(於思臥) ^{Q1}
　찌그덩 찌그덩 어여차

강촌(江村) 온갖 고지 먼 빗치 더옥 됴타
강 마을의 온갖 꽃을 멀리서 바라보는 빛이 더욱 좋다.　　　　　춘사 〈제1수〉

우논 거시 벅구기가 프른 거시 버들숩가
우는 것이 뻐꾸기인가? 푸른 것이 버드나무 숲인가?

　이어라 이어라
　노 저어라. 노 저어라.

어촌 두어 집이 닛 속의 나락 들락
강마을의 두어 집이 안개 속에 (가렸다가 보였다가) 들락날락하는구나.

　지국총(至匊悤) 지국총(至匊悤) 어사와(於思臥)
　찌그덩 찌그덩 어여차

말가훈 기픈 소희 온갇 고기 뛰노ᄂ다
맑고 깊은 연못에 온갖 고기가 뛰노는구나.　　　　　춘사 〈제4수〉

고은 볕티 쬐얀눈듸 믉결이 기름 굿다 ^{Q2}
고운 햇볕이 내리쬐니 물결이 기름처럼 반짝인다.

　이어라 이어라
　노 저어라. 노 저어라.

그믈을 주어 두랴 낙시룰 노흘일가 ^{Q3}
그물을 넣어볼 것인가? 낚시(대)를 놓아볼 것인가?

　지국총(至匊悤) 지국총(至匊悤) 어사와(於思臥)
　찌그덩 찌그덩 어여차

탁영가(濯纓歌)의 흥(興)이 나니 고기도 니즐로다
탁영가(굴원의 「어부사(漁父詞)」에 나오는 노래)에 흥이 일어나니 고기 잡을 생각도 잊겠구나.
　　　　　춘사 〈제5수〉

셕양(夕陽)이 빗겨시니 그만ᄒ야 도라가쟈
석양이 비스듬히 기울었으니 (고기잡이를) 그만하고 돌아가자.

　돋디여라 돋디여라
　돛 내려라. 돛 내려라.

안류 뎡화(岸柳汀花)ᄂ 고븨고븨 시롭고야
언덕 위의 버들과 물가의 꽃은 굽이굽이 새롭구나!

　지국총(至匊悤) 지국총(至匊悤) 어사와(於思臥)
　찌그덩 찌그덩 어여차

삼공(三公)을 불리소냐 만ᄉ(萬事)를 싱각ᄒ랴 ^{Q4}
삼정승(영의정, 우의정, 좌의정을 아울러 이르는 말, 높은 벼슬)을 부러워하겠느냐? 세상만사를
생각하여 무엇하겠는가?　　　　　춘사 〈제6수〉

Q1 노 젓는 소리를 표현한 의성어 '지국총'으로 시적 배경을 짐작할 수 있게 한다.　　ⓞ ⓧ

Q2 '고은 볕티~기름 굿다'에서 상승 이미지와 하강 이미지를 교차하여 심리 변화 양상을 표현하고 있다.　　ⓞ ⓧ

Q3 '그믈을~노흘일가'에서 어부의 삶을 부러워하는 화자의 마음을 엿볼 수 있다.　　ⓞ ⓧ

Q4 '불리소냐', '싱각ᄒ랴' 같은 의문형 어구를 반복하여 심리적 갈등을 드러내고 있다.　　ⓞ ⓧ

방초(芳草)롤 볼와 보며 난지(蘭芷)도 뜨더보쟈
고운 풀을 밟아보며 난초와 지초(버섯)도 뜯어보자.

  비셰여라 비셰여라
  배 세워라. 배 세워라.

일엽편주(一葉片舟)에 시른 거시 므스것고
한 척의 조그마한 배에 실은 것이 무엇인가?

  지국총(至匊悤) 지국총(至匊悤) 어사와(於思臥)
  찌그덩 찌그덩 어여차

갈 제논 니뿐이오 올 제논 돌이로다 ^{Q5}
갈 때는 안개뿐이었는데, 올 때는 달과 함께로구나.
　　　　　　　　　　　　　　　　　　춘사 〈제7수〉

취(醉)ᄒ야 누얼다가 여흘 아ᄅᆡ 느리거다 ^{Q6}
(술에) 취하여 누웠다가 시냇물 아래로 내려간다.

  비미여라 비미여라
  배 매어라. 배 매어라.

락홍(落紅)이 흘너오니 도원(桃源)이 갓갑도다 ^{Q7}
떨어진 복숭아꽃이 흘러오는 것을 보니 무릉도원(신선이 사는 곳, 낙원, 이상향)이 가까이에 있구나.

  지국총(至匊悤) 지국총(至匊悤) 어사와(於思臥)
  찌그덩 찌그덩 어여차

인세 홍딘(人世紅塵)이 언메나 ᄀᆞ렷ᄂᆞ니
인간 세상의 더러움이 얼마나 (내 눈을) 가렸던가
　　　　　　　　　　　　　　　　　　춘사 〈제8수〉

구즌 비 머저가고 시냇믈이 ᄆᆞᆰ아 온다
궂은 비 그쳐가고 시냇물도 맑아진다.

  비ᄯᅥ라 비ᄯᅥ라
  배 띄워라. 배 띄워라.

낫대롤 두러메니 기픈 흥(興)을 금(禁) 못 ᄒᆞᆯ돠 ^{Q8}
낚싯대를 둘러메니 솟구치는 흥취를 참지 못하겠구나.

  지국총(至匊悤) 지국총(至匊悤) 어사와(於思臥)
  찌그덩 찌그덩 어여차

연강텹쟝(煙江疊嶂)은 뉘라서 그려낸고 ^{Q9}
안개 낀 강과 겹겹이 쌓인 봉우리는 누가 그려낸 것인가?(=그려낸 것처럼 아름답구나!)
　　　　　　　　　　　　　　　　　　하사 〈제1수〉

슈국(水國)의 ᄀᆞ올히 드니 고기마다 ᄉᆞᆯ져 읻다
바다에 가을이 찾아오니 고기마다 살이 올라 있다.

  닫드러라 닫드러라
  닻 올려라. 닻 올려라.

만경징파(萬頃澄波)의 슬ᄏᆞ지 용여(容與)ᄒᆞ쟈
끝없이 넓고 푸른 바다의 물결에 실컷 한가롭게 즐겨보자.

  지국총(至匊悤) 지국총(至匊悤) 어사와(於思臥)
  찌그덩 찌그덩 어여차

인간(人間)을 도라보니 머도록 더옥 됴타
인간 세상을 돌아보니 (인간 세상은) 멀수록 더욱 좋구나.
　　　　　　　　　　　　　　　　　　추사 〈제2수〉

^{Q5} 통사 구조가 유사한 구절을 대응시켜 운율을 형성하고 있다.
○ ×

^{Q6} '취ᄒ야~느리거다'에서 어촌에서 한가롭게 살아가는 모습을 확인할 수 있다.
○ ×

^{Q7} '도원'은 화자가 일시적으로 머무는 공간이다.
○ ×

^{Q8} '낫대'는 화자의 흥을 돋우면서 자연에서 느끼는 충만감을 고조시키고 있다.
○ ×

^{Q9} '연강텹쟝~그려낸고'에서 화자를 둘러싼 자연에 대한 긍정적 인식을 드러내고 있다.
○ ×

기러기 떳 밧긔 못 보던 뫼 뵈ᄂ고야
기러기 날아가는 곳 너머에 못 보던 산이 보이는구나.

　이어라 이어라
　노 저어라. 노 저어라.

낙시질도 ᄒ려니와 취(取)ᄒᆫ 거시 이 흥(興)이라
낚시질도 하겠지마는 (내가) 취하려는 것은 자연을 즐기는 흥이라.

　지국총(至匊悤) 지국총(至匊悤) 어사와(於思臥)
　찌그덩 찌그덩 어여차

셕양(夕陽)이 ᄇ이니 쳔산(千山)이 금슈(金繡)ㅣ로다
석양이 눈부시니 모든 산이 수놓은 비단같이 아름답구나.　　　　　　　추사 〈제4수〉

옷 우희 서리 오ᄃ 치운 줄을 모롤로다
옷 위에 서리가 내려도 추운 줄을 모르겠구나.

　닫디여라 닫디여라
　닻 내려라. 닻 내려라.

됴션(釣船)이 좁다 ᄒ나 부셰(浮世)와 어떠ᄒᆫ가 ^{Q10}
낚싯배가 좁다고 하나 덧없는 속세와 비교한다면 어떠하겠는가?

　지국총(至匊悤) 지국총(至匊悤) 어사와(於思臥)
　찌그덩 찌그덩 어여차

ᄂ일도 이리ᄒ고 모뢰도 이리ᄒ쟈 ^{Q11}
내일도 이렇게 (낚시를) 하고 모레도 이렇게 지내자.　　　　　　추사 〈제9수〉

믉ᄀ의 외로온 솔 혼자 어이 싁싁ᄒ고
물가의 외로운 소나무는 어이 홀로 씩씩하게 서 있는가?

　비미여라 비미여라
　배 매어라. 배 매어라.

머흔 구룸 혼(恨)티 마라 세샹(世上)을 ᄀ리온다 ^{Q12}
험한 구름을 원망하지 마라. (그것이) 인간 세상을 가려 준다.

　지국총(至匊悤) 지국총(至匊悤) 어사와(於思臥)
　찌그덩 찌그덩 어여차

파랑셩(波浪聲)을 염(厭)티 마라 딘훤(塵暄)을 막ᄂ도다
파도 소리를 싫어하지 마라. (그것이) 속세의 먼지와 시끄러운 소리를 막아 준다.　　　　　동사 〈제8수〉

Q10 '됴션'은 '부셰'와 대응되는 것으로, 세속적 삶에 대한 화자의 미련을 반영한다.
○ ✕

Q11 화자가 'ᄂ일'과 '모뢰'를 기대하는 것에는 현재의 삶이 지속되기를 바라는 심리가 내재되어 있다.
○ ✕

Q12 '구룸'은 인간 세상의 부정적인 측면을 가려주는 역할을 한다.
○ ✕

（주제）
자연을 벗하며 살아가는 어부의 삶과 즐거움

（특징）
① 계절의 변화에 따라 시상을 전개함
　(근거) 춘사-하사-추사-동사
② 여음구와 후렴구를 사용하여 형태적 통일감을 드러냄
　(근거) (여음구) '비떠라 비떠라', '이어라 이어라', '돋디여라 돋디여라', '비셰여라 비셰여라', '비미여라 비미여라', '닫드러라 닫드러라', '닫디여라 닫디여라', (후렴구) '지국총 지국총 어사와'

（해제）
「어부사시사」는 어부의 생활을 사계절에 따라 각 10수씩, 총 40수로 구성한 연시조이다. 특이한 점은 각 수마다 후렴구와 여음구가 삽입되어 있다는 것이다. 후렴구인 '지국총 지국총 어사와'는 '찌그덩 찌그덩 어여차'의 의미로 '찌그덩 찌그덩' 하고 배에서 나는 의성어와 노를 저을 때 '어여차' 외치는 소리를 함께 표현한 것이며, 계절마다 반복되는 여음구들은 배가 출항하여 돌아오기까지의 과정을 표현한 것이다. 이와 같이 반복되는 후렴구와 여음구는 자연 속에서 어부로 살아가는 화자의 흥취를 효과적으로 드러내고 있다.

빠른 정답 ○ 1. ○ 2. ✕ 3. ✕ 4. ✕ 5. ○ 6. ○ 7. ✕ 8. ○ 9. ○ 10. ✕ 11. ○ 12. ○　(⋯ 해설 **p.209**)

내 버디 멋치나 ᄒ니 수석(水石)과 송죽(松竹)이라
내 벗이 몇인가 하니 물과 바위, 소나무와 대나무라.

동산(東山)의 돌 오르니 긔 더옥 반갑고야
동쪽 산에 달이 떠오르니 그 더욱 반갑구나.

두어라 이 다숫 밧긔 또 더ᄒ야 머엇ᄒ리
두어라. 이 다섯(물, 바위, 소나무, 대나무, 달)밖에 또 더하여 무엇하겠는가. 〈제1수〉

구룸빗치 조타 ᄒ나 검기롤 ᄌ로 한다
구름 빛깔이 깨끗하다고 하나 검어지기를 자주 한다.

ᄇ람 소리 몱다 ᄒ나 그칠 적이 하노매라 Q1
바람 소리가 맑다고 하나 그칠 때가 많도다.

조코도 그츨 뉘 업기는 믈뿐인가 ᄒ노라
깨끗하고도 그칠 때가 없는 것은 물뿐인가 하노라. 〈제2수〉

고즌 므스 일로 퓌며셔 쉬이 디고
꽃은 무슨 일로 피면서 쉽게 지고,

플은 어이ᄒ야 프르ᄂ 듯 누르ᄂ니 Q2
풀은 어찌하여 푸른 듯하다가 곧 누른빛을 띠는가?

아마도 변티 아닐손 바회뿐인가 ᄒ노라
아마도 변치 않는 것은 바위뿐인가 하노라. 〈제3수〉

더우면 곳 퓌고 치우면 닙 디거놀
더우면 꽃이 피고 추우면 잎이 지거늘,

솔아 너ᄂ 엇디 눈서리롤 모르ᄂ다
소나무야, 너는 어찌 눈서리를 모르느냐?

구천(九泉)의 불휘 고든 줄을 글로 ᄒ야 아노라
깊은 땅속까지 뿌리가 곧게 뻗은 줄을 그것으로 인해 알겠구나. 〈제4수〉

나모도 아닌 거시 플도 아닌 거시
나무도 아닌 것이, 풀도 아닌 것이,

곳기ᄂ 뉘 시기며 속은 어이 뷔연ᄂ다
곧기는 누가 시켰으며 속은 어찌 비었는가?

뎌러코 사시(四時)예 프르니 그를 됴하ᄒ노라
저렇고도 사시사철에 푸르니 그(대나무)를 좋아하노라. 〈제5수〉

쟈근 거시 노피 떠셔 만믈(萬物)을 다 비취니
작은 것이 높이 떠서 세상의 모든 것을 다 비추니,

밤듕의 광명(光明)이 너만ᄒ니 또 잇ᄂ냐
한밤중에 밝게 빛나는 것이 너(달)만한 것이 또 있겠느냐?

보고도 말 아니 ᄒ니 내 벋인가 ᄒ노라
보고도 말을 하지 않으니 내 벗인가 하노라. 〈제6수〉

Q1 '구룸빗치~하노매라'는 자연의 가변성을 보여 주는 구절이다. ○ ✕

Q2 '고즌 므스 일로~누르ᄂ니'는 자연의 불변성을 보여 주는 구절이다. ○ ✕

주제
다섯 가지 자연물[물(水), 바위(石), 소나무(松), 대나무(竹), 달(月)]에 대한 예찬

특징
① 4음보 율격으로 리듬감을 드러냄
근거 '내 버디 / 멋치나 ᄒ니 / 수석과 / 송죽이라' 등
② 대비를 통해 자연물의 속성을 드러냄
근거 '곳(꽃)'과 '플(풀)': 쉽게 변하는 모습 ↔ '석(바위)': 굳건하고 쉽게 변하지 않는 모습 등
③ 자연물을 의인화하여 표현함
근거 '내 버디 멋치나 ᄒ니 수석과 송죽이라' 등

해제
「오우가」에서는 자연물을 벗으로 삼아 지극한 애정을 드러내는 화자의 자연 친화적 태도가 나타난다. 특히 다섯 가지 자연물에 대한 감상을 바탕으로 인간에게 필요한 미덕을 강조하고 있다.

빠른 정답 ◐ 1. ○ 2. ✕ 해설 p.210

산수간(山水間) 바위 아래 띠집을 짓노라 ㅎ니
산과 물 사이 바위 아래 초가집을 지으려 하니,

그 모른 놈들은 웃눈다 혼다마눈 ^{Q1}
그 (뜻을) 모르는 남들은 비웃는다지만,

어리고 햐암의 뜻에눈 내 분(分)인가 ㅎ노라
어리석고 세상 물정 모르는 시골뜨기의 생각에는 이것이 내 분수에 맞는 것 같구나. 〈제1수〉

● 보리밥 ● 픗ᄂ 물을 알맞게 먹은 후(後)에 ^{Q2}
보리밥과 풋나물을 알맞게 먹은 후에.

● 해석의 틀 '보리밥'과 '풋나물'은 물질적 삶과 대비되는 소박한 삶을 상징적으로 드러낸다. 이와 같은 청빈하고 소박한 삶을 드러내는 표현으로는 '단사표음(대나무로 만든 밥그릇에 담은 밥과 한 바가지의 물)'과 '단표 누항(누항에서 먹는 한 그릇의 밥과 한 바가지의 물)'이 있다.

바위 끝 물가에 슬ᄏ지 노니노라
바위 끝 물가에서 마음껏 노니노라.

그 나믄 녀나믄 일이야 부럴 줄이 있으랴 ^{Q3}
그밖에 다른 일이야 부러워할 까닭이 있겠는가? 〈제2수〉

잔 들고 혼자 안자 먼 뫼흘 ᄇ라보니
술잔을 들고 혼자 앉아서 먼 산을 바라보니,

그리던 님이 오다 반가움이 이러ᄒ랴
그리워하던 임이 온다고 한들 반가움이 이만하겠는가?

말슴도 우움도 아녀도 몯내 됴하ᄒ노라 ^{Q4}
(산은 나에게) 말도 웃음도 아니 하지만 마냥 좋아하노라. 〈제3수〉

누고셔 삼공(三公)도곤 낫다 ㅎ더니 만승(萬乘)이 이만ᄒ랴 ^{Q5, Q6}
누군가는 (자연 속에서의 삶이) 삼정승(영의정, 좌의정, 우의정을 아울러 이르는 말, 높은 벼슬) 보다 낫다고 하였지만 황제(천자)가 이(자연 속에서의 삶)보다 좋겠는가?

이제로 헤어든 소부 허유(巢父許由)가 약돗더라
이제와 생각해보니 소부와 허유가 영리했구나.

아마도 임천 한흥(林泉閑興)을 비길 곳이 업서라
아마도 자연 속에서 느끼는 한가한 흥취는 견주어 볼(비교할) 데가 없구나. 〈제4수〉

내 성이 게으르더니 하ᄂᆞᆯ히 알으실사
내 천성이 게으른 것을 하늘이 아셔서.

인간 만사(人間萬事)룰 흔 일도 아니 맛겨
인간 세상의 많은 일(벼슬) 가운데 한 가지도 맡기지 않으시고,

다만당 다툴 이 업슨 강산(江山)을 지키라 ㅎ시도다
다만 다툴 상대가 없는 강산(자연)을 지키라고 하시는구나. 〈제5수〉

강산(江山)이 좋다 흔들 내 분(分)으로 누웠느냐
강산(자연)이 좋다고 한들 내 분수로 (이렇게 편하게) 누웠겠는가?

임금 은혜(恩惠)룰 이제 더욱 아노이다 ^{Q7}
(이 모두가) 임금의 은혜인 것을 이제야 더욱 잘 알겠다.

아무리 갚고자 ㅎ여도 하올 일이 업서라
(하지만) 아무리 은혜를 갚으려 해도 (내가) 할 수 있는 일이 없구나. 〈제6수〉

주제
자연 속에서 살아가는 즐거움

특징
① 설의를 사용하여 화자의 심정을 표현함
근거 '그 나믄 녀나믄 일이야 부럴 줄이 있으랴', '그리던 님이 오다 반가움이 이러ᄒ랴', '누고셔 삼공도곤 낫다 ㅎ더니 만승이 이만ᄒ랴', '강산이 좋다 흔들 내 분으로 누웠느냐'
② 안분지족하는 삶의 자세 및 물아일체의 자연 친화 사상이 드러남
근거 '그 나믄 녀나믄 일이야 부럴 줄이 있으랴', '말슴도 우움도 아녀도 몯내 됴하ᄒ노라' 등

해제
「만흥」의 화자는 〈제1수〉~〈제5수〉에서 속세와 떨어져 안빈낙도의 삶(자연에 동화되어 사는 은거자의 삶)을 추구하지만 〈제6수〉에서는 연군지정의 정서를 드러내고 있다.

^{Q1} 화자를 보며 '웃눈' '놈들'은 화자를 부정적 태도로 대하는 이들이다.
◯ ✕

^{Q2} '띠집'과 '보리밥 픗ᄂ 물'은 화자의 소탈한 삶의 태도를 드러내는 소재라고 할 수 있다.
◯ ✕

^{Q3} '그 나믄 녀나믄 일'을 부러워하지 않겠다는 태도를 설의적 표현을 통해 강조하며, 자연 에서 도를 추구하며 살아가는 삶에 대한 자부 심을 표현하였다.
◯ ✕

^{Q4} '말슴도~됴하ᄒ노라'는 영탄적 표현을 통해 대상에 대한 화자의 심리를 직접적으로 표출 하고 있다.
◯ ✕

^{Q5} '만승'은 화자가 부러움을 느끼는 대상이다.
◯ ✕

^{Q6} '누고셔~이만ᄒ랴'라는 과장된 표현을 통해 화자의 만족감을 강조하고 있다.
◯ ✕

^{Q7} '임금 은혜'를 갚고자 하는 화자의 모습에서 '나'가 세속을 잊은 것이 아님을 알 수 있다.
◯ ✕

빠른 정답 ❶ 1. ◯ 2. ◯ 3. ◯ 4. ◯ 5. ✕ 6. ◯ 7. ◯ → 해설 p.210

슬프나 즐거오나 옳다 ᄒᆞ나 외다 ᄒᆞ나
슬프나, 즐거우나, 옳다고 하나, 그르다고 하나,

내 몸의 ᄒᆡ올 일만 닦고 닦을 ᄲᅮᆫ이언정
내 몸의 할 일만 닦고 닦을 뿐,

그 밧긔 여남은 일이야 분별(分別)홀 줄 이시랴 Q1
그밖에 다른 일이야 생각하거나 걱정할 필요가 있겠는가?   〈제1수〉

Q1 '그 밧긔~이시랴'에서 설의적 표현으로
화자의 태도를 강조하고 있다.
⊙ ⊗

내 일 망령된 줄을 내라 ᄒᆞ야 모를쏜가
내가 하는 일이 잘못된 것인 줄을 나라고 해서 몰랐겠는가?

이 마음 어리기도 임 위ᄒᆞᆫ 탓이로세
이 마음이 어리석은 것도 (모두가) 임을 위한 탓이로구나.

아무가 아무리 일러도 임이 혜여 보소서
그 누가 아무리 일러도(모함해도) 임께서 헤아려 주십시오.   〈제2수〉

추성(秋城) 진호루(鎭胡樓) 밧긔 울어 예는 뎌 시내야 Q2
경원성 진호루(윤선도의 유배지) 밖에서 울며 흐르는 저 시냇물아!

므음 ᄒᆞ리라 주야(晝夜)의 흐르는다
무엇을 하려고 밤낮으로 쉬지 않고 흐르는가?

임 향(向)ᄒᆞᆫ 내 뜻을 조차 그칠 뉘룰 모르나다
(저 시냇물은) 임을 향한 내 뜻을 따라 그칠 줄을 모르는구나.   〈제3수〉

Q2 '추성~울어 예는 뎌 시내야'에서 대상에
감정을 이입하여 화자의 정서를 구체적으로
드러내고 있다.
⊙ ⊗

뫼흔 길고 길고 물은 멀고 멀고
산은 길기도 길고, 물은 멀기도 멀고,

어버이 그린 뜻은 많고 많고 하고 하고 Q3
부모님 그리워하는 뜻은 많고 많고, 많고 많고,

어디서 외기러기는 울고 울고 가느니
어디서 외기러기는 울고 울며 가는가?   〈제4수〉

Q3 '어버이~하고'에서는 동일한 시어를 반복
하여 그리움의 정서를 강조하고 있다.
⊙ ⊗

어버이 그릴 줄을 처음부터 알아마는
어버이를 그리워할 줄(효심)은 처음부터 알았지만,

임금 향(向)ᄒᆞᆫ 뜻도 하늘이 삼겨시니
임금을 향한 마음(충심)도 하늘이 만들어 주었으니,

진실로 임금을 잊으면 긔 불효(不孝)인가 여기노라
정말로 임금을 잊는다면 그것이 곧 불효가 아닌가 생각하노라.   〈제5수〉

주제
유배지에서 느끼는 어버이에 대한 그리움과 우국충정

특징
① 설의를 통해 화자의 정서를 드러냄
  근거 '그 밧긔 여남은 일이야 분별홀 줄 이시랴', '내 일 망령된 줄을 내라 ᄒᆞ야 모를 쏜가'
② 사물에 감정을 이입하여 화자의 정서를 효과적으로 드러냄
  근거 '추성 진호루 밧긔 울어 예는 뎌 시내야', '어디서 외기러기는 울고 울고 가느니'
③ 반복을 통해 운율감을 형성함
  근거 '뫼흔 길고 길고 물은 멀고 멀고', '어버이 그린 뜻은 많고 많고 하고 하고', '어디서 외기러기는 울고 울고 가느니'

해제
「견회요」의 화자는 자신의 억울함을 하소연하거나 결백을 주장하면서도, 임금에 대한 변함없는 충성심을 드러내고 있다. 특히 〈제4수〉의 어버이에 대한 그리움이 〈제5수〉에서 임금에 대한 충성심으로 연결되고 있는데, 이는 어버이를 향한 효와 임금을 향한 충을 동일시하는 것으로, 이를 통해 윤선도가 지닌 유학자로서의 면모를 확인할 수 있다.

🔍 〈보기〉로 작품 보기
「견회요」에는 정적에 대한 원망, 결백의 호소 등이 드러나 있으며, 화자는 특히 임금에 대한 변함없는 충정을 드러내어 유교 이념을 굳건히 지키는 태도를 보였다.

빠른 정답 ⊙ 1. ○ 2. ○ 3. ○ ···→ 해설 **p.210**

생시런가 꿈이런가 천상에 올라가니
생시인가 꿈인가 천상 세계(임금께서 계시는 한양의 궁궐)에 올라가니.

옥황은 반기시나 뭇신선이 꺼리는구나 Q1
옥황상제(임금)는 반기시나 여러 신선(신하)이 나를 꺼리는구나.

두어라 강호에 놀이며 달이 내 분수에 옳도다
두어라, 강호(자연)에서 노닐며 달과 함께하는 것이 내 분수에 알맞구나. 〈제1수〉

풋잠에 꿈을 꾸어 천상십이루(天上十二樓)에 들어가니
잠깐 든 잠에 꿈을 꾸어 하늘 위 십이루(대궐)에 들어가니.

옥황은 웃으시되 뭇신선이 꾸짖는구나
옥황상제는 웃으시되 여러 신선이 나를 꾸짖는구나.

어즈버 백만억 창생을 어느 사이 물어보리
아아, (옥황상제께) 수많은 백성들을 편안하게 하는 것을 어느 때에 물어보리? 〈제2수〉

하늘이 이지러졌을 때 무슨 기술로 기워냈는고
하늘이 위태로울 때 무슨 기술로 고쳐냈는가?

● 백옥루(白玉樓) 중수(重修)할 때 어떤 목수 이루어냈는고
백옥루(천상에서 옥황상제가 머무는 장소)를 손질하여 고칠 때 어떤 목수(인재)가 이루어냈는가?

해석의 틀 '백옥루'는 '백옥경', '천상', '천상십이루', '광한전' 등과 마찬가지로 옥황상제나 신선이 사는 가상의 공간이다. 이러한 공간을 임금이 지내는 궁궐에 비유함으로써 임금의 절대성과 임금에 대한 충성을 드러낸다.

옥황께 여쭤보자 하였더니 다 못하여 왔도다
옥황상제께 여쭤보자 하였더니 다 못 물어보고 돌아왔구나. 〈제3수〉

주제
세상을 다스리고 백성을 구하려는 이상을 실현하지 못한 좌절감과 우국충정

특징
① 비유적 표현을 통해 주제를 우회적으로 표현함
근거 '옥황은 반기시나 뭇신선이 꺼리는구나', '옥황은 웃으시되 뭇신선이 꾸짖는구나'
② 천상계를 화자의 이상이 좌절되는 공간으로 설정해 아쉬움을 드러냄
근거 '어즈버 백만억 창생을 어느 사이 물어보리', '옥황께 여쭤보자 하였더니 다 못하여 왔도다'

해제
「몽천요」에는 작가가 정치 현실에서 느낀 실망, 좌절감이 표현되어 있다. 보통 다른 작품에서 천상계는 현실의 좌절을 보상받을 수 있는 공간으로 제시되지만, 「몽천요」에서는 소망을 이루지 못하는 좌절의 공간으로 제시되는 점이 특이하다. 또한 천상에서 '옥황'은 임금, '신선'은 윤선도를 배척했던 신하들로 비유적으로 표현하여 우국충정이라는 주제를 효과적으로 전달하고 있다.

🔍 〈보기〉로 작품 보기
현실 정치를 떠나 초야에 묻혀 지내던 윤선도는 자신을 질시하는 세력들을 의식하여 임금의 지극한 부름을 사양했다. 그러나 고산에 은거하면서도 임금을 도와 부정적인 현실을 바로잡고, 올바른 정치를 하고 싶었던 윤선도는 그러한 마음을 표현하기 위해 현실을 꿈속 천상계의 일에 빗대어 「몽천요」를 창작했다.

빠른 정답 ⟳ 1. ○ ⋯ 해설 **p.211**

Q1 이 작품이 조정을 떠나 자연에 묻혀 지내던 윤선도가 자신을 질시하는 세력 때문에 임금의 부름을 사양할 때 쓴 것임을 고려하면 '뭇신선'은 작가인 화자가 임금인 옥황의 부름을 사양한 원인으로 볼 수 있다.

양파(陽坡)에 풀이 기니 봄 빗치 느저 잇다
양지쪽 언덕에 풀이 길게 자라니 봄빛이 (이미) 늦었다.(=늦봄이구나!)

소원(小園) 도화(桃花)는 밤 비예 다 되거다
작은 언덕에 복숭아꽃은 밤비에 다 피었다.(=피었구나!)

아히야 쇼 됴히 먹여 논밭 갈게 ᄒᆞ야라
아이야, 소를 좋게 먹여 논밭 갈게 하여라.　　　　　〈춘(春)2〉

잔화(殘花) 다 딘 후의 녹음(綠陰)이 기퍼 간다 ^{Q1}
남은 꽃 다 진 후에 녹음(숲, 나무 그늘)이 깊어 간다.

백일(白日) 고촌(孤村)에 낫닭의 소리로다
대낮의 외따로 떨어진 마을에 낮닭이 우는구나.

아히야 계면조 불러라 긴 조롬 ᄭᅢ오쟈 ^{Q2}
아이야, 계면조(슬프고 애타는 느낌을 주는 느린 곡조) 불러라. 긴 졸음을 깨우자.　　〈하(夏)1〉

흰 이슬 서리 되니 ᄀᆞ을히 느저 잇다
흰 이슬이 서리 되니 가을이 늦었구나.(=늦가을이구나!)

긴 들 ● 황운(黃雲)이 ᄒᆞᆫ 빛이 피었구나
긴 들판에 (누렇게 익은) 곡식들이 같은 빛이 피었구나.

> **● 해석의 틀** '황운'은 곡식들이 익어 노란 빛으로 바람에 흔들리는 모습을 누런 구름에 빗대어 표현한 것으로, 계절적 배경이 가을임을 알려주는 소재이다.

아히야 비즌 술 걸러라 추흥(秋興) 계워 ᄒᆞ노라 ^{Q3}
아이야, 빚은 술을 걸러라. 가을의 흥취에 겨워 하노라.　　　　　〈추(秋)1〉

동리(東籬)에 국화 피니 중양(重陽)이 거에로다
동쪽 울타리에 국화가 피니 중양절(세시 명절의 하나로 음력 9월 9일)이 거의 다가왔구나.

자채(自蔡)로 비즌 술이 ᄒᆞ마 아니 니것ᄂᆞ냐
올벼(제철보다 일찍 여무는 벼)로 빚은 술이 설마 아니 익었느냐?

아히야 자해(紫蟹) 황계(黃鷄)로 안주 쟝만ᄒᆞ야라 ^{Q4}
아이야, 꽃게와 닭으로 안주 장만하여라.　　　　　〈추(秋)2〉

북풍(北風)이 노피 부니 앞 뫼히 눈이 딘다
겨울 바람이 높이 부니 앞 산에 눈이 내린다.

모첨(茅簷) 찬 빗치 석양이 거에로다
초가지붕 처마의 찬 빛을 보니 석양이 거의 되었구나.

아히야 콩죽 니것ᄂᆞ냐 먹고 자려 ᄒᆞ로라
아이야, 콩죽 익었느냐? 먹고 자려고 하노라.　　　　　〈동(冬)1〉

이바 아히 돌아 새해 온다 즐겨 마라 ^{Q5}
이봐 아이들아, 새해 온다고 즐거워하지 마라.

헌ᄉᆞ한 세월(歲月)이 소년(少年) 앗아 가ᄂᆞ니라
야단스러운 세월이 소년 시절을 빼앗아 가느니라.

우리도 새해 즐겨ᄒᆞ다가 이 백발이 되얏노라 ^{Q6}
우리도 새해를 즐거워하다가 이 백발이 되었노라.　　　　　〈제석(除夕)1〉

Q1 '잔화~기퍼 간다'에는 꽃이 떨어진 것에 대한 화자의 안타까운 심정이 나타나 있다.
　　　　　　　　　　　　　　　　◯ ✕

Q2 '계면조 불러라 긴 조롬 ᄭᅢ오쟈'에는 자연에서 여유로움을 즐기는 화자의 모습이 표현되어 있다.
　　　　　　　　　　　　　　　　◯ ✕

Q3 '추흥 계워 ᄒᆞ노라'는 영탄적 표현을 사용하여 화자의 정서를 드러내고 있다.
　　　　　　　　　　　　　　　　◯ ✕

Q4 '아히야~쟝만ᄒᆞ야라'는 미각을 돋우는 소재를 활용하여 화자의 흥취를 드러내고 있다.
　　　　　　　　　　　　　　　　◯ ✕

Q5 '아히돌'은 화자의 관점에서 볼 때 현재의 상황을 즐기고 있는 대상이자 화자가 추구하는 바를 이루어 주는 대상이다.
　　　　　　　　　　　　　　　　◯ ✕

Q6 〈제석1〉에서 화자는 현재의 자신과 다른 태도를 보이는 상대방을 훈계하고 있다.
　　　　　　　　　　　　　　　　◯ ✕

주제
전원 생활의 유유자적한 삶

특징
① 시간(계절)의 흐름에 따라 시상이 전개됨
  근거 (봄) '봄 빗치 느저 있다', (여름) '녹음이 기퍼 간다', (가을) '구을히 느저 잇다', (겨울) '눈이 딘다'
② 시각적 이미지를 활용해 각 계절의 정취를 표현함
  근거 (봄) '도화', (여름) '녹음이 기퍼 간다', (가을) '황운이 흔 빛이 피었구나', (겨울) '눈이 딘다'
③ 〈제석1〉을 제외한 각 수 종장에 '아히야'를 반복하여 형식적 통일성과 운율감을 형성함

해제
「전원사시가」는 전원에서의 생활상을 사계절에 따라 노래한 작품이다. 눈이 녹고 도화(복숭아꽃)가 피는 봄의 모습, 녹음이 우거진 한적한 여름의 모습, 풍요로움과 흥겨움을 즐기는 가을의 모습, 눈 쌓인 겨울의 모습을 제시한 뒤 한 해를 보내며 세월의 흐름에 안타까워하는 심정 등을 노래했다. 전원에 묻혀 자연과 더불어 살아가는 즐거움을 노래한 후, 자연을 즐기는 기쁨이 지속되는데 장애가 되는 세월의 흐름을 안타까워하며 시상을 마무리하고 있다.

🔍 〈보기〉로 작품 보기
사시가는 사계절의 순서에 따른 완상을 담은 노래들을 뜻한다. 사시의 흐름은 순차성을 띠면서도 의미상 겨울에서 봄으로, 밤에서 아침으로 이어지는 자연의 순환성을 내포하고 있다. 이런 순환성에 대한 인식은 시간적 영원성에 대한 소망을 반영한다고 볼 수 있다. 사시가에서 나타나는 이상향으로서의 자연은 심미의 대상, 소박한 삶의 공간, 노동의 삶이 드러나는 생활 공간으로 그려져 있다.

빠른 정답 ⭕ 1. X 2. O 3. O 4. O 5. X 6. O   ⋯ 해설 **p.211**

세상의 버린 몸이 시골에서 늙어 가니
세상에서 버림받은 이 몸이 시골에서 늙어가니,

바깥 일 내 모르고 하는 일이 무엇인고
세상의 일은 내가 알 수 없고, 내가 (시골에서) 하는 일은 무엇인고?

이 중의 우국성심(憂國誠心)은 풍년을 원하노라 ^{Q1}
이 속에서도 나라를 걱정하는 정성스러운 마음으로 풍년을 원하노라.   〈제1수〉

농인(農人)이 와 이르되 봄 왔네 밭에 가세
이웃 농부가 찾아와 말하기를, 봄이 왔으니 밭에 나가세.

앞집의 쇼 보잡고 뒷집의 따비 내네
앞집에서 소를 보내고 뒷집에서 따비(농기구)를 보내네.

두어라 내 집부터 하랴 남하니 더욱 좋다
두어라, 내 집 농사부터 하랴. 남(이웃)부터 먼저 하니 더욱 좋구나.   〈제2수〉

여름날 더운 적의 달구어진 땅이 불이로다
여름날 한창 더울 때에 햇빛에 달아오른 땅이 마치 불 같도다.

밭고랑 매자 하니 땀 흘러 땅에 떨어지네
밭고랑 매려 하니 땀이 흘러 땅에 떨어지네.

어사와 입립신고(粒粒辛苦) 어느 분이 아실까
아아, 곡식 한 알 한 알의 고생을 어느 분이 알아주실까?   〈제3수〉

가을에 곡식 보니 좋기도 좋을시고
가을이 되어 곡식을 보니 참으로 좋구나.

내 힘의 이룬 것이 먹어도 맛이로다
내 힘으로 이룬 것이니 먹어도 맛이 유별나게 좋구나.

이밖에 천사만종(千馴萬鍾)을 부러 무엇하리오 ^{Q2}
이 즐거움 외에 천 대의 마차와 만 섬의 곡식을 부러워한들 무엇하리오.   〈제4수〉

밤에는 새끼를 꼬고 낮에는 띠를 베어
밤에는 새끼를 꼬고, 낮에는 띠풀을 베어,

초가집 잡아 매고 농기(農器) 좀 손 보아라 ^{Q3}
초가집 잡아 정비하고 농기구를 손질하여라.

내년에 봄 온다 하거든 결의 종사(從事) 하리라 ^{Q4}
내년에 봄 온다 하거든 (농사일에) 마음과 힘을 다하리라.   〈제5수〉

새벽빛 나오자 백설(百舌)이 소리한다
새벽이 밝아오자 지빠귀가 나와서 지저귄다.

일어나라 아희들아 밭 보러 가자꾸나 ^{Q5}
일어나거라 아이들아, 밭을 살펴보러 가자꾸나.

밤사이 이슬 기운에 얼마나 길었는가 하노라
밤사이 이슬 기운에 (곡식이) 얼마나 길었는가 (보려) 하노라.   〈제6수〉

보리밥 지어 담고 명아주 국을 끓여 ^{Q6}
보리밥 지어 담고, 명아주 풀로 국을 끓여,

배곯는 농부들을 진시(趁時)예 먹여라
배를 곯는 농부들을 좀 더 일찍이 먹이어라.

아희야 한 그릇 다오 친히 맛 보아 보내리라
아이야, 한 그릇 가져오너라. (내가) 친히 맛을 보고 나서 (그들에게) 보내리라.   〈제7수〉

Q1 '바깥 일~원하노라'에서 자문자답의 방식을 활용하여 화자의 안타까움을 부각하고 있다.
○ ✕

Q2 '이밖에~무엇하리오'에서 설의적 표현을 활용하여 부귀영화를 부러워하지 않겠다는 깨달음을 표현하였다.
○ ✕

Q3 '초가집~보아라'에서 명령형 문장을 활용하여 구체적 행동을 지시하고 있다.
○ ✕

Q4 〈제2수〉부터 〈제5수〉에는 봄부터 겨울을 거쳐 다시 봄으로 이어지는 시간의 순환성이 바탕에 깔려 있다.
○ ✕

Q5 '일어나라~가자꾸나'에서 청유형 방식을 활용하여 상대방의 행동을 이끌어 내고 있다.
○ ✕

Q6 '보리밥'에는 화자가 농부에게 가진 애정이 담겨 있다.
○ ✕

서산에 해 지고 풀 끝에 이슬 맺힌다
서산에 해가 떨어지고 풀 끝에 이슬이 맺힌다.

호미를 둘러 메고 달 지고 가자꾸나
호미를 둘러메고 달을 등지고 (집에) 돌아가자꾸나.

이 중의 즐거운 뜻을 일러 무엇하리오 ^{Q7}
이런 생활의 즐거운 재미를 남들에게 말하여 무엇하리오.　　　　　　　　〈제8수〉

^{Q7} 〈제6수〉부터 〈제8수〉에는 하루 동안의 시간을 통해 농촌의 일상이 표현되어 있다.
　　　　　　　　　　　　　　　　Ⓞⓧ

──────────────────────

┌ 주제 ┐
전원 생활의 만족감과 노동의 즐거움

┌ 특징 ┐
① 고유어로 된 일상적인 어휘를 사용하여 농부의 삶을 사실적으로 형상화함
　근거 '앞집의 쇼 보잡고 뒷집의 따비 내네', '밤에는 새끼를 꼬고 낮에는 띠를 베어' 등
② 시간의 흐름에 따라 시상이 전개됨
　근거 〈제2수〉~〈제5수〉에서 계절의 흐름을 보여 줌, 〈제6수〉~〈제8수〉에서 하루의 흐름을 보여 줌

┌ 해제 ┐
「전가팔곡」은 이휘일이 농촌의 풍경과 농민의 노동을 소재로 쓴 8수의 연시조로 농촌에서의 삶을 사실적으로 묘사하고 있다. 풍년을 원하는 마음을 '우국성심(나라를 걱정하는 정성스러운 마음)'과 연결하여 드러내는 한편, 상부상조하는 농민들의 공동체 의식도 제시하고 있다.

🔍 〈보기〉로 작품 보기
이휘일은 벼슬길에 나서지 않고 농촌에서 생활하며 농민의 삶을 공유하면서도, 유교적 가치를 실현하는 사대부의 소임을 외면하지 않았다. 작가는 「전가팔곡」의 창작 동기를 밝히는 글에서 '농사를 업으로 삼는 사람은 아니지만 전원에서 생활하면서 체험하고 알게 된 것을 노래로 나타낸다. (중략) 아이들로 하여금 노래하게 하여 때때로 들으며 스스로 즐기려 한다.'라고 말했다.

빠른 정답 ◑ 1. X 2. ○ 3. ○ 4. ○ 5. ○ 6. ○ 7. ○　[⋯ 해설 **p.211**]

반(半) 밤중 혼자 일어 묻노라 이내 꿈아
한밤중에 혼자 일어나 물어보노라 나의 꿈아.

만 리(萬里) 요양(遼陽)을 어느덧 다녀온고
만 리 밖 청나라 땅에 어느새 다녀왔느냐?

반갑다 학가(鶴駕) 선객(仙客)을 친히 뵌 듯ᄒᆞ여라 Q1
반갑구나 학을 탄 신선의 모습(세자)을 친히 뵌 듯하구나.   〈제1수〉

풍설 섞어 친 날에 묻노라 북래사자(北來使者)
바람과 눈이 뒤섞여 내리는 날에 물어보노라 북쪽(청나라)에서 온 사신들이여.

소해용안(小海容顏)이 얼마나 추우신고
(볼모로 잡혀가신) 우리 왕자님의 얼굴이 얼마나 추워 보이시던가?

고국(故國)의 못 죽는 고신(孤臣)이 눈물겨워 ᄒᆞ노라
고국에서 죽지도 못하고 살아 있는 외로운 신하가 눈물을 흘리노라.   〈제2수〉

➕ 후ᄉᆡᆼ(侯生) 죽은 후에 항왕(項王)을 뉘 달래리
후생이 죽은 후에 항우를 누가 달래리.(=볼모로 잡혀간 세자를 위해 청나라를 달랠 사람이 없구나!)

➕ 해석의 덤   '후생'은 한나라 황제 '유방'의 신하이다. '유방'과 '항우(항왕)'가 전쟁 중일 때, 후생이 항우를 설득하여 항우는 휴전을 약속하고 볼모로 잡고 있던 유방의 부모와 아내 등을 돌려보내준다. (하지만 이후 유방은 약속을 깨고 항우를 공격해 물리친다.)

초군(楚軍) 삼년에 간고(艱苦)도 그지 업다
초나라 군인으로 삼 년에 어렵고 힘들기가 그지없다.

어느제 한일(漢日)이 밝아 태공(太公) 오게 ᄒᆞ고
어느 때에 한나라의 태양이 밝아 태공을 오게 할 것인가?(=세자를 고국으로 모셔올 것인가?)   〈제3수〉

➕ 박제상 죽은 후에 님의 시름 알 이 업다
박제상이 죽은 후에는 더 이상 임금의 근심을 아는 사람이 없구나.

➕ 해석의 덤   '박제상'은 신라 때 왕을 위해 고구려와 일본을 설득해 볼모로 잡힌 왕자를 구한 적이 있는 충신이다.

이역(異域) 춘궁(春宮)을 뉘라서 모셔 오리
이역만리 떨어진 곳의 왕세자를 누가 감히 모셔 오리?

지금에 치술령 귀혼(歸魂)을 못내 슬허ᄒᆞ노라 Q2
지금에야 치술령(박제상의 아내가 그를 기다리다가 망부석이 되었다는 고개)에 맺힌 전설을 못내 슬퍼하노라.   〈제4수〉

모구(旄丘)를 돌아 보니 위(衛) 사람 에엿브다
(중국의) 모구 지역을 돌아보니 위나라 사람(충신 박제상과 같은 중국의 인물)이 불쌍하다.

세월(歲月)이 자로 가니 츩 줄이 길엇세라
세월이 빠르게 흐르니 칡넝쿨이 길게 자랐구나.

이 몸의 헤어진 갓옷을 기워줄 이 업서라
이 몸의 해어진 가죽옷을 기워줄 사람이 없구나.   〈제5수〉

조정을 바라보니 무신(武臣)도 하 만하라
조정을 바라보니 무신들이 많기도 많구나.

신고(辛苦)ᄒᆞᆫ 화친(和親)을 누를 두고 ᄒᆞᆫ 것인고
어렵고 치욕스러운 화친(나라와 나라 사이에 다툼 없이 가까이 지냄)은 누구를 위해 한 것인가?

슬프다 조구리(趙廐吏) 이미 죽으니 참승(參乘)ᄒᆞᆯ 이 업세라
슬프다 조구리(길잡이가 될 만한 충신)가 이미 죽었으니 참승(임금님을 모시는 일)할 사람이 없구나.   〈제6수〉

구중(九重) 달 발근 밤의 성려(聖慮) 일정 만흐려니
구중궁궐 달 밝은 밤에 우리 임금의 근심이 정말 많으리니.

이역 풍상(風霜)에 학가인들 이즐쏘냐 Q3
멀리 오랑캐 땅(고난이 가득한 곳)에 계신 세자를 잊을쏘냐?

이밖에 억만창생(億萬蒼生)을 못내 분별ᄒᆞ시도다
이밖에 수많은 백성들을 못내 걱정하시는구나.   〈제7수〉

Q1 〈제1수〉에서는 '학가 선객'을 '꿈'에서나마 본 일을 언급함으로써 그를 만나고 싶어 하는 화자의 소망을 드러내고 있다.
○ ✕

Q2 〈제4수〉에서는 '박제상'이 살았던 시대와 대비함으로써 그와 같은 충신을 찾기 어려운 현재 상황에 대한 안타까움을 드러내고 있다.
○ ✕

Q3 〈제6수〉에서 조정에 많은 '무신'이 남아있음에도 '신고ᄒᆞᆫ 화친'을 맺은 결과로 〈제7수〉에서 세자가 '이역 풍상'을 겪는다고 화자는 판단하고 있다.
○ ✕

구렁에 났는 풀이 봄비에 절로 길어 ^{Q4}
골짜기에 나있는 풀이 봄비에 저절로 자라네.

아는 일 업스니 긔 아니 조흘쏘냐
(풀 너희들은 자라는 과정에서) 알아야 할 일들(병자호란의 치욕)이 없으니 그 아니 좋을쏘냐?

우리는 너희만 못ᄒ야 시름겨워 ᄒ노라
우리는 (사람이 되어) 너희만 못하여 근심을 견딜 수가 없구나. 〈제8수〉

조그만 이 한 몸이 하늘 밖에 떨어지니
조그만 이 한 몸이 하늘 밖에 떨어지니,

오색 구름 깊은 곳에 어느 것이 서울인고
오색 구름 깊어진 곳 어디가 서울인가?

바람에 지나는 검불 갓ᄒ야 갈 길 몰라 ᄒ노라 ^{Q5, Q6}
바람에 이리저리 구르는 낙엽같이 갈 길 몰라 하노라. 〈제9수〉

이것아 어린것아 잡말 마라스라
이것아 어리석은 사람아, 부질없는 말 하지 마라.

칠실(漆室)의 비가(悲歌)를 뉘라서 슬퍼하리
어두운 방구석에서 부르는 슬픈 노래를 누가 슬퍼하랴?

어디서 탁주 한 잔 얻어 이 시름 풀까 ᄒ노라
어디서 막걸리나 한 잔 얻어와 이 시름을 풀어 볼까 하노라. 〈제10수〉

주제
국치(나라의 수치)로 인한 울분과 슬픔

특징
① 영탄과 설의를 사용해 화자의 슬픔을 강조함
근거 (영탄) 'ᄆ노라', 'ᄒ노라' 등, (설의) '이역 춘궁을 뉘라서 모셔 오리', '아는 일 업스니 긔 아니 조흘쏘냐' 등
② 상징적인 시어를 사용함
근거 '학가 선객', '이역 춘궁' = 세자

해제
「비가」는 병자호란 이후 소현세자와 봉림대군이 청나라에 볼모로 끌려간 상황을 배경으로 창작되었다. 신하된 사람으로서 '신고한(치욕스러운) 화친'이 이루어지는 것을 무기력하게 바라볼 수밖에 없었던 슬픔과 잡혀간 세자에 대한 그리움이 표현되어 있다.

🔍 **〈보기〉로 작품 보기**
병자호란 직후 지어진 「비가」에는 잡혀간 세자를 그리는 마음, 임금을 향한 충정, 전란 후 상황에 대한 견해 등 여러 내용이 복합되어 있다. 각 수의 시어를 연결해 이해할 때 이런 내용이 올바로 파악될 수 있다.

빠른 정답 ➊ 1. ○ 2. ○ 3. ○ 4. ○ 5. ○ 6. X ⟶ 해설 **p.212**

^{Q4} '풀'은 화자의 처지와 대비되는 소재이다.
○ ✕

^{Q5} 〈제9수〉에서는 해소하기 어려운 문제적 상황에 당면하여 고뇌하는 태도가 드러나 있다.
○ ✕

^{Q6} '검불'은 세월의 흐름을 나타내어 인생의 무상함을 느끼게 하는 소재로, 화자의 처지와 동일시된다.
○ ✕

부귀라 구(求)치 말고 빈천이라 염(厭)치 말아
부귀(재산이 많고 지위가 높은 것)라고 구하려고 하지 말고, 빈천(가난하고 천한 것)이라 싫어하지
마라.

인생 백년이 한가할사 사니 이 내 것이
인생 백 년 한가하게 살고자 하는 것이 내 마음이니,

백구야 날지 말아 너와 망기하오리라 ^{Q1}
갈매기야 날아가지 마라. 너와 함께 속세의 일을 잊으리라.　　　　　　　〈제1수〉

천심 절벽(千尋絕壁) 섯난 아래 일대 장강(一帶長江) 흘너간다 ^{Q2}
천 길 낭떠러지 아래 한 줄기 긴 강이 흘러간다.

백구(白鷗)로 벗을 삼아 어조 생애(漁釣生涯) 늘거가니 ^{Q3}
갈매기로 벗을 삼아 낚시하는 어부의 생애로 늙어가니,

두어라 세간 소식(世間消息) 나는 몰라 하노라 ^{Q4}
두어라, 세상 소식을 나는 모르고자 하노라.　　　　　　　　　　　　〈제2수〉

보리밥 파 생채를 양(量) 맛촤 먹은 후에 ^{Q5}
보리밥, 파 생채를 양에 맞게(알맞게) 먹은 후에,

모(茅)재를 다시 쓸고 북창하(北窓下)에 누엇시니
초가집을 다시 쓸고 북쪽 창문 아래에 누웠으니,

눈 압해 태공 부운이 오락가락 하놋다
눈앞의 넓은 하늘에 뜬구름이 오락가락 하는구나.　　　　　　　　　〈제3수〉

공산리(空山裏) 저 가는 달에 혼자 우는 저 ✚ 두견(杜鵑)아 ^{Q6}
아무도 없는 산속에서 저기 가는 달을 보며 혼자 우는 저 두견새야.

✚ 낙화 광풍(落花狂風)에 어느 가지 의지하리 ^{Q7}
꽃잎 떨어지는 센 바람에 (두견새 네가) 어느 가지에 의지하리?(=의지할 수 있으리?)

✚ 해석의 덤 시대적 배경을 고려하였을 때, '낙화 광풍'은 화자와 같은 학파였던 '영남학파'가 몰락한 사건을 말한다.
이때 '혼자 우는 저 두견'은 의지할 곳이 없어진 화자의 처지를 나타낸다.

백조(百鳥)야 한(恨)하지 말아 내곳 설워 하노라
온갖 새들아 한탄하지 마라. 나도 서러워하노라.　　　　　　　　　〈제4수〉

저 가막이 즛지 말아 이 가막이 좃지 말아
저 까마귀(간신, 부정적 대상) 짖지 마라. 이 까마귀를 따르지 마라.

야림 한연에 날은 죠차 저물거날
숲속의 차가운 안개 속에 날은 저무는데,

어엿불사 편편 고봉이 갈 바 업서 하낫다
불쌍하구나, 훨훨 외로운 봉황(화자)이 갈 곳을 몰라 하는구나.　　　〈제5수〉

서산에 해 저 간다 고기 비 펏단 말가
서산에 해가 저물어 가는데 고깃배가 떴다는 말인가?

죽간을 둘너 뫼고 십리 장사(十里長沙) 나려가니
대나무로 만든 낚싯대 둘러메고 십 리나 되는 모래밭을 내려가니,

연화 수삼 어촌(數三漁村)이 무릉인가 하노라 ^{Q8}
연기가 꽃처럼 피어오르는 작은 어촌이 무릉도원(신선이 사는 곳, 낙원, 이상향)인가 하노라.
　　　　　　　　　　　　　　　　　　　　　　　　　　　　　　〈제6수〉

^{Q1} 〈제1수〉에서 '부귀'를 구하지 않고 '빈천'을
싫어하지 않는 삶은 '망기'를 지향하는 화자의
태도를 드러낸다.
　　　　　　　　　　　　　　　　　　⊙ ⊗

^{Q2} '천심 절벽~흘너간다'에서 수직적, 수평적
이미지를 통해 공간을 묘사하고 있다.
　　　　　　　　　　　　　　　　　　⊙ ⊗

^{Q3} '백구로~늘거가니'에서 대상에게 말을 건네는
방식을 사용해 자연과의 일체감을 강조하고
있다.
　　　　　　　　　　　　　　　　　　⊙ ⊗

^{Q4} '세간 소식 나는 몰라 하노라'에 번잡한 속세와
거리를 두고자 하는 화자의 마음이 나타나 있다.
　　　　　　　　　　　　　　　　　　⊙ ⊗

^{Q5} '보리밥 파 생채'는 화자의 소박한 삶의 모습을
드러내 주는 소재이다.
　　　　　　　　　　　　　　　　　　⊙ ⊗

^{Q6} '공산리~저 두견아'에서 시각과 청각적
이미지를 통해 애상적 분위기를 조성하고 있다.
　　　　　　　　　　　　　　　　　　⊙ ⊗

^{Q7} '낙화 광풍~의지하리'에서 설의적 표현을
사용하여 대상의 처지를 드러내고 있다.
　　　　　　　　　　　　　　　　　　⊙ ⊗

^{Q8} '수삼 어촌'에서 생활하고 있는 삶에 대한
화자의 긍정적 태도가 '무릉인가 하노라'를
통해 드러난다.
　　　　　　　　　　　　　　　　　　⊙ ⊗

주제

안빈낙도의 삶

특징

① 말을 건네는 방식을 활용하여 주제 의식을 부각함

근거 '백구야 날지 말아 너와 망기하오리라', '공산리 저 가는 달에 혼자 우는 저 두견아' 등

② 설의와 영탄을 통해 자연에서 사는 삶에 대한 만족감을 표현함

근거 (설의) '낙화 광풍에 어느 가지 의지하리', (영탄) '두어라 세간 소식 나는 몰라 하노라' 등

해제

「병산육곡」은 권구가 지은 총 6수의 연시조이다. 작가가 추구한 자연 친화적인 삶의 태도, 자연에서 은거하는 삶에 대한 만족감 등과 함께 어지럽고 혼란스러운 속세를 멀리하고자 하는 태도가 드러나 있다.

빠른 정답 ◉ 1. ○ 2. ○ 3. X 4. ○ 5. ○ 6. ○ 7. ○ 8. ○ (⋯ 해설 **p.212**)

서산(西山)의 도들 볏 셔고 구름은 느제로 낸다
서쪽 산에 아침 햇볕이 비치고, 구름은 낮게(상서롭게) 지나가는구나.

비 뒷 무근 풀이 뉘 밧시 짓터든고
비가 온 뒤에 묵은 풀이 누구의 밭에 무성한가?

두어라 추례지운 일이니 미는 대로 미오리라
두어라, 차례가 정해진 일이니 (묵은 풀을) 매는 대로 매리라.   〈제1수〉

도롱이에 호미 걸고 뿔 굽은 검은 소 몰고
도롱이(비옷)에 호미를 걸고, 뿔이 굽은 검은 소를 몰고,

고동풀 뜯기면서 개울물 가 내려갈 제
고들빼기(소가 먹는 풀)를 뜯어 먹게 하며 개울물 가장자리로 내려갈 때,

어디서 품 진 벗님 함께 가자 하는고 ^{Q1, Q2}
어디서 품앗이를 한 이웃이 함께 (일하러) 가자고 하는가?   〈제2수〉

둘러내자 둘러내자 우거진 고랑 둘러내자
김을 매자, 김을 매자, 우거진 이랑 김을 매자.

바랭이 여뀌 풀을 고랑마다 둘러내자
잡초(바랭이와 여뀌)를 이랑마다 김을 매자.

쉬 짙은 긴 사래는 마주 잡아 둘러내자
쉽게 (잡초들로) 우거진 긴 이랑은 마주 잡아 김을 매자.   〈제3수〉

땀은 듣는 대로 듣고 볏은 쐴 대로 쐰다
땀은 떨어지는 대로 떨어지게 두고, 햇볕은 따가워도 그대로 쐰다.

청풍에 옷깃 열고 긴 휘파람 흘리 불 제 ^{Q3}
시원한 바람에 옷깃을 열고, 긴 휘파람을 흘려 불 때에,

어디서 길 가는 손님네 아는 듯이 머무는고 ^{Q4}
어디서 길 가던 손님이 (일하는 것을) 아는 듯이 쳐다보고 서 있는가?   〈제4수〉

힝긔(行器)에 보리뫼오 사발의 콩닙 치라
밥그릇에 보리밥이요, 사발에 콩잎 나물이라.

내 밥 만홀셰요 네 반찬 젹글셰라
내 밥이 많을까봐 걱정이고, 네 반찬이 적을까봐 걱정이구나.

먹은 뒷 호숨 줌경이야 네오 내오 달올소냐
먹은 뒤 한숨 자는 것(졸음이 오는 것)이야 너나 나나 다르겠는가?   〈제5수〉

돌아가자 돌아가자 힌 지거든 돌아가자
돌아가자, 돌아가자. 해 지거든 돌아가자.

계변(溪邊)의 손발 씻고 호미 메고 돌아올 제
시냇가에서 손발을 씻고 호미 메고 돌아올 때,

어디서 우배 초적(牛背樵笛)이 함께 가자 재촉하는고
어디서 소를 탄 목동이 부는 피리 소리가 함께 가자고 재촉하는가?   〈제6수〉

면홰논 세 두래 네 두래요 일읜 벼는 픠는 모가 곱눈가
목화는 세 다래(열매) 네 다래(열매)요, 이른 벼는 막 생겨나오는 이삭이 (얼마나) 고운가?

오뉴월이 언제 가고 칠월이 분이로다
오뉴월이 언제 갔는지 모르게 지나가고 벌써 칠월 중순이 되었구나.

아마도 하ᄂᆞ님 너희 삼길제 날 위하야 삼기샷다
아마도 하늘이 너희(면화, 벼)를 만들 때 나를 위하여 만드셨구나.   〈제7수〉

Q1 〈제2수〉에서 화자가 농사일을 하러 가는 장면을 묘사하고 있다.
◯ ✕

Q2 '어디서~가자 하는고'에서 일하는 사람들이 서로 유대하고 협력하는 모습을 확인할 수 있다.
◯ ✕

Q3 '청풍'과 '휘파람'은 농사일 중에 휴식을 즐기는 여유로움을 표현하는 시어이다.
◯ ✕

Q4 '길 가는 손님'은 현실과 거리를 두고자 하는 탈속적 인물이다.
◯ ✕

아히는 낙기질 가고 집사롬은 저리치 친다
아이는 낚시질 가고, 집사람은 겉절이 나물을 만든다.

새 밥 닉을 짜예 새 술을 걸러셔라
새 밥이 익을 때에 새 술을 거르리라.

아마도 밥 들이고 잔 자블 짜여 ➕ 호흥(豪興) 계워 호노라
아마도 밥 들여오고 술잔을 잡을 때 호탕한 흥이 나는구나.   〈제8수〉

> ➕ 해석의 덤 「농가」에서의 '흥'은 농민들의 시각에서 느끼고 경험하는 자연, 노동을 통해 느끼는 보람과 휴식 등에서 유발되는 것으로, 사대부들의 강호시가에서의 '흥'과는 그 성격이 다르다.

취(醉)호느니 늘그니요 웃눈 이 아희로다
취하는 사람은 늙은이요, 웃는 사람은 아이로구나.

흐튼 숸비 흐린 술을 고개 수겨 권홀 쌔여
어지럽게 술잔을 돌리고 탁주(막걸리)를 고개 숙여 권할 때에

뉘라셔 흐르쟝고 긴 노래로 츠례춤을 미루는고 Q5
누가 장구 소리와 긴 노래로 춤출 차례를 미루는가?   〈제9수〉

> Q5 '뉘라셔~미루눈고'는 의문형으로 시상을 마무리하며 삶에 대한 반성적 태도를 드러내고 있다.
> ⭕ ❌

주제
함께하는 농사일의 즐거움

특징
대구를 활용하여 운율감을 형성함

근거 '둘러내자 둘러내자 우거진 고랑 둘러내자', '땀은 듣는 대로 듣고 볕은 쬘 대로 쬔다', '내 밥 만흘셰요 네 반찬 젹글셰라', '취후느니 늘그니요 웃눈 이 아희로다' 등

해제
「농가」는 농사일이 이루어지는 농촌의 하루 풍경과 그러한 일상 속에서 농민들이 느끼는 감정 등을 진솔하게 표현하고 있다. 작가는 사대부의 일원이었지만 「농가」는 일반적인 사대부의 시선에서가 아니라 실제 농사를 짓는 농부의 시각에서 그들의 생활상을 사실적으로 노래하고 있다는 점이 인상적이다.

빠른 정답 ⭕ 1. ⭕ 2. ⭕ 3. ⭕ 4. ❌ 5. ❌ [⋯ 해설 **p.212**]

매영(梅影)이 부드친 창(窓)에 옥인금차(玉人金釵) 비겨신져
매화의 그림자가 비친 창에 미인의 금비녀가 비스듬히 비치는구나.

이삼(二三) 백발옹(白髮翁)은 거문고와 노리로다 ^{Q1}
두어 명의 노인은 거문고를 뜯으며 노래하는구나.

이윽고 잔(盞) 드러 권(勸)하랼제 달이 쏘한 오르더라
이윽고 술잔을 들어 서로 권할 때 달이 또한 솟아오르더라.　〈제1수〉

Q1 '이삼 백발옹'은 매화를 완상하는 주체이다.
○ ×

어리고 성귄 매화(梅花) 너를 밋지 안얏더니
연약하고 엉성한 가지를 지녔기에 매화 네가 꽃을 피울 것이라고는 믿지 않았는데.

눈 기약(期約) 능(能)히 직켜 두세 송이 퓌엿고나
눈 올 때 (꽃을 피우겠다는) 약속을 쉽게 지켜서 두세 송이 피었구나.

촉(燭) 잡고 갓가이 스랑홀 제 암향부동(暗香浮動) 호더라 ^{Q2, Q3}
촛불 잡고 가까이에서 감상할 때 그윽한 향기가 떠도는구나.　〈제2수〉

Q2 〈제2수〉에서 화자는 '어리고 성귄 매화'가 꽃을 '두세 송이' 피운 것을 '눈 기약'을 지킨 결과라고 여기고 있다.
○ ×

Q3 '촉 잡고~암향부동 호더라'에서 매화의 향기를 시각적으로 형상화하고 있다.
○ ×

빙자옥질(氷姿玉質)이여 눈 속에 네로구나 ^{Q4}
얼음같이 투명하고 옥같이 뛰어난 자질이여, 눈 속에서 피어난 너로구나.

가만이 향기(香氣) 노아 황혼월(黃昏月)을 기약(期約)호니
가만히 향기를 풍기며 저녁에 뜨는 달을 기다리니,

아마도 아치고절(雅致高節)은 너뿐인가 호노라 ^{Q5}
아마도 아담한 풍치와 높은 절개를 보여 주는 것은 너뿐인가 하노라.　〈제3수〉

Q4 '빙자옥질이여~네로구나'에서는 대상을 의인화하여 그 특성을 강조하고 있다.
○ ×

Q5 '아치고절'은 매화에 부여된 관념적 속성이다.
○ ×

눈으로 기약(期約)터니 네 과연(果然) 퓌엿고나
눈 올 때 (꽃을 피우겠다는) 약속하더니 네가 과연 꽃을 피웠구나.

황혼(黃昏)에 달이 오니 그림조도 셩긔거다 ^{Q6}
저녁달이 떠오르니 매화의 그림자도 어슴푸레하구나.

청향(淸香)이 잔(盞)에 쩟스니 취(醉)코 놀녀 호노라 ^{Q7}
매화의 맑은 향기가 술잔에 머무니 취해 놀고자 하노라.　〈제4수〉

Q6 '황혼에 달이 오니'는 매화의 비유적 표현으로, 매화의 아름다움이 더욱 돋보이도록 한다.
○ ×

Q7 〈제4수〉에서는 다양한 감각적 이미지를 활용하여 '매화'를 예찬하고 있다.
○ ×

황혼(黃昏)의 돗는 달이 너와 긔약 두엇더냐
어스름 해질 때 솟아오른 달이 너와 (만날) 약속이라도 하였느냐?

합리(閤裡)의 조든 쏫치 향긔 노아 맛는고야
(달이 뜨니 때마침) 화분 속에 자던 꽃이 그윽한 향기를 피우며 (달을) 맞는구나.

니 엇지 매월(梅月)이 벗되는 줄 몰낫던고 호노라
내가 어찌하여 매화와 달이 서로 벗이 되는 것을 모르고 있었던가 하노라.　〈제5수〉

부람이 눈을 모라 산창(山窓)에 부딧치니
바람이 눈을 몰고 와서 창문에 부딪치니,

찬 기운(氣運) 시여 드러 좀든 매화(梅花)를 침노(侵擄)혼다
찬 기운이 (방으로) 새어 들어와 잠든 매화를 괴롭힌다.

아무리 얼우려 허인들 봄쏫이야 아슬소냐 ^{Q8}
아무리 (추운 날씨가 매화를) 얼게 하려 한들 새 봄이 찾아왔다고 알리려는 뜻을 빼앗겠는가?　〈제6수〉

Q8 〈제6수〉는 '매화'가 시련을 겪는 상황을 제시하여 대상의 속성을 부각하고 있다.
○ ×

져 건너 라부산(羅浮山) 눈 속에 검어 우뚝 울퉁불퉁 광딕 등걸아
저 건너편 나부산 눈 속에 검고 우뚝 서 있는 울퉁불퉁한 매화나무 등걸아.

네 무슴 힘으로 가지(柯枝) 돗쳐 곳조초 져리 퓌엿눈다
너는 무슨 힘으로 가지가 돋아나고 꽃까지 그토록 아름답게 피었느냐?

아무리 석은 비 반(半)만 남아슬망졍 봄 쏫줄 어이ᄒ리오
아무리 썩은 배가 반만 남았다고 해도 봄뜻을 전하지 않고 어찌하겠는가?　〈제7수〉

동각(東閣)에 숨은 곳치 **척촉(躑躅)**인가 **두견화(杜鵑花)**인가
동쪽 누각 뒤로 숨은 듯이 피어난 꽃이 철쭉꽃인가? 진달래꽃인가?

건곤(乾坤)이 눈이여늘 졔 엇지 감(敢)히 퓌리
온 천지가 눈으로 뒤덮였는데 제가 어찌 감히 피어나겠는가?

알괘라 백설양춘(白雪陽春)은 매화(梅花)밧게 뉘 이시리 ^{Q9, Q10}
(이제야) 알겠구나! 흰 눈이 남아 있는 초봄에 꽃을 피우는 것은 매화 너밖에 누가 있겠느냐?

〈제8수〉

주제

아름다움과 강인한 의지를 지닌 매화에 대한 예찬

특징

① 후각적 심상을 사용하여 매화의 특성을 구체적으로 형상화함

근거 '촉 잡고 갓가이 ᄉ랑홀 졔 암향부동 ᄒ더라', '청향이 잔에 썻스니 취코 놀녀 ᄒ노라', '합리의 ᄌ든 곳치 향긔 노아 맛는고야'

② 비유, 설의, 영탄 등을 활용하여 매화에 대한 예찬을 드러냄

근거 (비유) '빙자옥질이여 눈 속에 네로구나', (설의) '아무리 얼우려 허인들 봄ᄯ이야 아슬소냐' 등, (영탄) '아마도 아치고절은 너뿐인가 ᄒ노라'

해제

「매화사」는 안민영이 스승인 박효관이 가꾼 매화를 보고 그 아름다움에 감탄하며 지은 작품으로 '영매가(咏梅歌)' 또는 '영매사(咏梅詞)'라는 명칭으로 불리기도 한다. 감각적 묘사와 다양한 수사법을 활용하여 매화가 지닌 속성과 그 아름다움을 예찬하고 있다.

빠른 정답 ◐ 1. ○ 2. ○ 3. ○ 4. ○ 5. ○ 6. ✕ 7. ○ 8. ○ 9. ✕ 10. ○ ⟶ 해설 **p.213**

---

^{Q9} 〈제8수〉는 매화를 다른 대상과 비교하면서 대상들의 공통적 특성을 부각하고 있다.

^{Q10} '매화밧게 뉘 이시리'에서 의문의 형식을 활용해 대상의 가치를 강조하고 있다.

○ ✕

문장(文章)을 ㅎ쟈 ㅎ니 인생식자(人生識字) 우환시(憂患始)오
(글을 배워) 문장을 짓고자 하니, 사람은 글자를 알면서부터 근심이 시작되고

공맹(孔孟)을 비호려 ㅎ니 도약등천(道若登天) 불가급(不可及)이로다
공자와 맹자의 뜻을 배우려 하니, (성현의 도는) 하늘로 올라가는 것과 같아 미치기 어렵구나.

이 내 몸 쓸 딕 업ᄉ니 성대농포(聖代農圃) 되오리라
이 내 몸은 쓸 데가 없으니 태평성대의 농부가 되리라.

〈제1장〉

홍진(紅塵)에 절교(絶交)ㅎ고 백운(白雲)으로 위우(爲友)ㅎ야 Q¹
세속과 절교하고 흰 구름을 벗으로 삼아

녹수(綠水) 청산(靑山)에 시룸 업시 늘거 가니 Q²
푸른 물과 푸른 산 속에서 근심 없이 늙어 가니

이 듕의 무한지락(無限至樂)을 헌ᄉ홀가 두려웨라
이(자연) 가운데의 무한한 즐거움을 (다른 사람이) 시끄럽게 떠들까 두렵구나.

〈제3장〉

인간(人間)의 벗 잇단 말가 나는 알기 슬희여라
인간에게 벗이 있다는 말인가 (하지만) 나는 (그들을) 알기 싫어라.

물외(物外)에 벗 업단 말가 나는 알기 즐거웨라
자연에 벗이 없다는 말인가 (하지만) 나는 (그들을) 알기 즐거워라.

슬커나 즐겁거나 내 분인가 ㅎ노라 Q³
싫거나 즐겁거나 (이것이) 나의 분수인가 하노라.

[A]Q⁴

〈제6장〉

유정(有情)코 무심(無心)홀 ᄉ 아마도 풍진(風塵) 붕우(朋友)
다정하면서도 무심한 것은 아마도 인간 세상의 벗

무심(無心)코 유정(有情)홀 ᄉ 아마도 강호(江湖) 구로(鷗鷺)
무심하면서도 다정한 것은 아마도 자연의 갈매기와 백로

이제야 작비금시(昨非今是)을 ᄴ 두 론가 ᄒ노라
이제야 어제는 그르고 오늘(자연을 누리는 지금의 삶)이 옳다는 것을 깨달았노라.

〈제8장〉

✚ 도팽택(陶彭澤) 기관거(棄官去)홀 제와 ✚ 태부(太傅) 걸해귀(乞骸歸)홀 제
도연명이 관직을 버리고 갈 때와 태부가 관직에서 물러나려 간청할 때

✚해석의 덤 도연명(도팽택)은 중국의 대표적인 시인으로, 여러 관직을 역임하였지만 늘 전원생활에 대한 지향을 지니고 있었다. 이에 <귀거래사>라는 유명한 작품을 남기며 관직을 버리고 고향으로 돌아갔다는 일화가 전해진다. 한편 '태부'는 중국의 관직명으로, 여기서는 한나라의 태부 소광을 가리킨다. 소광 역시 벼슬길에 올라 높은 명성을 얻었지만, 이후 관직을 떠나지 않으면 후회할 일이 생길 것이라고 하며 사직하고 고향으로 돌아갔다고 전해지는 인물이다.

호연(浩然) 행색(行色)을 뉘 아니 부러ᄒ리 Q⁵
그 넓고 큰 기개와 행색을 누가 부러워하지 않겠는가?

알고도 부지지(不知止)ᄒ니 나도 몰나 ᄒ노라
알고도 (관직을) 그만둘 때를 알지 못하니 나도 몰라 하노라.

〈제9장〉

인간(人間)의 풍우(風雨) 다(多)ᄒ니 므스 일 머므ᄂ뇨
인간 세상에는 비와 바람이 많으니 무슨 일로 머물겠는가?

물외(物外)에 연하(煙霞) 족(足)ᄒ니 므스 일 아니 가리
자연에는 안개와 노을이 만족스러우니 무슨 일로 가지 않겠는가?

이제ᄂ 가려 정(定)ᄒ니 일흥(逸興) 계워 ᄒ노라 Q⁶
이제는 (자연으로) 가기로 정하였으니 흥에 겨워 하노라.

〈제11장〉

Q¹ 대조적 소재를 통해 삶에 대한 화자의 인식을 드러내고 있다. ◯ ✕

Q² 강호를 선택한 삶의 모습이 긍정적으로 드러나고 있다. ◯ ✕

Q³ 화자가 자신의 분수에 맞는 선택을 했음이 드러난다. ◯ ✕

Q⁴ [A]에서 화자가 '물외에 벗'과 '위우'하고자 하는 이유는 '유정코 무심'하기 때문이라고 볼 수 있다. ◯ ✕

Q⁵ 화자는 속세에 미련을 갖게 하는 가치를 언급함으로써 갈등하는 모습을 드러내고 있다. ◯ ✕

Q⁶ 〈제9장〉에서는 갈등하는 화자의 모습이, 〈제11장〉에서는 자신의 선택에 만족하는 화자의 모습이 드러난다. ◯ ✕

주제

강호의 삶에서 느끼는 흥겨움

특징

① 대조적 소재를 통해서 자연을 벗하는 삶에 대한 긍정적 인식을 드러냄

근거 홍진, 풍진, 인간 ↔ 백운, 녹수, 청산, 강호, 물외

② 대구적 표현으로 속세와 자연에 대한 화자의 대비적 태도를 강조함

근거 '인간의 벗 잇단 말가 나는 알기 슬희여라 / 물외에 벗 업단 말가 나는 알기 즐거웨라', '유정코 무심홀 순 아마도 풍진 붕우 / 무심코 유정홀 순 아마도 강호 구로', '인간의 풍우 다ᄒ니 므스 일 머ᄆ누뇨 / 물외에 연하 족ᄒ니 므스 일 아니 가리'

해제

「유원십이곡」은 〈서장〉을 포함하여 총 13수로 이루어진 연시조로, 전반부는 주로 자연에서 은거하는 삶에 대한 다짐과 안분지족의 태도가 나타나며 후반부에서는 자연에서 은거하는 삶에 대한 화자의 고뇌도 드러난다. 이를 통해 출사를 포기한 채 자연에서 살겠다는 태도를 드러내면서도 한편으로는 현실 사회에 대한 관심을 완전히 떨쳐버리지는 못해 그 사이에서 갈등하는 화자의 모습을 확인할 수 있다.

🔍 〈보기〉로 작품 보기

「유원십이곡」은 강호에서의 삶을 추구하는 노래지만, 화자는 강호에 머문 뒤에도 강호와 속세 사이에서 갈등을 반복한다. 이는 강호에서의 만족한 삶이라는 이상에 도달하는 것이 쉽지 않음을 보여 주는 것이다. 그뿐 아니라 화자가 갈등을 반복하면서도 항상 강호를 선택하는 모습은, 결국 자신의 결정이 가치 있는 것임을 드러내기 위한 것으로 이해할 수 있다.

빠른 정답 ⊙ 1. ○ 2. ○ 3. ○ 4. × 5. × 6. ○ ⋯› 해설 **p.213**

2부

고전(古典)으로 통하는 길

PART
I

사설시조

< skip>
</ skip>

01 「장진주사(將進酒辭)」 　　　　　　　　　　정철

한 잔 먹세그려 또 한 잔 먹세그려 꽃 꺾어 수(數) 놓고 무진 무진 먹세그려
(술을) 한 잔 먹세그려. 또 한 잔 먹세그려. 꽃을 꺾어 (술잔의) 수를 세면서 한없이 먹세그려.

이 몸 죽은 후면 지게 위에 거적 덮어 졸라매 메고 가나 오색실 화려한 휘장에 만인
이 울며 가나 억새풀, 속새풀, 떡갈나무, 백양 속에 가기만 하면 누런 해, 흰 달, 가는
비, 굵은 눈, 회오리바람 불 제 뉘 한 잔 먹자 할꼬 ^Q1, Q2^
이 몸이 죽은 후에는 지게 위에 거적을 덮어 (꽁꽁) 졸라매어 (어깨에) 메고 (무덤으로) 가거나,
오색실과 화려한 휘장으로 꾸민 상여를 타고 만 명의 사람들이 울며 따라가거나, 억새풀과 속새
풀과 떡갈나무와 백양나무가 우거진 숲 속에 가기만 하면, 누런 해와 흰 달이 뜨고, 가랑비와 함
박눈이 내리며, 회오리바람이 불 때(사람이 죽었을 때) 그 누가 한 잔 먹자고 하겠는가?

하물며 무덤 위에 원숭이 휘파람 불 때야 뉘우친들 어찌 하리
하물며 무덤 위에 원숭이들이 (놀러 와) 휘파람을 불 때 (지난날을) 뉘우친들 무슨 소용이 있겠는가?

> **주제**
> 인생무상에서 느끼는 허망함과 술의 권유
>
> **특징**
> ① 청각적 심상을 활용해 쓸쓸한 분위기를 조성함
> **근거** '무덤 위에 원숭이 휘파람 불 때야'
> ② 반복, 대조, 열거를 사용해 주제를 강조함
> **근거** (반복) '한 잔 먹세그려 또 한 잔 먹세그려', (대조) '지게 위에~메고 가나' ↔ '오색실~울며 가나', (열거) '억새풀, 속새풀, 떡갈나무, 백양', '누런 해, 흰 달, 가는 비, 굵은 눈, 회오리바람' 등
>
> **해제**
> 초장에 나타난 낭만적인 모습과 중장에 나타난 분위기는 서로 대조되어 '인생무상'을 느끼도록 하며, 종장에서 화자는 인생은 허망한 것이니 술을 마시며 그 허무함을 잊자고 말한다.

빠른 정답 ○ 1. ○ 2. X ┄ 해설 **p.214**

Q1 '지게 위에~만인이 울며 가나'에서 대조적인 상황을 설정해 죽음의 필연성을 강조하고 있다.
○ ⊗

Q2 '억새풀~회오리바람 불 제'에서는 의미가 상반되는 구절을 배열하여 무덤의 배경을 묘사하고 있다.
○ ⊗

---

02 「두터비 파리를 물고~」 　　　　　　　作者 미상

두터비 파리를 물고 두엄 우희 치다라 안자
두꺼비가 파리를 물고 두엄(거름) 위에 뛰어 올라 앉아,

것넌 산(山) 바라보니 백송골(白松骨)이 떠 잇거늘 가슴이 금즉하여 풀덕 뛰어 내
닷다가 두엄 아래 잣바지거고 ^Q1^
건너편 산을 바라보니 흰 송골매가 떠 있거늘, 가슴이 섬뜩하여 펄쩍 뛰어 내닫다가 두엄 아래로
자빠졌구나.

모쳐라 날낸 낼식만정 에헐질 번 하괘라 ^Q2^
(그러면서 하는 말이) 마침 날랜 나였기에 망정이지 하마터면 피멍이 들 뻔했구나.

> **주제**
> 백성을 괴롭히는 탐관오리의 횡포와 약육강식의 세태 풍자
>
> **특징**
> ① 서술 대상을 해학적으로 희화화하여 풍자의 효과를 높임
> **근거** '두터비 파리를 물고 두엄 우희 치다라 안자', '가슴이 금즉하여 풀덕 뛰여 내닷다가 두엄 아래 잣바지거고'
> ② 두꺼비를 의인화하여 약육강식의 세태를 비판함
> **근거** '날낸 낼식만정'
>
> **해제**
> 「두터비 파리를 물고~」는 두꺼비, 파리, 백송골을 소재로 당대 현실에 대한 비판 의식을 담고 있다. '두꺼비'가 '파리'로 상징되는 힘없는 백성들을 괴롭히다가 '백송골'로 상징되는 자신보다 강한 권력 앞에서 비굴한 모습을 보이며 두엄에 빠지고, '날낸 낼식만정 에헐질 번 하괘라'라고 스스로를 위로하는 모습에서 강한 해학성이 느껴진다.

빠른 정답 ○ 1. ○ 2. ○ ┄ 해설 **p.214**

Q1 '두터비', '파리', '백송골'의 관계에서 힘의 우위 관계를 따져 보면 '파리 〈 두터비 〈 백송골'이라고 볼 수 있다.
○ ⊗

Q2 이 작품은 특정 장면을 해학적으로 묘사하여 대상에 대한 비판 의도를 드러내고 있다.
○ ⊗

03 「어이 못 오던다~」

어이 못 오던다 무슨 일로 못 오던다
어찌 못 오는가? 무슨 일로 못 오는가?

너 오논 길 위에 무쇠로 성(城)을 쌓고 성(城) 안에 담 쌓고 담 안에란 집을 짓고 집 안에란 뒤주 놓고 뒤주 안에 궤(櫃)를 놓고 궤(櫃) 안에 너를 결박(結縛)ㅎ여 놓고 쌍(雙)비목 외걸새에 용(龍)거북 조물쇠로 수기수기 줌갓더냐 네 어이 그리 아니 오던다 **Q1**
너 오는 길 위에 무쇠 성을 쌓고, 성 안에 담을 쌓고, 담 안에 집을 짓고, 집 안에 뒤주 놓고, 뒤주 안에 궤를 놓고, 궤 안에 너를 단단히 묶어 넣고, 쌍배목의 외걸쇠, 용거북 자물쇠로 깊이깊이 잠갔더냐? 네 어찌 그리 아니 오는가?

혼 돌이 셜흔 놀이여니 날 보라 올 하루 읍스랴 **Q2, Q3**
한 달이 서른 날이니, 나를 보러 올 하루가 없겠는가?

주제
임을 기다리는 간절한 마음과 오지 않는 임에 대한 원망

특징
① 열거와 연쇄를 사용해 운율을 형성하고 임이 오지 않는 상황을 과장함
근거 '무쇠로 성을 쌓고 성 안에 담 쌓고 담 안에란~궤 안에 너를 결박ㅎ여 놓고'
② 기발한 상상력과 추측으로 임에 대한 그리움을 표현함
근거 '무쇠로 성을 쌓고 성 안에 담 쌓고 담 안에란~네 어이 그리 아니 오던다'

해제
「어이 못 오던다~」는 오지 않는 임을 기다리는 화자의 그리움, 답답한 심정, 원망을 해학적으로 표현한 사설시조이다. 특히 화자는 중장에서 연쇄적인 표현을 사용해 임이 오지 못하는 이유를 재미있게 표현한 후 종장에서 임에 대한 책망, 질책의 심정을 드러내고 있다.

Q1 중장에서 '성-담-집-뒤주-궤'로 공간을 좁혀 임이 오지 못하도록 막는 상황을 연쇄적으로 제시하고 있다.
◯ ✕

Q2 '혼 돌이 셜흔 놀이여니'에서 임이 장애물을 극복하고 화자를 찾아오기에는 시간이 짧음에 대한 안타까움을 드러내고 있다.
◯ ✕

Q3 '날 보라 올 하루 읍스랴'에서 '너'에 대한 그리움과 가벼운 책망을 표현하고 있다.
◯ ✕

빠른 정답 ◯ 1. ◯ 2. ✕ 3. ◯ ⋯ 해설 **p.214**

04 「내게는 원수가 없어~」

내게는 원수가 없어 ● 개와 ● 닭이 큰 원수로다
나에게는 원수가 없는데 개와 닭이 큰 원수로다.

해석의 틀 임과 이별한 상황에서의 외로움을 그린 시가에서는 아무리 기다려도 오지 않고 만날 수 없는 임에 대한 원망을 다른 대상에 옮겨 드러내기도 한다. 이 작품에서 '개'와 '닭'이 원망의 대상으로 제시되고 있는데, 「개를 여라믄이나 기르되~」에서는 개가 원망의 대상으로 제시되고 있는 것을 확인할 수 있다.

벽● 사창 깊은 밤에 품에 들어 자는 님을 짧은 목 늘여서 홰홰 쳐 울어 일어 가게 하고 적막 중문(重門)에 온 님을 물으락 나오락 캉캉 짖어 도로 가게 하니 **Q1**
푸른 비단을 바른 (여인의 방의) 창(을 보니) 깊은 밤인데 내 품에 들어와 자는 임을 (닭이) 짧은 목을 늘어뜨려 홰홰 쳐 울어 일어나 가게 만들고, 조용히 중문에 와 있는 임을 (개가) 물러섰다가 나아갔다가 캉캉 짖어서 도로 가게 만드니.

해석의 틀 '사창', '옥창'은 여인의 방의 창을, '규방', '규중'은 여인이 거처하는 방을 의미한다. 이와 같은 시어가 나타나는 경우 화자는 대부분 빈 방에 혼자 있는 여성으로, 임을 그리워하며 외로운 처지를 토로하는 경우가 많다.

아마도 유월유두 백종(百種) 전에 스러져 없이 하리라 **Q2**
아마도 6월 유두(음력 6월 15일에 지내는 명절), 백중날(음력 7월 15일) 전에는 (개와 닭을) 사라지도록 없애야겠구나.

주제
임을 그리워하는 마음

특징
음성 상징어를 사용해 임과의 만남을 방해하는 대상과 상황을 익살스럽고 해학적으로 표현함
근거 '홰홰 쳐 울어', '캉캉 짖어'

해제
「내게는 원수가 없어~」에서 '개'와 '닭'은 화자와 임의 사랑을 방해하는 존재로 그려지는데, 임을 쫓아내는 닭과 개의 행동과 이들을 없애버리겠다고 다짐하는 화자의 모습을 통해 주제 의식을 해학적으로 표현하고 있다.

Q1 음성 상징어는 화자에게 원망의 감정을 불러일으키고 있다.
◯ ✕

Q2 상황을 가정하여 화자의 소망을 드러내고 있다.
◯ ✕

빠른 정답 ◯ 1. ◯ 2. ✕ ⋯ 해설 **p.214**

05 「개를 여라믄이나 기르되~」 작자 미상

개를 여라믄이나 기르되 요 개같이 얄믜오랴
개를 열 마리 넘게 기르지만 이 개와 같이 얄미운 놈이 있을까.

뮈온 님 오며는 꼬리를 홰홰 치며 쒸락 나리 쒸락 반겨서 내닫고 고온 님 오며는
뒷발을 버동버동 므르락 나으락 캉캉 즈져서 도라가게 한다 Q1
(내가) 미워하는 임이 오면 꼬리를 홰홰 치면서 뛰어올랐다 내리뛰었다 하며 반겨서 맞이하고,
(내가) 사랑하는 임이 오면 뒷발을 바동거리며 뒤로 물러갔다 앞으로 나아갔다가 캉캉 짖어서
(임이) 돌아가게 한다.

쉰 밥이 그릇그릇 난들 너 머길 줄이 이시랴 Q2
(밥이 많이 남아서) 쉰밥이 그릇그릇 남아돈들 너에게 먹일 마음이 있겠느냐?

Q1 '개'는 화자와 임의 만남을 방해하는 자연물로 화자에게 미움과 원망의 대상이 된다.

◯ ✕

Q2 이 작품은 아무리 기다려도 오지 않는 임에 대한 원망을 개에게 옮겨 해학적으로 표현하고 있다.

◯ ✕

주제
임에 대한 연모의 정

특징
① 음성 상징어를 활용하여 개의 행동을 구체적으로 묘사함
근거 '꼬리를 홰홰 치며 쒸락 나리 쒸락', '뒷발을 버동버동 므르락 나으락 캉캉 즈져서'
② 개를 원망하며 임에 대한 화자의 그리움과 원망을 간접적으로 드러냄

해제
「개를 여라믄이나 기르되~」에서 임이 오기를 기다리는 화자의 간절함은 아무리 기다려도
오지 않는 임에 대한 원망으로 변하는데, 화자는 이를 개에게 전가하고 있다. 짖는 개 때문
에 임이 오지 않는다는 기발한 발상을 통해 임을 기다리는 화자의 마음을 익살스럽고 해학
적으로 표현하고 있는 것이다.

빠른 정답 ◐ 1. ◯ 2. ◯ 　⟶ 해설 **p.214**

---

06 「임이 오마 하거늘~」 작자 미상

임이 오마 하거늘 저녁밥을 일찍 지어 먹고
임이 오겠다고 하기에 저녁밥을 일찍 지어 먹고,

중문(中門) 나서 대문(大門) 나가 지방(地方) 위에 올라가 앉아 손을 이마에 대고
오는가 가는가 건넌 산(山) 바라보니 거머희뜩 서 있거늘 저것이 임이로구나 버선을
벗어 품에 품고 신 벗어 손에 쥐고 곰븨님븨 님븨곰븨 천방지방 지방천방 진 데 마른
데를 가리지 말고 워렁퉁탕 건너가서 정(情)엣말 하려 하고 곁눈으로 흘깃 보니
작년(昨年) 칠월(七月) 사흗날 껍질 벗긴 주추리 삼대가 살뜰히도 날 속였구나 Q1, Q2, Q3
중문을 나와서 대문으로 나가 문지방 위에 올라가 앉아서, 손을 이마에 대고 (임이) 오는가 가
는가 하여 건너편 산을 바라보니, 검은 빛과 흰 빛이 뒤섞인 모양이 (누군가가) 서 있는 모습처럼
보이기에, 저것이 임이구나. 버선을 벗어 품에 품고 신을 벗어 손에 쥐고 엎치락뒤치락 허둥대며
진 땅과 마른 땅을 가리지 않고 우당퉁탕 건너가서, 정다운 말을 하려고 곁눈으로 흘깃 보니, 작
년 칠월 사흗날에 갈아서 벗겨 놓은 가늘고 긴 삼대가 잘도 나를 속였구나.

모쳐라 밤이기에 망정이지 행여나 낮이런들 남 웃길 뻔 하였어라
마침 밤이기에 망정이지 행여 낮이었다면 남을 웃길 뻔했구나.

Q1 중장의 행동 묘사에서 과장된 표현이 드러난다.

◯ ✕

Q2 '거머희뜩'한 것은 화자가 '임'이라 착각한 것으로, 이를 향해 '워렁퉁탕' 건너가는 모습에서 임을 만나고 싶은 화자의 절실한 마음을 확인할 수 있다.

◯ ✕

Q3 화자는 처음 보는 '삼대'를 '임'으로 착각한 뒤, '임'을 원망하고 있다.

◯ ✕

주제
임을 기다리는 애타는 마음

특징
① 음성 상징어를 활용하여 행동을 과장되게 묘사함
근거 '곰븨님븨 님븨곰븨 천방지방 지방천방', '워렁퉁탕 건너가서'
② 자연물을 임으로 착각한 설정에서 해학성이 나타남
근거 '주추리 삼대가 살뜰히도 날 속였구나~남 웃길 뻔 하였어라'

해제
「임이 오마 하거늘~」에서 화자는 자신이 '주추리 삼대'를 임으로 착각했음을 깨닫고 자신의
경솔한 행동을 부끄러워하는데, 이를 통해 임에 대한 화자의 간절한 마음을 확인할 수 있다.

빠른 정답 ◐ 1. ◯ 2. ◯ 3. ✕ 　⟶ 해설 **p.215**

● 귀쏘리 져 귀쏘리 어엿부다 저 귀쏘리
귀뚜라미, 저 귀뚜라미, 불쌍하다 저 귀뚜라미.

⬤ 해석의 틀 '귀뚜라미(실솔)'는 가을이라는 계절적 배경을 드러내는 소재인데, 특히 가을 밤에 우는 귀뚜라미 울음 소리는 화자의 외로움과 쓸쓸함을 표현할 때 자주 등장한다.

어인 귀쏘리 지는 돌 새는 밤에 긴 소리 쟈른 소리 절절(節節)이 슬픈 소리 제 혼자 우러 예어 사창(紗窓) 여윈 잠을 살쓰리도 쎄오는고야 Q1, Q2
어찌 된 귀뚜라미가 지는 달 새는 밤에 긴 소리, 짧은 소리, 마디마디 슬픈 소리로 저 혼자 계속 울면서 (여인의 방의) 비단창 안에서 얼핏 든 잠을 얄밉게도 깨우는구나.

두어라 제 비록 미물(微物)이나 무인 동방(無人洞房)에 내 뜻 알 이는 너쑨인가 하노라 Q3, Q4
두어라, 제 비록 보잘것없는 미물이지만 임이 안 계시는 외로운 방에서 (홀로 밤을 새우는) 나의 뜻을 알아주는 것은 (귀뚜라미) 너뿐인가 하노라.

주제
독수공방의 외로움, 임에 대한 그리움

특징
'귀쏘리'의 울음소리는 화자의 슬픔을 대변함
근거 '무인 동방에 내 뜻 알 이는 너쑨인가 하노라'

해제
「귀쏘리 져 귀쏘리~」는 임을 향한 화자의 그리움을 자연물인 '귀쏘리'에 감정 이입하여 표현한 작품이다. 화자는 가을 밤을 홀로 보내며 외로움에 잠을 이루지 못하고 얼핏 든 잠마저 '귀쏘리' 소리 때문에 깨지만, 밤을 새워 우는 '귀쏘리'에게 동병상련의 심정을 느낀다.

빠른 정답 ◐ 1. ○ 2. ○ 3. ○ 4. X　⋯ 해설 **p.215**

Q1 '귀쏘리'는 화자의 외로운 처지를 드러내며 작품의 분위기를 조성하고 있다.
○ ✕

Q2 '살쓰리도'에는 '귀쏘리'를 야속해 하는 심정이 드러나 있다.
○ ✕

Q3 '두어라'에는 자신의 마음을 달래는 심정이 드러나 있다.
○ ✕

Q4 '무인 동방에~너쑨인가 하노라'에서 화자는 자연과 조화를 이루는 삶의 태도를 강조하고 있다.
○ ✕

수능 국어

1등급을 위한

고전시가 해석

집중 학습 프로그램

2부

고전(古典)으로 통하는 길

PART
II

가사

홍진(紅塵)에 뭇친 분네 이 내 생애(生涯) 엇더ᄒᆞᆫ고 Q1
속세에 묻혀 사는 사람들이여, (자연 속에서 살아가는) 나의 생활이 어떠한가?

넷사롬 풍류(風流)를 미출가 못 미출가
(나의 이 풍류가) 옛 사람들의 풍류(멋스럽고 풍치가 있게 노는 일)에 미칠까 못 미칠까?

천지간(天地間) 남자(男子) 몸이 날만 혼 이 하건마논
세상에 남자로 태어난 사람들 중에 나만한 사람이 많지만

산림(山林)에 뭇쳐 이셔 지락(至樂)을 ᄆᆞ롤 것가
자연에 묻혀 산다고 지극한 즐거움을 모르겠는가.

수간모옥(數間茅屋)을 벽계수(碧溪水) 앏픠 두고
몇 칸짜리 초가집을 맑은 시냇물 앞에 두고

송죽(松竹) 울울리(鬱鬱裏)예 풍월주인(風月主人) 되여셔라
소나무와 대나무가 울창한 이곳에서 자연의 주인(자연을 즐기는 사람)이 되었구나!
　　　　　　　　　　　　　　　〈서사〉 자연에 묻혀 사는 즐거움

엇그제 겨을 지나 새봄이 도라오니 Q2
엊그제 겨울이 지나고 새봄이 돌아오니,

도화행화(桃花杏花)는 석양리(夕陽裏)예 퓌여 잇고
복숭아꽃과 살구꽃은 석양 속에 피어 있고,

녹양방초(綠楊芳草)는 세우중(細雨中)에 프르도다 Q3
푸른 버들과 향기로운 풀은 가랑비 속에 푸르구나.

칼로 몰아 낸가 붓으로 그려 낸가
(아름다운 봄 풍경을 조물주가) 칼로 마름질한(잘라 낸) 것인가? 붓으로 그려 낸 것인가?

● 조화신공(造化神功)이 물물(物物)마다 헌ᄉᆞ롭다
조물주의 신묘한 솜씨가 자연물 하나하나마다 야단스럽구나!(=감탄스럽구나!)

● 해석의 틀 아름다운 풍경에 대한 감탄을 드러내기 위해 조물주가 야단스럽게 자연을 만들었다는 표현을 사용한 고전 시가 작품들이 많다. 「상춘곡」 외에도 「면앙정가」, 「성산별곡」, 「관동별곡」 등에서 유사한 표현이 나타나니 확인해 보자!

수풀에 우는 새는 춘기(春氣)를 못내 계워
수풀에서 우는 새는 봄 흥취에 겨워

소리마다 교태(嬌態)로다 Q4
(지저귀는) 소리마다 마치 교태를 부리는 듯하구나!

물아일체(物我一體)어니 흥(興)이이 다룰소냐
자연과 내가 한 몸이 되었으니 (나의) 흥겨움이 (새의 흥겨움과 어찌) 다르겠는가?

시비(柴扉)예 거러 보고 정자(亭子)애 안자 보니
사립문 주변을 걷기도 하고 정자에 앉아 보기도 하니,

소요음영(逍遙吟詠)ᄒᆞ야 산일(山日)이 적적(寂寂)ᄒᆞᆫ디
천천히 거닐며 시를 나직이 읊조리는 산속의 하루가 적적한데,

한중진미(閑中眞味)를 알 니 업시 호재로다
한가한 가운데 맛보는 참된 즐거움을 아는 사람이 없이 혼자로구나.

이바 니웃드라 산수(山水) 구경 가쟈스라
여보게 이웃 사람들아, 자연(경치) 구경 가자꾸나.

답청(踏靑)으란 오늘 ᄒᆞ고 욕기(浴沂)란 내일 ᄒᆞ새
답청(봄에 파랗게 난 풀을 밟으며 산책함)은 오늘 하고, 욕기(명예와 이익을 잊고 개울에서 목욕을 하며 유유자적함)는 내일 하세.

아춤에 채산(採山)ᄒᆞ고 나조히 조수(釣水)ᄒᆞ새
아침에는 산나물을 캐고 저녁에는 낚시를 하세.

굿 괴여 닉은 술을 갈건(葛巾)으로 밧타 노코
이제 막 익은 술을 칡베로 만든 두건(술을 걸러 마시는 도구)으로 걸러 놓고,

곳나모 가지 것거 수 노코 먹으리라
꽃나무 가지를 꺾어 (술잔의) 수를 세면서 먹으리라.

화풍(和風)이 건듯 부러 녹수(綠水)를 건너오니
온화한 봄바람이 문득 불어서 푸른 시냇물을 건너오니,

청향(淸香)은 잔에 지고 낙홍(落紅)은 옷새 진다 Q5
맑은 향기는 술잔에 가득하고 붉은 꽃잎은 옷에 떨어진다.

준중(樽中)이 뷔엿거든 날두려 알외여라
술동이가 비었거든 나에게 알려라.

소동(小童) 아히두려 주가(酒家)에 술을 믈어
(심부름하는) 아이에게 술집에서 술을 받아 오라 하여

얼운은 막대 집고 아히는 술을 메고
어른은 지팡이를 짚고, 아이는 술동이를 메고,

미음완보(微吟緩步)ᄒ야 시낫ᄀ의 호자 안자
나직이 읊조리며 천천히 걷다가 시냇가에 혼자 앉아,

명사(明沙) 조흔 믈에 잔 시어 부어 들고
고운 모래가 비치는 맑은 물에 잔을 씻어서 (술을) 부어 들고,

청류(淸流)를 굽어보니 ᄯᅥ오ᄂᆞ니 도화(桃花)ㅣ로다 Q6
맑은 시냇물을 굽어보니, 떠내려오는 것은 복숭아꽃이로다.

무릉(武陵)이 갓갑도다 저 ᄆᆡ이 긘 거이고 Q7, Q8
무릉도원(신선이 사는 곳, 낙원, 이상향)이 가까이 있구나, (복숭아꽃이 떠내려온) 저 들이 바로 그곳(무릉도원)인가?

송간 세로(松間細路)에 두견화(杜鵑花)를 부치들고
소나무 사이 숲속 좁은 길로 진달래꽃을 손에 들고,

봉두(峰頭)에 급히 올라 구름 속에 앉아 보니
산봉우리에 급히 올라 구름 속에 앉아 보니,

천촌만락(千村萬落)이 곳곳이 버러 잇니
수많은 촌락들이 곳곳에 펼쳐져 있네.

연하일휘(煙霞日輝)는 금수(錦繡)를 재폇는 닷
안개와 노을, 빛나는 햇살은 (마치) 수놓은 비단을 펼쳐 놓은 듯하다.

엇그제 검은 들이 봄빗도 유여(有餘)홀샤
엊그제까지만 해도 (겨울이어서) 거뭇거뭇했던 들판에 봄빛이 넘치는구나.

〈본사〉 봄 풍경에서 오는 흥취

공명(功名)도 날 꺼리고 부귀(富貴)도 날 꺼리니
공명(공을 세워 이름을 세상에 알리는 것)도 나를 꺼리고 부귀도 나를 꺼리니,

청풍명월(淸風明月) 외(外)예 어떤 벗이 잇사올꼬
맑은 바람과 밝은 달(아름다운 자연) 이외에 어떤 벗이 있겠는가?

단표누항(簞瓢陋巷)에 헛된 생각 아니 하네
누추한 시골에서 먹는 한 그릇 밥과 한 바가지 물(선비의 소박한 시골 생활)에 헛된 생각은 아니 하네.

아모타 백년행락(百年行樂)이 이만한들 어찌하리 Q9
아무튼 한평생 누리는 즐거움이 이만하면 어떠한가?(=만족스럽지 않은가?)

〈결사〉 안빈낙도하는 생활에 대한 만족감

Q5 '화풍이~낙홍은 옷새 진다'에 자연 풍경에 동화된 화자의 흥취가 드러나 있다.
○ ✕

Q6 시냇물을 바라보면서 풍류를 즐기는 화자의 모습을 확인할 수 있다.
○ ✕

Q7 화자가 지향하는 이상 세계와 현실 세계 사이의 차이점이 부각되고 있다.
○ ✕

Q8 '청류를~긘 거이고'에서 시냇물에 떠내려오는 도화를 보며 이상향을 연상하는 모습을 통해 화자의 고조된 감흥이 드러난다.
○ ✕

Q9 설의적 표현을 통해 시상을 마무리하고 있다.
○ ✕

주제

봄을 맞이한 자연 풍경의 아름다움과 이에 대한 예찬

특징

① 다양한 감각적 심상을 사용하여 봄의 풍경을 드러냄

근거 (시각적 심상) '도화행화는 석양리예 퓌여 잇고 / 녹양방초는 세우중에 프르도다',
(공감각적 심상: 후각→시각) '청향은 잔에 지고' 등

② 설의와 영탄을 통해 봄 경치에 대한 화자의 감탄을 드러냄

근거 (설의) '물아일체어니 흥이이 다롤소냐', (영탄) '송죽 울울리예 풍월주인 되여셔라' 등

해제

「상춘곡」은 아름다운 봄의 풍경과 이로 인한 흥취를 노래하는 조선시대 최초의 가사 작품이다. 이러한 자연 친화적 태도는 「면앙정가」와 「성산별곡」, 「관동별곡」 등에 영향을 주었다.

🔍 〈보기〉로 작품 보기

작가가 자신이 은거하는 일상적인 생활 공간 주위를 노닐며 자연미를 체험하는 방식을 '유거'라고 하는데, 「상춘곡」은 이러한 유거를 보여 주는 대표적인 작품이라고 할 수 있다.

빠른 정답 ◐ 1. ○ 2. ✕ 3. ○ 4. ○ 5. ○ 6. ○ 7. ✕ 8. ○ 9. ○ ⋯→ 해설 **p.215**

천상(天上) 백옥경(白玉京) 십이루(十二樓) 어듸매오
하늘 위의 백옥경(옥황상제가 사는 궁궐, 임금께서 계신 곳) 열두 누각은 어디인가?

오색운(五色雲) 깁픈 곳의 자청전(紫淸殿)이 가렸으니 ^{Q1}
오색구름 깊은 곳에 자청전(신선이 사는 집, 임금께서 계신 곳)이 가렸으니.

천문(天門) 구만 리(九萬里)를 꿈이라도 갈동 말동 ^{Q2}
구만 리 먼 하늘을 꿈이라도 갈 듯 말 듯하구나.

츠라리 싀어지어 억만(億萬) 번 변화(變化)ᄒ여
차라리 죽어서 억만 번 변화하여(다른 존재로 태어나)

남산(南山) 늣은 봄에 두견(杜鵑)의 넋이 되어 ^{Q3. Q4}
남산의 늦은 봄날 두견의 넋이 되어(다른 존재로라도 태어나)

이화(梨花) 가지 위에 밤낮을 못 울거든
배꽃 가지 위에서 밤낮으로 울고 싶지만 만약 그렇게 못 운다면,

삼청동리(三淸洞裏)에 저문 하늘 구름 되어 ^{Q5}
신선이 사는 고을에 저문 하늘 구름이 되어

ᄇ람의 흘리 날아 자미궁(紫微宮)의 날아올라 ^{Q6}
바람에 흘날리며 날아 자미궁(천상 세계의 궁궐. 임금께서 계신 곳)에 날아올라

옥황(玉皇) 향안 전(香案前)의 지척(咫尺)에 나아 앉아
옥황상제 앞에 높인 상 앞에 가까이 나가 앉아

흉중(胸中)의 쌓인 말씀 슬커시 ᄉ뢰리라 ^{Q7}
가슴속에 쌓인 말씀 실컷 아뢰리라.
　　　　　　　〈서사〉 옥황상제(임금)께 가슴속에 쌓인 한을 아뢰고자 함

어와 이 내 몸이 천지간(天地間)에 늦게 나니
아아, 이 내 몸이 천지간(이 세상)에 늦게 나니.

황하수(黃河水) 맑다마는
황하강(성인이 태어날 때만 한 번씩 맑아진다는 중국의 강)의 물이 맑은 것을 보니

➕ 초객(楚客)의 후신(後身)인가 상심(傷心)도 끝이 업고 ^{Q8}
(내가) 굴원의 후신(죽어서 다시 태어난 몸)인가 상심도 끝이 없고,

┌─➕ 해석의 덤 ─┐ '굴원'은 전국 시대 말기 초나라의 귀족으로 불우하게 인생을 마친 시인이다. '회왕'을 도와 삼려대부가
되었으나 소인들의 무고로 두 번이나 추방되어, 강남을 떠돌다 멱라수에서 돌을 안고 투신 자살했다. 즉,
'굴원'은 시대의 불운으로 인해 억울하게 죽은 사람의 상징으로 여겨지는 인물로, 화자는 자신이 억울하게
죽은 '굴원'(또는 그의 후신)인 것처럼 지금 매우 억울하다는 말을 하고 있는 것이다.

➕ 가 태부(賈太傅)의 넋이런가 한숨은 무슨 일고
(억울한) 가 태부의 넋인가 한숨은 무슨 일인가?(끝이 없구나)

┌─➕ 해석의 덤 ─┐ '가 태부'도 '굴원'과 마찬가지로 다른 이들의 모함을 받아 좌천된 인물이다. '가 태부'는 자신의 처지를 굴원에
비유한 시를 짓기도 했다. 화자는 고사 속 '가 태부'도 자신과 비슷한 인물이라고 생각하고 있다.

형강(荊江)은 고향(故鄕)이라 십 년(十年)을 유락(流落)ᄒ니
형강(작가의 유배지를 가리킴)은 고향 같구나. (유배지에서) 십 년을 (유배 생활로) 고향이 아닌
곳에서 사니

백구(白鷗)와 벗이 되어 함께 놀자 ᄒ엿더니
갈매기와 벗이 되어 함께 놀자 하였더니.

어루는 듯 괴ᄂ 듯 놈의 없는 임을 만나
아양을 부리는 듯 사랑하는 듯 하나뿐인 임을 만나니

금화성(金華省) 백옥당(白玉堂)의 꿈이조차 향기롭다
(중국 절강성 금화현에 있는) 금화성의 백옥당(신선이 득도한 곳)에서 (임을 만나는 그) 꿈조차
향기롭다.

오색(五色)실 이음 짧아 임의 옷을 못 ᄒ여도
오색실 이음(길이)이 짧아 임의 옷을 못 지어도

바다 같은 임의 은(恩)을 추호(秋毫)나 갑프리라
바다 같은 임의 은혜를 조금이나마 갚으리라.

백옥(白玉) 같은 이 내 ᄆ음 임 위ᄒ여 지키더니
백옥 같은 이 내 마음을 임을 위하여 지키고 있었더니.

장안(長安) 어제밤에 무서리 섞여 치니
한양에서 어젯밤에 늦가을에 처음 내리는 맑은 서리가 섞여 치니

---

^{Q1} '오색운~가렸으니'에서 구체적인 묘사를
통해 경치의 변화를 보여주고 있다.
　　　　　　　　　　　ⓞ　ⓧ

^{Q2} '구만 리'는 화자와 대상 사이의 거리이다.
　　　　　　　　　　　ⓞ　ⓧ

^{Q3} '츠라리~넋이 되어'에는 죽어서 다른 존재가
되어서라도 자신의 소망을 이루고자 하는
화자의 의지가 담겨 있다.
　　　　　　　　　　　ⓞ　ⓧ

^{Q4} '두견의 넋이 되어'에서 자연물을 활용하여
화자의 심정을 드러내고 있다.
　　　　　　　　　　　ⓞ　ⓧ

^{Q5} '구름'은 화자와 대상 사이를 가로막는 장애물
이다.
　　　　　　　　　　　ⓞ　ⓧ

^{Q6} 'ᄇ람'은 화자와 대상의 만남을 도와주는
매개물이다.
　　　　　　　　　　　ⓞ　ⓧ

^{Q7} '흉중의~ᄉ뢰리라'에는 마음에 담아 둔 말을
실컷 전하고 싶어 하는 화자의 바람이 담겨
있다.
　　　　　　　　　　　ⓞ　ⓧ

^{Q8} '초객'은 화자가 동질감을 느끼는 존재이다.
　　　　　　　　　　　ⓞ　ⓧ

일모 수죽(日暮脩竹)에 취수(翠袖)도 냉박(冷薄)홀샤
해질녘 긴 대나무에 의지하여 서 있으니 푸른 옷소매가 얇아 차갑구나.

유란(幽蘭)을 꺾어 쥐고 임 겨신 데 브라보니
난초를 꺾어 쥐고 임 계신 데 바라보니.

● 약수(弱水) 가려진 데 구름길이 험하구나
약수(신선이 살았다는 중국 전설의 강으로, 건널 수 없는 곳, 장애물)가 가로놓인 데 구름길이 험하구나.

● 해석의 틀 '약수'는 중국 전설 속에 등장하는 강인데, 깃털조차 가라앉아 사람은 건널 수 없었다고 한다. 이처럼 '강'은 화자와 임 사이를 가로막는 장애물이라는 의미로 자주 등장한다.

(중략)

천층랑(千層浪) 한가운데 백척간(百尺竿)에 올랐더니
천 층이나 되는 파도(험한 물결) 한가운데 백 척(1척은 약 30.3cm)이나 되는 장대 위(위태로운 곳)에 올랐는데(=치열한 당쟁으로 인해 변화무쌍한 현실·상황을 표현)

무단(無端)한 회오리 바람이 환해 중(宦海中)에 나리나니
뜻밖의 회오리 바람(=무오사화)이 환해(험난한 벼슬길) 속에 일어나니

억만 장(億萬丈) 못에 빠져 하늘 땅을 모르것네
억만 장(한 척(尺)의 열 배 되는 길이) 깊은 연못에 빠져 하늘인지 땅인지 모르겠구나.
〈본사〉 유배 생활의 슬픔과 임에 대한 그리움

➕ 노(魯)나라 흐린 술에 한단(邯鄲)이 무슨 죄며
노나라의 술이 묽은 것에 한단이 무슨 죄가 있으며,

진인(秦人)이 취(醉)한 잔에 월인(越人)이 웃은 탓인고
진나라 사람이 술에 취한 것은 월나라 사람이 웃은 탓이란 말인가?

➕ 해석의 덤 노나라 술이 묽은 것에 조나라의 수도 한단이 무슨 죄며, 진나라 사람들이 취한 것이 월나라 사람들이 웃은 탓이냐고 하는 것은 어떤 상황과 사건이 상관이 없음을 의미한다. 화자는 이러한 표현을 통해 무오사화와 관계가 없는 자신이 억울하게 유배 오게 되었음을 토로하고 있다.

성문(城門) 모진 불에 옥석(玉石)이 함께 타니
성문 모진 불에 옥과 돌(충신과 간신)이 함께 타니(=화를 입으니)

뜰 앞에 심은 난(蘭)이 반(半)이나 시들었네
뜰 앞에 심은 난초가 반이나 시들었구나.

오동(梧桐) 저문 날 비에 외기러기 우러옐 제
저물녘 오동잎에 비가 내리고 외기러기가 울며 갈 때.

관산(關山) 만리(萬里) 길이 눈에 암암 밟히는 듯
(고향에 있는) 관산으로 가는 멀고 먼 길이 눈에 선하게 밟히는 듯하구나.

청련시(靑蓮詩) 고쳐 읊고 팔도 한을 스쳐 보니
청련(이백의 호)의 시를 다시 읊고 사무친 한을 생각하니

화산(華山)에 우는 새야 이별도 괴로워라
화산에 우는 새야 이별도 괴로워라.

망부산전(望夫山前)에 석양(夕陽)이 거의로다
망부산 앞에 석양이 거의 지는구나.

기다리고 바라다가 안력(眼力)이 다했던고
기다리고 바라다가 시력이 다했던가?

낙화(落花) 말이 없고 벽창(碧窓)이 어두우니
떨어지는 꽃은 말이 없고 푸른 비단 창문은 어두우니.

입 노란 새끼 새들 어미를 그리누나
입 노란 새끼 새들이 어미를 그리는구나.

팔월 추풍(八月秋風)이 띠집을 거두니
팔월의 가을바람이 띠집을 거두니

빈 깃에 쌓인 알이 물불을 못 면하네
빈 새집에 싸인 알이 물과 불(뜻밖에 닥쳐오는 불행)을 면하지 못하는구나.
〈본사2〉 사화로 인해 억울하게 유배를 온 사연

생리 사별(生離死別)을 한 몸에 혼자 맡아
임과의 이별을 한 몸에 혼자 맞이하니

삼천 장(三千丈) 백발(白髮)이 일야(一夜)에 기도 길샤
(근심 때문에) 삼천 장 백발(하얗게 센 머리털)이 하룻밤 사이에 길기도 길어졌구나.

풍파(風波)에 헌 배 타고 함께 놀던 저 벗들아
풍파에 헌 배를 타고 함께 놀던 저 벗들아.

강천(江天) 지는 해에 배는 탈이 없는가
강 위의 하늘에 멀리 보이는 지는 해에 배는 탈이 없는가?(=무사한가?)

밀거니 당기니 염예퇴(艷澦堆)를 겨우 지나
밀고 당겨서 위험한 거센 물살(중국 사천의 계곡)을 겨우 지나

만리붕정(萬里鵬程)을 멀리곰 견주더니
붕새(하루에 구만 리를 날아간다는, 매우 큰 상상의 새)가 날아가는 만 리나 되는 길(머나먼 길)을 멀찍이 바라보다가

바람에 다 부딪쳐 흑룡강(黑龍江)에 떨어진 듯
바람에 떠밀려서 흑룡강에 떨어진 듯

천지(天地) 가이 업고 ➕ 어안(魚雁)이 무정(無情)하니
천지는 끝이 없고 임의 소식조차 없으니

➕ 해석의 덤 | 고전시가에서 물고기와 기러기는 소식을 전달하는 매개체가 되기도 한다. 해당 부분에서도 '어안(물고기와 기러기)이 무정하니'를 '임의 소식조차 없으니'로 해석할 수 있다.

옥(玉) 같은 면목(面目)을 그리다가 말년지고
옥 같은 얼굴을 그리워하다가 말 것인가?

매화(梅花)나 보내고져 역로(驛路)를 바라보니
(임에게) 매화(임에 대한 마음)나 보내고자 지나가는 길을 바라보니.

옥량명월(玉樑明月)을 예 보던 낯빛인 듯
옥으로 된 들보에 비치는 밝은 달(임금의 얼굴)은 예전부터 보던 낯빛인 듯하다.

양춘(陽春)을 언제 볼고 눈비를 혼자 맞아
봄볕을 언제 볼까 눈비를 혼자 맞고서

벽해(碧海) 넓은 가에 넋이 조차 흩어지니
넓고 푸른 바닷가에 넋조차 흩어지니,

나의 긴 소매를 눌 위호야 적시는고
나의 긴 소매는 누구를 위하여 적시는가?

〈본사3〉 이별한 임에 대한 그리움

(중략)

이 몸이 녹아져도 옥황상제(玉皇上帝) 처분(處分)이요
이 몸이 녹아도 옥황상제의 처분이요,

이 몸이 식여져도 옥황상제(玉皇上帝) 처분(處分)이라
이 몸이 죽어도 옥황상제의 처분이구나.

녹아지고 식어지여 혼백(魂魄)조차 흩어지고
녹아지고 죽어서 혼백조차 흩어지고,

공산(空山) 촉루(髑髏)같이 임자 없이 구니다가 Q9
텅 빈 산에서 해골같이 임자 없이 굴러다니다가,(=버림받은 채로 있다가,)

곤륜산(崑崙山) 제일봉(第一峯)의 만장송(萬丈松)이 되어서
곤륜산 제일봉에 매우 큰 소나무가 되어서

바람 비 쁘린 소리 임의 귀에 들니거나 Q10
바람과 비를 뿌리는 소리를 임의 귀에 들리게 하거나,

윤회 만겁(輪回萬劫)호여 금강산(金剛山) 학(鶴)이 되여 Q11
오랜 세월 윤회하여(다시 태어나서) 금강산 학이 되어

일만(一萬) 이천봉(二千峯)의 무음껏 솟아올라 Q12
일만 이천 봉에 마음껏 솟아올라

ㄱ을 돌 밝은 밤에 두어 소리 슬피 우러 Q13
가을 달 밝은 밤에 두어 소리 슬피 울어

임의 귀의 들리기도 옥황상제(玉皇上帝) 처분(處分)일다
임의 귀에 들리게 하는 것도 옥황상제의 처분이로다.

〈본사4〉 임금의 결정을 기다릴 수밖에 없는 현재 상황에 대한 체념

Q9 '공산 촉루'에서 화자의 외로운 심정을 확인할 수 있다.
◯ ✕

Q10 '바람 비 쁘린 소리'에서 청각적 이미지를 활용하여 임에게 알리고 싶은 화자의 심정을 나타내고 있다.
◯ ✕

Q11 '만장송'과 '금강산 학'은 임을 향한 화자의 변치 않는 마음이 투영된 대상이다.
◯ ✕

Q12 '임자 없이 구'닐던 '이 몸'이 '학'이 되어 솟아오르게 함으로써 상승의 이미지를 구현하고 있다.
◯ ✕

Q13 'ㄱ을 돌 밝은 밤'이라는 시간적 배경을 통해 임과 재회한 순간을 드러내고 있다.
◯ ✕

한(恨)이 뿌리 되고 눈물로 가지 삼아
한이 뿌리가 되고 눈물로 가지를 삼아,

님의 집 창 밖에 외나모 매화(梅花) 되여 ^{Q14}
임의 집 창 밖에 한그루의 외로운 매화가 되어,

설중(雪中)의 혼자 피어 **침변(枕邊)**의 이위는 듯 ^{Q15}
눈 속에 혼자 피어 (임의) 베갯머리 주변에서 시드는 듯

월중소영(月中疎影)이 임의 옷에 빗취어든 ^{Q16}
달빛에 언뜻언뜻 비치는 (매화의) 그림자가 임의 옷에 비치거든.

어엿븐 이 얼굴을 네로다 반기실가 ^{Q17}
가엾은 이 얼굴을 (임께서) 너로구나 하며 반기실까?

동풍(東風)이 **유정(有情)**ㅎ여 암향(暗香)을 불어 올려
동풍이 뜻이 있어 (매화의) 그윽한 향기를 불어 올려

고결(高潔)흔 이 내 생애 죽림(竹林)에나 부치고져
고결한 이 내 생애를 (속세와 단절된) 대나무 숲에나 부치고 싶구나.(=살고 싶구나.)

빈 **낚시대** 빗기 들고 뷘 비를 혼자 띄워 ^{Q18}
빈 낚싯대를 비스듬히 들고 빈 배를 혼자 띄워

백구(白溝) 건네 저어 건덕궁(乾德宮)에 가고지고 ^{Q19}
한강을 건너 저어 임금이 계신 궁궐에 가고 싶구나.

그려도 혼 ᄆᆞ음은 위궐의 달녀 이셔
그래도 한 마음은 조정에 달려 있어

니 무든 누역 속의 님 향훈 꿈을 깨어
연기 묻은 도롱이(누추한 옷) 속에서 임을 향한 꿈을 깨어

일편(一片) **장안(長安)**을 일하(日下)의 ᄇᆞ라보고
일편 장안(서울, 수도)을 눈 아래에 바라보고

외오 굿겨 올히 굿겨 이 몸의 타실년가
잘못하든 옳게 하든 이 몸의 탓이던가.

이 몸이 젼혀 몰라 천도(天道) 막막(漠漠)ᄒᆞ니 물을 길이 젼혀 업다
이 몸이 전혀 몰라 하늘길이 아득하여 전혀 알 수가 없으니 물을 길이 전혀 없다.

➕ 복희씨 육십사괘 천지 만물 상긴 뜻을
복희씨(중국 전설상의 제왕으로, 복희씨가 만든 8괘가 64괘를 만드는 바탕이 됨) 육십사괘 천지 만물이 생긴 뜻을

➕ 주공을 꿈에 뵈와 ᄌᆞ시이 뭇줍고져
주공(주나라 문왕의 아들로 법도를 제정해 제도문물을 창시함)을 꿈에 뵈어 자세히 여쭙고 싶구나.

➕해석의 덤 '육십사괘'는 인간과 자연의 존재와 변화를 상징하는 길흉화복을 점치는 괘로 운명을 판단하는 원리를 말한다. 한편 '주공'은 중국 고사 속 인물로, 화자는 세상의 이치가 어떻게 돌아가는지 알고 싶어 천지 만물의 근본을 '주공'에게 묻고 싶다고 말하고 있다.

하늘이 놉고 놉하 말없이 놉흔 뜻을
하늘이 높고 높아 말없이 높은 뜻을

구룸 위에 ᄂᆞ는 새야 네 아니 아돗더냐
구름 위에 나는 새야 너는 알지 않겠느냐?

어와 이내 가슴 산이 되고 돌이 되여 어듸 어듸 사혀시며
아아, 이내 가슴 산이 되고 돌이 되어 어디 어디 쌓였으며

비 되고 물이 되어 어듸 어듸 우려 녤고
비가 되고 물이 되어 어디 어디 울며 갈까?

아모나 이 내 뜻 알 니 곳 이시면
아무나 이 내 뜻을 알 사람 있으면

백세교유(百世交遊) 만세상감(萬世相感) ᄒᆞ리라
영원토록 사귀어서 영원토록 공감하리라.

〈결사〉 자신의 뜻을 알아줄 사람에 대한 기다림

^{Q14} '매화'라는 소재를 활용하여 임을 향한 화자의 마음을 표상하고 있다.
○ ✕

^{Q15} '침변의 이위는 듯'은 임이 처한 현재 상황을 표현한 구절이다.
○ ✕

^{Q16} '빗취어든'은 임의 곁에 있고 싶은 화자의 소망을 드러내고 있다.
○ ✕

^{Q17} '반기실가'는 미래 상황에 대한 의혹을 드러내고 있다.
○ ✕

^{Q18} '빈 낚시대'는 화자가 현재 회피하고 싶은 대상이다.
○ ✕

^{Q19} '건덕궁'은 화자가 현재 머무르고 있는 공간이다.
○ ✕

주제

귀양살이의 억울함과 연군지정(성종에 대한 그리움의 정)

특징

① 자연물을 빌려 화자의 정서를 드러냄

근거 '두견의 넋이 되어', '저믄 하늘 구름 되여'

② 고사 속 인물을 활용해 화자의 억울함을 표현함

근거 '초객의 후신인가', '가 태부의 넋이런가'

③ 표면적으로 천상계(옥황)와 지상계의 이원적 구도를 설정함 – 천상계의 인물이 지상으로 쫓겨났다는 설정

근거 '천상 백옥경', '천문 구만 리를'

해제

「만분가」는 작가가 무오사화로 인해 전남 순천으로 유배되었을 때 지은 작품으로 알려져 있다. 조선 전기 당쟁으로 희생된 신하가 자신의 억울함을 호소한 유배가사의 효시라는 점에서 문학적 가치가 큰 작품으로, 「만분가」는 화자가 자신을 천상에서 지상으로 추방된 여인에 비유하여 천상의 임에게 자신의 억울함을 하소연하는 내용으로 구성되어 있다. 정철의 가사인 「사미인곡」, 「속미인곡」 등에도 영향을 미친 것으로 전해지고 있다.

〈보기〉로 작품 보기

「만분가」는 유배를 간 작가가 천상의 옥황에게 하소연, 호소하는 형식으로 연군의 마음을 표현한 유배가사의 효시이다. 작가는 연산군 4년(1498년) 무오사화에 연루되어 유배를 가게 되었으며 끝내 유배지를 벗어나지 못하고 생을 마감했다.

빠른 정답 ○ 1. X 2. O 3. O 4. O 5. X 6. O 7. O 8. O 9. O 10. O 11. O 12. O 13. X 14. O 15. X 16. O
17. X 18. X 19. X ⋯→ 해설 **p.216**

무등산 한 활개 뫼가 동쪽으로 뻗어 있어
무등산의 한 줄기가 동쪽으로 뻗어 있어

멀리 떼쳐 와 제월봉(霽月峰)이 되었거늘
멀리 떨어져 나와 제월봉이 되었거늘

무변대야(無邊大野)에 무슨 짐작 하노라
끝없이 넓은 들판에 무슨 생각을 하느라고

일곱 굽이 한데 뭉쳐 우뚝우뚝 벌여 논 듯
일곱 굽이가 한데 모아서 우뚝우뚝 펼쳐져 있는 듯

가운데 굽이는 구멍에 든 늙은 용이
(그 중) 가운데 굽이는 (마치) 구멍에 든 늙은 용이

선잠을 갓 깨어 머리를 앉혔으니
선잠(깊이 들지 못하거나 흡족하게 이루지 못한 잠)을 막 깨어 머리를 얹어 놓은 듯한 모양새구나.

너럭바위 위에
넓고 평평한 바위 위에

송죽을 헤치고 정자를 앉혔으니
소나무와 대나무를 헤치고 정자(면앙정)를 만들어 세웠으니,

구름 탄 청학이 천 리를 가리라
(그 모양새가 마치) 구름 탄 푸른 학(면앙정의 지붕)이 천 리를 가려고

두 날개 벌렸는 듯
두 날개를 벌린 듯하다.

〈서사〉 제월봉에 위치한 면앙정의 모습

옥천산 용천산 내린 물이
옥천산, 용천산에서 흘러내린 물이

정자 앞 넓은 들에 올올히 펴진 듯이
정자 앞 넓은 들에 끊임없이 펴져 있으니,

넓거든 기노라 푸르거든 희지 마나
(냇물이) 넓으면서도 길고, 푸르면서도 희다.

[A]
쌍룡이 뒤트는 듯 긴 깁을 펼쳤는 듯
(물이 흐르는 모습을 보니) 두 마리 용이 몸을 뒤트는 듯 긴 비단을 가득 펼쳐 놓은 듯하고

어디로 가노라 무슨 일 바빠서
어디로 (그렇게 흘러) 가느냐 (마치) 무슨 일로 바빠서

닫는 듯 따르는 듯 밤낮으로 흐르는 듯
달리는 듯 따르는 듯 밤낮으로 흐르는 듯하다

물 좇은 사정(沙汀)은 눈같이 펴졌거든
물 따라 펼쳐진 모래밭은 눈같이 (하얗게) 펼쳐졌는데,

어지러운 기러기는 무엇을 어르노라
어지럽게 나는 기러기는 무엇을 사랑하느라

앉으락 내리락 모이락 흩으락
앉았다가 내려갔다가 모였다가 흩어졌다 하며

노화(蘆花)를 사이 두고 우러곰 좇니느뇨
갈대꽃을 사이에 두고 울면서 쫓아가는가?

넓은 길 밖이요 긴 하늘 아래
넓은 길 밖의 긴 하늘 아래에

두르고 꽂은 것은 뫼인가 병풍인가 그림인가 아닌가
두르고 꽂은 것은 산인가 병풍인가? 그림인가 아닌가?

높은 듯 낮은 듯 긏는 듯 잇는 듯
(원래 보이는 산들이) 높은 듯, 낮은 듯, 끊어지는 듯, 이어지는 듯(해 보이며)

숨거니 뵈거니 가거니 머물거니
(구름에) 숨어서 안 보이기도 하고 (구름이 걷힌 후에는) 보이기도 하며 가기도 하고 머물기도 하며

어지러운 가운데 이름난 양하여 하늘도 저어치 않고
어지러운 가운데 이름난 양(명성이 널리 알려진 체)을 하며 하늘도 두려워하지 않아

우뚝이 섰는 것이 추월산 머리 짓고
우뚝하게 서 있는 것이 추월산 머리를 이루고,

Q1 [A]에서는 직유를 통해 시각적 인상을 구체화
하고, 어순의 도치를 통해 자연물에서 받은
감흥을 강조하여 표현하고 있다.
○ ⊗

용구산 몽선산 불대산 어등산
용귀산, 몽선산, 불대산, 어등산,

용진산 금성산이 허공에 벌였거든
용진산, 금성산이 허공에 늘어서 있는데

원근창애(遠近蒼崖)에 머문 것도 하도 할샤
멀리 또는 가까이에 있는 푸른 절벽에 머문 것(산봉우리)이 많기도 많구나.

〈본사〉 면앙정에서 바라보는 주변 풍경

흰 구름 뿌연 연하(煙霞) 푸는 이는 산람(山嵐)이라 ^{Q2}
(봄의 면앙정에서 바라보는) 흰 구름, 뿌연 안개와 노을, 푸른 것은 산 아지랑이구나.

천암(千巖) 만학(萬壑)을 제 집으로 삼아 두고
(흰구름, 뿌연 안개와 노을, 산 아지랑이가) 수많은 바위와 골짜기를 제 집으로 삼아 두고

나명성 들명성 아양도 떠는구나
나왔다 들어갔다 하면서 아양을 부리는 것 같구나.

오르거니 나리거니
(흰구름, 뿌연 안개와 노을, 산 아지랑이가) 오르기도 하고 내리기도 하며

장공(長空)의 떠나거니 광야(廣野)로 건너거니
끝없이 높고 먼 공중으로 떠났다가 넓은 들판으로 건너갔다가.

푸르락 붉으락 옅으락 짙으락
푸르렀다가 붉었다가 옅어졌다가 짙어졌다가

사양(斜陽)과 섞어지어 세우(細雨)조차 뿌리는구나
석양과 섞이면서 가랑비마저 뿌리는구나.

남여(藍輿)를 재촉해 타고 솔 아래 굽은 길로
뚜껑 없는 가마를 재촉해 타고 소나무 아래 굽은 길로

오며 가며 하는 적에
오며 가며 하는 때에.

녹양(綠楊)에 우는 황앵(黃鶯) 교태(嬌態) 겨워하는구나 ^{Q3}
푸른 버드나무에서 지저귀는 노란 꾀꼬리는 교태를 못 이겨 우는 소리를 하는구나.

나무 사이 우거져서 녹음(綠陰)이 엉킨 적에
나무 사이가 우거져서 나무 그늘이 어우러진 때에(면앙정에서 즐기는 여름에)

백척(百尺) 난간(欄干)에 긴 조으름 내어 펴니
백 척이나 될 듯한 높은 난간에서 긴 졸음을 내어 조니

수면(水面) 양풍(涼風)이야 그칠 줄 모르는가
물 위의 시원한 바람이 그칠 줄을 모르는구나.

된서리 빠진 후에 산빛이 금수(錦繡)로다 ^{Q4}
된서리(늦가을에 내리는 서리)가 걷힌 후에 산 빛이 수놓은 비단 같구나.(=비단같이 아름답구나.)

황운은 또 어찌 만경에 펼쳐진고
누렇게 익은 곡식은 또 어찌 넓은 들판에 펼쳐져 있는가?

어적(漁笛)도 흥에 겨워 달을 따라 부는구나 ^{Q5}
어부가 부는 피리 소리도 흥에 겨워 달을 따라 부는구나.

초목(草木) 다 진 후에 강산(江山)이 매몰커늘
(겨울이 되어) 초목이 다 진 후에 강산(자연)이 (눈에) 묻혔거늘

조물(造物)이 헌사하여 빙설(氷雪)로 꾸며 내니
조물주가 야단스러워(=대단하여) 얼음과 눈으로 (겨울의 자연 풍경을) 꾸며 내니

경궁요대(瓊宮瑤臺)와 옥해 은산(玉海銀山)이
옥으로 장식한 호화로운 궁전과 눈 덮인 산 같은 아름다운 풍경이

안저(眼底)에 벌였어라
눈 아래에 펼쳐졌구나.

건곤(乾坤)도 풍성할사 간 데마다 경이로다 ^{Q6}
세상 풍경이 풍성하여 가는 곳마다 (그 아름다움이) 경이롭구나.

〈본사2〉 면앙정의 ● 사계절 경치 묘사

● 해석의 틀 자연에서 즐기는 풍류를 예찬하는 작품에는 계절감을 드러내는 시어들이 자주 등장한다. 특히 「면앙정가」는 '산람'(봄), '녹음'(여름), '된서리'(가을), '빙설'(겨울) 등의 시어들을 활용하여 사계절의 변화를 나타내며 화자의 흥취를 효과적으로 드러내고 있다. 「성산별곡」에서도 사계절을 통해 자연의 아름다움을 표현하고 있는데, 계절적 배경을 드러내는 시어들을 통해 이를 확인할 수 있다.

Q2 계절적 배경을 나타내는 시어를 사용하여 면앙정 주변의 봄 풍경을 묘사하고 있다. ⓞ ⓧ

Q3 사물에 감정을 이입하여 자연 풍경에 대한 감상을 드러내고 있다. ⓞ ⓧ

Q4 풍경의 변화를 통해 적막한 분위기가 드러나고 있다. ⓞ ⓧ

Q5 청각적 심상과 시각적 심상이 조화롭게 어우러져 있다. ⓞ ⓧ

Q6 자연 풍경을 바라보는 화자의 감회가 집약적으로 드러나고 있다. ⓞ ⓧ

인간(人間)을 떠나와도 내 몸이 겨를 없다 ^{Q7}
인간 세상(속세)을 떠나와서도 (자연에 묻혀 살고 있는) 내 몸이 한가로울 겨를이 없다.

이것도 보려 하고 저것도 들으려코
(자연의 경치를) 이것도 보려 하고 저것도 들으려 하고,

바람도 쐬려 하고 달도 맞으려코
바람도 쐬려 하고 달도 맞으려 하니

밤으란 언제 줍고 고기란 언제 낚고
(가을에 나무에서 떨어진) 밤은 언제 줍고 고기는 언제 낚으며,

시비(柴扉)란 뉘 닫으며 진 꽃으란 뉘 쓸려뇨
사립문은 누가 닫으며 떨어진 꽃은 누가 쓸겠는가?

아침이 낫브거니 저녁이라 싫을소냐
(자연을 감상할 시간이) 아침도 부족한데 저녁이라고 (자연을 감상하는 것이) 싫겠느냐?

오늘이 부족(不足)커니 내일이라 유여(有餘)하랴
오늘도 (자연을 완상할 시간이) 부족한데 내일이라고 여유가 있겠느냐?

이 뫼에 앉아 보고 저 뫼에 걸어 보니
이 산에 앉아 보고 저 산에 걸어 보니

번로(煩勞)한 마음에 버릴 일이 아주 없다
바쁜 마음에 (자연을 즐기고 싶은 마음을) 버릴 일이 전혀 없다.

쉴 사이 없거든 길이나 전하리야
(자연을 즐기기에도) 쉴 사이 없는데 (사람들에게 면앙정으로) 오는 길을 알릴 시간이 있겠느냐?

다만 한 청려장(靑藜杖)이 다 무디어 가노매라
다만 (명아주 줄기로 만든 단단한) 지팡이가 다 무디어 가는구나.(=지팡이가 닳을 정도로 자연을 즐김)

술이 익었거니 벗이라 없을소냐
술이 익었는데 (함께 마실) 벗이라고 없겠느냐.

불리며 타이며 켜이며 이아며
(노래를) 부르게 하며, (악기를) 타게 하며, 켜게 하며, 흔들며

온갖 소리로 취흥(醉興)을 재촉커니
온갖 소리로 취흥(술에 취하여 일어나는 흥취)을 불러일으키게 하니.

근심이라 있으며 시름이라 붙었으랴
(자연에서 묻혀 사는 내게) 근심이라고 있으며 시름이라고 붙어 있겠는가?

누으락 앉으락 굽으락 젖히락
누웠다가 앉았다가 구부렸다가 젖혔다가

읊으락 파람하락 노혜로 놀거니
(시를) 읊었다가 휘파람을 불었다가 하며 마음대로 노니

천지(天地)도 넓고 넓고 일월(日月)도 한가하다
세상이 넓디넓으며 세월도 한가하다.

● 희황(羲皇)을 모를러니 이 적이야 긔로구나
희황(=복희씨. 중국의 고대 전설에 등장하는 제왕)의 태평성대를 모르고 지냈는데, 이때 (지금)야말로 그것(태평성대)이로구나.

● 해석의 틀 '희황'은 또 다른 말로 '복희씨'라고도 부르는데, 중국 전설상의 제왕으로 백성들을 위해 큰 힘을 썼던 인물이라고 전해진다. 고전시가에서 태평성대를 표현하고자 할 때 자주 인용된다.

신선(神仙)이 어떻던지 이 몸이야 긔로구나
신선이 어떠한지 (몰랐는데) 이 몸이야말로 (바로) 그로구나.(=신선과 다름없구나.)

[B]^{Q8}

강산 풍월(江山風月) 거느리고 내 백년(百年)을 다 누리면
강산풍월(자연의 아름다운 풍경)을 거느리고 내가 평생을 다 누리면

악양루 상(岳陽樓上)의 이태백(李太白)이 살아 오다
악양루 위의 이태백(중국 당나라 때의 이름난 시인)이 살아 돌아온다고 한들

호탕 정회(浩蕩情懷)야 이에서 더할소냐
넓고 끝없는 정과 회포야말로 이보다 더하겠는가?

^{Q7} '내 몸이 겨를 없다'를 통해 화자가 자연 속에서의 한가한 삶을 즐길 여유가 없이 바쁜 삶을 살고 있음을 확인할 수 있다.

○ ✕

^{Q8} [B]는 고사를 활용하여 자연과 하나된 삶에 대한 화자의 만족감을 드러내고 있다.

○ ✕

이 몸이 이렁 굼도 ● 역군은(亦君恩)이샷다
이 몸이 이렇게 (자연 속에 묻혀 그 아름다움을 즐기며) 지내는 것도 임금님의 은혜 덕분이다.

● 해석의 틀 ▶ 자연 속에서 풍류를 즐기며 만족감을 드러내던 화자는 마지막 구절에서 이렇게 자연을 즐길 수 있는 것은 모두
임금의 은혜 덕분이라며 감사하고 있다. 자연 친화적 태도와 유교적 충의의 태도가 결합된 양상은 「면앙정가」
외에도 「강호사시가」 등의 사대부들의 작품에 흔히 나타난다.

〈결사〉 자연을 즐기는 풍류와 임금의 은혜에 감사하는 마음

주제

자연을 즐기는 흥취와 임금의 은혜에 대한 감사

특징

① 면앙정 주변의 계절의 변화에 따라 시상을 전개함
근거 (봄) '흰 구름 뿌연 연하 푸는 이는 산람이라', (여름) '녹양에 우는 황앵', '녹음이 엉킨
적에', (가을) '된서리 빠진 후에 산빛이 금수로다', (겨울) '빙설', '경궁요대와 옥해 은산'
② 대구를 활용하여 자연 속에서의 흥취를 드러냄
근거 '이것도 보려 하고 저것도 들으려코 / 바람도 쐬려 하고 달도 맞으려코' 등
③ 설의와 영탄을 통해 자연 속에서 느낀 화자의 흥취를 강조하여 보여 줌
근거 (설의) '시비란 뉘 닫으며 진 꽃이란 뉘 쓸려뇨', '아침이 낫브거니 저녁이라 싫을소냐' 등,
(영탄) '원근창애에 머문 것도 하도 할샤' 등

해제

「면앙정가」는 송순이 관직에서 물러나 고향인 담양에 '면앙정'이라는 정자를 짓고 머물면서
그 주변의 아름다운 풍경과 그로 인한 흥취, 임금의 은혜에 대한 감사 등을 노래하고 있는
가사이다.

🔍 〈보기〉로 작품 보기

송순이 「면앙정가」에서 펼쳐 보인 세계관은 흔히 '면앙우주'라고 일컬어지고는 한다.
송순은 작품 속에 등장하는 면앙정 주변의 아름다운 자연물에 인간적 생명력과 의지를
부여하면서 자신의 이상과 세계관을 표출하고 있다.

빠른 정답 ◐ 1. ○ 2. ○ 3. ○ 4. X 5. ○ 6. ○ 7. X 8. ○ ···➔ 해설 p.217

어떤 지나는 손이 성산에 머물면서
어떤 지나는 나그네가 성산에 머물면서

서하당(棲霞堂) 식영정(息影亭) 주인(主人)아 내 말 듣소
(묻기를) 서하당 식영정의 주인(김성원)아, 내 말 들어보시오.

인생(人生) 세간(世間)의 좋은 일 하건마는
한평생 살아가는 세상에 좋은 일이 많건마는,

어찌한 강산(江山)을 갈수록 좋게 여겨
(당신은) 어찌하여 (세상일을 버리고) 강산(자연)을 갈수록 좋게 여겨

적막(寂寞) 산중(山中)의 들고 아니 나시는고
고요하고 쓸쓸한 산속에 들어가서 아니 나오시는가?

송근(松根)을 다시 쓸고 죽상(竹床)의 자리 보아
소나무 뿌리를 다시 쓸고 대나무로 만든 평상에 자리를 만들어

져근덧 올라앉아 어떤고 다시 보니
잠깐 동안 올라앉아 (주위가) 어떤지 다시 보니

천변(天邊)의 떠 있는 구름 서석(瑞石)을 집을 삼아
하늘가에 떠 있는 구름이 (무등산의) 서석대를 집으로 삼아

나는 듯 드는 양이 주인(主人)과 어떠한고
들락날락하는 모양이 식영정의 주인과 같지 않은가?

창계(滄溪) 흰 물결이 정자(亭子) 앞에 둘렀으니
푸른 시냇물의 흰 물결이 정자 앞을 둘러 싸고 있으니

천손(天孫) 운금(雲錦)을 뉘라서 베어 내어
(푸른 시냇물의 모습이) 천손 운금(직녀가 짠 아름다운 비단으로, 은하수를 가리킴)을 누가 베어 내어

잇는 듯 펼치는 듯 헌사토 헌사할샤
잇는 듯, 펼치는 듯하고 대단하기도 대단하구나.(=아름답구나!)

산중(山中)에 책력(册曆) 없어 사시(四時)를 모르더니
산속에 달력이 없어 사계절을 몰랐더니

눈 아래 헤친 경(景)이 철철이 절로 나니
눈앞에 펼쳐진 경치가 계절마다 저절로 생겨나니

듣거니 보거니 일마다 선간(仙間)이라
(그 아름다운 경치로 인해) 듣고 보는 일마다 모두 신선의 세계로구나.
〈서사〉 식영정 주인(김성원)의 풍류와 식영정의 아름다운 경치

매창(梅窓) 아침볕에 향기(香氣)에 잠을 깨니
매화가 피어 있는 창가에서 아침볕의 (매화) 향기에 잠을 깨니.

산옹(山翁)의 할 일이 곧 없지도 아니하다 Q1
산속 늙은이가 할 일이 아주 없지도 아니하다.

[A] ┌─ 울 밑 양지(陽地) 편에 외씨를 뿌려 두고
　　　울타리 밑 양지 쪽에 오이씨를 뿌려 두고,
　├─ 매거니 돋우거니 빗김에 가꿔 내니 Q2
　│　(김을) 매기도 하고 흙을 돋우기도 하여 비가 온 김에 가꾸어 내니
　└─ ➕ 청문고사(靑門故事)를 이제도 있다 하겠다
　　　한나라 소평이 청문 밖에 오이를 심었다는 옛일이 지금도 있다 하겠구나.

➕ 해석의 덤 '청문고사'는 중국 진나라 때 '소평'이 나라가 망하자 벼슬을 버리고 청문 부근에서 농사를 지으며 오이씨를 심었다는 고사를 뜻한다.

망혜(芒鞋)를 단단히 신고 죽장(竹杖)을 흩어 짚으니
미투리(짚신과 같은 신)를 바삐 신고 대나무 지팡이를 흩어 짚으니.

도화(桃花) 핀 시내 길이 방초주(芳草洲)에 이었어라
복숭아꽃이 핀 시내의 길은 향기로운 풀이 우거진 모래사장으로 이어졌구나.

잘 닦은 거울 속 절로 그린 석병풍(石屛風)
잘 닦은 거울처럼 맑은 물속에 저절로 그려진 병풍 같은 석벽의

그림자를 벗을 삼아 서하(西河)로 함께 가니
그림자를 벗 삼아 서쪽 개울로 함께 가니.

Q1 '할 일'은 '산옹'이 세상을 위해 해 나가야 할 과업을 의미한다. ◯ ✕

Q2 [A]에서는 '산옹'의 소박한 삶의 모습을 확인할 수 있다. ◯ ✕

도원(桃園)은 어드매오 무릉(武陵)이 여기로다
무릉도원(신선이 사는 곳, 낙원, 이상향)이 어디인가? 무릉도원은 (바로) 여기로구나.
〈본사〉 무릉도원만큼 아름다운 성산의 봄 경치

● 남풍(南風)이 건듯 불어 녹음(綠陰)을 헤쳐 내니 ^{Q3}
남풍이 문득 불어 푸른 잎이 우거진 나무와 수풀을 헤쳐(펼쳐) 내니

● 해석의 틀 고전시가에서는 계절의 변화를 나타낼 때 '~바람이 부니'라는 표현을 자주 사용한다. '남풍이 건듯 불어 녹음을 헤쳐 내니'는 계절이 바뀌어 여름이 무르익는 모습을 나타낸다.

계절 아는 꾀꼬리는 어디에서 오는가
계절을 아는 꾀꼬리는 어디에서 왔던가?

희황(羲皇) 베개 위에 풋잠을 얼핏 깨니 ^{Q4}
복희씨 때(태평한 세상을 상징)처럼 편안하고 한가한 마음으로 베개 위에서 풋잠을 얼핏 깨니.

공중(空中) 젖은 난간(欄干) 물 위에 떠 있구나
공중에 젖은 난간(물 속에 비친 난간의 그림자)이 물 위에 떠 있구나.

마의(麻衣)를 걷어 올리고 갈건(葛巾)을 기울여 쓰고
삼베옷을 걷어 올려 입고, 칡베로 만든 두건을 비스듬히 쓰고,

구부렸다 기대었다 보는 것이 고기로다
(몸을) 구부렸다가 (난간에) 기대었다가 하니 보이는 것이 물고기로다.

하룻밤 빗기운에 홍백련(紅白蓮)이 섞어 피니
하룻밤 사이에 비가 온 가운데 붉은 연꽃과 흰 연꽃이 섞여 피니.

바람기 없어서 만산(萬山)이 향기로다
바람이 불지 않아도 온 산이 (연꽃) 향기로 가득 차 있구나.

염계(廉溪)를 마주보아 태극(太極)을 묻는 듯
염계(주자)를 마주하여 태극성을 묻는 듯

태을진인(太乙眞人)이 옥자(玉字)를 헤쳐 놓은 듯
태을진인(하늘에 있는 진선)이 옥자(비결서)를 펼쳐 놓은 듯

노자암 바라보며 자미탄(紫薇灘) 곁에 두고
노자암(식영정 주변의 암자)을 건너보며 자미탄(식영정 주변의 여울)을 옆에 두고

장송(長松)을 차일(遮日) 삼아 석경(石經)에 앉으니
큰 소나무를 차일로 삼아 돌길에 앉으니.

인간(人間) 유월(六月)이 여기는 삼추(三秋)로다
인간 세상(속세)의 유월이 여기(성산)에서는 가을의 석 달처럼 선선하구나.

청강(淸江)에 떠 있는 오리 백사(白沙)에 옮겨 앉아
맑은 강에 떠 있는 오리가 흰 모래밭에 옮겨 앉아

백구(白鷗)를 벗을 삼고 잠 깰 줄 모르나니
흰 갈매기를 벗으로 삼고 잠 깰 줄을 모르니.

무심(無心)코 한가(閑暇)함이 주인(主人)과 어떠한가
욕심 없고 한가한 경지가 (식영정) 주인과 같지 않은가?
〈본사2〉 한가한 마음으로 보는 성산의 여름 경치

오동(梧桐) 서리 달이 사경(四更)에 돋아 오니
오동나무 사이로 비치는 달이 사경(새벽 1~3시)에 돋아 오르니.

천암만학(千巖萬壑)이 낮인들 그러할까
수많은 바위와 골짜기가 낮인들 이만큼 밝을까?

호주(湖洲) 수정궁(水晶宮)을 뉘라서 옮겨 온고
서호 섬에 있는 수정궁(수정으로 장식하였다는 중국의 화려한 궁전)을 누가 (이곳으로) 옮겨 왔는가?

은하(銀河)를 뛰어 건너 광한전(廣寒殿)에 올랐는 듯
은하수를 뛰어 건너 달 속 궁전(임금이 있는 서울의 궁전)에 올라 있는 듯하다.

짝 맞은 늙은 솔란 조대(釣臺)에 세워 두고
한 쌍의 늙은 소나무를 낚시터에 세워 두고,

그 아래 배를 띄워 갈 대로 던져두니
그 아래에 배를 띄워 가는 대로 던져두니.

홍료화(紅蓼花) 백빈주(白蘋洲) 어느 사이 지나관대
붉은 여뀌꽃과 흰 마름꽃이 피어 있는 물가는 어느 사이에 지났기에

환벽당(環璧堂) 용(龍)의 소에 배머리가 닿았어라
환벽당(정철과 김성원이 학문을 닦은 곳)에 있는 용의 못에 뱃머리가 닿았구나.

^{Q3} '남풍'과 '녹음'을 통해 계절적 배경의 변화를 보여 주고 있다.
○ ×

^{Q4} '희황'의 고사를 활용한 것은, 화자가 '풋잠'을 자다 깨며 느낀 평안함에서 '희황'의 태평한 시대를 연상했기 때문이라고 할 수 있다.
○ ×

청강(淸江) 녹초변(綠草邊)의 소 먹이는 아이들이
맑은 강가 푸른 풀이 우거진 언덕에서 소 먹이는 아이들이

석양(夕陽)의 어위 겨워 **단적(短笛)을 빗기** 부니
석양에 흥을 못 이겨 피리를 비스듬히 대고 부니,

물 아래 잠긴 용(龍)이 잠 깨어 일어날 듯
물속에 잠긴 용이 잠을 깨어 일어날 듯

내 기운에 나온 학(鶴)이 제 기살 버리고 **반공(半空)**의 소소 뜰 듯
안개와 노을 기운에 나온 학이 제 집을 버려두고 하늘 가운데 솟아 떠오를 듯

소선(蘇仙) 적벽(赤壁)은 추칠월(秋七月)이 좋다 하되
소동파(송나라 때의 문인)의 「적벽부」에서는 가을의 7월이 좋다고 하였는데,

팔월 십오야(十五夜)를 모두 어찌 과하는고
(사람들은) 어찌하여 모두들 8월의 보름밤을 칭찬하는가?

섬운(纖雲)이 사권(四捲)하고 물결이 채 잔 적의
고운 구름이 사방으로 걷혀 가고, 물결이 아주 잔잔할 때에

하늘의 돋은 달이 솔 위에 걸렸거든
하늘에 돋은 달이 소나무 위에 올랐으니,

➕ 잡다가 빠진 줄이 적선(謫仙)이 헌사할샤
(달을) 잡다가 (물에) 빠진 적이 있는 이태백이 대단하구나!

➕ 해석의 덤 '잡다가 빠진 줄'은 이태백(=이백, 적선)이 강에 비친 달의 모습을 보고 이를 건지러 갔다가 돌아오지 않았다는 고사에서 나온 표현이다. 이태백은 자연을 즐기며 근심 없이 살아가고자 하는 사대부의 마음을 표현할 때 자주 인용된다.

〈본사3〉 성산의 가을 풍경을 즐기는 풍류

공산(空山)의 쌓인 잎을 **삭풍(朔風)**이 거두 불어
아무도 없는 산에 쌓인 잎을 북풍이 휩쓸며 불어

떼구름 거느리고 눈조차 몰아오니
구름떼를 거느리고 눈까지 몰아오니,

천공(天公)이 호사로와 옥(玉)으로 꽃을 지어
조물주가 일 꾸미기를 좋아하여 옥으로 꽃을 만들어

만수천림(萬樹千林)을 꾸며 냄세이고
온갖 나무를 꾸며내었구나.

앞 여울 가리 얼어 독목교(獨木橋) 빗겼는데
앞 여울이 (눈에) 가리어(덮여) 얼고 외나무다리 비스듬히 놓였는데,

막대 멘 늙은 중이 어느 절로 간단 말고
지팡이를 둘러 멘 늙은 중이 어느 절로 간다는 말인가?

산옹(山翁)의 이 부귀(富貴)를 남다려 헌사마오
산에 사는 늙은이의 이 부귀를 남에게 야단스레 자랑하지 마오.

경요굴 은세계(銀世界)를 찾을 이 있을세라
아름다운 옥으로 된 동굴 속 은거지(은신처)를 찾을 이가 있을까봐 두렵구나.

〈본사4〉 성산의 겨울 풍경 (성산의 사계절의 모습)

산중(山中)의 벗이 없어 한기(漢紀)를 쌓아 두고
산중에 벗이 없어서 책을 쌓아 두고

만고(萬古) 인물(人物)을 거슬러 헤아리니
(책에 쓰여 있는) 먼 옛날의 인물들을 거슬러 헤아리니.

성현(聖賢)은 많거니와 호걸(豪傑)도 **하도 할샤**
성현(성인과 현인)도 많지만 호걸(지혜와 용기가 뛰어나고 기개와 풍모가 있는 사람)도 많기도 많구나.

하늘 **삼기실** 제 곳 무심(無心)할까마는
하늘이 사람을 만들 때 아무 뜻이 없었을까마는

어찌된 시운(時運)이 일락배락 하였는고 ^{Q5}
어찌된 시대의 운수가 흥했다가 망했다가 하였는가?

모를 일도 하거니와 애달픔도 그지없다
모를 일도 많거니와 애달픈 일도 끝이 없다.

Q5 '시운'이 '일락배락' 하는 것에서 화자는 역사의 영광과 고난을 깨닫고 있다.

○ ⊗

✚ 기산(箕山)의 늙은 고불 귀는 어찌 씻었던고
기산에 살던 나이 많은 사람(허유)이 귀는 어찌하여 씻었던가?

> ✚ 해석의 덤 **'귀는 어찌 씻었던고'**는 벼슬길에 나아가지 않고 기산에 은거하던 허유가 자신에게 임금의 자리를 주겠다는
> 요임금의 말을 거절하고는 더러운 말을 들었다며 샘에서 귀를 씻어내었다는 고사를 활용한 표현이다.

✚ 일표(一瓢)를 떨친 후의 조장이 가장 높다
표주박을 던진 후의 (허유의) 지조와 행장(몸가짐과 품행)이 더욱 높다.

> ✚ 해석의 덤 **'일표를 떨친'**다는 것은 은거 생활을 하던 허유가 어느 날 누군가가 보내 준 표주박으로 물을 마신 뒤 이를
> 나무에 걸어 두었는데, 바람에 흔들리는 표주박 소리가 속세의 시끄러움을 연상시킨다는 이유로 없애버렸
> 다는 고사를 활용한 표현이다. 자연에 은거하려는 삶의 태도를 드러낼 때, 허유의 고사가 자주 인용된다.

인심(人心)이 낯 같아야 보도록 새롭거늘
인심이 얼굴과 같아서 볼수록 새롭거늘(사람의 마음이 제각각이라 짐작하기 어렵거늘)

✚ 세사(世事)는 구름이라 머흐도 머흘시고
세상일은 구름 같아서 험하기도 험하구나.

> ✚ 해석의 덤 화자는 구름같이 험한 세상일에 대해 이야기하며 한탄하고 있는데, 작가인 정철이 당쟁에 밀려 자연에
> 은거하고 있을 때 「성산별곡」을 지었다는 점을 고려한다면 해당 부분은 당시 정치 상황과 자신의 상황에
> 대한 한탄으로 이해할 수 있다.

엊그제 빚은 술이 어도록 익었나니
엊그제 빚은 술이 얼마나 익었는가?

잡거니 밀거니 슬카장 기울이니
(술잔을) 잡거니 권하거니 실컷 기울이니

마음의 맺힌 시름 적으나 하리나다
마음에 맺힌 시름이 조금이나마 풀리는구나.

거문고 줄을 얹어 풍입송(風入送)이야고야
거문고 줄을 얹어 풍입송(악곡 이름)을 타자꾸나.

손인동 주인(主人)인동 다 잊어 버렸어라 Q6
(누가) 손님인지 주인인지 다 잊어버렸구나.

장공(長空)의 떠 있는 학(鶴)이 이 골의 진선(眞仙)이라
높고 먼 공중에 떠 있는 학이 이 골짜기의 참된 신선이라.

요대(瑤帶) 월하(月下)의 행여 아니 만나신가
신선이 사는 달 아래에서 (그 신선을) 혹시나 만나지 않는가?

손이서 주인(主人)다려 이르되 그대 권가 하노라 Q7
손님이 주인에게 말하기를 그대가 바로 그 학(신선)인가 하노라.

〈결사〉 전원 생활의 풍류를 즐김

Q6 '손'과 '주인'이 어울려 '풍입송'을 연주하는
과정에서 화자의 소외감이 심화되고 있다.
◯ ✕

Q7 화자는 '주인'을 '진선'에 비유하며, 그의 흥취
있는 삶에 대한 흠모를 드러내고 있다.
◯ ✕

【 주제 】
성산에서 느낀 사계절의 경치와 풍류

【 특징 】
① 고사의 활용이 두드러짐
> 근거 '청문고사를 이제도 있다 하겠다', '희황 베개 위에 풋잠을 얼핏 깨니' 등

② 계절적 이미지를 활용하여 시간의 흐름에 따른 자연의 변화를 묘사함
> 근거 (봄) '매창 아침볕에 향기에 잠을 깨니', (여름) '남풍이 건듯 불어 녹음을 헤쳐 내니' 등

③ 비유, 과장, 설의 등 다양한 수사적 표현이 사용됨
> 근거 (비유, 과장) '은하를 뛰어 건너 광한전에 올랐는 듯', '물 아래 잠긴 용이 잠 깨어 일어날 듯',
> (설의) '천암만학이 낮인들 그러할까' 등

【 해제 】
「성산별곡」의 '성산'은 송강 정철이 당쟁의 여파로 낙향하여 고향인 전남 창평에서 살게 됐을
때 머물렀던 창평에 있는 산을 말한다. 정철은 성산에서 김성원과 함께 학문을 수양한 적이
있으며 김성원에 대한 존경과 사모의 마음을 「성산별곡」에 담아 표현했다.

빠른 정답 ◐ 1. ✕ 2. ◯ 3. ◯ 4. ◯ 5. ◯ 6. ✕ 7. ◯ (⋯⋯ 해설 **p.218**)

강호(江湖)애 병(病)이 깁퍼 죽림(竹林)의 누엇더니 Q1
강호(자연)를 사랑하는 마음이 깊어 고질병이 되어 죽림(전남 창평. 송강 정철의 고향)에서 지내고
있었는데.

관동(關東) 팔백 리(八百里)에 방면(方面)을 맛디시니
(임금께서) 8백 리나 되는 강원도 관찰사의 임무를 맡겨 주시니.

어와 성은(聖恩)이야 가디록 망극(罔極)호다
아아, 임금님의 은혜야말로 갈수록 한이 없다.(=끝이 없다)

연추문(延秋門) 드리드라 경회(慶會) 남문(南門) 브라보며
연추문(경복궁 서문)으로 달려 들어가 경회루 남쪽 문(지금의 광화문)을 바라보며.

하직(下直)고 믈너나니 옥절(玉節)이 알픠 셧다
(임금님께) 하직하고 물러나니, 옥절(관찰사임을 알려주는 증패)이 앞에 서 있다.

평구역(平丘驛) 물을 ᄀᆞ라 흑수(黑水)로 도라드니
평구역(양주)에서 말을 갈아타고 흑수(여주)로 돌아 들어가니.

섬강(蟾江)은 어듸메오 치악(雉岳)이 여긔로다
(강원도 원주의) 섬강은 어디쯤인가 (원주의) 치악산이 여기로구나.

소양강(昭陽江) 누린 믈이 어드러로 든단 말고
소양강에서 흘러내린 물이 어디로 흘러든다는 말인가?

고신거국(孤臣去國)에 백발(白髮)도 하도 할샤
임금 곁을 떠나는 외로운 신하(화자 자신)에게 백발(근심, 걱정)이 많기도 많구나.

동주(東州) 밤 계오 새와 북관정(北寬亭)의 올나ᄒᆞ니
동주(철원)에서 밤을 겨우 새우고 북관정에 오르니.

삼각산(三角山) 제일봉(第一峯)이 ᄒᆞ마면 뵈리로다
삼각산(북한산, 임금이 계신 곳) 제일 높은 봉우리가 (이곳에서도) 웬만하면 보일 것 같구나.

궁왕(弓王) 대궐(大闕) 터희 오작(烏鵲)이 지지괴니
옛날 태봉국 궁예 왕의 대궐 터였던 곳에 까마귀와 까치가 지저귀니.

천고(千古) 흥망(興亡)을 아ᄂᆞᆫ다 몰ᄋᆞᄂᆞᆫ다 Q2
한 나라의 흥하고 망함을 (까마귀 까치 너희들은) 알고 우는 것이냐? 모르고 우는 것이냐?

➕ 회양(淮陽) 녜 일홈이 마초아 ᄀᆞ톨시고
회양이라는 지명이 (옛날 한나라에 있던 회양과) 공교롭게도 그 이름이 같구나.

> ➕ 해석의 덤ㅣ '회양'은 금강산 부근에 있는 고을 이름이다. 화자는 강원도 관찰사로 임명받았으므로 '회양'은 화자가
> 다스려야 하는 지역인 것이다. 그런데 화자는 '회양'이라는 이름이 한나라 때 급장유라는 관리가 선정을 펼친
> '회양'이라는 지역과 이름이 같음을 떠올린다. 이는 곧 자신 또한 급장유처럼 선정을 베풀고자 하는 포부를
> 드러낸 것이다.

급장유(汲長孺) 풍채(風彩)를 고려 아니 볼 게이고
(내가 강원도의 관찰사로 부임하였으니) 급장유(중국 한무제 때 선정을 베푼 회양의 태수)의 풍
채를 이곳에서 (나를 통해) 다시 볼 것이 아닌가?
                        〈서사〉 관찰사로 부임한 후 관내를 순시하며 선정을 다짐함

영중(營中)이 무ᄉᆞ(無事)ᄒᆞ고 시절(時節)이 삼월(三月)인 제
감영(관찰사 관청) 안이 아무 탈 없이 편안하고(화자 자신이 강원도를 잘 다스리고 있음을 의미)
시절이 3월인 때.

화천(花川) 시내길히 풍악(楓岳)으로 버더 잇다
화천의 시내로 난 길이 풍악(금강산)으로 뻗어 있다.

행장(行裝)을 다 썰티고 석경(石逕)의 막대 디퍼
여행갈 채비를 간편히 하고 돌길에 지팡이를 짚고.

백천동(百川洞) 겨퇴 두고 만폭동(萬瀑洞) 드러가니
백천동을 옆에 두고 지나서 만폭동 계곡으로 들어가니.

은(銀) ᄀᆞ툰 무지게 옥(玉) ᄀᆞ툰 용(龍)의 초리
은 같은 (하얀) 무지개, 옥 같은 (고운) 용의 꼬리(폭포의 모습)가

섯돌며 쑴눈 소리 십 리(十里)의 ᄌᆞ자시니
섞어 돌며 내뿜는 소리가 십 리 밖까지 퍼졌으니.

들을 제ᄂᆞᆫ 우레러니 보니ᄂᆞᆫ 눈이로다
(멀리서) 들을 때는 (폭포 소리가) 천둥소리 같더니, (가까이서) 보니까 (폭포가 쏟아지는 모습이
마치) 눈이 날리는 것 같구나.

Q1 '강호애 병이 깁퍼'는 인간은 영원히 변함없는
자연에 귀의해야만 그 유한성에서 벗어날 수
있다는 주제 의식과 관련된다.
○ ⊗

Q2 '천고 흥망을 아ᄂᆞᆫ다 몰ᄋᆞᄂᆞᆫ다'에서 화자는
궁왕이 망하게 된 이유에 대해 궁금해 하고
있다.
○ ⊗

금강대(金剛臺) 민 우층(層)의 선학(仙鶴)이 삿기 치니
금강대 맨 꼭대기에 선학(신선이 탄다는 학)이 새끼를 치니,

춘풍(春風) 옥적성(玉笛聲)의 첫줌을 세돗던디
(그 선학이) 봄바람에 들려오는 옥피리 소리에 첫잠을 깨었던지,

호의현상(縞衣玄裳)이 반공(半空)의 소소 쓰니
흰 저고리와 검은 치마(학을 비유하는 표현)가 공중에 솟아 뜨니,

➕ 서호(西湖) 녯 주인(主人)을 반겨서 넘노는 둣
서호의 옛 주인을 반겨(나를 반겨) 넘나들며 노는 듯하구나!

➕해석의 덤 '서호의 녯 주인'은 '임포'로, 서호 지방에서 매화를 아내로 삼고 학을 아들로 삼아 풍류를 즐겼다고 전해지는 (중국) 고사 속 인물이다. 화자는 자신을 '임포'에 비유하여 풍류를 즐기고 있음을 표현한 것이다.

소향로(小香爐) 대향로(大香爐) 눈 아래 구버보고
소향로봉과 대향로봉(향로봉은 향로를 닮은 봉을 말함)을 눈 아래 굽어보고,

정양사(正陽寺) 진헐대(眞歇臺) 고텨 올나 안즌마리
정양사라는 절의 진헐대에 다시 올라 앉으니,

여산(廬山) 진면목(眞面目)이 여긔야 다 뵈누다
여산(중국 여산―금강산의 절경을 세계적인 명산에 비유)의 참모습이 여기서야 다 보인다.

어와 조화옹(造化翁)이 헌스토 헌스홀샤
아아, (이런 아름다운 풍경을 만들어낸) 조물주의 솜씨가 야단스럽기도 야단스럽구나!

놀거든 뛰디 마나 셧거든 솟디 마나
(저 수많은 봉우리들은) 나는 듯하면서도 뛰는 듯도 하고, 우뚝 섰으면서도 솟은 듯하니,

부용(芙蓉)을 고잣는 둣 백옥(白玉)을 뭇것는 둣
(그 봉우리의 모습이) 연꽃을 꽂아 놓은 듯 백옥을 묶어 놓은 듯,

동명(東溟)을 박츠는 둣 북극(北極)을 괴왓는 둣 Q₃
동해 바다를 박차는 듯 북극을 고이(받치고) 있는 듯하구나.

놉흘시고 망고대(望高臺) 외로올샤 혈망봉(穴望峰)이
높기도 하구나 망고대(산봉우리)여, 외롭기도 하구나 혈망봉(산봉우리)이여.

하놀의 추미러 무슨 일을 소로리라
(망고대와 혈망봉은) 하늘에 치밀어 무슨 일을 아뢰려고(=말씀드리려고)

천만겁(千萬劫) 디나도록 구필 줄 모로는다
오랜 세월이 지나도록 (그 높이를) 굽힐 줄 모르는가?(오랜 세월이 지나도록 망고대와 혈망봉의 높이가 변하지 않았음)

어와 너여이고 너 구투니 쏘 잇는가
아아, 너(망고대와 혈망봉을 의인화)로구나, 너 같은 (높은 기상을 지닌) 것이 또 있겠는가?

개심대(開心臺) 고텨 올나 중향성(衆香城) 바라보며
개심대에 다시 올라 중향성(산봉우리)을 바라보며

만 이천봉(萬二千峯)을 넉넉(歷歷)히 혀여호니
(금강산의) 일만 이천 봉을 분명히 헤아려 보니,

봉(峰)마다 맷쳐 잇고 긋마다 서린 긔운
봉마다 맺혀 있고 끝마다 서린 기운,

묽거든 조티 마나 조커든 묽디 마나
맑거든 깨끗하지 말거나, 깨끗하거든 맑지나 말지.(=깨끗하고도 맑구나!)

뎌 긔운 흐터 내야 인걸(人傑)을 문돌고쟈
(금강산의 저 (맑고 깨끗한) 기운을 흩어 내어 뛰어난 인재를 만들고 싶구나.

형용(形容)도 그지업고 태세(體勢)도 하도 할샤
생긴 모양도 끝이 없고 생긴 모습도 많기도 많구나!

천지(天地) 삼기실 제 자연(自然)이 되연마논
세상천지가 생겨날 때 저절로 이루어진 줄 알았지만,

이제 와 보게 되니 유정(有情)도 유정(有情)홀샤
이제 와서 보니 조물주의 뜻이 있구나!

비로봉(毗盧峰) 상상두(上上頭)의 올라 보니 그 뉘신고 Q₄
비로봉(금강산의 최고봉) 꼭대기에 올라 본 사람이 누구이신가?

Q₃ '부용을~괴왓눈 둣'에서 감각적인 언어로 대상을 생동감 있게 그려내고 있다.
◯ ✕

Q₄ 화자는 '비로봉'에 오르는 행위의 의미를 성인의 체험에 빗대어 생각하고 있다.
◯ ✕

➕ 동산(東山) 태산(泰山)이 어느야 놉돗던고.
동산과 태산 중 어느 것이 (비로봉보다) 높다고 하던가?

노국(魯國) 조븐 줄도 우리는 모르거든
노나라가 좁은 줄도 우리는 모르는데,

넙거나 넙은 천하(天下) 엇찌호야 젹닷 말고
(태산에 올랐던 공자는) 넓고도 넓은 천하를 어찌하여 작다고 말했는가?

어와 뎌 디위롤 어이호면 알 거이고
아아, 저 지위(공자의 정신적 경지)를 어찌하면 알 수 있겠는가?

> ➕ 해석의 덤 화자는 동산에 올라가 노나라가 작다고 하고 태산에 올라가 천하가 작다고 한 공자의 높은 경지를 예찬하고 있다.

오르디 못호거니 누려가미 고이호가 ^{Q5}
(공자의 높은 경지에) 오르지 못하는데 내려감이 이상하겠는가?

원통(圓通)골 て는 길로 사자봉(獅子峰)을 초자가니
원통골의 좁은 길로 사자봉을 찾아가니,

그 알픠 너러바회 화룡(化龍)쇠 되여세라
그 앞의 넓은 바위는 (용이 변해서 생겼다는 연못인) 화룡소가 되었구나.

천 년(千年) 노룡(老龍)이 구비구비 서려 이셔
(화룡소 안에) 천 년 묵은 늙은 용(화룡소의 굽이치는 물)이 굽이굽이 서려 있어,

주야(晝夜)의 흘녀 내여 창해(滄海)예 니어시니
밤낮으로 흘러 내려 넓은 바다에 이어졌으니

풍운(風雲)을 언제 어더 삼일우(三日雨)롤 디련는다
(저 노룡은) 바람과 구름을 언제 얻어 삼일간의 단비(선정)를 내리려는가?

음애(陰崖)예 이온 플을 다 살와 내여스라
그늘진 벼랑에 시든 풀(백성)을 다 살려 내고 싶구나.(=선정에 대한 포부)

마하연(磨訶衍) 묘길상(妙吉祥) 안문(雁門)재 너머 디여 ^{Q6}
마하연(골짜기 이름), 묘길상(불상), 안문재(고개 이름)를 넘어 내려가서.

외나모 뼈근 도리 불정대(佛頂臺) 올라호니
썩은 외나무다리를 건너 불정대에 올라 보니,

천심 절벽(千尋絶壁)을 반공(半空)애 셰여 두고
(눈앞에 펼쳐진 십이 폭포는) 천 길이나 되는 절벽을 공중에 세워 두고,

은하수(銀河水) 한 구비롤 촌촌이 버혀 내여
은하수 큰 굽이를 마디마디 베어 내어.

실て티 플텨이셔 뵈て티 거러시니
실처럼 풀어서 베처럼 걸어 놓은 것 같으니.

도경(圖經) 열두 구비 내 보매는 여러히라 ^{Q7}
도경(산수를 그린 책)에서는 (십이 폭포가) 열두 굽이라고 하였으나 내가 보기에는 (그보다) 여럿이라.(=그보다 더 많아 보인다.)

이적선(李謫仙)이 이제 이셔 고텨 의논호게 되면
이태백이 지금 있어서 다시 의논하게 되면,

여산(廬山)이 여긔도곤 낫단 말 못호려니
(생전에 시로 읊던 것처럼) 여산이 여기보다 낫다는 말은 못 하리라.

〈본사1〉 금강산의 아름다운 풍경

(이동 경로: 만폭동 폭포, 금강대, 진헐대, 개심대, 화룡소, 십이 폭포 등)을 구경하며 선정을 다짐함

산중(山中)을 미양 보랴 동해(東海)로 가쟈스라
(내금강) 산중의 경치만 항상 보겠는가? (바다의 경치를 보러) 동해(해금강)로 가자꾸나.

남여(藍輿) 완보(緩步)호야 산영루(山映樓)의 올나호니
뚜껑 없는 가마를 타고 천천히 걸어서 산영루에 올라가니,

영롱벽계(玲瓏碧溪)와 수성제조(數聲啼鳥)는 이별(離別)을 원(怨)호는 듯
영롱한 푸른 시냇물과 여러 소리로 우짖는 산새는 (바다로 향하는 나와의) 이별을 원망하는 듯하다.

정기(旌旗)를 썰티니 오색(五色)이 넘노는 듯
(관찰사의 행렬을 상징하는) 깃발을 휘날리니 오색이 넘나드는 듯하고,

고각(鼓角)을 섯부니 해운(海雲)이 다 것는 듯
북과 나팔을 섞어 부니 (그 소리 때문에) 바다의 구름이 다 걷히는 듯하다.

---

^{Q5} '어와 뎌 디위롤~누려가미 고이호가'에는 현실에서 부딪힌 문제를 자연 속에서 해결하고자 하는 인식이 드러나고 있다.
◯ ✕

^{Q6} '마하연~너머 디여'에서 화자가 거쳐 온 곳을 열거하면서 행위를 나타내는 서술어를 최소화하여 여정을 압축적으로 제시하고 있다.
◯ ✕

^{Q7} '천심 절벽을~여러히라'에서 지상의 자연물을 천문 현상에 비유하고 있다.
◯ ✕

명사(鳴沙)길 니근 물이 취선(醉仙)을 빗기 시러
모랫길에 익숙한 말이 취한 신선(화자 자신)을 비스듬히 태우고,

바다홀 겻틔 두고 해당화(海棠花)로 드러가니
바다를 옆에 낀 해변의 해당화 핀 꽃밭으로 들어가니.

백구(白鷗)야 ᄂᆞ디 마라 네 버딘 줄 엇디 아ᄂᆞᆫ
흰 갈매기야 날지 마라. (내가) 네 벗인 줄 어찌 아느냐?

금란굴(金蘭窟) 도라드러 총석정(叢石亭) 올라ᄒᆞ니
금란굴 돌아들어 총석정(관동팔경 중 하나)에 올라가니.

백옥루(白玉樓) 남은 기동 다만 네히 셔 잇고야
(총석정의 모습이) 백옥루(옥황상제가 거처하는 누각)의 남은 기둥 네 개만 서 있는 듯하구나.

공수(工倕)의 셩녕인가 귀부(鬼斧)로 다두 ᄆᆞᆫ가
공수(중국의 유명한 장인)의 솜씨인가? 귀신의 도끼로 다듬었는가?

구ᄐᆞ야 육면(六面)은 므어슬 상(象)톳던고
굳이 돌기둥이 여섯 면(천지와 동서남북 네 방향을 상징함)으로 된 것은 무엇을 본뜬 것인가?

고성(高城)을란 뎌만 두고 삼일포(三日浦)룰 ᄎᆞ자가니
고성을 저만치 두고 삼일포(관동팔경의 하나로, 네 명의 화랑이 삼일 동안 놀았다고 전해지는 장소)를 찾아가니.

단서(丹書)ᄂᆞᆫ 완연(宛然)ᄒᆞ되 사선(四仙)은 어디 가니
붉은 글씨는 뚜렷이 남아 있으나 (이 글을 쓴) 네 명의 신선은 어디 갔는가?(=네 화랑을 추모하고 따르려 함)

예 사흘 머믄 후(後)의 어디 가 ᄯᅩ 머믈고
여기서 사흘 동안 머문 뒤에 어디 가서 또 머물렀는가?

선유담(仙遊潭) 영랑호(永郎湖) 거긔나 가 잇ᄂᆞᆫ가
선유담, 영랑호(사선과 관련된 지명) 그곳에나 가 있는가?

청간정(淸澗亭) 만경대(萬景臺) 몃 고ᄃᆡ 안돗던고
청간정, 만경대를 비롯하여 몇 곳에서 앉아 놀았던가?

이화(梨花)ᄂᆞᆫ 볼셔 디고 졉동새 슬피 울 제
배꽃은 벌써 지고 두견새 슬피 울 때,

낙산(洛山) 동반(東畔)으로 의상대(義相臺)예 올라 안자
낙산사 동쪽 언덕으로 의상대(관동팔경 중 하나)에 올라 앉아,

일출(日出)을 보리라 밤듕만 니러ᄒᆞ니
해돋이를 보려고 한밤중에 일어나니,

상운(祥雲)이 집픠ᄂᆞᆫ 동 육룡(六龍)이 바퇴ᄂᆞᆫ 동
(해돋이의 장관이) 상서로운 구름이 피어나는 듯, 여섯 마리의 용이 떠받치는 듯하고,

바다히 ᄯᅥ날 제ᄂᆞᆫ 만국(萬國)이 일위더니
(해가) 바다에서 떠오를 때는 온 세상이 흔들리는 듯하더니.

천중(天中)의 티ᄯᅳ니 호발(毫髮)을 혜리로다
하늘로 치솟아 뜨니 가는 털까지 헤아릴 만큼 밝도다.

아마도 ● 녈구름 근쳐의 머믈셰라
혹시나 지나가는 구름이 (해) 근처에 머무를까 두렵구나.

┌─────────┐
│ ● 해석의 틀 │ '햇빛'(임금, 임금의 선정)을 가리는 '구름'은 임금의 총명을 흐리게 하는 간신을 빗댄 소재로 나타난다.
└─────────┘ 「사미인곡」, 「속미인곡」 등에서도 간신을 구름에 빗댄 표현을 확인할 수 있다.

시선(詩仙)은 어ᄃᆡ 가고 해타(咳唾)만 나맛ᄂᆞ니
시선(=이백, 이태백)은 어디 가고, 훌륭한 시구(이태백의 시)만 남았느냐?

천지간(天地間) 장(壯)ᄒᆞᆫ 긔별 ᄌᆞ셔히도 홀셔이고
세상천지간 굉장한 소식이 (이백의 시에) 자세히도 표현되었구나.

사양(斜陽) 현산(峴山)의 철쭉(躑躅)을 므니불와
석양이 비껴드는 현산의 철쭉꽃을 잇달아 밟아,

우개지륜(羽蓋芝輪)이 경포(鏡浦)로 ᄂᆞ려가니
신선이 타는 수레를 타고 경포(관동팔경 중 하나)로 내려가니,

십 리(十里) 빙환(氷紈)을 다리고 고텨 다려
십 리나 뻗쳐 있는 얼음같이 흰 비단을 다리고 다시 다린 것 같은

장송(長松) 울흔 소개 슬크장 펴뎌시니
(맑고 잔잔한 경포 호수가) 큰 소나무 울창한 숲 속에 끝없이 펼쳐져 있으니.

믈결도 자도 잘샤 모래롤 혜리로다
물결이 잔잔하기도 잔잔하고 맑아 물 속의 모래알까지도 셀 수 있겠구나.

고주(孤舟) 해람(解纜)ᄒ야 정자(亭子) 우히 올나가니
한 척의 배를 호수에 띄워 (호수를 건너) 정자 위에 올라가니.

강문교(江門橋) 너믄 겨틔 대양(大洋)이 거긔로다
강문교 넘은 곁에 대양(동해 바다)이 거기에 있구나.

종용(從容)ᄒ댜 이 기상(氣像) 활원(闊遠)ᄒ댜 뎌 경계(境界)
조용하구나. (경포의) 이 기상이여. 넓고 광활하구나. (동해의) 저 경계여.

이도곤 ᄀᆞ준 듸 ᄯᅩ 어듸 잇닷 말고
이곳보다 (아름다운 경치를) 갖춘 곳이 또 어디 있단 말인가?

➕ 홍장(紅粧) 고사(古事)롤 헌ᄉᆞ타 ᄒᆞ리로다
(고려 우왕 때) 박신과 홍장의 옛이야기가 야단스럽게 느껴질 만큼 조용하고 아름답구나.

┌─────────┐
│➕해석의 덤│ '홍장 고사'는 다음과 같다. 강원도의 안렴사(각 도의 으뜸벼슬)였던 박신은 강릉 부사 조운홀로부터 그가 사랑
└─────────┘ 하던 기생 홍장이 죽었다는 소식을 듣고 슬퍼한다. 그러던 어느 날 박신은 조운홀과 함께 경포대에 뱃놀이를
　　　　　　가게 되는데, 그곳에서 신선이 탔다고 생각했던 배에 홍장이 타고 있는 것을 본다. 박신은 그제서야 자신이
　　　　　　조운홀의 거짓말에 속았다는 것을 깨닫고 주변 사람들은 이를 보고 크게 웃었다고 한다. 정철은 홍장 고사가 경포
　　　　　　대의 조용한 아름다움에 비해 야단스럽다고 생각한 것이다.

강릉(江陵) 대도호(大都護) 풍속(風俗)이 됴흘시고
강릉 대도호부(지방 행정 기관)의 풍속이 좋기도 하구나.

절효정문(節孝旌門)이 골골이 버러시니
절효정문(충신, 효자, 열녀 등을 기리는 붉은 문)이 고을마다 널렸으니.

비옥가봉(比屋可封)이 이제도 잇다 홀다
집집마다 덕행이 있어 모두 표창할 만한 태평성대가 지금 여기에도 있다고 하겠구나.

진주관(眞珠館) 죽서루(竹西樓) 오십천(五十川) 누린 믈이
진주관 죽서루(관동팔경 중 하나) 아래 오십천(강)에서 흘러내리는 물이

태백산(太白山) 그림재롤 동해(東海)로 다마 가니
태백산의 아름다운 경치를 동해 바다로 담아 가니.

츌하리 한강(漢江)의 목멱(木覓)의 다히고져
차라리 (그 물줄기를) 한강으로 돌려 서울의 남산(임금님께서 계신 곳)에 닿게 하고 싶구나.

왕정(王程)이 유한(有限)ᄒ고 풍경(風景)이 못 슬믜니
왕정(관리로서의 임무)은 유한하고 풍경은 싫증나지 않으니.

유회(幽懷)도 하도 할샤 객수(客愁)도 둘 듸 업다
마음속에 깊이 품은 생각이 많기도 많고 나그네(화자)의 시름도 달랠 길 없구나.

선사(仙槎)롤 ᄯᅴ워 내여 두우(斗牛)로 향(向)ᄒ살가
신선이 타는 뗏목을 띄워 내어 북두성과 견우성으로 향할까?

선인(仙人)을 ᄎᆞᄌᆞ려 단혈(丹穴)의 머므살가
선인(신선)을 찾으러 단혈(예전에, 중국에서 남쪽의 태양 바로 밑이라고 여기던 곳으로 신라의 사선(네 화랑)이 놀았다는 굴)에 가 머무를까?

천근(天根)을 못내 보와 망양정(望洋亭)의 올은말이
하늘의 끝을 끝내 못 보고 망양정(관동팔경 중 하나)에 오르니.

바다 밧ᄀᆞᆫ 하놀이니 하놀 밧근 므서신고 [Q8]
바다 밖은 하늘인데. 하늘 밖은 무엇인가?

ᄀᆞᆺ득 노흔 고래 뉘라셔 놀내관디
가뜩이나 성난 고래(파도)를 누가 놀라게 하기에.

블거니 쓰거니 어즈러이 구ᄂᆞᆫ디고
(파도가 물을) 뿜거니 뿜거니 하면서 어지럽게 구는 것인가?

은산(銀山)을 것거 내여 육합(六合)의 ᄂᆞ리ᄂᆞᆫ 듯
(파도가 치는 모습이) 은으로 된 산을 꺾어 내어 온 세상에 내리는 듯하니

오월(五月) 장천(長天)의 백설(白雪)은 므스 일고
오월 드높은 하늘에 흰 눈(물보라)은 무슨 일인가?
〈본사2〉 (금강산에서 바다로 이동해) 관동팔경(총석정, 삼일포, 의상대, 경포, 죽서루, 망양정)을
유람하며 느끼는 심정

Q8 연쇄법을 활용하여 수평선의 모습을 묘사하고
있다.
◯ ⓧ

Q9 낮에서 밤으로의 시간 변화를 확인할 수 있다.

져근덧 밤이 드러 풍랑(風浪)이 졍(定)ᄒ거눌 Q9
잠깐 사이에 밤이 되어 바람과 물결이 잦아들기에.

부상(扶桑) **지쳑(咫尺)**의 명월(明月)을 기드리니
해 뜨는 동해 바다 가까이에서 밝은 달을 기다리니.

셔광(瑞光) 쳔쟝(千丈)이 뵈는 둧 숨는고야
상서로운 빛줄기(달빛)가 보이는 듯하다가 숨는구나.

쥬렴(珠簾)을 고텨 것고 옥계(玉階)롤 다시 쓸며
구슬을 꿰어 만든 발을 다시 걷어 올리고 옥돌같이 고운 층계를 다시 쓸며,

계명셩(啓明星) 돗도록 곳초 안자 브라보니
샛별(금성)이 떠오를 때까지 꼿꼿이 앉아 바라보니,

백년화(白蓮花) ᄒᆫ 가지롤 뉘라셔 보내신고
흰 연꽃 한 가지(달을 비유)를 누가 (나에게) 보내셨는가?

일이 됴흔 셰계(世界) 눔대되 다 뵈고져
이렇게 좋은 세상을 다른 모든 사람들(백성들)에게도 다 보이고 싶구나.

유하쥬(流霞酒) ᄀᆞ득 부어 둘ᄃᆞ려 무론 말이
신선이 마시는 술을 가득 부어 (손에 들고서) 달에게 묻는 말이.

영웅(英雄)은 어디 가며 사션(四仙)은 긔 뉘러니
(옛날의) 영웅은 어디 갔으며, (신라의) 네 명의 신선은 누구인가?

아미나 맛나 보아 녯 긔별 뭇쟈 ᄒᆞ니
아무나 만나 보아 (영웅과 네 명의 신선에 관한) 옛 소식을 묻고자 하니,

션산(仙山) 동해(東海)예 갈 길히 머도 멀샤
선산이 있다는 동해로 갈 길이 멀기도 멀구나

〈결사〉 망양정에서 달맞이를 함

송근(松根)을 볘여 누어 **풋줌**을 얼픗 드니
소나무 뿌리를 베고 누워 선잠이 얼핏 들었는데,

➕ **꿈애 ᄒᆞᆫ 사룸이 날ᄃᆞ려 닐온 말이**
꿈에 한 사람(신선)이 나에게 이르는 말이

┌─────────┐
│➕해석의 덤│ 화자는 자연을 즐기는 삶과 관리로서의 역할을 수행하는 삶 사이에서 내적으로 갈등한다. 이런 갈등은 신선과
└─────────┘ 만나 이야기를 나누는 '꿈'을 통해 해소된다. 화자는 자신을 선계의 신선으로 설정하여 먼저 선정을 베풀고 난
이후에 자연 친화적인 삶을 살겠다고 다짐하고 있다.

그디룰 내 모로랴 상계(上界)예 진션(眞仙)이라
그대를 내가 모르랴? (그대는) 하늘나라의 신선이라.

➕ **황졍경(黃庭經) 일자(一字)룰 엇디 그릇 닐거 두고**
(그대가) 황정경 한 글자를 어찌하여 잘못 읽고.

┌─────────┐
│➕해석의 덤│ '황정경'은 신선들이 읽는 도가의 경서로, 옥황상제 앞에서 한 글자만 잘못 읽어도 인간 세상에 내려가는 벌을
└─────────┘ 받게 된다고 한다. 천상계에서 죄를 지어 지상계로 적강하는 모티프는 고전시가뿐만 아니라 고전소설에서도
자주 나타난다.

인간(人間)의 내려와셔 우리룰 똘오눈다
인간 세상에 내려와서 우리(신선)를 따르는가?

져근덧 가디 마오 이 술 ᄒᆞᆫ 잔 머거 보오
잠깐만 가지 말고 이 술 한 잔 먹어 보오.

븍두셩(北斗星) 기우려 창해수(滄海水) 부어 내여
북두칠성 기울여 창해수(바닷물)를 부어 내어.

져 먹고 날 머겨눌 서너 잔 거후로니
저 먹고 나에게도 먹이거늘 서너 잔을 기울이니.

화풍(和風)이 습습(習習)ᄒ야 양액(兩腋)을 추혀 드니
부드러운 바람이 솔솔 불어 양 겨드랑이를 추켜올리니.

구만 리(九萬里) 장공(長空)애 져기면 놀리로다
아득히 높고 먼 하늘도 웬만하면 날 것 같구나.

이 술 가져다가 **사해(四海)**예 고로 눈화
이 술(신선주)을 가져다가 온 세상에 고루 나눠

억만창생(億萬蒼生)을 다 취(醉)케 밍근 후(後)의
온 백성을 다 취하게 만든 후에

그제야 고려 맛나 쏘 흔 잔 ᄒᆞ쟛고야
그때에야 다시 만나 또 한 잔 하자꾸나.

말 디쟈 학(鶴)을 투고 구공(九空)의 올나가니
말이 끝나자 (신선이) 학을 타고 하늘로 올라가니.

공중(空中) 옥소(玉簫) 소리 어제런가 그제런가
공중의 옥피리 소리가 어제던가 그제던가 어렴풋하네.

나도 줌을 ᄭᆡ여 바다홀 구버보니
나도 잠을 깨어 바다를 굽어보니,

기픠롤 모르거니 ᄀᆞ인들 엇디 알리
깊이를 모르는데 끝인들 어찌 알리?

명월(明月)이 천산만낙(千山萬落)의 아니 비쵠 딕 업다
밝은 달이 온 세상에 비치지 않는 곳이 없다.

〈결사2〉 꿈에서 신선을 만나 갈등을 해소하고 선정을 다짐함

주제
관동지방의 아름다운 경치와 풍류

특징
① 구체적인 지명을 언급하며 여정에 따른 공간의 이동과 화자의 감상을 드러냄
  근거 '동주 밤 계오 새와 북관정의 올나ᄒᆞ니~천고 흥망을 아ᄂᆞ다 몰ᄋᆞᄂᆞ다', '소향로 대향로 눈 아래 구버보고~어와 조화옹이 헌ᄉᆞ토 헌ᄉᆞᄒᆞᆯ샤' 등
② 웅장하고 화려한 문체를 사용하여 자연의 모습을 생동감 있게 표현함
  근거 '은 ᄀᆞᄐᆞᆫ 무지게 옥 ᄀᆞᄐᆞᆫ 용의 초리 / 섯돌며 쑴ᄂᆞ 소리 십 리의 ᄌᆞ자시니'

해제
「관동별곡」은 송강 정철이 45세 되던 해에 강원도 관찰사로 임명을 받은 뒤, 관동지방을 두루 유람하면서 느낀 감상과 그 아름다운 풍경에 대해 노래하고 있는 작품으로, 금강산과 관동팔경을 생동감 있게 묘사했다. 본사에서 관찰사라는 '공적 임무'와 자연을 즐기고 싶은 '사적 욕망' 사이에서 내적으로 갈등을 겪는 화자의 모습을 확인할 수 있는데, 이런 내적 갈등은 결사에서 '공적 임무'를 마친 이후에 자연을 즐기겠다는 '선우후락(세상의 근심할 일을 남보다 먼저 근심하고, 즐거워할 일은 남보다 나중에 즐거워함)'을 다짐하는 것으로 해결된다.

빠른 정답 ◑ 1. X 2. X 3. O 4. O 5. X 6. O 7. O 8. O 9. O (⋯ 해설 p.218)

이 몸 삼기실 제 님을 좇아 삼기시니
(조물주께서) 이 몸을 만드실 때, 임을 좇아서 만드시니.

한생 연분(緣分)이며 하늘 모를 일이런가
한평생 (함께 살아갈) 인연임을 하늘이 (어찌) 모를 일이겠는가?

나 하나 젊어 있고 님 하나 날 괴시니
나는 젊어 있고 임은 오직 나를 사랑하시니,

이 마음 이 사랑 견줄 데 전혀 없다
이 마음과 이 사랑을 비교하여 견줄 데가 전혀 없다.

평생(平生)에 원하건대 함께 살자 하였더니
평생에 원하기를 (임과) 함께 살고자 하였더니,

늙어서야 무슨 일로 외오 두고 그리는고
늙어서야 무슨 일로 (임을) 외따로 두고 그리워하게 되었는가.

엊그제 임을 뫼셔 광한전(廣寒殿)에 올랐더니
엊그제까지는 임을 모시고 광한전(달나라 궁전. 여기서는 임금이 있는 서울의 궁궐)에 오르곤 했는데,

그 사이에 어찌하여 하계(下界)에 내려오니
그 사이에 어찌하여 인간 세계(정철의 고향인 전라도 창평)에 내려오게 되니

올 적의 빗은 머리 헝클어진 지 삼년(三年)이라
(임을 떠나올 때 빗은 머리가 헝클어진 지(임과 헤어지게 된 지) 삼 년이구나.

연지분(臙脂粉) 있지마는 눌 위하여 고이 할고
연지분(화장품)이 있지만 누구를 위하여 곱게 (단장) 할까?

마음의 맺힌 시름 첩첩이 쌓여 있어
마음에 맺힌 시름이 겹겹이 쌓여 있어서

짓나니 한숨이오 지나니 눈물이라
짓는 것은 한숨이요, 떨어지는 것은 눈물이구나.

인생(人生)은 유한(有限)한데 시름도 그지없다
인생은 끝이 있는데 근심은 끝도 없다.

무심(無心)한 세월(歲月)은 물 흐르듯 하는고야
(임과 이별하고 보내는) 욕심없는 세월은 물 흐르듯 지나가는구나.

염량(炎凉)이 때를 알아 가는 듯 고쳐 오니
더위와 서늘함이 때를 알아 지나갔다가 다시 돌아오니,

듯거니 보거니 느낄 일도 하도 할샤
듣거나 보거나 하는 중에 복받칠 일도 많기도 많구나.

〈서사〉 임과의 인연과 이별 후의 그리움

동풍이 건듯 불어 적설을 헤쳐 내니
봄바람이 문득 불어 쌓인 눈을 헤쳐 내니,

창밖에 심은 매화 두세 가지 피었어라 [Q1]
창 밖에 심은 매화(임에 대한 마음)가 두세 가지 피었구나.

가뜩 냉담한데 암향(暗香)은 무슨 일고
가뜩이나 (날이) 쌀쌀한데 (매화의) 그윽한 향기는 무슨 일인가?

황혼에 달이 좇아 베개 맡에 비치니
황혼(저녁 무렵)에 달이 좇아와 내 베갯머리에 비치니

흐느끼는 듯 반기는 듯 임이신가 아니신가
흐느끼는 듯도 하고 반기는 듯도 하니 (이 달이) 임이신가 아니신가?

저 매화 꺾어 내어 임 계신데 보내고져
저 매화를 꺾어 내어 임 계신 곳에 보내고 싶구나.

임이 너를 보고 어떻다 여기실꼬
(그러면) 임께서 너(매화)를 보고 어떻게 생각하실까?

〈본사〉 (봄) 임에 대한 변함없는 사랑

꽃 지고 새 잎 나니 녹음이 깔렸는데
꽃이 지고 새 잎이 나니 푸른 잎이 우거져 그늘이 깔렸는데,

나위(羅幃) 적막하고 수막(繡幕)이 비어 있다 [Q2]
(임이 없는 탓에) 비단 휘장 안은 쓸쓸하고, 수놓은 장막은 텅 비어 있다.

부용(芙蓉)을 걷어 놓고 공작(孔雀)을 둘러 두니
연꽃무늬를 수놓은 비단 휘장을 걷어 놓고 공작을 수놓은 병풍을 둘러 두니,

Q1 눈 속에서 피어난 두세 가지의 매화는 임을 향한 화자의 사랑을 상징한다.
◯ ⊗

Q2 '수막'은 임과 이별한 이후 화자가 정착한 도피의 공간이다.
◯ ⊗

가뜩 시름 많은데 날은 어찌 길던고
가뜩이나 근심이 많은데 날은 어찌 (그리도) 길던가?

원앙금(鴛鴦錦) 베어 놓고 오색선 풀어 내어
원앙이 수놓아진 비단(부부가 함께 덮는 이불)을 베어 놓고 오색실을 풀어 내어

금자에 겨누어서 임의 옷 지어내니
금으로 만든 자로 (치수를) 재어서 임의 옷을 지어 내니,

수품(手品)은 물론이고 제도(制度)도 갖출시고
솜씨는 물론이거니와 격식도 갖추었구나.

산호수 지게 위에 백옥함에 담아 두고
산호로 만든 지게 위에 백옥으로 만든 함을 올려 그 안에 (임의 옷을) 담아 두고,

임에게 보내려고 임 계신 데 바라보니
임에게 보내려고 임 계신 곳을 바라보니,

산인가 구름인가 험하기도 험하구나 ᴼ³
산인지 구름(간신)인지 험하기도 험하구나.

천리만리 길에 뉘라서 찾아갈꼬
천만 리나 되는 먼 길을 누가 (감히) 찾아갈까?

가거든 열어 두고 나인가 반기실까
가거든 (임께서 백옥함을) 열어 두고 나를 본 듯 반기실까?
〈본사2〉 (여름) 독수공방하는 외로움과 임에 대한 사랑

하룻밤 서리 기운에 기러기 울어 옐 제
하룻밤 (사이) 서리 내릴 무렵(가을) 기러기가 울며 날아갈 때,

위루(危樓)에 혼자 올라 수정렴(水晶簾) 걷으니
높은 누각에 홀로 올라 수정으로 만든 발을 걷으니,

동산에 달이 나고 북극에 별이 뵈니
동산에 달이 떠오르고 북극성이 보이니,

임이신가 반기니 눈물이 절로 난다
(그 달과 별이) 임이신가 하여 반가워하니 눈물이 저절로 난다.

청광(淸光)을 쥐어 내어 봉황루(鳳凰樓)에 부치고져
맑은 달빛을 집어내어 임 계신 궁궐에 보내고 싶구나.

누 위에 걸어 두고 팔황(八荒)에 다 비추어
(임께서 그 달빛을) 누각 위에 걸어 두고 온 세상을 다 비추어.

심산궁곡(深山窮谷) 한낮같이 만드소서
깊은 산 궁벽한 골짜기까지도(온 나라 방방곡곡) 대낮같이 (환하게) 만드소서.
〈본사3〉 (가을) 임에 대한 변함없는 사랑과 충성

건곤이 얼어붙어 백설이 한 빛인 때
온 세상이 추위에 얼어붙어 생기가 막히고 흰 눈으로 온통 뒤덮여 있으니,

사람은 물론이고 나는 새도 그쳐 있다
사람은 물론이거니와 나는 새도 자취를 감추었다.

소상남반(瀟湘南畔)도 추위가 이렇거늘
소상강 남쪽처럼 따뜻한 이곳(전남 창평)도 추위가 이와 같거늘,

옥루고처(玉樓高處)야 더욱 일러 무엇하리
(하물며) 임금이 계신 북쪽의 궁궐이야 (그 추위를) 더 말해서 무엇 하겠는가.

양춘(陽春)을 부쳐내어 임 계신 데 쏘이고져
따뜻한 봄볕을 (부채로) 부쳐내듯 일으켜서 임 계신 곳에 쐬게 하고 싶구나.

초가 처마 비친 해를 옥루에 올리고져
초가집 처마에 비친 햇볕을 임 계신 궁궐에 올리고 싶구나.

홍상(紅裳)을 여며 입고 푸른 소매 반만 걷어
붉은 치마를 여며 입고 푸른 소매를 반쯤 걷은 채.

해 저문 대나무에 생각도 하도 할샤
해 저물 무렵 대나무에 기대어 서니 (이런저런) 생각거리가 많기도 많구나.

짧은 해 쉬이 지고 긴 밤을 꼿꼿이 앉아 ᴼ⁴
짧은 (겨울) 해가 이내 져서 긴 밤을 꼿꼿이 앉아.

청등 걸어 둔 곁에 공후를 놓아두고
푸른 등불 걸어둔 옆에 자개 장식의 공후(하프와 비슷한 동양의 옛 현악기)를 놓아두고,

ᴼ³ '산'과 '구름'은 화자와 임 사이를 가로막는 장애물이다.
Ⓞ Ⓧ

ᴼ⁴ '긴 밤'은 임이 부재하는 시간으로, 화자의 부정적 인식이 반영된 시어로 볼 수 있다.
Ⓞ Ⓧ

꿈에나 임을 보려 턱 받치고 기대니
꿈에서라도 임을 보려고 턱을 받치고 기대니,

앙금(鴦衾)도 차도 찰샤 이 밤은 언제 샐꼬
원앙새를 수놓은 이불(부부가 덮는 이불)이 차기도 차구나. 이 (기나긴) 밤은 언제나 샐 것인가?

〈본사4〉 (겨울) 독수공방하는 외로움과 계절의 변화에 따른 ● 임에 대한 변함없는 사랑

[● 해석의 틀] 임에 대한 사랑이나 임금에 대한 충성심을 드러내는 작품에서는 화자가 임(임금)에게 무언가를 보내고자
하는 모습이 나타나기도 하는데, 이는 임(임금)에 대한 화자의 사랑(충성)을 상징한다고 할 수 있다. 「사미인곡」
에서는 각 계절별로 임에게 보내고자 하는 대상(봄: '매화' / 여름: '옷' / 가을: '청광' / 겨울: '양춘')이
등장한다는 특징이 있다.

하루도 열두 때 한 달도 서른 날
하루도 열두 때이고, 한 달도 서른 날인데

겨근덧 생각 마라 이 시름 잊자 하니
잠시라도 (임) 생각을 말고 이 시름을 잊으려 하지만,

마음의 맺혀 있어 골수(骨髓)의 깨쳐시니
(시름이) 마음속에 맺혀 있어 뼛속까지 사무쳤으니,

편작(扁鵲)이 열히 오나 이 병을 어찌하리 ^{Q5}
편작(중국 전국시대의 명의)이 열 명이 오더라도 이 병을 어떻게 고치겠는가?

Q5 설의적 표현을 통해 임을 잊지 못해 근심에
쌓여 있는 화자의 심정을 드러내고 있다.
ⓞ ⓧ

어와 내 병이야 이 임의 탓이로다
아아, 내 병이야 (이 모든 것은) 임의 탓이로다.

차라리 싀어지여 ✚ 범나비 되오리라
차라리 죽어서 호랑나비가 되리라.

[✚ 해석의 덤] 범나비는 죽은 후에라도 임의 곁에 가고 싶어 하는 화자의 마음이 드러나는 대상으로, 화자는 죽어서 다른
존재가 되어서라도 임의 곁에 있고 싶다는 표현을 통해 임을 향한 일편단심의 태도를 표현하고 있다. 이와
유사하게 「만분가」와 「속미인곡」의 화자도 각각 '두견의 넋', '낙월'이 되어서라도 임을 따르고 싶다는 소망을
드러내고 있다.

꽃나무 가지마다 간 데 족족 앉았다가
(호랑나비가 되면) 꽃나무 가지마다, 가는 곳마다 앉았다가

향 묻은 날개로 임의 옷에 옮으리라
향기 묻은 날개로 (그 향을) 임의 옷에 옮기리라.

임이야 날인 줄 모르셔도 내 임 좇으려 하노라
임께서 (그 호랑나비가) 나인 줄을 모르셔도 나는 임을 따르려 하노라.

〈결사〉 죽어서도 변하지 않을 임을 향한 마음

[주제]
임을 향한 화자의 변함없는 사랑, 연군지정

[특징]
① 임에 대한 화자의 그리움과 사랑을 과장된 표현을 사용하여 드러냄
[근거] '마음의 맺혀 있어 골수의 깨쳐시니 / 편작이 열히 오나 이 병을 어찌하리' 등
② 서사–본사–결사로 구성되어 있으며, 본사에서는 계절의 흐름에 따라 시상이 전개됨
[근거] (봄) '동풍이 건듯 불어 적설을 헤쳐 내니', (여름) '꽃 지고 새 잎 나니 녹음이 깔렸는데',
(가을) '하룻밤 서리 기운에 기러기 울어 옐 제', (겨울) '건곤이 얼어붙어 백설이 한 빛인 때'

[해제]
「사미인곡」은 송강 정철이 당쟁으로 인해 관직에서 물러나 고향에서 머물 때 임금을 향한
자신의 변함없는 충성심을 드러내기 위해 지은 작품이다. 작품의 표면적 화자를 임을 그리
워하는 여인으로 설정함으로써 자신의 뜻을 우회적으로 드러내고 있다.

[🔍 〈보기〉로 작품 보기]
「사미인곡」은 궁궐을 떠난 신하가 임금을 그리워하는 내용을 담은 작품으로, 남성 작가가
여성 화자를 자신의 분신으로 내세우면서 시상을 전개하고 있다.

빠른 정답 ◑ 1. ○ 2. X 3. ○ 4. ○ 5. ○ [⋯ 해설 p.219]

저기 가는 저 각시 본 듯도 한져이고
저기 가는 저 각시, (어디선가) 본 듯도 하구나.

천상 백옥경을 어찌하여 이별하고
하늘 위 백옥경(옥황상제가 있는 곳, 여기서는 임금이 계시는 궁궐)을 어찌하여 이별하고,

해 다 져 저문 날에 누굴 보러 가시는고
해가 다 저문 날에 누구를 보러 가시는가? – [● 첫 번째 화자의 말]

어와 너여이고 나의 사설 들어 보오 ^Q1
아, 너로구나. 내 말을 들어보오.

내 얼굴 이 거동이 임 괴얌즉 한가마는
내 모습과 이 태도가 임의 사랑을 받음직 한가마는

어쩐지 날 보시고 네로다 여기실새
(임께서) 어쩐지 나를 보시고 너로구나 (하며 특별하게) 여기시기에

나도 임을 믿어 군뜻이 전혀 없어
나도 임을 믿어 딴 생각이 전혀 없어

이래야 교태야 어지러이 굴었던지
응석과 애교를 부리며 지나치게 굴었던 탓인지

반기시는 낯빛이 예와 어찌 다르신고
(나를) 반기시는 (임의) 얼굴빛이 옛날과 어찌 다르신가?

누워 생각하고 일어 앉아 헤아리니
누워 생각하고 일어나 앉아 헤아려 보니

내 몸의 지은 죄 뫼같이 쌓였으니 ^Q2
내 몸의 지은 죄가 산같이 쌓였으니

하늘이라 원망하며 사람이라 허물하랴
하늘이라고 원망하겠으며 사람이라고 탓할 수 있겠는가?

설워 풀쳐 혜니 ➕ 조물의 탓이로다
서러워서 풀어 헤아려 보니 (이 모든 것은) 조물주의 탓이구나. – [● 두 번째 화자의 대답]

Q1 두 명의 화자가 대화를 나누는 형식을 사용하여 시상을 전개하고 있다.
○ ⊗

Q2 화자는 임과 이별하게 된 원인을 자신의 탓으로 돌리고 있다.
○ ⊗

● 해석의 틀 조선 중기부터 후기 가사로 진행되면서 대화의 형식을 취한 가사 작품이 종종 등장한다. 인물이 대화하는 형식을 통해서 화자가 처한 상황과 심리를 보다 효과적으로 드러낼 수 있기 때문이다. 이와 같은 형식은 「누항사」에서 소를 빌리러 가는 장면이나 「덴동어미화전가」에서 덴동어미와 청춘과부가 대화하는 장면에서도 확인할 수 있다.

➕ 해석의 덤 화자는 자신이 임과 이별하게 된 원인을 '내 몸의 지은 죄'가 산같이 쌓여 있기 때문이라고 말하고 있다. 이처럼 화자는 일차적으로 임과 이별한 원인을 자신의 탓으로 돌리고 있지만, '조물의 탓이로다'라는 구절도 함께 고려하면 화자는 이별의 원인을 넓게는 조물주가 만든 '운명'에 기인한 것으로 보고 있다고도 해석할 수 있다. 다만 Q2에 해당하는 기출 문제에서는 '내 몸의 지은 죄 뫼같이 쌓였으니'라는 구절에 한정하여 질문했기 때문에 임과 이별한 원인을 자신의 탓으로 돌리고 있다고 판단할 수 있었다.

〈서사〉 백옥경을 떠난 이유를 묻는 첫 번째 화자와 그에 대답하는 두 번째 화자

글란 생각 마오
그렇게는 생각하지 마오. – [첫 번째 화자의 말]

맺힌 일이 있어이다
(마음속에) 맺힌 일이 있습니다.

[A] ⎡ 임을 뫼셔 있어 임의 일을 내 알거니
      (예전에) 임을 모신 적이 있어 임의 사정을 내가 잘 알거니.

      물 같은 얼굴이 편하실 적 몇 날인고
      물 같은 얼굴(연약한 몸)이 편하실 적 며칠이나 될까?

      춘한(春寒) 고열(苦熱)은 어찌하여 지내시며
      (이른) 봄날의 추위와 여름날의 고통스런 더위는 어떻게 지내시며

    ⎣ 추일(秋日) 동천(冬天)은 뉘라서 뫼셨는고
      가을과 겨울은 누가 모셨는가?

죽조반(粥早飯) 조석(朝夕) 뫼 예와 같이 세시는가
아침 죽과 식사, 저녁 진지는 예전과 같이 잡수시는가?

기나긴 밤의 잠은 어찌 자시는고
기나긴 밤에 잠은 어찌 주무시는가?

Q3 [A]에서 반어적 표현을 통해 대상에 대한 애정과 관심을 드러내고 있다.
○ ⊗

〈본사〉 임의 생활을 걱정하는 두 번째 화자

임다히 소식(消息)을 아므려나 알자 하니
임(계신 곳)의 소식을 어떻게든 알고자 하니

오늘도 거의로다 내일이나 사람 올까
오늘도 거의로구나.(지나갔구나.) 내일이나 (임의 소식을 전해줄) 사람이 올까?

내 마음 둘 데 없다 어드러로 가잔 말고
내 마음 둘 곳이 없다. 어디로 가자는 말인가?

잡거니 밀거니 높은 뫼에 올라가니 ^{Q4}
(나무, 바위 등을) 잡기도 하고 밀기도 하면서 높은 산에 올라가니

구름은카니와 안개는 무슨 일고
(온통 시야를 가로막는) 구름(장애물)은 물론이거니와 안개는 무슨 일인가?

산천(山川)이 어둡거니 일월(日月)을 어찌 보며
산천(자연)이 어두우니 해와 달을 어찌 보며,

지척(咫尺)을 모르거든 천리(千里)를 바라보랴 ^{Q5}
가까운 거리도 모르는데 천 리(임 계신 먼 곳)를 바라볼 수 있겠는가.

차라리 물가에 가 뱃길이나 보자 하니
차라리 물가에 가서 뱃길이나 보고자 하니,

바람이야 물결이야 어둥정 된져이고
(뱃길 역시) 바람과 물결로 어수선하게 되었구나.

사공은 어디 가고 빈 배만 걸렸나니
사공은 어디로 가고 빈 배(외로움)만 걸렸는가?

강천(江天)에 혼자 서서 지는 해를 굽어보니
강가에 혼자 서서 지는 해를 굽어보니,

임다히 소식(消息)이 더욱 아득한져이고
임 계신 곳의 소식이 더욱 아득하구나.

〈본사2〉임의 소식을 애타게 알고자 하는 두 번째 화자

모첨(茅簷) 찬 자리의 밤중만 돌아오니 ^{Q6}
초가집 찬 잠자리에 한밤중이 되어 돌아오니,

반벽청등(半壁靑燈)은 누굴 위하여 밝았는고
벽에 걸린 푸른 등불은 누구를 위하여 밝혔는가?

오르며 내리며 헤뜨며 바니니
(산을) 올랐다 내려갔다 (강가를) 헤매며 돌아다녔더니

져근덧 역진(力盡)하야 풋잠을 잠깐 드니
잠깐 사이에 기운이 빠져 풋잠을 잠깐 드니

정성(精誠)이 지극하야 꿈의 님을 보니 ^{Q7}
(임을 그리워하는) 정성이 지극하여 꿈에서나마 임을 보니,

옥(玉) 같은 얼굴이 반(半)이나마 늙었어라
옥 같은(곱던) (임의) 모습이 반 넘게 늙었구나.

마음의 먹은 말삼 슬카장 삷쟈 하니
마음에 품은 말씀 실컷 아뢰고자 하나

눈물이 바라 나니 말인들 어이하며
눈물이 계속 나니 말인들 어찌하며

정(情)을 못다하야 목이조차 메여하니
(솟구치는) 감정을 못 다 풀어 목마저 메이는데

오뎐된 ● 계성(鷄聲)의 잠은 어찌 깨돗던고 ^{Q8}
방정맞은 닭 울음소리에 잠은 어찌 깨었던가?

● 해석의 틀　화자는 임을 찾아 '산'과 '물가'를 돌아다니며 이도 모자라 '꿈'에서까지 임을 찾는다. 하지만 '계
성'(닭 울음소리)으로 인해 잠에서 깨어나게 된다. 이처럼 꿈속에서라도 임을 만나고자 하나 방해하는 대상
이 나타나 이를 이루지 못하고 탄식하는 구조는「규원가」,「덴동어미화전가」등에서도 동일하게 나타난다.

〈본사3〉임에 대한 그리움과 독수공방하는 외로움을 드러내는 두 번째 화자

어와 허사(虛事)로다 이 임이 어데 간고
아아, 헛된 일이로다. (꿈에서 만났던) 이 임이 어디로 갔는가?

결의 니러 앉아 창(窓)을 열고 바라보니
꿈결에 일어나 앉아 창을 열고 (밖을) 바라보니

Q4 '높은 뫼'는 탈속적 공간으로, 이를 올라가는 화자의 행위는 임의 소식을 알고 싶어 하는 화자의 간절한 마음을 보여 주는 것이다.
○ ×

Q5 대구를 활용하여 임의 소식을 알고자 하지만 알 수 없는 상황에 대한 답답함을 드러내고 있다.
○ ×

Q6 시간의 흐름에 따른 화자의 태도 변화가 나타나고 있다.
○ ×

Q7 '꿈'은 임과 재회하고 싶다는 화자의 간절한 소망을 담고 있다.
○ ×

Q8 '오뎐된 계성'은 꿈에서라도 임과 만나고자 하는 화자의 간절한 소망을 방해하는 요소로 등장하고 있다.
○ ×

어엿븐 그림자 날 좇을 뿐이로다
가엾은 그림자만이 나를 따를 뿐이로다.

차라리 싀여디여 낙월(落月)이나 되어 있어 ^{Q9}
차라리 죽어 없어져서 지는 달이나 되어

임 계신 창(窓) 안에 반듯이 비최리라
임 계신 창 안에 환하게 비추리라. – [두 번째 화자의 말]

각시님 달이야카니와 구즌비나 되소서
각시님 달이 되지 말고 궂은비나 되십시오. – [첫 번째 화자의 말]

〈결사〉 임에 대한 간절한 사랑

> **주제**
>
> 임을 향한 그리움과 변하지 않는 사랑
>
> **특징**
>
> ① 두 명의 화자가 대화를 주고받는 형식으로 구성되어 있음
>
> 근거 '저기 가는 저 각시 본 듯도 한져이고~해 다 져 저문 날에 누굴 보러 가시는고', '어와 너여이고 나의 사설 들어 보오'
>
> ② 한자어를 적게 사용하여 우리말의 묘미를 살린 표현이 두드러짐
>
> 근거 '이래야 교태야 어지러이 굴었던지', '오르며 내리며 헤뜨며 바니니' 등
>
> **해제**
>
> 「속미인곡」은 「사미인곡」의 속편 격에 해당하는 가사 작품으로, 전편과 마찬가지로 임금을 향한 변함없는 충성심을 임을 그리워하는 여인의 모습에 빗대어 우회적으로 표현하고 있다. 형식상 두 명의 여성 화자가 서로 대화를 주고받는 구성으로 이루어져 있으며, 「사미인곡」에 비해 한자 어구의 사용이 적어 우리말의 아름다움을 살린 표현이 더욱 두드러진다는 특징이 있다.

빠른 정답 ◐ 1. ○ 2. ○ 3. X 4. X 5. ○ 6. X 7. ○ 8. ○ 9. X (⋯ 해설 **p.219**)

^{Q9} '낙월'은 화자의 심정이 투영된 대상으로 화자는 임과의 재회와 관련하여 낙관적인 태도를 보여 주고 있다.

○ ⊗

엇그제 젊었더니 호마 어이 다 늙거니
엊그제 젊었는데 벌써 이렇게 다 늙어버렸는가?

소년 행락(小年行樂) 생각ᄒ니 일러도 속절없다
어릴 적 즐겁게 지내던 일을 생각하니 말을 해도 소용이 없다.

늙어서 서러운 말 하자 하니 목이 멘다
늙어서 서러운 사연을 말하자니 목이 메는구나.

부생모육(父生母育) 신고(辛苦)ᄒ여 이내 몸 길러 낼 제
부모님이 낳으시고 기르시며 몹시 고생하여 이내 몸을 길러낼 때.

공후 배필(公侯配匹)은 못 바라도 군자 호구(君子好逑) 원(願)ᄒ더니
높은 벼슬아치의 배필은 바라지 못할지라도 군자의 좋은 짝이 되기를 원하였는데.

삼생(三生)의 원업(怨業)이요 월하(月下)의 연분(緣分)으로
삼생(전쟁, 현생, 후생의 세 가지 생애를 통틀어 이르는 말)에 지은 원망스러운 업보요, 부부의 인연으로

장안 유협(長安遊俠) 경박자(輕薄子)를 꿈같이 만나 있어
한양에서 호탕하면서도 경박한 사람을 꿈같이 만나서,

당시(當時)에 마음 쓰기 살얼음 디디는 듯
시집간 뒤에 (남편의 시중을 들면서) 조심하기를 마치 살얼음 디디는 듯

삼오 이팔(三五二八) 겨우 지나 천연 여질(天然麗質) 절로 이니
열다섯, 열여섯 살을 겨우 지나 타고난 아름다운 모습이 저절로 나타나니

이 얼굴 이 태도(態度)로 백 년 기약(百年期約) 하였더니
이 얼굴과 이 태도로 평생 동안 변함없기를 바랐더니

연광(年光) 훌훌ᄒ고 조물(造物)이 시샘하여
세월이 빨리 지나고 조물주마저 시샘이 많아서

봄바룸 가을 물이 베올에 북 지나듯
봄바람과 가을 물(세월)이 베틀의 올에 북이 지나가듯 (빨리 지나가서)

설빈화안(雪鬢花顔) 어디 가고 면목가증(面目可憎) 되었구나
아름다운 얼굴은 어디 가고 보기도 싫은 모습이 되었구나.

내 얼굴 내 보거니 어느 임이 날 사랑할까
내 얼굴을 내가 보거니(내가 봐도 이러한데) 어느 임이 나를 사랑할까?

스스로 참괴(慚愧)ᄒ니 누구를 원망(怨望)ᄒ랴
스스로 부끄러우니 누구를 원망하겠는가?

〈기〉 덧없이 흘러간 세월과 자신의 신세에 대한 한탄

삼삼오오(三三五五) 야유원(冶遊園)에 새 사람이 나단 말가
여러 사람이 떼를 지어 다니는 술집에 새 기생이 나타났다는 말인가?

꽃 피고 날 저물 제 정처(定處) 업시 나가 있어
(남편은) 꽃 피고 날 저물 때 정처 없이 (집 밖으로) 나가서

백마 금편(白馬金鞭)으로 어디어디 머무는고
흰말과 금 채찍(호사스런 차림)으로 어디어디에 머물러 노는가?

원근(遠近)을 모르거니 소식(消息)이야 더욱 알랴
가까이 있는지 멀리 있는지 모르는데 소식이야 더욱 알겠는가?

인연(因緣)을 긋쳐신들 생각이야 업슬소냐
(남편과의) 인연이 끊어졌지만 (남편의) 생각이 안 나겠는가?

얼굴을 못 보거든 그립기나 마르려믄
얼굴을 못 보면 그립지나 않았으면 좋으련만.

● 열두 때 길도 길샤 설흔 날 지리(支離)ᄒ다
하루가 길기도 길구나, 한 달이 지루하기만 하구나.

> **● 해석의 틀** 임에 대한 기다림과 그리움의 깊이를 표현하기 위해서는 수치를 활용하기도 한다. 하루를 '열두 때', 한 달을 '설흔 날'이라고 표현하며 임을 기다리는 시간이 지루함을 표현한 것이 바로 이에 해당한다. 「사미인곡」의 화자도 '하루도 열두 때 한 달도 서른 날'인데 그동안 임을 잊은 적이 없다고 말하며 그리움의 심리를 부각한다.

옥창(玉窓)에 심은 매화(梅花) 몇 번이나 피어 진고
규방 앞에 심은 매화는 몇 번이나 피었다가 졌는가?(해가 몇 번이나 바뀌었는가?)

겨울 밤 차고 찬 제 자최눈 섞어 치고
겨울 밤 차고 찬 때 진눈깨비 섞어 내리고,

여름 날 길고 길 제 구즌 비는 므스 일고
여름날 길고 긴 때 궂은비는 무슨 일로 내리는가?

삼춘 화류(三春花柳) 호시절(好時節)에 **경물(景物)**이 시름업다
봄날 온갖 꽃이 피고 버들잎이 돋아나는 좋은 시절에 아름다운 경치를 보아도 관심 없다.

가을 둘 방에 들고 **실솔(蟋蟀)**이 상(床)에 울 제 Q1
가을 달빛이 방 안을 비추어 들어오고 귀뚜라미가 침상에서 울 때.

긴 한숨 지는 눈물 속절업시 **혬**만 만타
길게 한숨 지으며 흘리는 눈물에 헛되이 **생각**만 많도다.

아마도 모진 목숨 죽기도 어려울사
아마도 모진 목숨이 죽기도 어렵구나.

〈승〉 남편에 대한 원망과 그리움

돌이켜 풀어 헤아리니 이리ㅎ여 어이ㅎ리
돌이켜 곰곰이 생각하니 이렇게 살아서 어이할까.

청등(青燈)을 돌려 놓고 **녹기금(綠綺琴)** 비스듬히 안아
푸른 등불을 돌려놓고 푸른 거문고를 잡고 비스듬히 앉아

벽련화(碧蓮花) 한 곡조를 시름 좇아 섞어 타니
백련화 한 곡조를 시름까지 섞어 타니

➕ **소상야우(瀟湘夜雨)**의 댓잎 소리 섞여 도는 듯
(거문고 연주 소리가) 소상강 밤비에 댓잎 소리가 섞여 도는 듯하고

> 📖 해석의 덤ㅣ순임금의 두 왕비(아황, 여영)는 순임금이 죽었다는 소식을 듣고 슬피 울다 죽는다. 그때 두 왕비가 흘린 눈물이 대나무에 흔적을 남겼다는 고사를 인용한 표현으로, 화자의 거문고 연주 소리가 매우 구슬픈 소리임을 의미한다.

➕ **화표(華表) 천 년(千年)**의 **별학(別鶴)**이 울고 있는 듯
무덤 앞에 세우는 망주석에 천 년 만에 찾아온 특별한 학이 우는 듯하다.

> 📖 해석의 덤ㅣ요동의 '정영위'라는 사람이 신선의 도를 배워 천 년 만에 '학'이 되어 돌아와 '화표주' 위에 앉았다고 한다. 천 년 만에 돌아왔으니 자신을 아는 이가 없어 이를 슬퍼하며 울었다는 고사를 인용한 것으로, 이 또한 구슬픈 거문고 소리의 비유적 표현이다.

옥수(玉手)의 타는 수단(手段) 옛 가락 있다마는
아름다운 손으로 (거문고를) 타는 솜씨 옛 소리 그대로지만

부용장(芙蓉帳) 적막(寂寞)ㅎ니 뉘 귀에 들리겠는가
부용장(겨울에 외풍을 막고자 방안에 치는, 연꽃을 수놓은 휘장)이 비어 있으니(곁에 아무도 없으니) 누구의 귀에 들릴까.

간장(肝腸)이 구곡(九曲) 되어 굽이굽이 끊겼어라
애끓는 심정이 굽이굽이 끊어져 있구나.

〈전〉 거문고 연주로 한을 달래보고자 함

차라리 잠이 들어 꿈에나 보려 ㅎ니 Q2
차라리 잠이 들어 꿈에서나마 (임을) 보려 하니.

바람에 지는 잎과 풀 속에 우는 벌레
바람에 떨어지는 잎과 풀 속에 우는 벌레는

무슨 일 원수로서 잠조차 깨우는가
무슨 일로 원수져서 (내) 잠까지 깨우는가?

천상(天上)의 견우직녀(牽牛織女) 은하수(銀河水) 막혔어도 Q3
하늘의 견우와 직녀는 은하수가 막혔어도

칠월 칠석(七月七夕) 일 년 일도(一年一度) 실기(失期)치 않거든
칠월 칠석 일 년에 하루는 (만나는) 시기를 놓치지 않는데.

우리 임 가신 후는 무슨 **약수(弱水)** 가렸관대
우리 임 가신 후에 무슨 장애물이 가렸는지

오거나 가거나 소식(消息)조차 그쳤는고
오는지 가는지 소식조차 끊어졌는가?

난간(欄干)에 빗겨 서서 임 가신 데 바라보니
난간에 기대어 서서 임 가신 곳을 바라보니

Q1 '실솔'은 화자의 슬픔을 내포하며 임에 대한 화자의 지조와 관련 있는 시어이다. ⓞ ⓧ

Q2 대상에 대한 그리움에 바탕을 둔 '꿈'은 현실의 문제를 환상이라는 장치로 극복할 수 있음을 보여 준다. ⓞ ⓧ

Q3 '천상의 견우직녀'는 임과 영원히 만날 수 없는 화자와 처지가 동일하기 때문에 사용된 소재이다. ⓞ ⓧ

초로(草露)는 맺혀 있고 모운(暮雲)이 지나갈 제
풀에 이슬이 맺혀 있고 저녁 구름이 지나갈 때.

죽림(竹林) 푸른 곳에 새소리 더욱 섫다
대나무 숲 푸른 곳에 새 소리는 더욱 서럽다.

세상(世上)의 서러운 사람 수없다 ᄒᆞ려니와
세상에 서러운 사람이 수없이 많다고 하지만

박명(薄命)ᄒᆞᆫ 홍안(紅顔)이야 나 같은 이 또 있을까 ^{Q4}
운명이 기구한 여인의 얼굴(내 신세)이야 나와 같은 이가 또 있을까.

아마도 이 임의 탓으로 살동말동 ᄒᆞ여라
아마도 이 임의 탓으로 살 듯 말 듯 하구나.

〈결〉 임을 기다리며 자신의 신세를 한탄함

Q4 '나 같은 이 또 있을까'를 통해 화자는 홀로
지내는 자신의 외로움을 강조하고 있다.

주제

조선시대의 봉건적인 사회 분위기 속 독수공방하는 부녀자의 한

특징

① 자연물에 감정을 이입하여 쓸쓸하고 외로운 화자의 정서를 전달함

근거 '새소리 더욱 섫다' 등

② 설의, 대구, 직유 등 다양한 표현법을 활용함

근거 (설의) '어느 임이 날 사랑할까', (대구) '겨울 밤 차고 찬 제~구즌 비는 므스 일고', (직유) '댓잎 소리 섞여 도는 듯' 등

③ 고사를 인용하여 시상을 전개함

근거 '소상야우의 댓잎 소리 섞여 도는 듯 / 화표 천 년의 별학이 울고 있는 듯' 등

해제

「규원가」는 남존여비(男尊女卑), 여필종부(女必從夫)라는 유교 사회의 봉건적 규범 속에서 당대의 여성이 겪은 한스러운 삶에 대해 토로하고 있는 규방 가사이다. 이 작품은 남편과의 불행한 결혼 생활로 독수공방하며 짧은 생을 살았던 작가의 실제 체험을 문학적으로 형상화한 작품으로 알려져 있다. 또한 가정을 돌보지 않은 불성실한 남편에 대한 원망의 내용도 담고 있어 '원부사(怨夫詞)'라는 이름으로 불리기도 한다.

🔍 **〈보기〉로 작품 보기**

「규원가」는 자신을 사랑해 주지 않는 남편을 원망하면서도 그 원인이 자신에게도 있음을 한탄하는 규방 가사이다. 이 작품은 여성들이 남성들에게 예속되었던 조선 시대의 봉건적 윤리 속에서 작가 자신이 여성으로서 겪어야 했던 외로움과 한을 다양한 비유적 기법을 사용하여 품격 높은 시적 감각으로 드러내고 있다.

빠른 정답 ➡ 1. X 2. X 3. X 4. ○   ⋯ 해설 **p.220**

집의 옷 밥을 언고 들먹는 저 고공(雇工)아
(제) 집의 옷과 밥을 두고 들먹은(못나고도 마음이 올바르지 못한) 저 머슴아.

우리 집 기별을 아느냐 모르느냐
우리 집 내력을 아느냐, 모르느냐?

비오는 눌 일 없을 제 새끼 꼬면서 이르리라
비 오는 날 일 없을 때 새끼를 꼬면서 말하리라.

[A]

　처음의 한어버이 살림살이 ᄒ려 홀 제
　처음에 조부모님(태조 이성계)께서 살림살이(나라)를 시작하려 할 때,

　인심(仁心)을 많이 쓰니 사ᄅᆞᆷ이 절로 모여
　(주변에) 어진 마음을 많이 (베풀어) 쓰니 사람들이 저절로 모여

　풀 깎고 터을 닦아 큰 집을 지어 내고
　풀을 깎고 베어서 터를 닦아 큰 집(나라)을 지어 내고

　셔리 보십 장기 소로 전답(田畓)을 일구어내니
　써레, 보습, 쟁기(농기구), 소로 논밭을 갈고 일구니

　오려논 텃밭이 여드레 되었구나
　올벼(제철보다 일찍 여문 벼)를 심은 논과 텃밭이 여덟 날 동안 갈만한(소 한 마리가 8일 동안 갈 만한 논밭의 넓이, 조선 팔도) 큰 땅이 되었도다.

자손(子孫)에 전계(傳繼)ᄒᆞ여 대대(代代)로 내려오니
자손에게 물려주어 대대로 내려오니

논밭도 좋거니와 고공(雇工)도 근검(勤儉)터라
논밭도 좋거니와 머슴(신하)들도 부지런하고 검소하더라.

〈기〉 우리 집안의 내력

저희마다 농사 지어 부유하게 살던 것을
저희들이 각각 농사 지어 부유하게 살던 것을

요사이 고공들은 생각이 어찌 아주 없어
요새 머슴들은 생각이 어찌 아주 없어서

밥사발 크나 작으나 동옷이 좋고 궂으나
밥그릇(나라에서 주는 녹봉, 벼슬자리)이 큰지 작은지, 입은 옷(권력, 벼슬자리)이 좋은지 나쁜지에만

마음을 다투는 듯 호수(戶首)를 시샘하는 듯
마음을 다투는 듯, 호수(공물과 세금을 거두어 바치는 일을 책임진 우두머리)를 시기하는 듯

무슨 일 감겨들어 흘깃할깃 하느냐
무슨 일에 감겨들어(생각들어) 시기와 질투를 일삼느냐.

너희네 일 아니하고 시절조차 사나워
너희들이 일 아니하고 시절조차 사나워(=흉년조차 들어서)

가뜩이 나의 세간 풀어지게 되었는데
가뜩이나 내 살림이 줄어들게 되었는데

엊그제 화강도(火强盜)에 가산(家産)이 탕진하니
엊그제 강도(임진왜란 때 침략해 온 왜적)를 만나 재산을 잃어버리니.

집 하나 불타 버리고 먹을 것이 전혀 없다
집은 불타 버리고 먹을 것이 전혀 없다.

크나큰 세사(歲事)를 어찌ᄒᆞ여 니로려료
크나큰 세간살이를 어찌하여 (다시) 일으키려는가.

김가(金哥) 이가(李哥) 고공(雇工)들아 새 ᄆᆞ음 먹어슬라
김가 이가 머슴들아, 새 마음을 먹으려무나.

〈승〉 머슴들의 시기로 인한 폐단

너희네 절머ᄂᆞᆫ다 혬 혈나 아니순다
너희들은 젊다고 해서 아무런 생각도 아니하려 하는가.

ᄒᆞᆫ 솥에 밥 먹으며 매양의 회회(恢恢)ᄒᆞ랴
한 솥에 밥 먹으면서 항상 다투기만 하면 되겠느냐.

ᄒᆞᆫ ᄆᆞ음 ᄒᆞᆫ 뜻으로 농사를 지어스라
한 마음 한 뜻으로 농사를 짓자꾸나.

ᄒᆞᆫ 집이 가옴열면 옷 밥을 분별(分別)ᄒᆞ랴
한 집이 부유하게 되면 옷과 밥을 걱정하겠느냐.

Q1 [A]에는 과거 사실에 대한 반성적 성찰이 드러나 있다.
○ ⊗

누구는 장기 잡고 누구는 소를 모니
누구는 쟁기 잡고 누구는 소를 모니

밭 갈고 논 살마 벼 세워 더져 두고
밭을 갈고 논을 갈아서 벼를 심어 던져두고

눌 좋은 호미로 김을 매야스라
날이 좋은 호미로 김을 매자꾸나.

산전(山田)도 것츠럿고 무논도 기워 간다
산에 있는 밭도 거칠어졌고(잡초가 우거지고) 물을 대어 놓은 논에도 풀이 무성하다.

사립피 물목 나셔 볏 곁에 셰올셰라
도롱이와 삿갓을 말뚝에 씌워서 벼 곁에 (허수아비를 만들어) 세워라.

칠석에 호미 씻고 김을 다 맨 후에
칠월 칠석에 호미를 씻고 김을 다 맨 후에

새끼 꼬기 누가 잘 하며 섬은 누가 엮으랴
새끼 꼬기는 누가 잘하며, 섬(곡식 따위를 담기 위하여 짚으로 엮어 만든 그릇)은 누가 엮겠느냐.

너희 재주 헤아려 제각기 맡아 하라
너희들의 재주를 헤아려 서로서로 맡아서 하라.

가을걷이 한 후에는 집짓기를 아니하랴
추수를 한 후에는 집 짓는 일을 아니하랴.

집은 내 지으마 움은 네 묻어라
집은 내가 지을 것이니 움(땅을 파고 거적 따위를 얹어 비바람이나 추위를 막아 겨울에 화초나 채소를 넣어 두는 곳)은 너희(머슴들)가 묻어라.

너희 재주를 내 짐작하였노라
너희 재주를 내가 짐작하였노라.

너희도 먹을 일을 분별을 하려무나
너희도 먹고 살 일을 깊이 걱정을 해 보려무나.

멍석에 벼를 넌들 좋은 해 구름 끼어 햇볕을 언제 보랴
멍석에 벼를 말린들 좋은 해에 구름이 끼어(가려) 햇볕을 언제 보겠느냐.

방아를 못 찧거든 거치나 거친 올벼
방아를 못 찧는데 거칠고 거친 올벼가

옥 같은 백미 될 줄 누가 알 수 있겠느냐
옥 같이 흰 쌀이 될 줄을 누가 알 수 있겠느냐

〈전〉 머슴들의 반성과 깨달음을 촉구

너희네 데리고 새 살림 살자 하니
너희들 데리고 새 살림을 살고자 하니

엊그제 왔던 도적 아니 멀리 갔다 하되 ^{Q2}
엊그제 왔던 도적(왜적)이 멀리 달아나지 않았다고 하는데

너희네 귀 눈 없어 저런 줄 모르건대
너희들은 귀와 눈이 없어서 그런 사실을 모르는 것인지

화살을 제쳐 두고 옷 밥만 다투느냐 ^{Q3}
화살을 제쳐 두고(방비할 생각은 전혀 하지 않고) 옷과 밥만 다투느냐.

너희네 데리고 추운가 굶주리는가
너희들을 데리고 추운지 굶주리는지 (염려하며)

죽조반(粥早飯) 아침 저녁 더 많이 먹였거든
죽조반(아침 전에 먹는 죽), 아침, 저녁을 (다른 사람들보다) 더 많이 먹였는데

은혜란 생각 않고 제 일만 하려 하니
은혜는 생각하지 않고 제 일만 하려 하니

생각 있는 새 일꾼 어느 때 얻어서
사려 깊은 새 머슴(신하)을 어느 때 얻어서

집 일을 마치고 시름을 잊겠는가
집안일을 맡기고 근심을 잊을 수 있겠는가.

너희 일 애달파 하면서 새끼 한 사리 다 꼬겠도다 ^{Q4}
너희 일을 애달파 하면서 새끼 한 사리를 다 꼬겠구나.

〈결〉 사려 깊은 새 머슴에 대한 기다림

Q2 '나'가 도적에 대해 경계심을 갖고 있는 것으로 보아 왜적의 재침략을 걱정하고 있다고 볼 수 있다.
◎ ⊗

Q3 '너희네~다투느냐'에서는 대상에 대한 풍자의 의도를 드러내고 있다.
◎ ⊗

Q4 부정적인 상황에 대한 체념의 태도가 드러나 있다.
◎ ⊗

주제
임진왜란 이후 나타난 무능하고 탐욕스러운 관리들에 대한 비판

특징
① 비유를 통해 내용을 효과적으로 전달함
근거 집안의 농사일–나라의 일, 주인–왕, 머슴–관리
② 청유와 명령을 통해 교훈을 제시함
근거 (청유) '훈 모음 훈 뜻으로 농사를 지어스라', (명령) '벗 곁에 세올셰라' 등

해제
「고공가」는 임진왜란 이후의 상황을 우의적으로 표현하여 관리들의 정치적 무능을 비판하고 있다. '처음의 한어버이'(태조 이성계)가 살림을 시작해 여드레 길이나 되는 텃밭(조선의 팔도)을 일구고 모든 머슴들(조선의 신하)이 부지런하고 검소하게 지냈다며 조선의 성장을 한 가정의 성장에 빗대어 보여 주고 있다. 하지만 요즘의 머슴들은 밥그릇의 크고 작음(나라에서 주는 녹봉)을 가지고 다투며 세간(나라)을 일으키려고 하지 않는다며 당대 조선의 관리들의 세태를 꼬집고 있다. 이와 같은 내용을 통해 임진왜란 직후 민중들의 피폐한 생활상과 혼란스러운 조정의 상황을 간접적으로 엿볼 수 있다.

🔎 〈보기〉로 작품 보기
「고공가」는 전란으로 인해 황폐해진 나라를 재건하자는 의도에서 지어진 노래로, 국가 정치를 한 집안의 농사일에 비유하여 관료 사회의 단면을 보여 주고 있다.

빠른 정답 ◐ 1. X 2. ○ 3. ○ 4. X ⸽···› 해설 **p.220**

늙고 병든 몸을 주사(舟師)로 보내시어
(임금께서) 늙고 병든 이 몸을 수군의 통주사(수군을 관장하는 벼슬)로 보내시어

을사(乙巳)년 여름에 진동영(鎭東營)에 내려오니
을사년(선조 38년) 여름에 부산진으로 내려왔으니

국경의 요새에 병이 깊다고 앉아 있으랴
국경의 요새(군사적으로 중요한 곳에 튼튼하게 만들어 놓은 방어 시설)에 와서 내 몸에 병이 깊다고 앉아만 있겠는가?

일장검(一長劍) 비스듬히 차고 병선(兵船)에 감히 올라
한 자루의 긴 칼을 비스듬하게 옆에 차고 군용 선박에 두려움을 무릅쓰고 올라

두 눈을 부릅뜨고 대마도(對馬島)를 굽어보니
두 눈을 부릅뜨고 대마도를 굽어보니

바람을 좇아가는 황운(黃雲)은 원근(遠近)에 쌓여 있고
바람을 따르던 누런 구름(전쟁의 기운)은 (대마도 근처의) 먼 곳과 가까운 곳에 쌓여 있고,

아득한 창파(滄波)는 긴 하늘과 한 빛일세
아득한 푸른 물결(수평선)은 긴 하늘과 같은 빛을 띠고 있구나.
〈서사〉 부산진에 내려와 병선에 올라 적진을 바라봄

선상(船上)에 거닐면서 예와 오늘을 생각하고
배 위를 서성이며 옛날과 오늘을 생각하고 있으니

어리석고 미친 생각에 ✚ 헌원씨(軒轅氏)를 애달파 하노라 ^{Q1}
어리석고 괴로운 생각에 헌원씨(배를 처음으로 만들었다는 중국 전설상의 황제)를 원망하게 되는구나!

대양(大洋)이 넓고 아득하여 천지(天地)를 둘러 있으니
큰 바다는 넓고 아득하여 온 세상을 두른 것 같으니

진실로 배 아니면 풍파 만 리 밖의 어느 오랑캐가 엿볼런가 ^{Q2}
진실로 배가 아니었으면 세찬 바람과 험한 물결 만 리 밖의 어느 오랑캐가 우리나라를 엿볼 수 있었겠는가?

무슨 일 하려고 배 만들기를 비롯하였는가
(헌원씨는) 무슨 일을 하려고 배 만들기를 시작하였는가?

만세천추(萬世千秋)에 끝없는 큰 폐(弊) 되어
아주 오랜 세월에 끝없는 큰 폐단이 되어

넓고 넓은 이 세상에 만백성의 원한 사네
온 세상에 모든 백성의 원한을 사는구나.
〈본사〉 배를 만든 헌원씨를 원망함

어즈버 깨달으니 ✚ 진시황(秦始皇)의 탓이로다
아! 깨달으니 (이 모든 것은) 진시황의 탓이로구나.

> ✚ **해석의 톨** '헌원씨'는 배를 처음으로 만든 전설의 황제이다. 한편 '진시황'은 불로불사하기 위한 약을 찾으려고 수많은 어린 아이들을 배에 태워 동쪽으로 보낸 황제인데, 결국 약은 찾지 못했고 이들의 후손이 '왜'의 선조가 되었다고 전해진다. 화자는 '헌원씨'와 '진시황'이 없었다면 왜적이 배를 타고 침략할 수 없었을 것이라고 이들을 원망의 대상으로 삼으며 왜적의 침략에 대한 분노를 드러내고 있는 것이다.

배 비록 있다 하나 왜적이 아니 생겼던들
비록 배가 있더라도 왜적이 생기지 않았더라면,

일본의 대마도(對馬島)에서 빈 배 절로 나올 것인가 ^{Q3}
일본의 대마도에서 빈 배가 저절로 나타났겠는가?

누구 말을 믿어 듣고, 동남동녀(童男童女)를 들여다가
(진시황은) 누구의 말을 곧이 듣고서 동남동녀(수많은 어린 아이들)를 데려다가

해중(海中) 모든 섬에 도적들을 남겨 두었나
(그들이) 바다의 모든 섬에서 감당하기 힘든 도적(왜구)이 되게끔 남겨두었는가?

통분(痛憤)한 수치가 중국 땅에 미치도다
(나의) 원통하고 분한 수치가 중국의 땅까지 미치는구나.

장생(長生) 불사약(不死藥)을 얼마나 얻어 내어
(동남동녀를 배에 태워 보내) 불로장생(늙지 않고 오래 삶)한다는 불사의 약을 얼마나 얻어 내고,

만리장성(萬里長城) 높이 쌓고 몇 만 년을 살았던고
만리장성을 높이 쌓고 몇 만 년을 살았는가?

Q1 '어리석고 미친 생각에~애달파 하노라'에는 배를 만든 '헌원씨'를 추모하는 화자의 모습이 나타나 있다.
◯ ✕

Q2 '배'는 화자에게 시름을 불러일으키는 대상이라고 볼 수 있다.
◯ ✕

Q3 '어즈버 깨달으니~절로 나올 것인가'에는 왜적을 생기게 한 '진시황'에 대한 화자의 원망이 드러나 있다.
◯ ✕

남과 같이 죽어 가니 유익한 줄을 모르겠네
(하지만 진시황도 결국) 남과 같이 죽어가니 (약을 찾기 위해 사람들을 보낸 일이) 유익한 줄을 모르겠네.
〈본사2〉 왜적을 생겨나게 한 진시황을 원망함

(중략)

때때로 머리 들어 ● 북쪽을 바라보며
때때로 머리를 들어 북쪽(임금이 계신 곳)을 바라보며

● 해석의 틀   고전시가에서 '북쪽'은 실제 방위 상의 북쪽 방향을 뜻하기보다는 임금이 계신 한양을 뜻하는 경우가 많다. 특히 타지에서 임금을 그리워하는 내용의 작품인 경우에는 '북쪽'을 임금이 계신 곳으로 표현하는 경우가 많으니 숙지해 두자!

어지러운 세상에 늙은이 눈물짓네
어지러운 조선의 상황을 걱정하는 늙은이는 눈물을 흘리네.

우리나라 문물(文物)이 한당송(漢唐宋)에 지랴마는
우리나라의 문물이 한나라, 당나라, 송나라(높은 수준의 문화를 지녔던 나라들)에 뒤지겠냐마는

국운(國運)이 불행하여 왜적의 흉한 침략 ^{Q4}
나라의 운수가 불행하여 왜적의 흉악한 침략에 빠져

만고의 그 원한을 못 씻어 버렸거든
아주 오랜 세월 동안에 억울함과 원통함을 씻어 버리지 못 했는데,

백분(百分)에 한 가지도 못 씻어 버렸거든
(억울하고 원통한 마음을 아직) 백 분의 일도 씻어 버리지 못 했는데,

이 몸이 무상(無狀)한들 신하 되어 있다가
이 몸이 변변치 못하지만 신하가 되어 있다가

궁달(窮達)의 길이 달라 못 모시고 늙어간들
신하와 임금의 신분이 서로 달라 (임금을) 모시지 못하고 늙어간다고 한들

우국단심(憂國丹心)이야 어느 땐들 잊겠는가 ^{Q5}
나라에 대한 걱정과 임금을 향한 충성이야 어느 때라고 잊을 수 있겠는가.(=잊을 수 없구나.)
〈본사3〉 임진왜란 이후 혼란한 나라 사정을 걱정하며 임금에 대한 충성을 드러냄

Q4 '한당송'에 뒤지지 않는 '문물'을 가졌음에도 '왜적'의 침략을 받아 원통해하는 화자의 마음이 드러나 있다.
◯ ⊗

Q5 '궁달의 길이 달라~어느 땐들 잊겠는가'에는 '신하'로서 '우국단심'을 다짐하는 화자의 모습이 나타나 있다.
◯ ⊗

> **주제**
> 왜적의 침략에 대한 분노와 우국충정(나랏일을 근심하고 염려하는 마음)
>
> **특징**
> ① 고사를 인용하여 임진왜란 이후 화자가 느끼는 원망감을 표현함
> 　**근거** '어리석고 미친 생각에 헌원씨를 애달파 하노라', '어즈버 깨달으니 진시황의 탓이로다'
> ② 왜구에 대한 적개심을 직설적으로 표현함
> 　**근거** '국운이 불행하여 왜적의 흉한 침략 / 만고의 그 원한을 못 씻어 버렸거든' 등
>
> **해제**
> 「선상탄」은 박인로가 임진왜란이 끝난 지 7년밖에 지나지 않았을 때 창작한 것으로, 왜구에 대한 작가의 적개심이 직접적으로 나타나 있다. 박인로는 이 작품에서 임진왜란 이후 전쟁의 폐해를 극복하고 태평한 시대가 돌아오기를 바라는 마음과 함께 우국충정(憂國衷情)과 연군(戀君)의 정을 드러내고 있다.

빠른 정답 ⊙ 1. X 2. ◯ 3. ◯ 4. ◯ 5. ◯   → 해설 **p.221**

어리석고 어수룩하기로 나보다 더한 이 없다
어리석고 세상 물정에 어둡기로는 나보다 더한 사람이 없다.

길흉화복(吉凶禍福)을 하늘에 맡겨 두고
운이 좋고 나쁨, 재앙과 복된 삶을 하늘의 뜻에 맡겨 두고

누항(陋巷) 깊은 곳에 초막(草幕)을 지어 두고 Q1
매우 누추하고 지저분한 곳에 초가집을 지어 놓고

풍조우석(風朝雨夕)에 썩은 짚을 섶으로 삼아
아침에 바람 불고 저녁에 비 내리는 궂은 날씨에 썩은 짚을 땔감으로 삼아

서 홉 밥 닷 홉 죽(粥)에 연기(煙氣)도 자욱하다 Q2
밥 세 그릇에 죽 다섯 그릇 만드는 일에 연기가 많기도 많구나.

설 데운 숭늉으로 빈 배 속일 뿐이로다
덜 데운 숭늉으로 고픈 배를 속일 뿐이로다.

내 삶이 이러한들 장부(丈夫) 뜻을 바꿀런가 Q3
나의 생활이 이렇게 구차하다고 한들 대장부의 뜻을 바꿀 것인가.

안빈(安貧) 일념(一念)을 적을망정 품고 있어 Q4
가난해도 편안하고 근심하지 않는 마음을 적더라도 가슴속에 품고 있어서

뜻한 바대로 살려 하니 갈수록 어긋난다
옳은 일을 좇아 살려고 하지만 날이 갈수록 뜻대로 되지 않는구나.

〈서사〉 누항에서 안빈일념으로 살고자 하는 의지

가을이 부족(不足)한데 봄이라 넉넉하며
(추수기인) 가을에도 (곡식이) 부족한데 봄이라고 넉넉하며,

주머니가 비었는데 병(瓶)이라고 담겼으랴
주머니가 비었는데 병이라고 (술이) 담겨 있겠는가.

빈곤(貧困)한 인생(人生)이 천지 간(天地間)에 나뿐이라
가난한 인생이 이 세상에 나뿐이겠는가.

배고픔과 추위로 괴로워도 일단심(一丹心)을 잊을런가 Q5
배고픔과 추위로 괴로워도 (안빈일념으로 살겠다는) 나의 단호한 결심을 잊겠는가.

의(義)를 위해 목숨 걸고 죽기를 각오하고
의로움을 위해 목숨을 걸고 죽기를 각오하고

자루와 주머니에 줌줌이 모아 넣고
자루와 주머니에 (이러한 마음을) 한 줌 한 줌 모아 넣고

➕ 전쟁 오 년에 감사심(敢死心)을 가져 있어
임진왜란 5년 동안 죽기를 두려워하지 않는 마음을 지닌 채로

주검 밟고 피를 건너 몇 백 전(戰)을 지냈던고 Q6
주검을 밟고 피를 건너서 몇백 번의 전투를 치렀던가.

➕ 해석의 덤 화자는 자신의 가난이 '전쟁'(임진왜란)에 나갔던 것과 관계가 있음을 드러내며, 전쟁 이후 달라진 사대부의
현실을 사실적으로 보여준다. 조선 전기 사대부들의 경향을 이어받아 자연 속에서 한가롭게 살며 유교적 도리를
다하겠다는 가치관을 보여주면서도, 직접 농사를 지어 생계를 이어 나가야 하는 몰락한 사대부의 괴로움을 솔직
하게 드러내고 있는 것이다.

〈본사〉 임진왜란에 참전했던 경험을 회상함

내 몸이 여유 있어 일가(一家)를 돌아보랴
내 몸이 여유가 있어서 집안을 돌보겠는가.

수염이 긴 노비는 노주분(奴主分)을 잊었거든
(집안을 돌보지 못하는 사이에) 긴 수염이 난 늙은 종은 하인과 주인 간에 분별이 있음을 잊어버렸는데,

봄이 왔다 알리는 걸 어느 사이 생각하리 Q7
나에게 봄이 왔다고 일러 줄 것을 어떻게 기대할 수 있겠는가.

경당문노(耕當問奴)인들 누구에게 물을런고
밭갈이는 마땅히 종에게 물어야 하지만, (종이 나를 섬기지 않으니 나는) 누구에게 물을 것인가?

손수 농사짓기가 내 분(分)인 줄 알리로다 Q8
내 손으로 직접 농사짓는 일이 나의 분수인 줄 알겠노라.

신야경수(莘野耕叟)와 농상경옹(壟上耕翁)을 천하다 할 이 없건마는
들에서 밭 갈던 은나라의 이윤과 진나라의 진승을 천하다고 할 사람이 없겠지만

아무리 갈고견들 어느 소로 갈로손고
아무리 (밭을) 갈고자 한들 (소 한 마리 없는 가난한 형편에) 어느 소로 갈겠는가.

〈본사2〉 전쟁 이후 스스로 농사를 지어야 하는 어려움

Q1 '누항'은 가난한 현실로 인해 살아가기 어려운
상황이 드러나는 공간이다. ⊙ ⊗

Q2 화자의 어려움을 구체적으로 드러내는 소재를
확인할 수 있다. ⊙ ⊗

Q3 화자는 삶의 어려움 속에서도 자신의 뜻을
지키려는 모습을 보여 준다. ⊙ ⊗

Q4 화자는 현실과 타협하며 살았던 과거의
태도를 반성하고 있다. ⊙ ⊗

Q5 선비로서 지조와 신념을 지키며 살겠다는
화자의 의지가 드러난다. ⊙ ⊗

Q6 '몇 백 전'은 화자가 죽음을 무릅쓰고 용감히
싸웠던 전쟁을 뜻한다. ⊙ ⊗

Q7 '봄'은 한 해의 농사를 짓기 시작하는 때를
뜻한다. ⊙ ⊗

Q8 자신보다 어려운 사람을 배려하는 넉넉한
태도를 뜻한다. ⊙ ⊗

한기태심(旱旣太甚)ᄒ여 시절(時節)이 다 늦은 제
가뭄이 몹시 심하여 (농사를 짓지 못하고) 농사철이 다 늦은 때에

서주(西疇) 높은 논에 잠깐 지나가는 녈비예
서쪽에 있는 밭의 높은 논에다 지나가는 비가 잠깐 개었을 때.

도상(道上) 무원수(無源水)를 반만짠 듸혀 두고
길 위를 흐르는 물을 반쯤 대어 놓고

소 ᄒᆞᆫ 번 주마 ᄒᆞ고 엄섬이 ᄒᆞ는 말씀
(예전에 이웃 사람이) '소 한 번 빌려 주겠노라'고 엉성하게 하는 말을 듣고

친절(親切)ᄒ라 너긴 집의 달 업슨 황혼(黃昏)의 허위허위 다라가셔
친절하다고 생각했던 (그의) 집에 달이 없는 저녁에 허둥지둥 달려가서

굳게 닫은 문(門) 밖에 어득히 혼자 서서
굳게 닫은 문밖에 우두커니 혼자 서서

큰 기침 아함이를 양구(良久)토록 ᄒᆞ온 후(後)에
큰 기침으로 '에헴' 소리를 오래토록 한 후에 (그렇게 하니)

어와 긔 뉘신고 염치(廉恥) 업산 내옵노라
(집주인이) 어, 거기 누구신가? (묻기에) 염치없는 저입니다. (하고 대답했더니)

〈본사3〉 농사를 짓기 위해 소를 빌리러 감

초경(初更)도 거읜데 긔 어찌 와 겨신고
초경(저녁 7시~9시)도 거의 지났는데 여기에 어찌 와 계십니까? – [집주인의 물음]

연년(年年)에 이러ᄒᆞ기 구차(苟且)ᄒᆞᆫ 줄 알건마는
해마다 이러하기(소를 빌리려 찾아오는 것)가 구차한 줄 알지마는 – [나의 대답]

쇼 없는 궁가(窮家)애 혜염 많아 왓삽노라 ^{Q9}
소 없는 가난한 집에서 걱정이 많아 왔습니다.

공하나 값이나 주엄즉도 ᄒᆞ다마는
공짜로나 값을 치거나 하여 빌려줄 만도 하지만 – [주인의 말]

다만 어제 밤의 건넌집 저 사람이
마침 어젯밤에 건넛집에 사는 저 사람이

목 붉은 수기치(雉)를 옥지읍(玉脂泣)게 구어 내고
목이 붉은 수꿩을 기름지게 구워 내고

갓 익은 삼해주(三亥酒)를 취(醉)토록 권(勸)ᄒᆞ거든
갓 익은 삼해주(좋은 술)를 가져와서 취하도록 권하였는데

이러ᄒᆞᆫ 은혜(恩惠)를 어이 아니 갚을넌고
이러한 은혜를 어찌 아니 갚겠습니까?

내일(來日)로 주마 ᄒᆞ고 큰 언약(言約) ᄒᆞ였거든
(그래서 그 건넛집 사람에게) 내일 (소를) 빌려 주겠다고 굳게 약속을 하였기에

실약(失約)이 미편(未便)ᄒᆞ니 사설이 어려워라
약속을 어기기가 편하지 않으니 (약속을 번복하는) 말씀을 드리기가 어렵구료.

실위(實爲) 그러ᄒᆞ면 설마 어이ᄒᆞᆯ고
사실이 그러하면 설마 어찌하겠는가? – [나의 대답]

헌 먼덕 숙여 쓰고 축 없는 짚신에 설피설피 물러 오니
헌 밀짚모자를 숙여 쓰고 축 없는 짚신을 신고 (이웃집에서) 맥없이 어슬렁 물러나오니

풍채(風採) 작은 형용(形容)에 개 짖을 뿐이로다
볼품없는 내 모습에 개만 짖을 뿐이구나.

〈본사4〉 농사를 짓기 위해 소를 빌리러 갔다가 모욕을 당하고 돌아옴

➕ 와실(蝸室)에 드러간들 잠이 와서 누웠으랴 ^{Q10}
작고 누추한 집에 들어간들 잠이 와서 누워 있겠는가.

➕ 해석의 덤 '와실'은 달팽이집처럼 좁고 초라한 집을 가리키는 말이다.

북창(北牕)에 기대 앉아 새벽을 기다리니
북쪽 창문에 기대 앉아 새벽을 기다리니

무정(無情)ᄒᆞᆫ 대승(戴勝)은 이 내 한(恨)을 돋우ᄂᆞ다 ^{Q11}
무정한 오디새는 나의 한을 돋우는구나.

종조추창(終朝惆悵)ᄒᆞ며 먼 들을 바라보니
아침이 끝날 때까지 슬퍼하며 먼 들을 바라보니

Q9 경제적으로 어려움을 겪는 화자의 모습을 보여 준다.
◯ ✕

Q10 '와실'은 화자가 지향하는 세계의 모습이 내재된 공간이다.
◯ ✕

Q11 자연물을 통해 화자의 정서가 부각되고 있다.
◯ ✕

즐기는 농가(農歌)도 흥(興) 없어 들리느다
즐겁게 부르는 농부들의 노래도 (나에게는) 흥 없게 들리는구나.

세정(世情) 모른 한숨은 그칠 줄을 모르느다
세상 물정을 모르는 (나의) 한숨은 그칠 줄을 모르는구나.

아까운 저 쟁기는 볏보임도 좋을세고
아까운 저 쟁기는 날도 좋구나.(=날카롭구나.)

가시 엉킨 묵은 밭도 용이(容易)케 갈련마는
가시가 엉킨 묵은 밭도 쉽게 갈 수 있으련만

허당 반벽(虛堂半壁)에 쓸데없이 걸렸고야
(밭을 갈 일이 없어) 빈집 벽 한가운데 쓸데없이 걸려 있구나.

춘경(春耕)도 거의거다 후리쳐 던져 두자 ^{Q12, Q13}
봄갈이도 거의 다 지났다. (봄농사를) 팽개쳐 던져버리자.

〈본사5〉 자신의 처지를 한탄하며 봄농사를 포기함

강호(江湖) 호 꿈을 꾸언지도 오래러니
(생계 때문에) 강호(자연)와 더불어 살겠다는 꿈을 꾼 지도 오래 되었는데.

구복(口腹)이 위루(爲累)호야 어즈버 잊었도다
입과 배(먹고 사는 일)가 누가 되어 (자연과 더불어 살겠다는 꿈을) 아아 잊고 살았구나.

저 물을 바라보니 푸른 대도 하도 할샤
저 물가를 내려다보니 푸른 대나무가 많기도 많구나.

훌륭한 군자들아 낚시대 하나 빌려스라 ^{Q14}
훌륭한 선비들아, 낚싯대 하나 빌리자꾸나.

노화(蘆花) 깊은 곳에 명월청풍(明月淸風) 벗이 되어
갈대꽃이 핀 깊은 곳에서 자연(=밝은 달과 맑은 바람)의 벗이 되어

임자 없는 풍월강산(風月江山)에 절로절로 늙으리라 ^{Q15}
주인 없는 자연 속에서 저절로 (근심 없이) 늙으리라.

무심(無心)호 백구(白鷗)야 오라 호며 말라 호랴
욕심 없는 갈매기야, (나를) 오라 하겠는가, 오지 말라고 하겠는가.

다툴 이 업슬소 다만 이건가 여기노라
다툴 이가 없는 것은 다만 이것(자연을 벗삼아 늙는 삶)뿐인가 생각하노라.

〈본사6〉 자연을 벗삼으며 늙기를 소망함

무상(無狀)호 이 몸에 무슨 지취(志趣) 있으련만
보잘것없는 이 몸에 무슨 큰 뜻이 있겠는가마는

두세 이랑 밭논을 다 묵혀 던져두고
두세 이랑의 논과 밭을 다 묵혀 던져두고,

있으면 죽(粥)이오 없으면 굶을망정
(음식이) 있으면 죽을 먹고 없으면 굶을망정

남의 집 남의 것은 전혀 부러 말겠노라
남의 집, 남의 것(재물)은 전혀 부러워하지 않겠노라.

내 빈천(貧賤) 슬히 여겨 손을 저어 물러 가며
나의 가난함을 싫게 여겨 손을 내젓는다고 (빈천이) 물러갈 것이며,

남의 부귀(富貴) 부럽게 여겨 손을 친다고 나아오랴
남의 부귀를 부럽게 여겨 손짓을 한다고 (부귀가) 오겠는가.

인간(人間) 어느 일이 명(命) 밖에 생겼으리
인간 세상의 어느 일이 운명과 상관없이 생겼겠느냐.

➕ 빈이무원(貧而無怨)을 어렵다 호건마는
가난해도 원망하지 않는 삶이 어렵다고 하건마는

【➕해석의 덤】 「누항사」의 다른 이본에는 이 부분에 '가난타 이제 죽으며 부유하다 백년 살랴. / 원헌(춘추 시대에 청빈하게 산 학자)이는 몇 날 살고 석숭(진나라 때의 큰 부자)이는 몇 해 살았나.'가 추가되어 있다. 이처럼 '원헌'과 '석숭' 같은 역사 속 인물을 끌어온 것은 빈천, 부귀와 관련없이 인간의 생애는 정해진 운명을 따르는 것이라는 가치관과 화자가 추구하는 빈이무원의 삶의 태도를 나타내기 위한 것으로 볼 수 있다.

Q12 노동의 가치를 중시하는 화자의 인생관을 확인할 수 있다. ⓞⓧ

Q13 전쟁으로 인해 발생한 사회상에 대한 불만이 드러나 있다. ⓞⓧ

Q14 권력욕에 빠진 위정자들에 대해 비판하고 있다. ⓞⓧ

Q15 '풍월강산'에서 화자가 추구하는 삶의 모습을 엿볼 수 있다. ⓞⓧ

내 생애(生涯) 이러하되 설운 뜻은 없노매라 ^{Q16}
나의 생활이 이렇다 해도(빈곤하다고 해도) 서러운 뜻은 없노라.

단사표음(簞食瓢飮)을 이도 족(足)히 여기노라
대나무 도시락과 표주박의 물(청빈하고 소박한 생활 방식)을 먹는 가난한 삶도 족히 여기고 있노라.

평생(平生) 혼 뜻이 온포(溫飽)에는 없노왜라
평생의 (내가 품은) 한 뜻이 따뜻하게 입고 배불리 먹는 데에는 없구나.

태평천하(太平天下)에 충효(忠孝)를 일을 삼아
태평한 세상에 충성과 효도를 일삼아

화형제(和兄弟) 신붕우(信朋友) 외다 할 이 누가 있으리
형제간에 화목하고, 친구와 신의 있게 사귀는 일을 그르다고 할 사람이 누가 있겠는가.

그 밖의 남은 일이야 삼긴 대로 살렷노라
그 밖의 나머지 일이야 타고난(생긴) 대로 살겠노라.

〈결사〉 빈이무원(가난하면서도 남을 원망하지 않음)하고
안분지족(편안한 마음으로 자기 분수에 만족함)하는 삶

^{Q16} '강호'는 화자가 '설운 뜻'에서 오는 시름을 위로받기 위해 찾아가는 공간이다.

ⓞ ⓧ

> **주제**
> 빈곤한 삶 속에도 안빈낙도를 추구하는 자세
>
> **특징**
> ① 대화의 형식을 사용하여 농촌에서의 삶을 사실적으로 그림
> 근거 '초경도 거원데 긔 어찌 와 겨신고~실위 그러ᄒ면 설마 어이홀고'
> ② 농촌 생활과 관련된 일상 어휘들이 나타남
> 근거 '소', '농가', '쟁기', '춘경' 등
> ③ 운명론적 세계관을 드러냄
> 근거 '인간 어느 일이 명 밖에 생겼으리'
>
> **해제**
> 「누항사」는 조선 시대에 임진왜란과 병자호란을 겪으면서 나라의 사정이 혼란스러워져 권력과 부귀를 지니지 못한 선비들의 어려운 삶을 그리고 있다. 이러한 선비들은 현실적인 삶의 문제와 선비로서 지조와 신념을 지키며 살아가려는 삶 사이에서 갈등해야만 했다. 이 작품에서는 이러한 현실적 고민 속에서도 선비로서의 삶의 자세를 잃지 않으려고 노력하는 화자의 모습을 확인할 수 있다.

빠른 정답 ◐ 1. ○ 2. ○ 3. ○ 4. X 5. ○ 6. ○ 7. ○ 8. X 9. ○ 10. X 11. ○ 12. X 13. X 14. X 15. ○ 16. X

⟶ 해설 **p.221**

하늘이 만드심을 일정 고루 하련마는 ^{Q1}
하늘이 (사람을) 만드실 때 일정하고 고르게 하였지만(=만들었겠지만)

어찌 된 인생이 이다지도 괴로운고
어찌된 인생이 이토록 괴로운가.

삼십 일에 아홉 끼니 얻거나 못 얻거나
삼십 일 동안 아홉 끼를 얻거나(=먹거나) 못 얻거나(=못 먹거나)

십 년 동안 갓 하나를 쓰거나 못 쓰거나
십 년 동안 하나의 갓만을 쓰거나 못 쓰거나

➕ 안표(顔瓢)가 자주 빈들 나같이 비었으며
안연의 표주박이 자주 비었다고 한들 나같이 비었으며

➕ 원헌(原憲)의 가난인들 나같이 극심할까
원헌이 가난한들 나같이 심각할까.

┌───┐
│ ➕해석의 덤 공자의 제자인 '안연'은 가난하여 음식을 담는 표주박이 자주 비었다고 한다. '원헌' 또한 공자의 제자였는데
│   겨우 발을 뻗을 수 있는 집에 살 정도로 가난했다고 한다. 화자는 안연과 원헌을 인용하여 자신의 가난이
│   극심함을 드러내고 있는 것이다.
└───┘

〈서사〉 빈곤한 처지에 대한 한탄

┌ 봄날이 지지(遲遲)하여 뻐꾸기가 보채거늘
│ 봄날이 늦고 늦어서 뻐꾸기가 보채거늘(=재촉하거늘)
│
│ 동편 이웃 쟁기 얻고 서편 이웃 호미 얻고 ^{Q2}
│ 동쪽의 이웃에게 쟁기를 얻고(=빌리고), 쪽쪽의 이웃에게 호미를 얻고,(=빌리고)
│
│ 집 안에 들어가 씨앗을 마련하니
│ 집 안에 들어가 씨앗을 마련하니
[A]^{Q3}
│ 올벼 씨 한 말은 반 넘게 쥐 먹었고
│ 올벼씨 한 말은 반 넘게 쥐가 먹었고,
│
│ 기장 피 조 팥은 서너 되 부쳤거늘
│ 기장, 피, 조, 팥은 서너 되(뿐이어서 그것만) 심었거늘
│
└ 춥고 주린 식구 이리하여 어이 살리
  춥고 굶주린 식구들은 이리하여 어찌 살겠는가.

이봐 아이들아 아무쪼록 힘을 써라 ^{Q4}
여보게. 아이들아 어쨌거나 힘써 일하라.

죽 웃물 상전 먹고 건더기 건져 종을 주니
죽 쑤어 국물은 상전이 먹고 건더기를 건져 종을 줘도

눈 위에 바늘 젓고 코로는 휘파람 분다
(종들이) 눈살을 찌푸리며 콧방귀만 뀐다.

올벼는 한 발 뜯고 조 팥은 다 묵히니
올벼는 한 발만 수확하고, 조와 팥은 다 묵히니

싸리피 바랭이는 나기도 싫지 않던가 ^{Q5}
싸리피와 바랭이 같은 잡초는 나기도 싫지 않던가.(=잡초는 어찌 그리 무성하게 자라는가.)

〈본사〉 봄이 되어 농사를 지으려 하지만 빈곤한 처지로 인해 여의치 않음

환곡 장리는 무엇으로 장만하며
나라에서 빌린 곡식과 이자(환곡의 비싼 이자)는 무엇으로 장만하며,

부역 세금은 어찌하여 차려 낼꼬 ^{Q6}
부역과 세금은 어떻게 하여 채워 낼 것인가.

이리저리 생각해도 견딜 수가 전혀 없다 ^{Q7}
이리저리 생각해도 견딜 가능성이 전혀 없다.

장초(萇楚)의 무지(無知)를 부러워하나 어찌하리
갯벌에서 아무것도 모르고 자란 장초나무를 부러워하나 어찌하겠는가.

시절이 풍년인들 아내가 배부르며
시절이 풍년이라 한들 아내의 배가 부를 것이며

겨울을 덥다 한들 몸을 어이 가릴꼬 ^{Q8}
겨울을 덥다고 한들 몸을 어찌 가리겠는가.

베틀 북도 쓸 데 없어 빈 벽에 남겨 두고
(옷감을 만들) 베틀의 북도 쓸데없어 빈 벽에 걸려 있고,

---

^{Q1} 모든 사람은 평등하다는 화자의 신념이 드러나 있다.
○ ✕

^{Q2} 대구의 방식을 통해 화자의 처지를 드러내고 있다.
○ ✕

^{Q3} [A]에는 화자가 느낀 현실 타개의 어려움과 그로 인한 탄식이 드러나 있다.
○ ✕

^{Q4} 열심히 일해 달라고 부탁함으로써 현실의 어려움에서 벗어나려는 마음을 드러내고 있다.
○ ✕

^{Q5} '어찌 된 인생이'에서 나타난 화자의 비관적 인생관이 '싸리피 바랭이'에 이르러서는 낙관적 세계관으로 변화되고 있다.
○ ✕

^{Q6} 부역과 세금을 감당할 마땅한 방법이 없다는 것으로, 백성으로서의 의무를 모면하고자 하는 의도가 반영되어 있다.
○ ✕

^{Q7} 가족과 떨어져 지내는 화자의 안타까운 심정이 드러나 있다.
○ ✕

^{Q8} 겨울이 따뜻하다고 해도 몸을 가리기 어렵다는 것으로, 겨울나기에 필요한 최소한의 옷가지도 부족함을 보여 준다.
○ ✕

솥 시루도 버려두니 붉은빛이 다 되었다 ^{Q9}
시루 솥도 버려두니 붉은 녹이 다 끼었다.

세시 삭망 명일 기제는 무엇으로 제사하며
(가난한 와중에) 세시 절기, 음력 초하룻날과 보름날, 명절, 기제사(해마다 사람이 죽은 날에 지내는 제사)는 무엇으로 해서 제사를 올릴 것이며

원근 친척 손님들은 어이하여 접대할꼬 ^{Q10}
멀고 가까운 친척들과 손님들은 어떻게 대접할 것인가.

이 얼굴 지녀 있어 어려운 일 하고많다 ^{Q11}
이 몰골을 지니고 있어 어려운 일이 많고 많구나.
〈본사2〉 어려운 형편 속에서 부역과 세금, 집안의 대소사를 감당할 방법을 걱정함

이 원수 가난귀신 어이하여 여의려뇨
이 원수 같은 가난 귀신을 어찌하면 이별할 수 있을까.

술에 음식을 갖추고 이름 불러 전송하여
술에 음식을 갖추어서 이름을 불러 (가난 귀신을) 떠나보내고

┌ 길한 날 좋은 때에 사방으로 가라 하니
│ 좋은 날 좋은 때에 (가난 귀신에게) 사방 어디로든 가라 하니,
│
│ 웅얼웅얼 불평하며 화를 내어 이른 말이
│ (가난 귀신이) 웅얼웅얼 불평하며 화를 내어 하는 말이
│
│ 어려서 지금까지 희로애락을 너와 함께하여 ^{Q12}
│ "어려서부터 지금까지 기쁨과 분노, 슬픔과 즐거움을 너(화자)와 함께하여
│
[B] ^{Q13} 죽거나 살거나 여읠 줄이 없었거늘
│ 죽거나 살거나 이별한 적 없었거늘
│
│ 어디 가 뉘 말 듣고 가라 하여 이르느뇨
│ 어디에 가서 누구의 말을 듣고 (나더러) 가라고 말하는가?"
│
│ 우는 듯 꾸짖는 듯 온가지로 협박커늘
│ 우는 듯 꾸짖는 듯 여러 가지로 을러대며 위협하거늘
│
└ 돌이켜 생각하니 네 말도 다 옳도다
  돌이켜 생각하니 네(가난 귀신) 말이 다 옳구나.

무정한 세상은 다 나를 버리거늘
무정한 세상은 다 나를 버리거늘

네 혼자 신의 있어 나를 아니 버리거든
너(가난귀신) 혼자 신의가 있어 나를 아니 버렸는데

위협으로 회피하며 잔꾀로 여읠려냐
억지로 피하여 잔꾀로 이별할 것인가.

하늘 만든 이내 가난 설마한들 어이하리
하늘이 만든 나의 가난함을 설마한들 어찌하겠는가.

빈천도 내 분수니 서러워해 무엇하리
가난하고 천한 것도 내 분수이니 서러워하여 무엇하겠는가.
〈결사〉 가난 귀신을 떠나보내려 하였지만 실패하고 자신의 운명에 순응함

주제
빈곤한 생활로 인한 고통과 가난에 대한 체념

특징
① 대화의 형식을 사용하여 가난에 대한 화자의 태도를 드러냄
근거 '길한 날 좋은 때에 사방으로 가라 하니~돌이켜 생각하니 네 말도 다 옳도다'
② 역사 속 인물을 끌어와 화자의 가난한 삶을 효과적으로 드러냄
근거 '안표가 자주 빈들 나같이 비었으며 / 원헌의 가난인들 나같이 극심할까'

해제
「탄궁가」는 실제 일상을 소개하며 작가 본인의 빈곤한 생활상을 그려내고 있는 작품이다. 삼순구식도 어렵다거나 십 년 동안 갓 한번 쓰기 어려운 상황, 농사 도구를 이웃에게 빌리는 행동, 씨앗을 찾으나 변변한 것이 남아 있지 못한 상황 등을 구체적으로 서술하면서 시상을 전개하고 있다. 하지만 화자는 하늘이 준 가난은 어찌할 수 없는 것이라며 이를 자신의 분수로 받아들이는 체념적 태도를 보여 주고 있는데, 이 역시 「탄궁가」의 특징적인 면모라 할 수 있다.

빠른 정답 ✓ 1. X 2. O 3. O 4. O 5. X 6. X 7. O 8. O 9. O 10. O 11. X 12. O 13. O ⋯→ 해설 **p.222**

---

^{Q9} 솥 시루를 방치해 두어 녹이 슬었다는 것으로, 떡과 같은 음식을 해 먹을 형편이 아님을 보여 준다.
ⓞ ⓧ

^{Q10} 친척들과 손님들을 접대할 방도가 없다는 것으로, 도리를 다할 수 없을 것에 대한 염려가 반영되어 있다.
ⓞ ⓧ

^{Q11} 화자는 자신의 능력에 대해 자신감을 보이고 있다.
ⓞ ⓧ

^{Q12} 화자의 궁핍한 생활이 오랫동안 계속되어 왔음을 알 수 있다.
ⓞ ⓧ

^{Q13} [B]에는 의인화된 대상과의 대화가 나타나 있다.
ⓞ ⓧ

의복을 도라보니 한숨이 절로 난다
의복을 돌아보니 한숨이 절로 난다.

남방 염천(南方炎天) 찌는 날에 빨지 못한 누비바지
남쪽 지방의 더운 날에(여름) 빨지 못한 누비바지(겨울바지).

땀이 배고 때가 올라 굴뚝 막은 덕석인가
땀이 배고 때가 오르니 굴뚝 막는 데 쓰는 덕석인가?(=지저분하구나.)

덥고 검기 다 바리고 내암새를 어이하리
덥고 검은 것은 다 버려도(그렇다고 치더라도) 냄새를 어찌하겠는가?

어와 내 일이야 가련히도 되었고나
아아, 내 일이야 가련히도 되었구나.

손잡고 반기는 집 내 아니 가옵더니
(예전에 유배를 오기 전에는) 손잡고 반기는 집 내가 가지 않았는데.

등 밀어 내치는 집 구차히 빌어 있어
(지금은) 등을 밀어 내치는 집(유배 생활을 하고 있는 집)에 구차하게 빌붙어 있으니,

➕ 옥식 진찬(玉食珍饌) 어데 가고 ➕ 맥반 염장(麥飯鹽藏) 대하오며
좋은 밥과 반찬은 어디 가고 보리밥에 소금장을 먹게 되었으며,

➕ 금의 화복(錦衣華服) 어데 가고 ➕ 현순백결(懸鶉百結) 하였는고
좋은 의복은 어디 가고 여기저기 기운 누더기 옷을 입게 되었는가?

> ➕ 해석의 덤 '옥식 진찬' ↔ '맥반 염장', '금의 화복' ↔ '현순백결'과 같이 서로 대조되는 시어들을 제시하여 유배 전후의 상황을 보여주며 유배 생활의 고통을 강조하고 있다. 대부분의 유배 가사가 자신의 억울함과 임(임금)에 대한 변함없는 충성심을 드러내는 데 초점이 있는 것과 달리, 「만언사」는 주로 유배 생활 중에 겪는 화자의 어려움을 사실적으로 드러내고 있다.

이 몸이 살았는가 죽어서 귀신인가
이 몸이 살았는가 죽어서 귀신이 되었는가?

말하니 살았으나 모양은 귀신일다
말을 하니 살았으나 모양은 마치 귀신 같구나.

한숨 끝에 눈물 나고 눈물 끝에 한숨이라
한숨 끝에 눈물이 나고 눈물 끝에 한숨이다.

도로혀 생각하니 어이없어 웃음 나니 미친 사람 되었고나
돌이켜 생각하니 어이없어 웃음이 나니 미친 사람이 다 되었구나.
●유배지에서의 힘들고 고통스러운 생활

어와 보리가을 되었는가 맥풍(麥風)이 서늘하다
아아, 보리를 거둘 때가 되었는가, 보리 위를 스치는 바람이 서늘하다.

전산 후산에 황금빛이로다
앞산 뒷산에 황금빛(가을 들판에 익은 곡식)이 펼쳐져 있다.

지게를 벗어 놓고 전간(田間)에 굽닐면서
지게를 벗어놓고 밭 사이에서 몸을 굽혔다 일으켰다 하면서

한가히 베는 농부 묻노라 저 농부야
한가히 (보리를) 베는 농부에게 묻는다. 저 농부야,

밥 우희 보리술을 몇 그릇 먹었느냐
밥 위에 보리술을 몇 그릇 먹었느냐?

청풍에 취한 얼골 깨연들 무엇하리
맑은 바람에 취한 얼굴 (술이) 깬들 무엇하겠는가?

연년(年年)이 풍년 드니 해마다 보리 베어
해마다 거르지 않고 풍년이 드니 해마다 보리를 베어

마당에 두드려서 방아에 쓸어 내어
마당에 두드리고 (곡식을) 찧어 쓸어내니.

일분(一分)은 밥쌀 하고 일분(一分)은 술쌀 하여
일부는 밥을 하고 일부는 술을 만들어

밥 먹어 배부르고 술 먹어 취한 후에
밥 먹어 배부르고 술 마셔 취한 후에

함포고복(含哺鼓腹)하여 격양가(擊壤歌)를 부르나니
잔뜩 먹고 배를 두드리며 격양가(중국 요임금 때, 풍년이 들자 농부들이 이를 즐거워하며 불렀다고 전해지는 노래)를 부르니

농부의 저런 흥미 이런 줄 알았더면
농부의 저런 (욕심 없이 농사짓는 삶의) 즐거움이 이런 줄 알았다면,

공명을 탐치 말고 농사를 힘쓸 것을
공명을 탐하지 말고 농사에 힘쓸 것을.

백운(白雲)이 즐거운 줄 청운(靑雲)이 알았으면
흰 구름(농사지으며 사는 삶)이 즐거운 줄 푸른 구름(공명을 추구하는 생활)이 알았더라면,

탐화봉접(探花蜂蝶)이 그물에 걸렸으랴
꽃을 탐하는 나비와 벌(공명을 쫓던 '나')이 그물에 걸렸겠느냐?(=죄를 지어 쫓겨났겠는가?)
  ● 풍년이 든 농촌의 풍경을 보며 공명을 탐했던 자신의 과거를 반성함

(중략)

┌ 이웃집 아이들아 오늘이 날이 좋다
│   이웃집 아이들아 오늘이 날이 좋다.
│
│ 샛바람 아니 불고 물결이 고요하니
│   샛바람(동쪽에서 부는 바람) 불지 않고 물결이 고요하니
│
│ 고기가 물때로다 낚시질 함께가쟈
│   고기가 잡힐 때로다. 낚시질 함께 가자.
│
│ 사립(簑笠)을 젖혀 쓰고 망혜(芒鞋)를 조여 신고
│   삿갓을 젖혀 쓰고 짚신을 조여 신고 간편한 차림으로
[A]^Q1
│ **조대(釣臺)**로 내려가니 내 노래 한가하다 ^Q2
│   낚시터로 내려가며 부르는 내 노래가 한가하게 들린다.
│
│ 원근 산천(遠近山川)이 홍일(紅日)을 띄었으니
│   멀고 가까이에 있는 산과 시내(온 세상)가 붉은 빛을 띠었으니
│
│ 만경창파(萬頃蒼波)는 모두 다 금빛이라
│   한없이 넓고 푸른 바다는 모두 다 금빛이다.
│
│ 낚시를 드리우고 무심히 앉았으니
└   낚싯대를 드리우고 무심히 앉았으니,

은린옥척(銀鱗玉尺)이 절로 와 무는구나 ^Q3
모양이 좋고 큰 은빛 물고기가 절로 와서 무는구나.

구태여 내 마음이 취어(取漁)가 아니로다 지취(志趣)를 취함이라
구태여 내 뜻은 물고기를 잡고자 하는 것이 아니라 의지와 취향을 취하고자 하는 것이다.

낙대를 떨쳐 드니 사면에 잠든 **백구(白鷗)**
낚싯대를 떨쳐 드니 사면에 잠든 갈매기는

내 낙대 그림자에 저 잡을 날만 여겨 다 놀라 날겠구나
내 낚싯대 그림자에 저 잡는 줄로만 여겨 다 놀라 날아가겠구나.

백구(白鷗)야 날지 마라 너 잡을 내 아니다
갈매기야 날아가지 마라, 너(갈매기)를 잡을 내가 아니다.

네 본디 영물이라 내 마음 모를소냐
네가 본래 영물(신령스러운 짐승)이니 내 마음을 모르겠느냐?

평생의 곱던 임을 천 리에 이별하고
평생 동안 사랑하던 임을 천 리에 이별하니

사랑은커니와 그리움을 못 이기어
사랑은커녕 그리움을 못 견디어서(이겨서)

수심이 첩첩하니 ᄆ음을 둘 데 없어
수심(근심)이 첩첩이 쌓여있으니 마음을 둘 데 없어

흥 없는 일간죽(一竿竹)을 실없이 드렸은들
흥도 없는 낚시대를 실없이 들었던들

고기도 상관 않거늘 하물며 너 잡으랴
물고기가 무는 것도 상관 않거늘 하물며 너(갈매기)를 잡겠느냐?

그래도 내 마음을 아무도 못 믿거든
그래도 (물고기와 갈매기를 잡지 않으려는) 내 마음을 아무도 못 믿겠거든

너 가진 긴 부리로 내 가슴 쪼아 헤쳐
네가 가진 긴 부리로 내 가슴을 쪼아 헤쳐

흉중의 붉은 마음 보면은 아오리라 ^Q4
가슴 속의 붉은 마음(성은을 갚으려는 마음)을 (내어) 보면 알 것이다.

Q1 [A]는 계절의 변화에 따라 시상이 전개되고 있다.

Q2 '조대'는 화자가 현재 머무르는 장소이다.
○ ✕

Q3 '은린옥척'은 화자가 지향하는 대상이다.
○ ✕

Q4 '흉중의 붉은 마음 보면은 아오리라'에서 화자는 임금에 대한 그리움을 표현하고 있다.
○ ✕

공명도 다 던지고 성은을 갚으려니
공명도 다 버리고 임금의 은혜를 갚으려 하는데

갚을 법도 있거니와 이 사이 일 없으니
갚을 법도 하지만 이 사이에 일이 없으니(=성은을 갚을 방법이 없으니)

성세(聖世)에 한민(閑民)되어 너 좇아 다니려니
태평성대에 한가로운 백성이 되어 너를 쫓아다니려 하니

날 보고 날지 마라 네 벗님 되오리라
날 보고 날지 마라. 네 벗이 되겠노라.

백구(白鷗)와 수작호니 낙일이 창창호다
갈매기와 노니니 지는 해가 어둑하다.

낚시대에 줄 거두어 낚은 고기 꿰어 들고
낚싯대 줄을 거두어 낚은 고기를 꿰어 들고

강촌을 드라드러 주인집 찾아오니
강 마을에 돌아들어 주인집을 찾아오니,

문 앞에 지키는 개는 날 반겨 꼬리 친다
문 앞을 지키는 개는 나를 반겨 꼬리 친다.

난감호 내 고생이 오랜 줄 가지(可知)로다
난감한 내 고생이 아마도 오래된 줄 알 것이로다.

줏던 개 아니 줏고 님즈로 아는고나
짖던 개가 아니 짖고 임자로 아는구나.

반일(半日)을 잊은 시름 즈연(自然)이 곳쳐나니
반나절 잊은 근심이 저절로 다시 나니,

아마도 내 시름은 잊기도 어렵도다
아마도 나의 근심은 잊기 어렵구나.

● 유배 생활의 시름을 낚시를 하며 잊고자 함

(중략)

간밤에 불던 바람 천산에 비 뿌리니
간밤에 불던 바람이 이 산 저 산에 비를 뿌리니

구십(九十) 동군(冬軍)이 춘광(春光)을 자랑호듯
석 달 간의 겨울이 봄빛을 자랑하는 듯

미쁠손 천지 무음 봄을 절로 알게 호니
믿음직스럽게 자연의 이치인 봄을 저절로 알게 하니,

나무나무 잎이 피고 가지가지 꽃이로다
나무마다 잎이 피고 가지마다 꽃이로구나.

방초(芳草)는 처처(處處)호데 춘풍소리 들리거늘
향기로운 풀은 곳곳에 돋고 봄바람 소리가 들리거늘,

눈 씻고 일어 앉아 객창을 열어 보니 Q5
눈을 씻고 일어나 앉아 창문을 열어 보니,

객창에 수지화(樹持花)는 웃는 듯 반기는 듯 Q6
창문 앞의 나무와 꽃은 웃는 듯 반기는 듯 하는구나.

반갑다 저 꽃이여 예 보던 꽃이로다
반갑다 저 꽃이여, 예전에 보던 꽃이구나.

낙양 성중에 저 봄빛 한 가지요
낙양 성중에 저 봄빛 한 가지요,

고향 원상(園上)에 이 꽃이 피었는가 Q7
고향의 동산에도 이 꽃이 피었는가?

지난 해 금일의 웃음 웃어 보던 꽃은
작년 오늘날에 웃음 웃어 보던 꽃은

청준(淸樽)에 술을 붓고 꽃 꺾어 수를 놓고
술동이에 술을 붓고 꽃 꺾어 수를 헤아려 놓고,

장진주(將進酒) 노래호여 무진무진 먹자 홀 제
술 권하는 노래를 하며 많이 먹자 할 때,

Q5 '눈 씻고'는 봄 풍경을 본 후 눈물짓는 모습으로 화자의 '고생'과 '시름'을 짐작하게 한다.
○ ✕

Q6 '수지화'를 대하는 화자의 반가움을 의인화된 표현을 통해 드러내고 있다.
○ ✕

Q7 '낙양 성중'과 '고향 원상'은 화자가 돌아가고 싶어하는 공간이다.
○ ✕

내 번화(繁華) 즐김으로 저 꽃을 보았더니
내가 그 화려함을 즐기면서 저 꽃을 보았더니

금년 이날에 눈물 뿌려 볼 줄 알가 ^{Q8}
올해 이 날에 눈물 뿌리며 볼 줄 알까

아침에 나쁜 밥이 낮의 시장ㅎ니
아침에 (먹은) 나쁜(허술한) 밥이 낮에 시장하게 되니

박잔에 흐린 술이 값 없이 쉬울쏘냐
싸구려 술잔의 흐린 술이라도 돈 없이 (마시는 것이) 쉽겠는가?

내 고생 슬픔으로 저 꽃을 다시 보니
내 고생하여 슬픈 마음으로 저 꽃을 다시 보니

거년화(去年花) 금년화(今年花)가 꽃빛은 혼가지나
작년의 꽃과 올해의 꽃은 꽃빛이 한 가지이지만

거세인(去歲人) 금세인(今歲人)은 인사(人事)는 다르도다 ^{Q9}
작년의 사람과 올해의 사람은 처지가 다르구나.(=나의 처지가 이전과 다르구나.)

인생 고락(人生苦樂)이 수유잠의 꿈이로다
인생의 괴로움과 즐거움이 잠깐 동안의 꿈이로다.

　　　　　　　　　　　　　●봄 풍경을 보며 이전과는 다른 자신의 처지를 한탄함

^{Q8} 지난 해의 '웃음'과 금년 이날 '눈물'이 대비되어 화자의 처지가 부각되고 있다.
　　　　　　　　　　　　　○ ✕

^{Q9} '꽃빛'과 '인사'는 대비되어 인간사의 속성을 드러내고 있다.
　　　　　　　　　　　　　○ ✕

（주제）

유배 생활의 고통과 잘못을 뉘우치는 심정

（특징）

① 유배 생활의 고통을 사실적으로 그리며 감정을 솔직하게 표현함

（근거） '남방 염천 찌는 날에 빨지 못한 누비바지~어와 내 일이야 가련히도 되었고나'

② 일반적인 유배 가사와는 달리 임금에 대한 그리움이 작품의 지배적인 내용을 이루고 있지 않음

（해제）

「만언사」는 조선 정조 때 대전별감으로 일했던 안조원(환)이 지은 장편의 유배 가사이다. 작가는 34살에 주색잡기로 국고를 탕진하여 추자도로 유배된다. 이 작품에는 작가가 죄를 지어 추자도로 유배되는 과정과 그곳에서 경험한 비참한 삶, 그로부터 느낀 다양한 감정, 과거를 회상하고 잘못을 뉘우치는 내용 등이 사실적으로 표현되어 있다.

🔎 〈보기〉로 작품 보기

일반적인 유배가사가 정적(政敵)에 대한 원망, 결백의 호소, 정계 복귀에 대한 소망을 표현한 것과 달리, 「만언사」의 작가는 개인적 잘못으로 인해 유배됐기 때문에 자신의 잘못에 대한 반성과 후회를 서술하는 것에 중점을 두었다. 또한 작품에서 유배지에서의 고통스러운 삶과 사실적 체험을 확인할 수 있다.

빠른 정답 ◑ 1. ✕ 2. ○ 3. ✕ 4. ○ 5. ✕ 6. ○ 7. ○ 8. ○ 9. ○ 　（⋯ 해설 **p.223**）

여보소 저 각시님 설운 말씀 그만 하오
여보시오, 저 각시님 서러운 말씀 그만하시오.

말씀을 드러하니 설운 줄 다 모르겠네
(각시님의) 말씀을 내가 들어보니 (각시님 말씀이) 서러운 줄 나는 모르겠네.

인연인들 한 가지며 이별인들 같을손가 Q1
인연이라고 해서 다 같은 인연이겠으며, 이별이라고 한들 다 같은 이별이겠는가.

광한전(廣寒殿) 백옥경(白玉京)에 임을 뫼셔 즐기더니 Q2
광한전 백옥경(옥황상제가 사는 궁궐, 임금께서 계시는 궁궐)에서 (그대가) 임을 모시고 즐거운 시간을 보내더니

니뤼를 하였거니 재앙인들 없을손가
(각시님이) 아양을 떨었으니 재앙(불행한 일)인들 없을 것인가.

해 다 저문 날에 가는 것을 설워 마소
해가 다 저물어 날이 가는 것을 서러워 마시오.

엇더타 이 내 몸이 견줄 데 전혀 없네 Q3
어떠한들 이내 몸의 서러움은 비교할 데 전혀 없네.(=각시님의 서러움보다 내 서러움이 더 심하네.)

광한전 어디메오 백옥경 내 알던가
광한전이 어디인가, 백옥경은 내가 알던가?(=나는 광한전도 백옥경도 모르네.)

원앙침 비취금에 뫼셔 본 적 전혀 없네 Q4
(나는) 원앙을 수놓은 베개와 비취색의 비단 이불에 임을 모셔 본 적이 전혀 없네.

내 얼굴 이 거동이 무엇으로 임을 사랑할꼬
내 얼굴과 이 거동 중 무엇으로라도 임을 사랑할 수 있었을까?(=얼굴, 거동 무엇으로도 임을 사랑할 수 없구나.)

길쌈을 모르거니 가무야 더 이를까 Q5
바느질을 모르는데 노래와 춤은 더 말해서 무엇할까.

엇언지 임 향한 한 조각 이 마음을
어떻게 된 것인지 임을 향한 일편단심(변치 않는 마음)을

하늘이 심기시고 성현이 가르쳐서
하늘이 나에게 주시고 성현이 나에게 가르쳐서

정확(鼎鑊)이 앞에 있고 부월(斧鉞)이 뒤에 있어 Q6
죄인을 잡아 죽이는 큰 솥이 앞에 있고 크고 작은 도끼가 뒤에 있어서

일백 번 죽고 죽어 뼈가 가루 된 후에도
(내가) 일백 번 죽고, 죽어서 뼈가 가루가 된 후에라도

임 향한 이 마음이 변할손가 Q7
임을 향한 이 마음이 변하겠는가?

나도 일을 가져 남에 없는 것만 얻어
나도 일을 하여 남에게 없는 소중한 것만 얻어서

부용화(芙蓉花) 옷을 짓고 목란(木蘭)으로 주머니 만들어
연꽃무늬가 새겨진 옷을 짓고 모란꽃이 새겨진 주머니를 만들어

하늘께 맹세하여 임 섬기랴 원이러니
하늘께 맹세하여 임을 섬기고 싶다는 소원을 비는데,

조물(造物)이 시기(猜忌)하는가 귀신이 훼방하는가
조물주가 (나를) 시기하는가, 귀신이 훼방을 두는가?

내 팔자 그만하니 사람을 원망할까 Q8
내 팔자가 박복하여 임을 섬기지 못하니 다른 사람을 원망하겠는가?

　　　　　　　　　　　〈서사〉 이별한 임에 대한 간절한 그리움을 드러냄

Q1 설의적 표현을 활용하여 화자의 정서를 드러내고 있다.
○ ⊗

Q2 임의 곁에 살며 임의 사랑을 받았던 상황을 표현하고 있다.
○ ⊗

Q3 화자는 자신의 상황을 부정적으로 생각하고 있다.
○ ⊗

Q4 임의 곁에 있어 보지 못한 화자의 처지를 부각하고 있다.
○ ⊗

Q5 화자가 임과 함께했던 과거에 대해 반성하고 있음을 알 수 있다.
○ ⊗

Q6 점층적 표현을 통해 화자의 마음을 표현하고 있다.
○ ⊗

Q7 설의적 표현을 통해 임과 떨어져 있으면서도 변하지 않는 화자의 그리움을 드러내고 있다.
○ ⊗

Q8 화자가 현재 자신이 처한 상황의 원인을 운명으로 돌리는 태도를 확인할 수 있다.
○ ⊗

주제

임을 향한 일편단심

특징

① 정철의 「사미인곡」과 「속미인곡」의 구절을 활용함

근거 '여보소 저 각시님'

② 대화의 상황을 설정하여 시상을 전개함

근거 '여보소 저 각시님 설운 말씀 그만 하오 / 말씀을 드러하니 설운 줄 다 모르겠네' 등

③ 설의를 사용하여 화자의 심정을 드러냄

근거 '인연인들 한 가지며 이별인들 같을손가'

해제

「별사미인곡」은 정철의 「사미인곡」, 「속미인곡」의 영향을 받아 창작된 작품이다. 두 작품처럼 임과 이별한 여성을 시적 화자로 삼았으며 상대방을 '저 각시님'이라고 지칭하고 있다. 이는 '저 각시님'과 자신의 처지를 비교하면서 임을 그리워하는 자신의 서러움을 강조하고 있는 것이다.

빠른 정답 ◐ 1. ○ 2. ○ 3. ○ 4. ○ 5. X 6. X 7. ○ 8. ○ ⤳ 해설 **p.224**

앉은 곳에 해가 지고 누운 자리 밤을 새워
앉은 곳에서 해가 지고 누운 자리에서 밤을 새워(=해가 지면 아무 데나 앉고 그 자리에 누워서 밤을 지새워)

잠든 밧긔 한숨이오 한숨 끝에 눈물일세 Q1
잠 자는 시간 외에는 한숨이요, 한숨 끝에는 눈물이 나네.

밤밤마다 꿈에 뵈니 꿈을 둘러 상시(常時)과저 Q2
밤마다 꿈속에서 (어머니를) 뵈니 그 꿈을 둘러서 현실로 삼고 싶구나.

학발자안(鶴髮慈顔) 못 뵈거든 ➕ 안족서신(雁足書信) 잦아짐에
머리가 하얗게 센 어머니의 자애로운 얼굴을 못 보고 편지만 자주 보내게 되는데.

➕해석의 덤 '안족서신'은 기러기 발목에 매달아 보낸 편지를 의미한다. 앞서 「만분가」에서 기러기와 물고기를 소식을 전달하는 매개로 사용한 것과 비슷한 표현이다.

기다린들 기별 올까 오노라면 달이 넘네
기다린들 (어머니의) 소식이 올까, 소식이 오려면 한 달이 넘어 가네.

못 본 제는 기다리나 보게 되면 시원할까
못 뵈는 때에는 (이렇게 어머니 소식을) 기다리고 있는데 (실제로) 보게 되면 (얼마나 속이) 시원할까.

노친 소식 나 모를 제 내 소식 노친 알까
어머니 소식을 내가 모르는데 내 소식을 어머니라고 알까.

산과 강물 막힌 길에 일반고사(一般苦思) 뉘 헤올고 Q3
(어머니와 나 사이가) 산과 강물로 막혀 있는 길에서 생긴 괴로움을 누가 헤아릴 수 있을까?

묻노라 밝은 달아 두 곳에 비추는가
묻노라 밝은 달아. 두 곳(내가 있는 곳과 어머니가 계신 곳)에 (모두) 비추느냐?

따르고저 뜨는 구름 남천(南天)으로 닫는구나 Q4
따르고 싶구나 떠 있는 (저) 구름, (어머니가 계신) 남쪽 하늘로 빠르게 가는구나.

흐르는 내가 되어 집 앞에 두르고저
흐르는 시냇물이 되어 (어머니가 계신) 집 앞을 두르며 흐르고 싶구나.

나는 듯 새나 되어 창가에 가 노닐고저 Q5
날아가는 듯 새가 되어 (어머니가 계신) 창문 앞에 가서 노닐고 싶구나.

내 마음 헤아리려 하니 노친 정사(情思) 일러 무삼
내 마음 헤아리려 하니 어머니의 정과 생각은 말하여 무엇하리.(=어머니가 나를 더 걱정하고 그리워하실 것은 뻔하다.)

➕ 여의 잃은 용이오 키 없는 배 아닌가 Q6, Q7
여의주를 잃은 용이요, 키가 없는 배가 아니겠는가?

➕해석의 덤 용은 '여의(주)'를 물어야 승천하고 능력을 발휘할 수 있으며, 배는 '키'가 있어야 방향을 조정할 수 있다. 이 부분에서는 어머니와 헤어져 아무 것도 할 수 없는 화자의 상황을 가장 중요한 것을 잃어버린 용과 배에 비유하고 있다.

추풍의 낙엽같이 어드메 가 머무를꼬 Q8
가을 바람에 떨어지는 낙엽처럼 어디에 가서 머무를 것인가?

제택도 파산하고 친속(親屬)은 분찬하니
(큰 아버지가 처형당한 이후 가문의) 여러 집안들도 망해버리고 친척은 흩어져 숨으니,

도로에 방황한들 할 곳이 전혀 업네
길거리에 서성거려 봐도 갈 곳이 전혀 없네.

어느 때에 주무시며 무엇을 잡숫는고
(어머니는) 언제 주무시며 무엇을 드시는가?

일점의리 살피더니 어느 자손 대신할고
한 벌 옷과 한 켤레 신발로 지내시더니 어느 자식이 (나를) 대신할까?(=나를 대신하여 어머니를 돌볼까?)

나 아니면 뉘 뫼시며 자모(慈母) 밧긔 날 뉘 괼고 Q9
나 아니면 누가 (어머니를) 모시며 어머니 외에 나를 누가 사랑할까?

남의 업슨 모자 정리(母子情理) 수유상리 못하더니
하나뿐인 모자간의 정으로 잠시라도 떨어지지 못하더니

조물(造物)을 뮈이건가 이대도록 떼쳐 온고
(누가) 조물주를 움직였는가? (누가 어머니와 나 사이를) 이토록 떨어뜨려 놓았는가?

● 유배지에서 어머니의 소식을 기다리며 안부를 걱정함

Q1 '잠든 밧긔~눈물일세'는 연쇄법을 활용하여 화자의 정서를 부각하고 있다.
◯ ✕

Q2 '밤밤마다 꿈에 뵈니'에는 어머니에 대한 화자의 간절한 그리움이 담겨 있다.
◯ ✕

Q3 '노친 소식~뉘 헤올고'에서 물음의 방식을 통해 노모를 걱정하는 화자의 심정을 강조하고 있다.
◯ ✕

Q4 '구름'은 화자의 부러움이 투영된 대상으로 화자에게 현실 극복 의지를 불러일으킨다.
◯ ✕

Q5 '내'와 '새'에는 어머니를 뵙고 싶은 화자의 그리움이 함축되어 있다.
◯ ✕

Q6 '여의 잃은~배 아닌가'에서 비유의 방법을 활용하여 시적 상황을 전달하고 있다.
◯ ✕

Q7 '여의 잃은 용'에는 충성스러운 신하를 귀양 보낸 임금의 안타까움이 표현되어 있다.
◯ ✕

Q8 '추풍의~머무를꼬'에서 음성 상징어를 사용하여 대상을 사실감 있게 제시하고 있다.
◯ ✕

Q9 '나 아니면 뉘 뫼시며'에는 노모에게 효를 다하지 못하는 화자의 안타까움이 나타나 있다.
◯ ✕

주제

유배지에서 느끼는 어머니에 대한 걱정과 그리움

특징

① 영탄, 도치, 대구, 직유 등 다양한 표현 방법을 사용하여 상황과 정서를 드러냄

근거 (영탄) '흐르는 내가 되어 집 앞에 두르고저', (도치) '묻노라 밝은 달아', (대구) '잠든 밧긔 한숨이오 한숨 끝에 눈물일세', (직유) '추풍의 낙엽같이' 등

② 유배지(함경도 갑산)에서 홀로 계신 어머니를 그리워하며 자신의 신세를 한탄하는 것이 중심 내용으로, 일반적인 유배 가사와는 달리 임금에 대한 충의가 나타나 있지 않음

근거 '노친 소식 나 모를 제 내 소식 노친 알까', '제택도 파산하고~할 곳이 전혀 업네'

해제

「북찬가」의 작가는 벼슬에 뜻을 두지 않은 채 시골에서 어머니를 모시며 살던 인물이다. 하지만 이조판서를 지낸 큰아버지 '진유'가 역적으로 처형당하고, 그로부터 25년 뒤인 영조 재위 시절(1755) 나주괘서의 변이 일어나자 그 주동자의 조카라는 이유로 귀양을 가게 된다. 「북찬가」는 이러한 상황이 배경이 된 작품으로, 귀양지에서 느끼는 어머니에 대한 그리움, 어머니를 봉양하지 못하는 안타까움 등이 표현되어 있다.

빠른 정답 ◎ 1. ○ 2. ○ 3. ○ 4. X 5. ○ 6. ○ 7. X 8. X 9. ○ (⋯ 해설 **p.224**)

고운 섬돌 좋은 흙에 촘촘히 심어 내니
희고 고운 섬돌의 깨끗한 흙에 (봉선화를) 촘촘히 심어 내니

봄 삼월 지난 뒤에 향기 없다 웃지 마소 ^{Q1}
봄 삼월이 지난 후에도 (봉선화에) 향기가 없다고 비웃지 마시오.

취한 나비 미친 벌이 따라올까 두려워하네
(향기가 없는 까닭은 향기에) 취한 나비와 미친 벌이 따라올까 두려워하기 때문이라네.

정숙한 기상을 나밖에 뉘 벗할까
바른 몸가짐을 지닌 봉선화를 나 이외에 누가 벗으로 삼을 수 있을까.

〈서사〉 아름다운 봉선화의 속성

옥난간 기나긴 날에 보아도 다 못 보아
옥난간에서 기나긴 날 동안 보아도 (봉선화를) 다 못 보아

창문을 반쯤 열고 아이를 불러 시켜
창문을 반쯤 열어 계집종을 불러내어 시켜

다 핀 꽃을 캐어다가 상자 안에 가득 담고
활짝 핀 봉선화 꽃을 캐어다 상자 안에 가득 담고.

바느질을 끝낸 후에 안채에 밤이 들어
바느질을 끝낸 후에 안방에 밤이 깊이 들었을 때에

환한 촛불 아래 가깝게 다가앉아
환한 촛불 아래에 가깝게 다가가 앉아서

흰 백반을 갈아 바수어 옥 같은 손 가운데 곱게곱게 개어 내니 ^{Q2}
흰 백반을 갈고 부수어 옥 같이 고운 손 가운데 (손톱에) 곱게 개어내니(=손톱에 봉선화 물을 들이는 과정)

파사국(波斯國) 임금의 산호 궁전을 헤쳐 놓은 듯
(봉선화 물을 들이는 모습이) 페르시아 임금의 붉은 산호 궁궐을 헤쳐 놓은 듯하고.

궁궐 붉은 도마뱀을 절구에 빻아 놓은 듯
궁궐에 사는 붉은 도마뱀을 절구에 빻아 놓은 듯하고.

섬섬옥수 열 손가락을 수실로 감아 내니
가늘고 고운 손의 열 손가락을 수를 놓을 때 쓰는 실로 감아 내니.

종이 위로 붉은 꽃물 미미하게 스미는 듯
종이 위로 (봉선화의) 붉은 꽃물이 희미하게 스미는 듯하고.

미인의 옅은 뺨에 붉은 안개 끼이는 듯 ^{Q3}
미인의 옅은 뺨에 붉은 홍조가 어리는 듯하고.

단단히 묶은 모양 비단에 옥글씨로 쓴 편지를 왕모(王母)에게 부치는 듯 ^{Q4}
손가락을 단단하게 묶은 모양은 비단에 옥으로 쓴 편지를 서왕모(모든 선녀들을 지배하는 여신)에게 부치는 듯하다.

봄잠을 늦게 깨어 차례로 풀어 놓고
봄잠을 늦게 깨어 (실로 묶어놓은 열 손가락을) 차례로 풀어 놓고.

거울을 대하여 눈썹을 그리려니
거울 앞에서 눈썹을 그리려고 하니

난데없이 붉은 꽃이 가지에 붙어 있는 듯
난데없이 붉은 꽃이 가지에 붙어 있는 듯(봉선화 물이 든 손톱과 손가락을 비유)하다.

손으로 잡으려 하니 어지럽게 흩어지고 ^{Q5}
손으로 (붉은 꽃(=붉게 물든 손톱))을 잡으려 하니 어지럽게 흩어지고

입으로 불려 하니 안개가 섞여 가리는구나
입으로 (붉은 꽃(=붉게 물든 손톱))을 불려고 하니 (거울에) 입김이 섞여 보이지 않는구나.

친구를 서로 불러 즐겁게 자랑하고
친구를 불러 봉선화 물이 든 서로의 손톱을 즐겁게 자랑하고.

꽃 앞에 나아가서 두 빛을 비교하니
꽃 앞에 나아가서 두 빛(봉선화 꽃과 봉선화 물을 들인 손톱)을 비교하니

➕ 쪽 잎에서 나온 푸른 물이 쪽빛보다 푸르단 말, 이 아니 옳겠는가 ^{Q6}
쪽 잎에서 나온 푸른 물이 쪽보다 더 푸르다는 말(청출어람). 이것이 아니 옳겠는가?

➕ 해석의 덤 쪽에서 뽑아낸 푸른 물감이 쪽보다 더 푸르다는 의미의 사자성어 '청출어람'을 활용하여 진짜 봉선화보다 봉선화 꽃물을 들인 손톱의 색이 더 선명하고 예쁘다고 표현한 것이다.

〈본사〉 손톱에 봉선화 꽃물을 들이고, 그 아름다움에 감탄함

^{Q1} 봉선화가 지닌 속성을 긍정적으로 평가하고 있다.
ⓞ ⓧ

^{Q2} '흰 백반을~곱게곱게 개어 내니'에서 과정을 제시하며 손톱에 봉선화 물을 들이는 모습을 구체화하고 있다.
ⓞ ⓧ

^{Q3} '종이 위로~안개 끼이는 듯'에서는 비유적 표현을 반복하여 붉은 빛이 스며드는 모습을 나타내고 있다.
ⓞ ⓧ

^{Q4} 감각적인 표현을 통해 봉선화 물들이기에 기울인 화자의 정성을 드러내고 있다.
ⓞ ⓧ

^{Q5} 역동적인 묘사를 통해 봉선화의 속성을 파악하기 어려움을 구체화하고 있다.
ⓞ ⓧ

^{Q6} 관용적인 표현을 사용하여 손톱에 물든 봉선화의 붉은 빛을 강조하고 있다.
ⓞ ⓧ

은근히 풀을 매고 돌아와 누웠더니
야단스럽지 않게 풀을 매고 돌아와 누웠더니

녹의홍상 한 여인이 표연히 앞에 와서
(꿈속에서) 연두색 저고리와 다홍색 치마를 입은 한 여자(봉선화)가 가볍게 나의 앞에 와서

웃는 듯 찡그리는 듯 사례(謝禮)하는 듯 하직하는 듯 ^{Q7}
웃는 듯 찡그리는 듯 인사하는 듯 작별을 고하는 듯하다.

어렴풋이 잠을 깨어 곰곰이 생각하니
어렴풋이 잠에서 깨어 곰곰이 생각해보니.

아마도 꽃귀신이 내게 와 하직한 듯
아마도 (봉선화) 꽃귀신이 나에게 와서 작별인사를 한 듯하다.

창문을 급히 열고 꽃수풀을 살펴보니
창문을 급하게 열고 꽃이 핀 수풀을 살펴보니

땅 위에 붉은 꽃이 가득히 수놓았다
땅 위에 붉은 봉선화 꽃들이 떨어져 땅을 가득히 수놓았다.

암암이 슬퍼하고 낱낱이 주워담아 꽃에게 말 붙이기를
(꽃이 진 것에) 마음이 상하고 슬퍼서 낱낱이 주워담아 봉선화에게 말하기를

그대는 한스러워 마소 해마다 꽃빛은 의구하니
그대는 한스러워 마시오, 해마다 꽃빛은 옛날 그대로 변함이 없으니 (다음 해에도 봉선화를 볼 수 있소.)

하물며 그대 자취 내 손에 머물렀지 ^{Q8}
더구나 그대(봉선화)의 자취가 내 손에 머물러 있으니(=봉선화 물을 들인 손톱이 있으니)

동산의 도리화는 잠깐의 봄을 자랑 마소
동산의 복숭아꽃과 자두꽃은 잠깐(금방) 지나는 봄을 자랑하지 마시오.

이십 번 꽃바람에 적막히 떨어진들 뉘라서 슬퍼할까 ^{Q9}
스무 번 꽃바람에 (복숭아꽃과 자두꽃이) 적막하게 떨어진들 누가 슬퍼하겠는가.

규중에 남은 인연 그대 한몸 뿐이로세 ^{Q10}
규중(부녀자가 거처하는 곳)에 남은 인연은 그대(봉선화) 하나뿐이로세.

봉선화 이 이름을 누가 지었는가, 이리하여 지었구나
봉선화 이 이름을 누가 지었는가, 이렇게 해서 지어진 것이구나.

〈결사〉 봉선화에 대한 애틋함을 드러냄

Q7 화자는 봉선화가 낙화할 것이란 사실을 예감하고 있다. ○ ⊗

Q8 '그대는 한스러워 마소~내 손에 머물렀지'에 봉선화가 낙화한 것에 대한 화자의 위로가 드러나 있다. ○ ⊗

Q9 화자는 바람을 이기지 못하고 꽃이 쉽게 떨어지는 것에 대해 무상감을 느끼며 슬퍼하고 있다. ○ ⊗

Q10 화자는 봉선화에 대한 각별한 애정을 드러내고 있다. ○ ⊗

주제
봉선화의 아름다움과 그 속성에 대한 예찬

특징
① 봉선화를 의인화하여 봉선화에 대한 친근감을 드러냄
근거 '꽃에게 말 붙이기를 / 그대는 한스러워 마소~그대 자취 내 손에 머물렀지'

해제
「봉선화가」는 '봉선화'라는 꽃의 유래와 그 꽃잎을 따서 손톱에 물들이던 고유한 풍속을 소재로 한 작품으로, 봉선화를 바라보는 여인의 섬세한 정서를 확인할 수 있다. 조선 시대에 창작된 내방가사의 대부분이 여성으로서 지켜야 할 윤리와 규방에서의 한을 노래한 것과 달리, 이 작품은 비교적 밝은 분위기로 여성의 섬세한 감정을 잘 드러내고 있다는 점에서 특징적이다.

빠른 정답 ◯ 1. ○ 2. ○ 3. ○ 4. ○ 5. X 6. ○ 7. ○ 8. ○ 9. X 10. ○   ⋯ 해설 p.225

어떤 부인은 글 용해서 내칙 편을 외워내고
어떤 부인은 글을 외우는 것이 뛰어나서 내칙(내규) 편을 외우고,

어떤 부인은 흥이 나서 칠월 편을 노래하고
어떤 부인은 흥이 나서 칠월 편을 노래하고,

어떤 부인은 목성 좋아 화전가를 잘도 보네
어떤 부인은 목청이 좋아 화전가(봄날에 여성들이 경치 좋은 곳을 찾아가 꽃놀이를 즐기며 부르던 노래)를 잘도 부르네.

그중에도 덴동어미 멋나게도 잘도 놀아
그중에도 덴동어미가 멋이 있게도 잘도 놀아

춤도 추며 노래도 하니 웃음소리 낭자한데
춤을 추며 노래도 하니 웃음소리 가득한데,

그중에도 청춘과녀 눈물 콧물 꾀죄하다
그중에도 청춘과녀(젊어서 남편을 잃고 홀로된 여자)는 눈물 콧물을 꾀죄죄하게 흘린다.

한 부인이 이른 말이 좋은 풍경 좋은 놀음에
한 부인이 (청춘과녀의 모습을 보고) 하는 말이 "좋은 풍경 좋은 놀이에   ─ [한 부인의 물음]

무슨 근심 대단해서 낙루한심 웬일이오
무슨 근심이 대단하기에 눈물 흘리고 한숨을 쉬는가, 이 웬일이오?"

나건으로 눈물 닦고 내 사정을 들어보소 ^{Q1}
(청춘과녀가 그 말을 듣고) 비단 수건으로 눈물 닦고 "내 사정을 들어보소.   ─ [청춘과녀의 대답]

열네 살에 시집올 때 청실홍실 늘인 인정
열네 살에 시집올 때 청실홍실(혼례에 쓰는 남색과 붉은실의 명주실 테)처럼 늘인 인정

원불상리 맹세하고 <mark>백 년이나 살잤더니</mark>
헤어지지 말자고 맹세하고 부부가 되어 한평생을 지내자고 약속했더니

겨우 삼 년 동거하고 영결종천 이별하니
겨우 삼 년 함께 살고 (남편이) 죽어서 영원히 이별하니

[A]^{Q2}
임은 겨우 십육이요 나는 겨우 십칠이라
임은 겨우 십육 세이고 나는 겨우 십칠 세이라.

선풍도골 우리 낭군 어느 때나 다시 볼꼬
뛰어난 풍채를 가진 우리 낭군 어느 때 다시 볼꼬?

방정맞고 가련하지 애고애고 답답하다
(남편을 잃고 과부가 된 나의 인생이) 방정맞고 가련하지. 애고애고 답답하다.

십육 세 요사 임뿐이요 십칠 세 과부 나뿐이지
십육 세에 일찍 죽은 이는 임뿐이요, 십칠 세에 과부된 이는 나뿐이지.

삼사 년을 지냈으나 마음에는 안 죽었네
삼사 년을 지냈으나 (임은 나의) 마음속에는 안 죽었네.

이웃 사람 지나가도 서방님이 오시는가
이웃 사람 지나가도 서방님이 오시는가 (하고 생각하고)

새소리만 귀에 오면 서방님이 말하는가
새소리만 귀에 들려도 서방님이 말하는가 (하고 생각하고)

그 얼굴이 눈에 삼삼 그 말소리 귀에 쟁쟁
(임의) 그 얼굴이 눈에 삼삼하고(아른거리고) 그 말소리가 귀에 쟁쟁하네.

[B]^{Q3}
탐탐하면 우리 낭군 자나깨나 잊을쏜가
눈만 뜨면 우리 낭군 (생각에) 자나깨나 잊겠는가.

잠이나 잘 오면 꿈에나 만나지만
잠이나 잘 오면 꿈에서나마 (임을) 만나지만

잠이 와야 꿈을 꾸지 꿈을 꿔야 임을 보지
잠이 와야 꿈을 꾸지, 꿈을 꿔야 임을 보지.

간밤에야 꿈을 꾸니 정든 임을 잠깐 만나
간밤에야 꿈을 꾸니 정든 임을 잠깐 만나서

만단정담을 다하겠더니 일장설화를 채 못하여
온갖 정담을 다 하려고 했더니 한바탕 이야기를 채 못하여

<mark>꾀꼬리 소리</mark> 깨달으니 임은 정녕 간 곳 없고
꾀꼬리 소리(임과의 만남을 방해하는 소리) (때문에) 깨달으니(잠에서 깨어나니) 임은 정녕 간 곳이 없고

Q1. '청춘과녀'는 '한 부인'과의 대화에서 자신의 신세를 한탄하며 한스러운 심정을 드러낸다.
○ ×

Q2. [A]는 직설적인 표현을 통해 '영결종천 이별'에 대한 화자의 괴로운 심정을 드러낸다.
○ ×

Q3. [B]는 특정 시어를 반복하여 '우리 낭군'과 꿈속에서라도 만나기를 소망하는 화자의 심정을 표현하고 있다.
○ ×

촛불만 경경불멸하니 아까 울던 저놈의 새가
촛불만 깜박이며 꺼지지 않으니 아까 울던 저 놈의 새가(=아까 울던 저 새소리가)

자네는 듣고 좋다 하되 나와 백 년 원수로세 ^{Q4}
자네는 듣고 좋다 하였으나 나와는 백 년 원수로세.

어디 가서 못 울어서 구태여 내 단잠 깨우는고
어디 (다른 곳에) 가서 못 울어서 굳이 (이곳에서 울며) 내 단잠을 깨우는가.

정정한 마음 둘 데 없어 이리저리 재던 차에
정정한 마음을 둘 데 없어 이리저리 재던 차에

화전놀음이 좋다 하기에 심회를 조금 풀까 하고 ^{Q5}
화전놀이가 (시름을 없애는 데) 좋다고 하기에 마음속에 품고 있는 생각을 조금이나마 풀까 하고

자네를 따라 참여하니 촉처감창뿐이로세
자네를 따라 (화전놀이에) 참여하였으나 슬픈 감정 뿐이로세.

보나니 족족 눈물이요 듣나니 족족 한심일세
보는 것마다 족족 눈물이 흐르고 듣는 것마다 족족 한숨이 나오네.

[C] ^{Q7} 천하 만물이 짝이 있건만 나는 어찌 짝이 없나 ^{Q6}
천하의 만물에 다 짝이 있건만 나는 어찌 짝이 없나?

새소리 들어도 회심하고 꽃핀 걸 보아도 비창한데
새소리만 들어도 마음이 (불에 타고 남은) 재와 같고 꽃 핀 것을 보아도 마음이 몹시 상하고 슬픈데

애고 답답 내 팔자야 어찌하여야 좋을거나
애고 답답하다 내 팔자야 어찌하여야 좋을 것이냐?

가자 하니 말 아니요 아니 가고는 어찌할꼬
(개가를) 가자 하니 (내 모습이) 말이 아니요, (하지만 개가) 아니 가고는 (한스러운 이 마음을) 어찌할꼬?"

●화전놀이를 즐기던 중 자신의 신세를 한탄하는 청춘과녀

덴동어미 듣다가서 썩 나서며 하는 말이
덴동어미가 (청춘과녀의 말을) 듣다가 썩 나서며 하는 말이

가지 마오 가지 마오 제발 적선 가지 말게
"가지 마오, 가지 마오. 제발 적선(하는 셈 치고 개가를) 가지 말게.

팔자 한탄 없을까마는 가단 말이 웬 말이오
팔자를 한탄하는 말이 왜 없겠는가마는 (개가를) 간다는 말이 웬 말이오.

잘 만나도 내 팔자요 못 만나도 내 팔자지
(운수를) 잘 만나도 내 팔자요, 못 만나도 내 팔자이지.

백년해로도 내 팔자요 십칠 세 청상도 내 팔자요
부부가 되어 한평생을 사이좋게 지내는 것도 내 팔자요, 십칠 세에 청상과부가 되는 것도 내 팔자다.

팔자가 좋을 양이면 십칠 세에 청상될까
팔자가 좋을 양이면 십칠 세에 청상과부가 될까?

신명 도망 못할지라 이내 말을 들어 보소 ^{Q8}
팔자에서 벗어나지 못할 것이라 이내 말(덴동어미 자신의 인생 역정)을 들어 보소.

나도 본디 순흥 읍내 임 이방의 딸일러니
나도 본래 순흥 읍내의 임씨 (성을 가진) 이방의 딸이었으니

우리 부모 사랑하사 어리장고리장 키우다가
우리 부모가 (나를) 사랑하사 애지중지 키우다가

열여섯에 시집가니 예천 읍내 그중 큰 집에
열여섯 살에 시집을 가니 예천 읍내에서 그중 큰 집에

치행 차려 들어가니 장 이방의 집일러라
(신부) 치장을 하고 들어가니 (그곳이) 장 이방의 집이어라.

서방님을 잠깐 보니 준수비범 풍후하고
서방님을 잠깐 보니 풍채가 빼어나고 마음이 너그러워

시부모님께 현알하니 사랑한 맘 거룩하데
시부모님께 찾아가 뵈니 사랑하는 마음 거룩하네.

그 이듬해 처가 오니 때마침 단오러라
그 다음 해에 처가에 오니 때마침 단옷날이어라.

Q4 '꾀꼬리'는 화자에게 원망을 받는 소재로 미래에 대한 기대감을 이끌어 낸다.
◯ ✕

Q5 '화전놀음이~조금 풀까 하고'에는 화전놀이에 참석하여 근심에서 벗어나고자 하는 부녀자의 심정이 드러나 있다.
◯ ✕

Q6 '천하 만물이~짝이 없나'에서 '천하 만물'과 자신의 처지를 대비하여 화자의 외로운 신세를 토로하고 있다.
◯ ✕

Q7 [C]는 영탄적 표현을 활용하여 '화전놀음'에 참여한 대상을 보며 느끼는 화자의 연민을 드러내고 있다.
◯ ✕

Q8 이 작품은 외부 이야기 안에 덴동어미의 일생담이 담긴 내부 이야기가 포함된 액자식 구성으로, '이내 말을 들어보소' 이후에 외부 이야기에서 내부 이야기로의 전환을 확인할 수 있다.
◯ ✕

삼백 장 높은 가지 **추천**을 뛰다가서
삼백 장(길이의 단위) 높은 가지에 **그네**를 뛰다가

추천 줄이 떨어지며 공중에 메박으니
그넷줄이 떨어지며 공중에서 (땅으로) 메다가 박으니

그만에 박살이라 이런 일이 또 있는가
그만에 박살이라 (남편이 죽으니) 이런 일이 또 있는가?

●청춘과녀에게 자신의 인생 역정을 들려주는 덴동어미

(중략)

내 팔자가 사는 대로 내 고생이 닫는 대로
내 팔자가 사는 대로 내 고생이 닫는 대로

좋은 일도 그뿐이요 그른 일도 그뿐이라
좋은 일도 그 뿐이요. 나쁜 일도 그 뿐이라.

춘삼월 호시절에 화전놀음 와서들랑
봄 삼월 좋은 시절에 화전놀이를 왔으면

꽃빛일랑 곱게 보고 새소리는 좋게 듣고
꽃빛을 곱게 보고 새소리는 좋게 들으며

밝은 달은 예사 보며 맑은 바람 시원하다
밝은 달은 있는 그대로 보며 (즐기고) 맑은 바람은 시원하기도 하다.

좋은 동무 좋은 놀음에 서로 웃고 놀아 보소
좋은 동무들과 좋은 화전 놀이에 서로 웃고 놀아 보소.

사람 눈이 이상하여 제대로 보면 관계찮고 ^{Q9}
사람 눈이 이상하여 (어떤 마음으로 보느냐에 따라) 제대로 보면 문제될 것 없고

고운 꽃도 새겨 보면 눈이 캄캄 안 보이고
(반면에) 고운 꽃도 고쳐 보면 눈이 캄캄 안 보이고

귀도 또한 별일이지 그대로 들으면 괜찮은걸
귀도 또한 별일이지 그대로 들으면 괜찮은걸

새소리도 **고쳐** 듣고 슬픈 마음 절로 나네
새소리도 다시 듣고(슬픔 마음으로 들으면 덩달아서) 슬픈 마음이 절로 나네.

마음 심 자가 제일이라 단단하게 맘 잡으면
마음 심 자가 제일이라 (모든 것은 마음 먹기에 달려있기에) 단단하게 마음을 잡으면

꽃은 절로 피는 거요 새는 예사 우는 거요
꽃은 절로 피는 거요, 새는 예사로 우는 것이요.

달은 매양 밝은 거요 바람은 일상 부는 거라
달은 번번이 밝은 거요, 바람은 일상 부는 것이라.

마음만 예사 태평하면 예사로 보고 예사로 듣지
마음만 보통 있는 일대로 태평하면 예사로 보고 예사로 듣지.

보고 듣고 예사하면 고생될 일 별로 없소
보고 듣고 예사로 하면 고생될 일이 별로 없소."

●모든 것은 마음 먹기에 달려 있는 것이라며 청춘과녀의 슬픈 마음을 위로함

앉아 울던 청춘과부 황연대각 깨달아서
앉아 울던 청춘과부가 갑자기 환하게 깨달아서

덴동어미 말 들으니 말씀마다 개개 옳아
"덴동어미 말 들으니 말씀마다 모두 옳아

이내 **수심** 풀어내어 이리저리 부쳐 보세
이내 근심을 풀어내어 이리저리 (화전을) 부쳐 보며 근심을 덜어내세.

이팔청춘 이내 마음 봄 춘 자로 부쳐 보고
이팔청춘 이내 마음 봄 춘 자로 부쳐 두고

화용월태 이내 얼굴 꽃 화 자로 부쳐 두고
아름다운 여인의 태도와 얼굴을 꽃 화 자로 부쳐 두고

술술 나는 긴 한숨은 세류**춘풍** 부쳐 두고
술술 나는 긴 한숨은 가는 비와 봄바람에 부쳐 두고

밤이나 낮이나 숱한 수심 우는 새나 가져가게
밤이나 낮이나 숱한 깊은 근심은 우는 새나 가져가게.

Q9 '사람 눈'은 성숙한 인간이 가진 안목을 의미한다.

○ ×

일촌간장 쌓인 근심 **도화유수**로 씻어 볼가
애타는 마음속에 쌓인 근심을 복숭아꽃이 떠 있는 흐르는 물(시냇물)로 씻어 볼까.

천만 첩이나 쌓인 설움 웃음 끝에 하나 없네
천만 겹이나 쌓인 설움이 웃음 끝에 하나 (남지 않고) 사라졌네.

구곡간장 깊은 설움 그 말끝에 슬슬 풀려
마음속에 쌓인 깊은 설움이 ('마음 먹기에 따라 근심도 풀린다.'는) 그 말끝에 술술 풀려

삼동설한 쌓인 눈이 봄 춘 자 만나 슬슬 녹네
추운 겨울에 쌓인 눈이 봄 춘 자 만나 슬슬 녹네.(=봄이 되자 슬슬 녹아내리는 것처럼 사라지네.)

자네 말은 봄 춘 자요 내 생각은 꽃 화 자라
자네 말은 봄 춘 자요, 내 생각은 꽃 화 자라.

봄 춘 자 만난 꽃 화 자요 꽃 화 자 만난 봄 춘 자라
봄 춘 자 만난 꽃 화 자요, 꽃 화 자 만난 봄 춘 자라."

● 덴동어미의 말을 듣고 깨달음을 얻은 청춘과녀

주제

기구한 팔자에 대한 한탄과 극복 의지

특징

① '외부 이야기' 안에 덴동어미의 일생이 담긴 '내부 이야기'가 포함된 액자식 구성으로 이루어짐

근거 (내부 이야기 시작 지점) '신명 도망 못할지라 이내 말을 들어 보소~'

② 덴동어미와 청춘과부의 대화 형식으로 시상이 전개됨

근거 '가자 하니 말 아니요 아니 가고는 어찌할꼬 / 덴동어미 듣다가서 썩 나서며 하는 말이 / 가지 마오 가지 마오 제발 적선 가지 말게', '보고 듣고 예사하면 고생될 일 별로 없소 / 앉아 울던 청춘과부 황연대각 깨달아서 / 덴동어미 말 들으니 말씀마다 개개 옳아'

해제

「덴동어미화전가」는 부녀자들의 놀이 문화를 배경으로 한 화전가류의 가사 작품이다. 일반적으로 화전가는 봄을 즐기는 흥취와 함께 고달픈 삶을 살았던 여인의 한, 그런 현실에서 하루만이라도 벗어나 놀이를 즐기고 싶어 했던 부녀자들의 염원이 잘 드러나 있다. 그중 「덴동어미화전가」는 액자식 구성을 취한다는 점에서 특징적이다. 화전놀이를 즐기던 중 눈물을 흘리는 한 청춘과부에게 덴동어미가 자신의 기구한 삶을 이야기하는 것을 중심으로 작품이 전개되는데, 이때 덴동어미의 이야기를 내부 이야기로 볼 수 있는 것이다.

빠른 정답 ○ 1. ○ 2. ○ 3. ○ 4. X 5. ○ 6. ○ 7. X 8. ○ 9. X ⋯ 해설 **p.226**

오산 서(烏山西) 외로온 무을 이 내의 토구(菟裘)로다
금오산 서쪽의 외로운 마을 이내 몸이 벼슬에서 물러나 살아가는 곳이로다.

석전모옥(石田茅屋)애 종로(終老)호랴 기약(期約)터니
돌밭 매고 띠집에서 늙으리라 기약하더니

명강(名韁)이 힘이 이셔 십재(十載)를 분주(奔走)호니
명예욕을 못 이기어 (속세에서) 십 년을 바쁘게 돌아다니니

천장(千丈) 홍진(紅塵)애 검은 머리 다 셰거다
천 길의 붉은 먼지(속세, 속세의 삶)에 검은 머리 다 세었구나.(=흰 머리가 되었구나.)

전원(田園)이 거츨거든 송국(松菊)을 뉘 갓고며
전원이 거칠거든 소나무와 국화를 누가 가꾸며

구맹(鷗盟)이 차 잇거니 학원(鶴怨)이라 업슬소냐
(자연에서 살겠다던) 갈매기와의 약속을 차 버리니 학의 원망이야 없겠는가?

여관(旅館) 청등(靑燈)애 장석음(莊舃吟)을 제 뉘 알리
여관의 푸른 등에 (장석이라는 자가 초나라에서 고향인 월나라를) 그리던 슬픈 노래를 그 누가
알겠는가?(=그 누구도 알지 못하는구나.)

환해 풍랑(宦海風浪)이 졸연(猝然)히 니러나니
벼슬살이 중에 풍랑(벼슬살이의 험난함을 의미함)이 갑작스레 일어나니

저어(岨峿)혼 고종(孤蹤)이 죄(罪)눈 어이 짓도던고
틀어져서 어긋나고 외로운 처지가 죄는 어찌 지었는가?

명시부견(明時負譴)호야 더딘 몸이 되야시니
태평한 시대임에도 자주 견책을 받게 되어 더딘 몸(던진 몸, 죄인의 몸)이 되었으니

지지(遲遲)혼 행색(行色)이 권련(眷戀)호다 어이호리
보잘 것 없는 행색으로 고향을 그리워한들 어찌하리.

서호 구업(西湖 舊業)에 필마(匹馬)로 도라오니
서호의 옛집에 한 필 말로 혼자 돌아오니

적막(寂寞)혼 황촌(荒村)에 파옥수간(破屋數間) 쑨이로다
적막하고 황폐해진 마을에 부서진 집 몇 칸뿐이로다.

어와 이 생애(生涯) 이리 호야 어이호리
아아 이 생애가 이리하여 어찌하겠는가.

원림(園林) 노픈 고디 소당(小堂)을 지어내니
집안 뜰 높은 곳에 작은 집(=월선헌=달이 먼저 오는 곳)을 지어내니

헌창(軒窓)이 소쇄(瀟灑)혼디 안계(眼界)조차 너눌시고
추녀와 창문이 깨끗하니 눈앞의 풍경이 넓게 보이는구나.

삼경(三逕) 송황(松篁)은 새 빗출 찌여 잇고
세 오솔길(은자가 사는 곳)의 소나무와 대나무는 새 빛을 띠고 있고

십리(十里) 강산(江山)이 망중(望中)의 버러시니
십 리 밖 자연이 바라보는 눈앞에 펼쳤으니

월호풍령(月戶風欞)애 일업시 비겨 이셔
달빛이 비치는 집의 바람 부는 난간에 일없이 비스듬히 (기대어) 있으니

듯거니 보거니 승취(勝趣)도 하도 만타
듣거나 보거나 하는 중에 뛰어난 풍경이 많기도 많구나.

〈서사〉 고향(전원)으로 돌아오기까지의 과정과 고향에 대한 태도

호천(湖天) 봄 빗치 두병(斗柄) 죠차 도라 오니
호수 위 하늘의 봄빛이 북두성을 따라 돌아오니

양파(陽坡) ᄀᆞ눈 풀이 새 엄이 푸르럿고
햇빛이 드는 언덕의 가는 풀은 새싹이 푸르렀고

사정(沙汀) 약(弱)혼 버돌 녯 가지 누울 저긔
모래사장의 가는 버들이 옛 가지가 새 가지가 될 때

강성(江城) 느즌 빗발 긴 들흐로 건너 오니
강 언덕에 늦은 빗발이 먼 들에서 건너오니

청상(淸爽)한 뎌 경개(景槪) 시흥(詩興)도 돕거니와
맑고 시원한 저 경치가 시를 짓고 싶은 마음을 돋우거니와

약포산전(藥圃山田)을 하매면 가리로다
약초 심은 산밭을 잘하면 갈겠구나.

이바 아희들아 쇼 죠히 머겨스라
이봐 아이들아 소에게 (풀을) 좋게 먹여 보자.

➕ 여와씨(女媧氏) 하놀 깁던 늙은 돌히 나마 이셔
여와씨가 하늘의 구멍을 깁던 늙은 돌이 남아 있어

➕ 해석의 덤 │ 중국 상고 시대 전설상 여제인 여와씨와 관련된 보천 신화에 따르면 하늘이 무너지고, 땅이 꺼지고, 큰 불이 나고 홍수가 넘치는 등 재난이 발생하자 여와가 오색 돌을 녹여 하늘을 메워 보수하고 재해를 막았다고 한다.

서창(西牕) 밧 지척(咫尺)의 난봉(亂峯)이 되어시니
서쪽 창 밖 가까이에서 어지럽게 산 봉우리가 되었으니

싸커니 셔거니 기괴(奇怪)도 흔뎌이고
쌓거니 서 있거니 하는 그 모습이 기괴하기도 하구나.

장송(長松) 훗션 속의 포기마다 고지 피니
큰 소나무가 흩어 선 속에 포기마다 꽃이 피니

적성(赤城) 아젹비예 블근 안개 저젓눈 둣
붉은 성(붉은 꽃들이 활짝 핀 모습을 비유)이 아침 비에 붉은 안개로 젖은 듯

술 추고 노눈 사룸 뷘 날 업시 올라가니
술병 차고 노는 사람이 빈 날 없이 매일 올라가니

난만(爛漫)한 춘광(春光)이 몃 가지나 샹톳던고
강하고 선명한 봄빛에 몇 가지나 (그 모양을) 봤떴던가?

금오산(金烏山) 십이봉(十二峯)이 대야(大野)의 둘너시니
금오산의 열두 봉우리가 넓은 들에 둘렀으니

느눈 둣 머무눈 둣 기상(氣像)도 기승(奇勝)하다
나는 듯 머무는 듯하는 모양도 기묘하고 뛰어난 경치구나.

다사(多事)한 춘람(春嵐)이 취대(翠黛)예 빗겨 이셔
바쁜 봄 아지랑이가 미인의 눈썹인 양 비스듬히 있어

모두락 훗두락 태도(態度)도 할셔이고
모이는 듯 흩어지는 듯 모양새도 많구나.

창연(蒼然)한 진면목(眞面目)이 뵈눗 둣 숨눈 양은
빛깔이 푸른 진면목이 보이는 듯 숨는 모습은

용면호수(龍眠好手)로 수묵병(水墨屛)을 그렷눈 둣
중국의 화가 '이공린'이 뛰어난 솜씨로 수묵 병풍을 그린 듯(하구나.)

〈본사〉 (봄 풍경) 호수 주변의 봄빛, 들에 내리는 봄비, 서쪽 봉우리의 소나무, 금오산의 열두 봉우리

잔화(殘花)눈 볼셔 디고 백일(白日)이 점점(漸漸) 기니
시든 꽃은 벌써 지고 대낮이 점점 길어지니

장제(長堤) 눈엽(嫩葉)이 새 그늘 어릴 저긔
긴 둑에 어린잎이 자라 새 그늘이 어릴 때에

형비(荊扉)롤 기피 닷고 낮줌을 잠깐 드니
가시나무로 짠 사립문을 깊이 닫고 낮잠을 잠깐 드니

교만(驕慢)한 굇고리 쐬올 줄이 무슨 일고
뽐내는 꾀꼬리가 (잠을) 깨우니 무슨 일인가?

긔파 フ눈 길히 초연이 기픈 고디
기이한 꽃 피어 있는 좁은 길에 풀 그늘이 우거진 깊은 곳에

목적(牧笛) 삼롱성(三弄聲)이 한흥(閑興)을 도와 낸다
목동이 피리를 삼롱법으로 연주하는 소리가 한가한 흥을 돋운다.

오서산(烏棲山) 두렷한 봉(峯) 반공(半空)의 다하시니
오서산 뚜렷한 봉우리가 허공에 닿았으니(=하늘에 닿을 듯 높이 솟아 있으니)

건곤(乾坤) 원기(元氣)를 네 혼자 타 잇고야
하늘과 땅에 가득한 기운을 너 혼자 얻고 있구나.

조모(朝暮)애 줌긴 안개 부라보니 기이(奇異)호다
아침저녁에 잠긴 안개를 바라보니 기이하다.

몃 번 시우(時雨)되야 세공(歲功)을 일윗눈다
(안개가) 때 맞춰 비가 되어 내리니 한 해 농사를 이루었구나.

〈본사2〉 (여름 풍경) 긴 둑의 나무 그늘, 피리 소리 들리는 풀숲 길, 오서산의 원경

오동 닙히 디고 흰 이술 서리 되니
오동나무 잎이 지고 흰 이슬이 서리가 되니

서담(西潭) 깁픈 골애 추색(秋色)이 느껴 잇다
서쪽 연못 깊은 골짜기에 가을빛이 늦어(짙어) 있다.

천림금엽(千林錦葉)이 이월화(二月花)롤 브놀소냐
온 숲을 비단처럼 물들인 수많은 단풍잎이 이월(봄)의 꽃을 부러워하겠느냐?

동녁 두던 밧긔 크나큰 너븐 들히
동녘 언덕 밖의 크나큰 넓은 들에

만경(萬頃) 황운(黃雲)이 혼 빗치 되야 잇다 ^{Q1}
아주 넓은 누런 구름(=들판)이 한 빛이 되어 있다.

중양이 거의로다 내노리 호쟈스라 ^{Q2}
중양절이 가깝구나 고기잡이 하자꾸나.

블근 게 여믈고 눌은 둙기 술져시니 ^{Q3}
붉은 (민물)게가 여물었고 누런 닭이 살쪘으니

술이 니글션정 버디야 업술소냐
술이 익었으니 (함께 술을 마실) 벗이야 없겠는가?

전가(田家) 흥미눈 날로 기퍼 가노매라
농가의 흥미는 날로 깊어 가는구나.

살여흘 긴 몰래예 밤블이 볼가시니
물살이 급한 여울 긴 모래밭에 (밤에 게를 잡기 위해 든) 햇불이 밝았으니

게 잡눈 아히돌이 그물을 훗텨 잇고
게 잡는 아이들이 그물을 흩어 놓고

호두포(狐頭浦)엔 구븨예 아젹믈이 미러오니
호두포에는 먼 굽이에 밀물이 밀려오니

돗둔비 애내성(欸乃聲)이 고기 푸눈 댱시로다
돛단배의 뱃노래는 고기 파는 장사로다.

경(景)도 됴커니와 생리(生理)라 괴로오랴 ^{Q4}
경치도 이렇게 좋은데 생활이라고 괴롭겠느냐?

〈본사3〉 (가을 풍경) 넓은 들의 가을빛, 호두포의 물굽이

フ올히 다 디나고 북풍(北風)이 노피 부니
가을이 다 지나고 북풍이 높이 부니

긴 하눌 너븐 들히 모설(暮雪)이 느니더니
긴 하늘 넓은 들에 저녁 눈이 날리더니

이윽고 경락(境落)이 각별(各別)혼 천지(天地) 되야
이윽고 빈 마을이 특별한 세상이 되어

원근(遠近) 봉만(峯巒)은 백옥(白玉)을 뭇거 잇고
멀고 가까이 있는 뾰족 솟은 봉우리는 백옥을 묶어 있고(=있는 듯 하고)

야당(野堂) 강촌(江村)을 경요(瓊瑤)로 쑤며시니
들판의 강마을을 아름다운 구슬로 꾸몄으니(=꾸민 것 같으니)

조화(造化) 헌스혼 줄 이제야 더 알비라
조물주가 야단스러운(=대단한) 줄 이제야 더 알겠노라.

천기 늠렬(天氣凜烈)호야 빙설(冰雪)이 싸혀시니
추위가 살을 엘 듯 심해지고 얼음과 눈이 쌓였으니

Q1 전원생활에서 목격한 풍요로운 결실을 '만경 황운'에 비유해 드러냈다. ○ ×

Q2 전원생활 가운데 느끼는 여유를 '내노리 호쟈 스라'와 같은 청유형 표현을 통해 드러냈다. ○ ×

Q3 전원생활의 풍족함을 여문 '블근 게'와 살진 '눌은 둙'과 같이 색채 이미지에 담아 드러냈다. ○ ×

Q4 전원생활의 여유를 즐기면서도 생업의 현장 에서 느끼는 고단함을 '생리라 괴로오랴'와 같은 설의적 표현으로 드러냈다. ○ ×

교원(郊園) 초목(草木)이 다 최절(摧折) ᄒᆞ얏거ᄂᆞᆯ
시골 뜰의 초목이 다 기운이 꺾였거늘

창밧긔 심근 매화(梅花) 암향(暗香)을 머금엇고
창밖에 심은 매화는 그윽한 향기를 머금었고

재 우희 셔 잇ᄂᆞᆫ 솔 푸른 빗치 의구(依舊)ᄒᆞ니
언덕 위에 서 있는 소나무 푸른빛이 예전과 같으니

본ᄃᆡ 삼긴 절(節)이 세한(歲寒)ᄒᆞ다 변(變)ᄒᆞᆯ소냐
본디부터 생긴 절개가 날이 춥다고 변하겠는가?

압 뫼ᄒᆡ 자던 안개 힛빗츨 ᄀᆞ리오니
앞산에서 자던 안개가 햇빛을 가리니

죽림(竹林)의 ᄲᅳᆯ린 서리 못 미처 노갓고야
대숲에 뿌린 서리가 미처 녹지 못했구나.

소노(小爐)룰 나서 혀고 창(牕)을 닷고 안자 이셔
작은 향로를 내어 켜고 창문을 닫고 앉아 있으니

일주청향(一炷淸香)의 세념(世念)이 그처시니
(향로의) 한 줄기 심지의 맑은 향에 세상살이에 대한 생각을 그쳤으니

단표(簞瓢) 뷔다 ᄒᆞ야 흥(興)이야 업슬소냐
도시락과 표주박이 비었다고 해도 흥이야 없겠는가?

내 건너 ᄯᅩᆫ 뫼 아래 거친 ᄆᆞ올 두서 집이
냇물 건너 딴(다른) 산 아래에 있는 거친 마을 두세 집이

노수시문(老樹柴門)애 섯권 ᄂᆡ 빗겨시니
오래된 나무로 만든 사립문에 섞인 안개가 비스듬히 비치니

의희(依稀)ᄒᆞᆫ 울타리 화도중(畫圖中) ᄀᆞ톨시고
어슴푸레한 울타리가 그림 속 같구나.

우양(牛羊)이 ᄂᆞ려 오니 오놀도 져믈거다
소와 양이 (산에서) 내려오니 오늘도 날이 저물었다.

석문(石門) 노픈 봉(峯)애 석양(夕陽)이 볼갓ᄂᆞᄃᆡ
석문봉의 높은 산봉우리에 석양이 밝았는데

우러 녜ᄂᆞᆫ 기러기 가ᄂᆞᆫ 듯 도라오니
울며 가는 기러기가 가는 듯 돌아오니

형양(衡陽)이 아니로ᄃᆡ 회안봉(廻雁峰)은 여긔런가
형양(기러기가 깃들이는 곳) 땅은 아니지만 회안봉(기러기가 돌아온다는 봉우리)이 여기인가?

사양(斜陽) 긴 ᄃᆞ리예 오명가명 ᄒᆞᄂᆞᆫ 행인(行人)
석양 긴 다리에 오며가며 하는 행인이

어ᄃᆞ러 향ᄒᆞ노라 ᄇᆡ얏비 가ᄂᆞᆫ다
어디를 향하는가 바삐도 가는구나.

용산(龍山) 외로운 멸 언제브텨 잇둣던고
용산의 외로운 절 언제부터 있었던가?

경자(磬子) 몰근 소ᄅᆡ 부람 셧거 디나가니
풍경(처마 끝에 다는 종) 맑은 소리가 바람결에 섞여 지나가니

알외라 늘근 즁이 예불(禮佛)ᄒᆞᆯ 져기로다
알겠구나 늙은 중이 예불할 시간이로다.

강교(江橋) 츤 남긔 명색(暝色)이 가다가니
강 다리에 가득한 나무에 어둠이 짙어지니

서아(棲鴉)ᄂᆞᆫ 누라 들고 푸른 뫼히 멀리 뵌다
까마귀는 (둥지 찾아) 날아들고 푸른 산은 멀리 보인다.

한수(閑愁)룰 못 금ᄒᆞ야 ᄑᆞ람을 기리 불고
시름을 못 이기어 휘파람을 길게 불고

수죽(脩竹)을 지혀 이셔 ᄃᆞᆯ빗츨 기돌오니
대나무 의지하여 달빛을 기다리니

숨구즌 녈구로미 ㄱ릴 쥬리 므스 일고
심술궂은 지나가던 구름이 (달빛을) 가릴 줄이 무슨 일인가?

장풍(長風)이 헌스ㅎ여 옥우(玉宇)롤 조히 쁘니
센 바람이 요란하여 옥우(=옥으로 장식한 집=월선헌)를 깨끗이 쓰니

일편빙륜(一片氷輪)이 믈ㄱ 빗치 녜로왓다
한 조각 차가운 달의 맑은 빛이 예전과 같다.

천암만학(千岩萬壑)의 슬ㅋ지 볼가시니
수많은 바위와 골짜기가 한껏 밝았으니

단대(壇坮) 늘근 솔이 가지롤 혜리로다
대 위의 늙은 소나무의 가지를 헤아리겠구나.(=소나무 가지를 다 헤아릴 만큼 달빛이 밝구나.)

소렴(疎簾)을 고텨 것고 기픈 밤의 안자시니
성긴 발을 다시 걷고 깊은 밤에 앉았으니

동봉(東峯) 도돈 돌이 서령(西嶺)의 거디도록
동쪽 봉우리에서 돋은 달이 서쪽 언덕으로 저물도록

첨영(簷楹)이 치 빗치여 침석(枕席)의 쏘야시니
처마 밑에 있는 기둥에 다 비취어 잠자리에 쏘였으니

넉시 다 묽으니 몽매(夢寐)돌 이실소냐
넋이 다 맑았으니 꿈이라도 있겠는가?

어와 이 청경(淸景) 갑시 이실 거시런돌
아아 이 맑은 경치에 값이 있을 것이라면

적막히 다든 문애 내 분으로 드려오랴
적막하게 닫은 문에 내 분수로 어찌 들어오랴?

사조(私照) 업다 호미 거즌말 아니로다
사사로이 비추는 햇빛은 없다는 말이 거짓말이 아니구나.

모재(茅齋)예 빗쵠 빗치 옥루(玉樓)라 다롤소냐 Q5
초가지붕에 비친 빛이 옥으로 장식한 누각(임금께서 계신 곳)에 비치는 것과 다르겠는가?

Q5 자연 현상에서 연상된 그리움의 대상이 나타난다.
○ ⊗

청준(淸樽)을 밧쎄 열고 큰 잔의 ㄱ둑 브어
맑은 술을 담은 술동이를 바삐 열고 큰 잔에 가득 부어

죽엽(竹葉) ㄱ는 술롤 돌빗 조차 거후로니 Q6
죽엽주 맑은 술을 달빛 따라 기울이니

Q6 운치 있는 풍류의 상황이 나타난다.
○ ⊗

표연호 일흥(逸興)이 져기면 놀리로다
가벼운 흥이 올라 웬만하면 (신선이 되어) 날아갈 것 같구나.

이적선(李謫仙)이 이려ㅎ야 돌을 보고 밋치닷다
이태백이 이러하여 달을 보고 미쳤구나.

〈본사4〉 (겨울 풍경) 눈 내린 경치, 대밭의 안개, 석문봉의 석양, 용산의 절,
다리 건너 보이는 산, 월선헌에서 맞는 달빛

춘하추동애 경물이 아름답고
봄 여름 가을 겨울 경치가 아름답고

주야조모(晝夜朝暮)애 완상이 새로오니
낮밤과 아침저녁에 자연을 완상하는 것이 새로우니

몸이 한가ㅎ나 귀 눈은 겨룰 업다
몸이 한가하나 귀와 눈은 (경치를 즐기느라) 쉴 틈이 없다

여생이 언마치리 백발이 날로 기니
남은 생애가 얼마인가 흰 머리가 갈수록 자라니

세상 공명은 계륵이나 다롤소냐
세상의 공명은 계륵과 다르겠는가

[A] Q7
강호 어조(魚鳥)애 새 밍셰 깁퍼시니
자연에서 물고기, 새와 함께 지내겠다고 한 맹세가 깊었으니

옥당금마(玉堂金馬)의 몽혼(夢魂)이 섯긔엿다
관직 생활의 꿈이 섞이어 있다

Q7 [A]에서 화자는 '강호'에서의 은거를 긍정하지만 정치 현실에 미련이 있다고 볼 수 있다.
○ ⊗

초당연월(草堂煙月)의 시룸 업시 누워 이셔

초가집의 달빛 아래 근심, 걱정 없이 누워 있어

촌주강어(村酒江魚)로 장일취(長日醉)룰 원(願)ㅎ노라

거친 술과 물고기 안주로 종일 취하기를 원하노라.

이 몸이 이러구룸도 **역군은(亦君恩)**이샷다

이 몸이 이렇게 사는 것도 역시 임금의 은혜이시다.

〈결사〉 자신의 삶에 대한 만족감과 임금의 은혜에 대한 감사

주제

계절별로 볼 수 있는 월선헌 주변 풍경의 아름다움과 전원생활의 즐거움

특징

① 사계절의 순차적인 흐름에 따라 시상이 전개됨

근거 (봄) '봄 빗치', (여름) '백일이 점점 기니', '초연', (가을) '서리', '추색', (겨울) '북풍', '모셜', '빙셜' 등

② 청자에게 말을 건네는 방식을 사용함

근거 '이바 아히들아 쇼 죠히 머겨스라'

③ 직유, 설의 등의 표현 방법을 활용하여 자연의 아름다운 모습과 이에 대한 감상을 드러냄

근거 (직유) '적성 아젹비예 블근 안개 저젓는 둧', '용면호수로 수묵병을 그렷는 둧', (설의) '천림 금엽이 이월화롤 브놀소냐' 등

해제

「월선헌십육경가」는 신계영이 벼슬을 그만두고 고향으로 돌아와 전원생활을 즐기며 창작한 은일 가사이다. 작가는 '월선헌'에서 볼 수 있는 사계절의 변화에 따른 열여섯 가지의 자연경관을 묘사하고 농촌의 생활 모습을 담아내면서도 임금을 떠올리고 있다. 자신이 이렇게 전원에서 걱정없이 사는 것이 임금님의 은혜 덕분이라고 이야기하는 부분에서 사대부적인 면모를 확인할 수 있다.

🔍 〈보기〉로 작품 보기

17세기 가사 「월선헌십육경가」는 월선헌 주변의 16경관을 그린 작품으로 자연에서의 유유자적한 삶을 읊으면서도 현실적 생활 공간으로서의 전원에 새롭게 관심을 두었다. 그에 따라 생활 현장에서 볼 수 있는 풍요로운 결실, 여유로운 놀이 장면, 그리고 생업의 현장에서 느끼는 정서 등을 다양한 표현 방법을 통해 현장감 있게 노래했다.

빠른 정답 ➡ 1. ○ 2. ○ 3. ○ 4. X 5. ○ 6. ○ 7. ○ ⸳⸳⸳⸳ 해설 **p.226**

배 방에 누워 있어 내 신세를 생각하니
선실에 누워서 지금 내 처지와 형편을 생각하니

가뜩이 심란한데 대풍(大風)이 일어나서
가뜩이나 마음이 어수선한데 (바다 위에) 큰 바람이 불어와서

● 태산(泰山) 같은 성난 물결 천지에 자욱하니 Q1
큰 산 같은 격한 파도가 온 세상에 가득하니

크나큰 만곡주가 나뭇잎 불리이듯
만 석의 쌀을 실을 만큼 큰 배가 (파도 때문에) 나뭇잎이 나부끼듯 (흔들리고)

하늘에 올랐다가 지함(地陷)에 내려지니 Q2
하늘로 떠올랐다 땅 속 구덩이에 떨어지듯 내려오니

열두 발 쌍돛대는 차아처럼 굽어 있고
(배에 세운) 열두 발의 쌍돛대는 나뭇가지처럼 굽어 있고

쉰두 폭 초석(草席) 돛은 반달처럼 배불렀네
(돛대에 달린) 쉰 두 폭 길이의 짚으로 만든 돛은 (바람 때문에) 반달처럼 배가 불렀네.

굵은 우레 잔 벼락은 등[背] 아래서 진동하고
굵은 천둥소리와 작은 벼락들이 (나의) 등 뒤에서 울려 퍼지고

● 성난 고래 동(動)한 용(龍)은 물속에서 희롱하니 Q3
(파도가 마치) 매우 화가 난 고래, 거칠고 격하게 꿈틀대는 용이 물속에서 장난치는 것만 같으니

● 해석의 틀 '태산 같은'이나 '성난 고래', '동한 용'과 같은 표현은 화자가 처한 상황이나 심정 등을 강조해서 나타내고자 할 때 자주 등장한다. 「관동별곡」의 '가뜩이나 성난 고래를 누가 놀라게 하기에' 등에서도 이와 같은 표현을 확인할 수 있다.

방 속의 요강 타구(唾具) 자빠지고 엎어지며
선실 안의 요강과 침을 뱉는 그릇이 넘어지고 엎어지며

상하좌우 배 방 널은 잎잎이 우는구나
(선실을 이루는) 위아래 양옆에 있는 널빤지들은 저마다 흐느껴 우는구나.(=삐그덕 소리를 내는구나.)

이윽고 해 돋거늘 장관(壯觀)을 하여 보세
이윽고 (시간이 지나) 해가 떠오르니 (선실 밖의) 훌륭하고 장대한 광경을 구경하여 보세.

일어나 배 문 열고 문설주 잡고 서서
(선실 자리에서) 일어나 배 문을 열고 나와 선실 양쪽에 세운 기둥을 붙잡고 서서

사면(四面)을 돌아보니 어와 장할시고
(배 밖의) 전후좌우의 모든 방면을 돌아보니 아아 굉장하구나.

인생 천지간에 이런 구경 또 있을까 Q4
인생을 살아가면서 세상에 이와 같은 구경을 또 볼 수 있을까.

구만리 우주 속에 큰 물결뿐이로다
넓은 우주 속에서 큰 물결만 눈에 보일 뿐이로다.

(중략)

그중에 전승산이 글 쓰는 양(樣) 바라보고
(필담을 시작하던 중에) 전승산(일본인 문인)이 (내가) 글 쓰는 모습을 바라보고

필담(筆談)으로 써서 뵈되 전문(傳聞)에 퇴석(退石) 선생
(자신의 생각을) 문답의 글로 써서 (나에게) 보여 주기를, '전하여 듣기로는 퇴석(김인겸의 호, 화자) 선생이

쉬 짓기가 유명(有名)터니 선생의 빠른 재주
쉽게 (글을) 짓는다는 것이 (세상에서) 유명하더니 (지금) 선생의 빠르게(쉽게) 글 짓는 재주를

일생 처음 보았으니 엎디어 묻잡나니
일생에서 처음 (눈앞에서) 보았으니 엎드려 묻자오니

필연코 귀한 별호(別號) 퇴석인가 하나이다
(이와 같은 이유로) 마땅히 (선생께서 사용하는) 고귀한 별호(본명 이외의 이름)가 퇴석인가 생각하나이다.'

내 웃고 써서 뵈되 늙고 병든 둔한 글을
내가 웃으며 (전승산에게 글을) 써서 보여 주되 '보잘것없이 둔한 (나의) 글을

포장(褒獎)을 과히 하니 수괴(羞愧)키 가이 없다
칭찬을 심하게 하니 부끄럽고 창피함에 끝이 없다.'

Q1 거대한 자연물에 비유하여 악화된 기상 상황을 표현하고 있다.
○ ⊗

Q2 상승과 하강의 이미지를 대비하여 목전에 닥친 위기감을 강조하고 있다.
○ ⊗

Q3 동물의 역동성을 통해 공간의 분위기를 긍정적으로 바꾸고 있다.
○ ⊗

Q4 '이런 구경'은 대상에 대한 화자의 만족감을 드러내고 있다.
○ ⊗

승산이 다시 하되 소국(小國)의 천한 선비
승산이 다시 (나에게 글을 써서) 보이되 '소국(왜나라)의 미천한 선비(=승산)가

세상에 났삽다가 장(壯)한 구경 하였으니 ^{Q5}
세상에 태어나 굉장한 구경(김인겸의 글을 접함)을 하였으니

저녁에 죽사와도 여한이 없다 하고
저녁에 죽더라도 남은 한이 없다'라고 하고

어디로 나가더니 또다시 들어와서
(갑자기 전승산이) 어디로 나갔다가 또다시 들어와서

아롱보(褓)에 무엇 싸고 삼목궤(杉木櫃)에 무엇 넣어
아롱아롱한 점과 무늬가 있는 보자기에 무엇을 싸고 삼나무로 만든 상자에 무엇을 넣어

이마에 손을 얹고 엎디어 들이거늘
(공손하게) 이마에 손을 얹고 엎드려 (나에게 아롱보와 삼목궤를) 들이밀거늘

받아 놓고 피봉(皮封) 보니 봉(封)한 위에 쓰였으되
받아 두고 포장한 겉면을 보니 (물건을) 싼 위에 쓰였으되

각색 대단(大緞) 삼단이요 사십삼 냥 은자(銀子)로다
갖가지 빛깔의 큰 단(중국에서 사용하는 비단의 하나)이 삼단이나 되고 사십삼 냥의 은돈이 들어있구나.

놀랍고 어이없어 종이에 써서 뵈되
너무 놀랍고 어이가 없어 (전승산에게) 종이에 (글로) 써서 보여 주기를

그대 비록 외국이나 선비의 몸으로서
'그대(전승산)가 비록 왜나라의 사람이지만 선비의 몸으로서

은화를 갖다 가서 글 값을 주려 하니
(나에게) 은화를 가져와 글 값으로 주려 하니

그 뜻은 감격하나 의(義)에 크게 가하지 않아
그 뜻은 고맙지만 (글을 은화의 값으로 따지는 것은) 의로움에 크게 벗어나는 것이라

못 받고 도로 주니 허물하지 말지어다
(삼단과 은자를) 못 받고 돌려주니 (나의) 허물을 들어 꾸짖지 말지어다.'

주제
일본으로 향하는 여정과 견문

특징
① 과장, 영탄, 설의 등의 수사적 표현이 사용됨
근거 (과장) '태산 같은 성난 물결', '하늘에 올랐다가 지함에 내려지니', (영탄) '어와 장할시고', (설의) '인생 천지간에 이런 구경 또 있을까' 등
② 시간의 흐름에 따라 시상이 전개됨
근거 '이윽고 해 돋거늘 장관을 하여 보세' 등

해제
「일동장유가」는 '일본을 오랫동안 여행한 노래'라는 뜻이다. 작가인 김인겸은 조선시대에 통신사의 수행원으로 일본에 다녀온 일이 있는데, 총 11개월에 걸친 당시의 긴 여정을 작품 속에서 생생하게 묘사하고 있다.

🔍 〈보기〉로 작품 보기
사행가사인 「일동장유가」에는 화자와 일본인 문인 사이의 필담 장면이 기술되어 있는데, 필담을 통한 문답 형식은 일종의 대화의 성격을 지닌다. 필담 속에는 대화가 시작되는 상황, 문답의 주요 내용, 의사소통의 심층적 의미, 선비로서의 예법 등이 자연스럽게 포함되어 있다.

빠른 정답 ➡ 1. ○ 2. ○ 3. X 4. ○ 5. X 〔⋯ 해설 **p.227**〕

^{Q5} '장한 구경'은 대상에 대한 화자의 아쉬움을 드러내고 있다.
○ ⊗

수능 국어

1등급을 위한

고전시가 해석

집중 학습 프로그램

2부

고전(古典)으로 통하는 길

PART
III

향가

간 봄 그리매
지나간 봄을 그리워하매

모돈 것사 우리 시름
모든 것이 울며 시름하는데

아룸 나토샤온
아름다움을 나타내신

즈싀 살쯈 디니져
얼굴이 주름살을 지니려 하옵니다.

눈 돌칠 스이예
눈 돌이킬 사이에나마

맛보읍디 지소리
만나 뵙도록 하리이다.

낭(郎)이여 그릴 ᄆᆞᅀᆞ미 녀올 길 [Q1, Q2]
낭(죽지랑)이여 그리운 마음의 가는 길이

다봊 ᄆᆞ술히 잘 밤 이시리
다북쑥 우거진 마을에 잘 밤이 있으리이까?

〈양주동 해독〉

Q1 대화를 인용하여 화자와 연관된 인물을 직접 언급하고 있다. ○ ⊗

Q2 '길'은 상대방과 재회하려는 화자의 소망을 형상화하고 있다. ○ ⊗

간 봄 몯 오리매
지나간 봄은 다시 오지 못하니

모둘 기스샤 우롤 이 시름
살아계시지 못하여 우는 이 시름

ᄆᆞ둠곳 볼기시온
전각을 밝히신 모습(죽지랑의 모습)이

즈싀 히 혜나삽 헐니져
해가 갈수록 헐어갑니다. (죽지랑에 대한 그리움)

누니 도랄 없시 뎌옷
눈을 돌리지 않고서야

맛보기 엇디 일오아리
어찌 만나보기를 이루리.

낭(郎)이여 그릴 ᄆᆞᅀᆞ미 줏 녀올 길
낭(죽지랑)이여 그리워하는 마음의 모습이 가는 길

다보짓 굴형히 잘 밤 이샤리
다북쑥 우거진 구렁에 잘 밤이 있으리이까?

〈김완진 해독〉

주제
죽지랑을 향한 사모(추모)의 정과 그리움

특징
① 비유와 설의를 통해 대상을 향한 화자의 그리움을 드러냄
근거 (비유) '간 봄(죽지랑과 함께했던 과거의 시간)', (설의) '다봊 ᄆᆞ술히 잘 밤 이시리', '다보짓 굴형히 잘 밤 이샤리'
② 세월의 흐름을 안타까워하는 정서가 드러남
근거 '아룸 나토샤온 / 즈싀 살쯈 디니져', 'ᄆᆞ둠곳 볼기시온 / 즈싀 히 혜나삽 헐니져'

해제
「모죽지랑가」는 8구체 향가로 순수 서정시의 성격을 지닌 작품에 해당한다. 죽지랑이 자신의 무리에 속한 낭도 득오에게 도움을 준 일이 있었는데, 이에 감동받은 득오가 훗날 죽지랑을 향한 그리움의 심정을 담아 창작하였다고 전해진다. 다만 정확한 창작 시기와 관련하여서는 죽지랑이 살아있을 때 지어진 것이라는 주장과 죽지랑이 죽은 뒤에 지어진 것이라는 주장으로 견해가 나뉘고 있다. 이에 따라 작품의 성격 역시 사모시(양주동 해독)와 추모시(김완진 해독)로 달리 해석될 수 있다.

빠른 정답 ◐ 1. X 2. ○ ⋯ 해설 p.227

생사(生死) 길은
삶과 죽음의 길은

예 있으매 머뭇거리고 ^{Q1}
여기(이승)에 있음에 머뭇거리고,

나는 간다는 말도
내(죽은 누이동생)는 간다는 말도

못다 이르고 어찌 갑니까
못 다 말하고 어찌 갔는가?

어느 가을 이른 바람에
어느 가을 이른 바람(요절, 어린 나이에 죽음)에

이에 저에 ✚ 떨어질 잎처럼 ^{Q2}
여기저기에 떨어지는 나뭇잎(죽은 누이동생)처럼

> ✚ 해석의 덤 ｜「삼국유사」에 따르면 월명사가 죽은 누이를 추모하는 재를 올리며 이 노래를 부르자, 바람이 일어나 지전
> (죽은 사람에게 저승가는 길에 노자로 쓰라는 뜻으로 관 속에 넣는 종이)이 서쪽으로 날아갔다고 한다. 이처럼
> 각각의 향가 작품은 그 배경 설화와 함께 전승되는 것이 특징인데, 이를 고려할 때 '이른 바람'이 불어 '떨어진
> 잎'은 일찍 죽은 누이를 빗댄 표현이라고 해석할 수 있다.

한 가지에 나고
같은 나뭇가지(같은 부모 → 남매지간)에 나고서도

가는 곳 모르온저
(네가) 가는 곳을 모르겠구나.

아아 미타찰(彌陀刹)에서 만날 나 ^{Q3}
아아, 극락세계에서 (죽은 누이와) 만날 나는

도(道) 닦아 기다리겠노라
불도(佛道)를 닦으며 기다리겠노라.

> 주제
> 죽은 누이에 대한 애도
>
> 특징
> ① 낙구의 감탄사를 통해 화자의 심정을 드러냄
> 　근거　'아아'
> ② 상징적인 시어를 통해 시상을 전개함
> 　근거　'이른 바람', '잎', '한 가지'
> ③ 불교적 윤회사상을 바탕으로 화자의 심정을 드러냄
> 　근거　'아아 미타찰에서 만날 나 / 도 닦아 기다리겠노라'
>
> 해제
> 「제망매가」는 월명사가 이른 나이에 죽은 누이를 추모하며 지은 10구체 향가이다. 상징
> 적인 시어들('이른 바람', '잎', '한 가지' 등)을 사용하여 누이의 죽음을 통해 삶과 죽음
> 사이에서 고뇌하는 화자의 슬픔과 그리움을 감각적으로 표현하고 있다. 10구체 향가는
> '전절-후절-낙구'로 구성되는데, 마지막 구절(낙구)인 '아아 미타찰에서 만날 나 / 도
> 닦아 기다리겠노라'에서는 작품에 반영된 불교적 세계관과 함께 죽은 누이와의 이별을
> 수용하고 재회를 다짐하는 화자의 태도를 확인할 수 있다.

빠른 정답 ➡ 1. ○ 2. X 3. ○　⋯ 해설 **p.227**

^{Q1} '머뭇거리고'는 생사(生死)의 문제에 대한
인간적 고뇌를 보여 준다.
○ ⊗

^{Q2} '잎'은 수동성을 함축하고 있는 대상으로 화자
자신을 비유하고 있다.
○ ⊗

^{Q3} '미타찰'은 화자의 지향을 함축하는 공간이다.
○ ⊗

2부

고전(古典)으로 통하는 길

PART
III

고려가요

덕(德)으란 곰비예 받줍고 복(福)으란 림비예 받줍고
덕은 뒤(뒷잔, 신령님)에 바치옵고 복은 앞(앞잔, 임)에 바치오니

덕(德)이여 복(福)이라 호놀 나슨라 오소이다
덕이며 복이라 하는 것을 드리러 오십시오.

➕ 아으 동동(動動)다리 Q1   〈서사〉 Q2

➕해석의 덤 특별한 의미 없이 흥을 돋는 후렴구가 각 연마다 붙는 것은 고려가요의 보편적인 특징이다.

➕ 정월(正月)ㅅ 나릿므른 아으 어져 녹져 ᄒᆞ논딕
정월의 시냇물은 아아! (봄이 오려고) 얼고 녹고 하는데

➕해석의 덤 '정월'부터 '십이월'까지 1년을 열두 달로 나누어 구성한 시가의 형식을 '월령체'라고 한다.

누릿 가온딕 나곤 몸하 ᄒᆞ올로 녈셔
세상 한가운데 태어난 이 몸이여 (이 몸은) 홀로 살아가네.

아으 동동(動動)다리   〈정월령〉

이월(二月)ㅅ 보로매 아으 노피 현 등(燈)ㅅ블 다호라
이월의 보름(연등절)에 아아! (님의 모습은) 높이 달아 켜 놓은 등불 같구나.

만인(滿人) 비취실 즈싀샷다
세상 모든 사람을 비추실 모습이도다.

아으 동동(動動)다리   〈이월령〉 Q3

삼월(三月) 나며 개(開)혼 아으 만춘(滿春) 돌욋고지여
삼월이 지나며 활짝 핀 아아! 늦봄의 진달래꽃(임)이여.

ᄂᆞ미 브롤 즈슬 디녀 나샷다
남이 부러워할 모습을 지니고 태어나셨도다.

아으 동동(動動)다리   〈삼월령〉

四月(사월) 아니 니저 아으 오실셔 곳고리새여
사월을 잊지 않고 아아! 오는구나 꾀꼬리새여.

므슴다 錄事(녹사)니믄 녯 나를 닛고신뎌
무슨 일로 녹사(조선시대 중앙 관서의 상급 서리직 관직)님은 예전의 나를 잊어버리고 계시는가?

아으 동동(動動)다리   〈사월령〉

오월(五月) 오일(五日)애 아으 수릿날 아춤 약(藥)은
오월 오일(단오)에 아아! 단옷날 아침에 (임에게 올릴) 약은

즈믄 힐 장존(長存)ᄒᆞ샬 약(藥)이라 받줍노이다
천 년을 사시게 할 약이라 (임에게) 바치옵니다.

아으 동동(動動)다리   〈오월령〉

유월(六月)ㅅ 보로매 아으 별해 부론 ● 빗 다호라
유월의 보름(유두절)에 아아! (나의 모습이) 벼랑에 버린 빗 같구나.

도라보실 니믈 젹곰 좃니노이다
(벼랑에 버린 빗을) 돌아보실 임을 잠시나마 따르겠습니다.

아으 동동(動動)다리   〈유월령〉

칠월(七月)ㅅ 보로매 아으 백종(百種) 배(排)ᄒᆞ야 두고
칠월의 보름(백중일)에 아아! 백중날에 (여러 음식과 제물을) 벌여 두고

니믈 혼 딕 녀가져 원(願)을 비숩노이다
임과 함께 살아가고자 소원을 비옵니다.

아으 동동(動動)다리   〈칠월령〉

Q1 '아으 동동다리'는 작품 전체에 통일성을 부여하는 기능을 한다고 볼 수 없다.
ⓞ ⓧ

Q2 '아으 동동다리'를 제외한 〈서사〉의 나머지 부분은 송축의 내용을 담고 있다고 볼 수 있다.
ⓞ ⓧ

Q3 민간의 노래였던 고려가요가 궁중의 노래로 수용되며 풍속 교화의 수단으로 활용되기도 했다는 점을 고려할 때, 〈이월령〉은 모두가 우러러볼 만한 덕을 읊는 내용으로 해석할 수 있다.
ⓞ ⓧ

팔월(八月)ㅅ 보로몬 아으 가배(嘉俳) 나리마론
팔월의 보름(한가위)은 아아! 한가윗날이지마는

니믈 뫼셔 녀곤 오놀낤 가배(嘉俳)샷다
임을 모시고 지내는 오늘이 나에게는 (진정한) 한가윗날입니다.

아으 동동(動動)다리   〈팔월령〉

구월(九月) 구일(九日)애 아으 약(藥)이라 먹논 황화(黃化)
구월 구일(중양절)에 아아! 약이라 하여 먹는 노란 국화꽃

고지 안해 드니 새셔 가만ᄒ애라
(임은 안 계시고) 꽃만 (집) 안에 피어나니 초가집이 적막하구나.

아으 동동(動動)다리   〈구월령〉

시월(十月)애 아으 져미연 ᄇ롯 다호라
시월에 아아! (나의 모습이) 잘게 썰어 놓은 보리수나무 같구나.

것거 ᄇ리신 후(後)에 디니실 ᄒᆞᆫ 부니 업스샷다
(보리수나무를) 꺾어 버리신 후에 (그 나무를) 지니실 (분이) 한 분도 없으시도다.

아으 동동(動動)다리   〈시월령〉

십일월(十一月)ㅅ 봉당 자리예 아으 한삼(汗衫) 두퍼 누워
십일월에 (홀로) 봉당 자리에 아아! 홑적삼 이불을 덮고 누워

슬ᄒᆞᆺ스라온뎌 고우닐 스싀옴 녈셔
(홀로 지내는 것은) 슬픈 일이로구나. (나는) 사랑하는 임과 (헤어져) 제각각 살아가는구나.

아으 동동(動動)다리   〈십일월령〉

십이월(十二月)ㅅ 분디남ᄀᆞ로 갓곤 아으 나ᄉᆞᆯ 반(盤)잇 ● 져 다호라
십이월에 (나의 모습은) 분지나무(산초나무)로 깎은 아아! (임에게) 차려 올릴 소반 위의 젓가락 같구나.

> ● 해석의 틀 당시의 시대 상황을 고려할 때 '빗', '져(젓가락)' 등은 남성보다 여성에게 가까이 있던 소재로, 이를 통해 화자가 여성임을 짐작할 수 있다. 「사미인곡」의 '연지분', '홍상(붉은 치마)', 「서경별곡」의 '질삼뵈' 등도 화자가 여성임을 알 수 있게 해 주는 소재이다.

니믜 알피 드러 얼이노니 소니 가재다 므르ᅀᆞᆸ노이다
(젓가락을) 임의 앞에 가지런히 놓았더니 (다른) 손님이 가져다 (입으로) 뭅니다.

아으 동동(動動)다리   〈십이월령〉

> 주제
> 홀로 살아가는 외로움과 임에 대한 그리움
>
> 특징
> ① 후렴구를 통해 작품 전체에 통일성을 부여하고 리듬감을 조성함
>   근거 '아으 동동다리'
> ② 월령체(작품의 형식이 1년 12개월로 나뉘어 구성된 시가)
>   근거 '정월, 이월, 삼월' 등
> ③ 임과 화자의 모습을 비유를 통해 드러냄
>   근거 (임) '노피 현 등ㅅ블 다호라', '만춘 돌욋고지여' / (화자) '별해 ᄇ론 빗 다호라', '져미연 ᄇ롯 다호라', '반잇 져 다호라'
>
> 해제
> 고려속요는 고려 시대 평민들 사이에서 전해지던 민요가 궁중악으로 편입된 이후 조선 시대까지 이어지면서 우리말로 기록된 것이다. 민간의 노래였던 고려속요는 궁중악으로 편입되는 과정에서 일정 부분 변화를 겪었다. 전체적으로 애틋한 그리움의 정서를 보이는 작품에 궁중 연향을 고려하여 송축의 내용을 담기도 하였으며, 형식적인 장치를 추가하여 작품 전체에 통일성을 부여하기도 하였다. 「동동」은 이러한 변화를 비교적 잘 보여 주는 작품에 해당한다.

빠른 정답 ◐ 1. X 2. O 3. O ⋯→ 해설 p.227

내 님믈 그리ᄉ와 우니다니
내가 임을 그리워하여 울고 있으니

산(山) 졉동새 난 이슷ᄒᆞ요이다
산속의 접동새와 나는 (처지가) 비슷합니다.

아니시며 거츠르신 둘 아으
(나에 대한 참소가 사실이) 아니시며 허황된 것임을 아아!

잔월효성(殘月曉星)이 아ᄅᆞ시리이다
지는 달과 새벽 별이 알 것입니다. (=천지신명에게 물어보아도 저는 결백합니다.)

넉시라도 님은 ᄒᆞᆫ디 녀져라 아으
(임이 그리워 나의) 넋이라도 임과 함께 지내고 싶어라. 아아!

벼기더시니 뉘러시니잇가
(내게 잘못과 허물이 있다고) 우기시던 이가 누구셨습니까?

과(過)도 허믈도 천만(千萬) 업소이다
(나에게는) 잘못도 허물도 전혀 없습니다.

ᄆᆞᆯ힛마리신뎌
(나에게 잘못과 허물이 있다는 소문은 모두 다) 뭇사람들의 모함입니다.

ᄉᆞᆯ읏븐뎌 아으
슬프도다 아아!

니미 나ᄅᆞᆯ ᄒᆞ마 니ᄌᆞ시니잇가
임께서는 나를 벌써 잊으셨습니까

아소 ➕ 님하 도람 드르샤 괴오쇼셔
아아 임이시여 (마음을) 돌려 (나의 말을) 들으시고 (나를) 사랑해주소서.

➕ 해석의 덤 '정서'가 귀양을 갈 때 '의종'은 곧 다시 부르겠다고 약속을 했다. 그러나 기다려도 의종에게 아무런 소식이 없자 정서는 자신의 억울함과 왕에 대한 변함없는 충절을 드러내고자 이 작품을 지었다고 한다. 이처럼 충성스러운 신하가 임금을 그리워하는 노래를 '충신연주지사(忠臣戀主之詞)'라고 하는데, 「정과정」은 그 효시 (시작)이며 「사미인곡」 등도 여기에 해당한다.

주제
억울한 마음의 토로, 임이 자신을 다시 찾아 주기를 소망하는 마음

특징
의문문의 형식과 영탄을 통해 화자의 심정을 효과적으로 드러냄
근거 (의문문의 형식) '뉘러시니잇가', '니ᄌᆞ시니잇가', (영탄) '아으', '아소'

해제
「정과정」에서 정서는 자신의 처지를 '산 접동새'에 비유하였다. 이 접동새의 울음소리에는 인간으로서 갖게 되는 억울함의 정서와 임금을 그리워하는 신하로서의 마음이 혼재되어 있다. 즉, '억울함'과 '그리움'이라는 두 가지 정서가 함께 나타나는 것이다. 이때 '벼기더시니 뉘러시니잇가', '니미 나ᄅᆞᆯ ᄒᆞ마 니ᄌᆞ시니잇가'에서는 억울함의 정서가, '내 님믈 그리ᄉ와 우니다니', '아소 님하 도람 드르샤 괴오쇼셔'에서는 그리움의 정서가 두드러진다.

빠른 정답 ➡ 1. ⭕ 2. ⭕ ⟶ 해설 **p.228**

서경(西京)이 아즐가 서경(西京)이 셔울히마르는 [Q1]
서경(평양)이 서울이지마는,

위 두어렁셩 두어렁셩 다링디리

닷곤디 아즐가 닷곤디 쇼셩경 고외마른
새로 닦은 곳인 소서경(평양)을 사랑합니다마는,

위 두어렁셩 두어렁셩 다링디리

여히므론 아즐가 여히므논 질삼뵈 부리시고 [Q2]
(임과) 이별할 것이라면 (차라리) 길쌈하던 베를 버리고서라도

위 두어렁셩 두어렁셩 다링디리

괴시란디 아즐가 괴시란디 우러곰 좃니노이다 [Q3, Q4]
사랑해 주신다면 울면서 (임을) 따라가겠습니다.

위 두어렁셩 두어렁셩 다링디리

구스리 아즐가 구스리 바회예 디신돌
구슬이 바위에 떨어진들

위 두어렁셩 두어렁셩 다링디리

긴히쏜 아즐가 긴힛쏜 그츠리잇가 나논 [Q5]
끈이야 끊어지겠습니까?

위 두어렁셩 두어렁셩 다링디리

즈믄 히를 아즐가 즈믄 히를 외오곰 녀신돌
(임과 헤어져) 천 년을 외로이 홀로 살아간들

위 두어렁셩 두어렁셩 다링디리

신(信)잇둔 아즐가 신(信)잇둔 그츠리잇가 나논
(사랑하는 임에 대한) 믿음이야 끊어지겠습니까?

위 두어렁셩 두어렁셩 다링디리

대동강(大同江) 아즐가 대동강(大同江) 너븐디 몰라셔
대동강이 넓은 줄을 몰라서

위 두어렁셩 두어렁셩 다링디리

비 내여 아즐가 비 내여 노흔다 샤공아
배를 내어 놓았느냐, 사공아!

위 두어렁셩 두어렁셩 다링디리

네 가시 아즐가 네 가시 럼난디 몰라셔
네 아내가 음란한 줄도 몰라서(=바람난 줄 몰라서)

위 두어렁셩 두어렁셩 다링디리

녈 비예 아즐가 녈 비예 연즌다 샤공아
가는 배에 몸을 실었느냐, 사공아!

위 두어렁셩 두어렁셩 다링디리

대동강(大同江) 아즐가 대동강(大同江) 건너편 ● 고즐여
(나의 임은) 대동강 건너편 꽃(다른 여인)을

● 해석의 틀 '곶(꽃)'은 동서고금을 막론하고 여성을 나타내는 소재로 자주 사용된다. 따라서 '대동강 건너편'의 곶은
화자를 떠난 임이 만날 다른 여성을 가리킨다고 볼 수 있다.

위 두어렁셩 두어렁셩 다링디리

비 타 들면 아즐가 비 타 들면 것고리이다 나논
배를 타고 (건너편에) 들어가면 꺾을 것입니다.

위 두어렁셩 두어렁셩 다링디리

[Q1] '셔울'은 화자가 현재 머무르고 있는 공간
이다.
◯ ✕

[Q2] '질삼뵈'는 화자가 현재 회피하고 싶은 대상
이다.
◯ ✕

[Q3] '우러곰'은 임의 심정을 드러내고 있다.
◯ ✕

[Q4] '좃니노이다'는 임의 곁에 있고 싶은 화자의
소망을 드러내고 있다.
◯ ✕

[Q5] '그츠리잇가'는 미래 상황에 대한 의혹을 드러
내고 있다.
◯ ✕

주제
이별의 정한

특징
① 설의를 통해 화자의 심정을 부각함
근거 '긴히쏜 아즐가 긴힛쏜 그츠리잇가 나는' 등
② 상징적 시어를 제시하여 임과의 사랑에 대한 화자의 믿음을 드러냄
근거 '구슬', '긴'
③ 특별한 의미가 없는 여음과 후렴구를 반복하여 운율을 형성함
근거 (여음) '아즐가', '나는' / (후렴구) '위 두어렁셩 두어렁셩 다링디리'

해제
「서경별곡」에는 이별에 대한 체념이 주된 정서인 다른 작품들과 달리, 사랑을 쟁취하려는 적극적인 여성의 모습이 나타난다. 그런데 각 연의 시상 전개가 매끄럽지 않으며, 이질적인 어조로 서술되어 있다. 1연에는 임을 좇겠다며 이별을 거부하는 감정적 화자가, 2연에는 임에 대한 영원한 사랑을 맹세하는 이성적 화자가, 3연에는 임을 태운 사공을 원망하며 임을 믿지 않는 감정적 화자가 나타난다. 또한 2연의 내용은 「정석가」의 6연과 동일한데, 이는 고려가요가 집단적이며 적층적(이질적인 내용이 덧붙어 층층이 쌓임) 성격을 가진 것과 관련이 있다.

빠른 정답 ⭕ 1. ○ 2. X 3. X 4. ○ 5. X ⸱⸱⸱⸱ 해설 **p.228**

Q1 '청산'은 일상적 삶의 터전과는 구별된다.
(○)(×)

살어리 살어리랏다 청산(靑山)애 살어리랏다 Q1
살겠노라, 살겠노라. 청산에 살겠노라.

멀위랑 드래랑 먹고 청산(靑山)애 살어리랏다
머루와 다래를 먹고, 청산에 살겠노라.

얄리얄리 얄라셩 얄라리 얄라

우러라 우러라 새여 자고 니러 우러라 새여
우는구나 우는구나 새여, 자고 일어나 우는구나 새여.

널라와 시름 한 나도 자고 니러 우니노라
너보다 시름 많은 나도 자고 일어나 울고 있노라.

얄리얄리 얄라셩 얄라리 얄라

✚ 가던 새 가던 새 본다 믈 아래 가던 새 본다
가던 새 가던 새 본다. 물 아래로 날아가던 새 본다.

[✚해석의 덤] 3연의 '-ㄴ다'를 의문문 종결 어미로 보아 위 행을 '가던 새 가던 새를 보느냐, 물 아래로 날아가던 새를 보느냐'와 같이 해석하는 견해도 있다.

잉 무든 장글란 가지고 믈 아래 가던 새 본다
이끼 묻은 쟁기를 가지고, 물 아래로 날아가던 새 본다.

얄리얄리 얄라셩 얄라리 얄라

이링공 뎌링공 ᄒᆞ야 나즈란 디내와손뎌
이럭저럭 하여 낮은 지내 왔건만.

오리도 가리도 업슨 바므란 또 엇디 호리라
올 사람도 갈 사람도 없는 밤은 또 어찌할 것인가.

얄리얄리 얄라셩 얄라리 얄라

어듸라 던지던 돌코 누리라 맞히던 돌코
어디다 던지는 돌인가, 누구를 맞히려는 돌인가.

믜리도 괴리도 업시 마자셔 우니노라
미워할 이도 사랑할 이도 없이 맞아서 울고 있노라.

얄리얄리 얄라셩 얄라리 얄라

살어리 살어리랏다 바ᄅᆞ래 살어리랏다
살겠노라, 살겠노라. 바다에 살겠노라.

ᄂᆞ 무자기 구조개랑 먹고 바ᄅᆞ래 살어리랏다
나문재, 굴, 조개를 먹고 바다에 살겠노라.

얄리얄리 얄라셩 얄라리 얄라

가다가 가다가 드로라 에졍지 가다가 드로라
가다가 가다가 듣노라. 외딴 부엌을 지나다가 듣노라.

✚ 사ᄉᆞ미 짒대예 올아셔 ᄒᆡ금(奚琴)을 혀거를 드로라
사슴이 장대에 올라가서 해금을 켜는 것을 듣노라.

[✚해석의 덤] 사슴이 장대에 올라가서 해금(악기)을 연주하는 것은 현실에서 일어나기 힘든 기적 같은 일이다. 이는 괴로운 현실 속에 있는 화자가 기적 같은 일이 일어나기를 바라는 소망이 담겨 있는 구절로 해석할 수 있다. 또는 고려 시대에 '산대잡희'를 공연하는 중 사슴으로 분장한 광대가 장대에 올라 해금을 연주하는 것으로 해석하기도 한다.

얄리얄리 얄라셩 얄라리 얄라

가다니 비브른 도긔 설진 강수를 비조라
가다가 보니 불룩한 술독에 진한 술을 빚는구나.

조롱곳 누로기 믜와 잡ᄉᆞ와니 내 엇디 ᄒᆞ리잇고
조롱박꽃 모양의 누룩(술을 빚는 데 쓰는 발효제)이 매워 (나를) 붙잡으니, (술을 마시지 않고) 내가 어찌하겠는가.

얄리얄리 얄라셩 얄라리 얄라

주제

현실에 대한 체념과 비애

특징

① 후렴구를 반복하여 작품에 통일성을 부여함

근거 '얄리얄리 얄라셩 얄라리 얄라'

② aaba형 율격을 지님

근거 '살어리(a) / 살어리랏다(a) / 청산에(b) / 살어리랏다(a)' 등

③ 자연물에 감정을 이입하여 화자의 감정을 표현함

근거 '우러라 우러라 새여'

해제

「청산별곡」의 화자는 삶의 고통으로부터 벗어나고자 '청산', '바다'와 같은 이상향을 지향하고 있다. 이때 2, 5연에 표현된 삶의 비애와 8연에 표현된 체념의 정서에서는 현실 도피적인 삶의 태도를 확인할 수 있다. 「청산별곡」 속 화자의 정체에 대해서는 ① 삶의 터전을 잃은 유랑민으로 보는 견해, ② 속세를 떠난 지식인으로 보는 견해, ③ 실연당한 사람으로 보는 견해가 있다.

빠른 정답 ◐ 1. ⓪ ⋯ 해설 **p.228**

가시리 가시리잇고 나는
가시렵니까, (진정으로 떠나) 가시렵니까?

브리고 가시리잇고 나는
(나를) 버리고 가시렵니까?

위 증즐가 대평셩디(大平聖代)

날러는 엇디 살라 ᄒ고
나는 어찌 살라 하고

브리고 가시리잇고 나는
(나를) 버리고 가시렵니까?

위 증즐가 대평셩디(大平聖代)

잡ᄉ와 두어리마ᄂᆞ는
(임을) 붙잡아 두고 싶지만,

선ᄒ면 아니 올셰라
(혹시나 임께서) 서운하면 (다시는) 아니 올까 두렵습니다.

위 증즐가 대평셩디(大平聖代)

➕ 셜온 님 보내ᅌᅩ노니 나는
서러운 임을 (어쩔 수 없이) 보내드리오니,

> ➕해석의 덤 주체를 누구로 보느냐에 따라 '셜온 님'의 의미는 달라질 수 있다. 서러운 사람이 화자인 경우 '셜온 님'은 '나를 서럽게 하는 임'으로, 서러운 사람이 임인 경우 '이별을 서러워 하는 임'으로 해석이 가능하다.

가시ᄂᆞᆫ 듯 도셔 오쇼셔 나는
가자마자 곧 다시 돌아오십시오.

위 증즐가 대평셩디(大平聖代)

【주제】
이별의 정한

【특징】
① 후렴구를 반복하여 작품에 통일성을 부여함
【근거】 '위 증즐가 대평셩디'
② 특별한 의미가 없는 여음을 반복하여 운율을 형성함
【근거】 '나는'
③ 이별에 대해 소극적이고 자기 희생적인 태도를 드러냄
【근거】 '잡ᄉ와 두어리마ᄂᆞ는 / 선ᄒ면 아니 올셰라', '셜온 님 보내ᅌᅩ노니'

【해제】
「가시리」는 섬세한 어조로 이별의 정한을 노래하고 있다. '기(원망) – 승(좌절) – 전(체념) – 결(기원)'의 안정된 구조를 통해 이별에 대한 화자의 심정을 효과적으로 드러내고 있으며, '나는'이라는 여음을 반복해 작품 전체에 리듬감을 형성한다. 또한 이별의 슬픔을 노래한 작품임에도 '위 증즐가 대평셩디'라는 경쾌한 후렴구를 반복하고 있는데, 이는 「가시리」가 궁중 속악으로 채택되는 과정에서 나라의 태평성대를 기원하는 내용을 포함하게 되었기 때문인 것으로 볼 수 있다.

빠른 정답 ⭕ 1. X   해설 **p.228**

Q1 이별에 따른 정서를 자연물에 의탁해 노래하고 있다.
⭕ ❌

2부

고전(古典)으로 통하는 길

PART III

한시

01

「추야우중(秋夜雨中)」

최치원

秋風唯苦吟(추풍유고음) ^{Q1}　가을바람에 괴로이 읊조리고 있건만

世路少知音(세로소지음) ^{Q2}　세상 어디에도 날 알아주는 이 없네

窓外三更雨(창외삼경우)　창밖엔 깊은 밤, 비가 내리는데

燈前萬里心(등전➕만리심)　등불 앞에 마음은 만 리를 달리네

> **➕ 해석의 덤**　'마음은 만 리를 달리네'의 해석은 창작 시기에 따라 달라질 수 있다. 최치원은 당나라에서 유학하고 신라로 돌아왔으나 뜻을 펼칠 수 없자 가야산에 은둔하며 살았다. 이를 고려할 때 「추야우중」이 당나라에서 지은 것이라면 '마음은 만 리를 달리네'는 고국에 대한 그리움으로 해석이 가능하다. 반면 신라로 돌아온 이후 지은 것이라면 '마음은 만 리를 달리네'는 자신의 능력을 발휘할 수 없는 세상에 대한 거리감을 표현한 것으로 해석할 수 있다.

주제
자신의 능력을 알아주지 않는 시대 현실에 대한 한탄, 고국에 대한 그리움

특징
자연물을 통해 시적 분위기를 조성하며 화자의 정서를 심화시킴
　근거 '가을바람', '밤', '비'

해제
「추야우중」은 비가 내리고 바람이 부는 가을밤이라는 배경을 통해 쓸쓸하고 외로운 분위기를 형성하며 시상을 전개하고 있다. 화자는 그 속에서 세상 어디에도 자신을 알아주는 이가 없음을 한탄하고 있다.

빠른 정답 ◐ 1. ○ 2. ○　[⋯ 해설 **p.228**]

^{Q1} '가을바람'은 세상에서 소외된 화자의 처지와 대응되어 쓸쓸함을 고조시킨다.

○ ⊗

^{Q2} '날 알아주는 이 없네'에는 화자의 재능과 포부를 몰라주는 세상에 대해 한탄하는 심정이 담겨 있다.

○ ⊗

02

「제가야산독서당(題伽倻山讀書堂)」

최치원

狂奔疊石吼重巒(광분첩석후중만)　첩첩 쌓인 바위 사이를 미친 듯 달려 겹겹 봉우리를 울리니

人語難分咫尺間(인어난분지척간)　가까이서 하는 말소리도 분간하기 어려워라

常恐是非聲到耳(상공시비성도이)　늘 옳고 그름을 따지는 다툼 소리가 귀에 들릴까봐

故敎流水盡籠山(고교류수진롱산) ^{Q1}　일부러 흐르는 물로 온 산을 둘러 버렸다네

주제
어지러운 세상사에서 벗어나 속세와 단절된 삶을 살아가고자 하는 의지

특징
'물'을 단절의 이미지로 사용함으로써 주제 의식을 드러냄
　근거 '일부러 흐르는 물로 온 산을 둘러 버렸다네'

해제
「제가야산독서당」은 최치원이 신분상의 한계로 인해 속세를 떠나 '가야산'에 은거하며 살 때 지은 작품으로 알려져 있다. 화자가 가까이서 하는 말소리도 분간하기 어려울 만큼 커다란 소리를 내며 흐르는 물을 독서당 주위에 '일부러' 둘러 버렸다는 것은 어지러운 현실로부터 단절된 삶을 살아가겠다는 의지를 보여 주는 표현으로 해석할 수 있다.

빠른 정답 ◐ 1. ○　[⋯ 해설 **p.228**]

^{Q1} '흐르는 물로 온 산을 둘러 버'리는 행동에는 세속적인 삶과 거리를 두려는 태도가 반영되어 있다.

○ ⊗

寂寞荒田側(적막황전측)	거친 밭 언덕 쓸쓸한 곳에
繁花壓柔枝(번화압유지)	흐드러지게 핀 꽃이 연약한 가지를 눌렀네
香經梅雨歇(향경매우헐)	매화비(장맛비)가 그쳐 향기 날리고
影帶麥風欹(영대맥풍의)	보리 바람에 그림자 흔들리네
車馬誰見賞(거마수견상)	수레 탄 사람 누가 보아 주리
蜂蝶徒相窺(봉접도상규)	벌 나비만 부질없이 찾아드네
自慙生地賤(자참생지천)	천한 땅에 태어난 것 스스로 부끄러워
堪恨人棄遺(감한인기유) ^Q1	사람들에게 버림받아도 참고 견디네

> **Q1** '천한 땅에~참고 견디네'에서 화자는 '촉규화'의 내면 서술을 통해 자신의 출신과 처지에 대한 부끄러움과 한스러움을 표현하고 있다.
> ○ ⊗

주제
자신의 능력을 펼칠 수 없는 시대 현실에 대한 한탄

특징
① 선경후정의 대칭적인 구조를 통해 시상을 전개함 (선경후정: 전반부에서 경치를 제시하고 후반부에서 경치를 바라보며 생긴 정서를 노래함)
근거 (선경) '거친 밭 언덕 쓸쓸한 곳에~보리 바람에 그림자 흔들리네', (후정) '수레 탄 사람 누가 보아 주리~사람들에게 버림받아도 참고 견디네'
② 비유를 통해 화자의 처지를 드러냄
근거 '거친 밭'(자신의 능력을 펼칠 수 없는 현실), '흐드러지게 핀 꽃'(화자의 뛰어난 능력·재능), '천한 땅'(화자의 낮은 신분)

해제
신라의 문장가였던 최치원은 학문적 재능이 뛰어났지만 육두품이라는 신분제의 한계에 가로막혀 현실 정치에서 그 능력을 펼쳐 보이지 못한 비운의 인물이다. 최치원은 「촉규화」에서 자신의 처지와 한스러운 심정을 촉규화, 즉 접시꽃에 비유하여 드러내고 있다. '거친 밭'에 '흐드러지게 핀 꽃'은 뛰어난 능력을 지니고 있음에도 자신의 능력을 펼칠 수 없는 현실을, '수레 탄 사람'은 고귀한 신분의 사람을, '벌 나비'는 평범하고 보잘것없는 사람을 비유한다. 이러한 비유를 통해 현실 속에서 느끼는 부끄러움, 한탄, 체념의 정서를 드러내고 있다.

🔍 〈보기〉로 작품 보기
「촉규화」는 삶의 현실이나 인식 태도를 사물에 투사하여 그 사물과 자아를 동일시한 한문 서정시의 하나이다. 최치원의 삶을 고려할 때, 그는 탁월한 능력을 갖추고 있었지만 출신상의 한계로 인해 세상에 크게 쓰이지 못한 채 평범한 사람들 속에서 살아야 할 때가 많았다. 최치원은 이 작품에서 자신의 목소리를 대변하는 화자를 통해 자신의 처지를 '촉규화'에 투사하여 표현했다.

빠른 정답 ➡ 1. ○ ⋯▶ 해설 **p.229**

雨歇長堤草色多(우헐장제초색다)   비 개인 긴 언덕에는 풀빛이 짙은데

送君南浦動悲歌(송군남포동비가)   남포에서 임 보내며 슬픈 노래 부르네

大同江水何時盡(대동강수하시진)   대동강 물은 그 언제 마를 것인가

別淚年年添綠波(별루년년첨록파) ⁰¹   이별의 눈물이 해마다 (대동강의) 푸른 물결에 더하는 것을

> **주제**
> 이별의 슬픔
>
> **특징**
> ① 자연의 싱그러움과 이별로 인한 화자의 슬픈 심정을 대조함
>   **근거** '풀빛이 짙은데' ↔ '남포에서 임 보내며 슬픈 노래 부르네'
> ② 이별의 슬픔을 강물에 비유하고 과장하여 표현함
>   **근거** '이별의 눈물이 해마다 (대동강의) 푸른 물결에 더하는 것을'
>
> **해제**
> 「송인」은 고려 시대의 대표적인 이별시다. '대동강 물은 그 언제 마를 것인가'는 설의적 표현으로 '이별의 눈물이 해마다 푸른 물결에 더하는 것을'과 연결되면서 화자가 흘리는 이별의 눈물 때문에 대동강 물이 마르지 않을 것이라는 의미를 부각한다. 즉 이는 화자가 느끼는 슬픔이 그만큼 깊음을 과장하여 표현한 구절이라고 볼 수 있다. 이별의 아픔으로 흘리는 눈물이 '대동강 물'의 이미지와 결합되어 이별로 인한 '한(恨)'의 정서를 고조시키고 있는 것이다.

빠른 정답 ◑ 1. ○ ⋯ 해설 **p.229**

⁰¹ '이별의 눈물이~더하는 것을'은 이별의 정한을 강물의 흐름과 연결시킨 구절로 과장된 표현을 통해 슬픔을 강조하고 있다.
   ○ ⊗

昨過永明寺(작과영명사)　어제 영명사를 지나다가

暫登浮碧樓(잠등부벽루)　잠시 부벽루에 올랐네

城空月一片(성공월일편)　텅 빈 성엔 조각달 떠 있고

石老雲千秋(석로운천추) Q1　천 년 구름 아래 바위는 늙었네

麟馬去不返(➕인마거불반)　기린마는 떠나간 뒤 돌아오지 않으니

天孫何處遊(천손하처유)　천손은 지금 어느 곳에서 노니는가

> ➕해석의 덤 고구려의 건국 시조인 동명왕을 뜻하는 '천손'과 동명왕이 하늘로 올라갈 때 타고 갔다고 전해지는 '기린마'를 소재로 하고 있다. 이를 통해 동명왕 같은 영웅이 나타나 쇠약해진 고려의 국운이 다시 회복되기를 바라는 화자의 바람을 드러내고 있다.

長嘯倚風磴(장소의풍등) Q2　돌계단에 기대어 길게 휘파람 부노라니

山靑江自流(산청강자류)　산은 오늘도 푸르고 강은 절로 흐르네

Q1 '천 년 구름 아래 바위는 늙었네'는 세월의 흐름을 시각적 이미지로 형상화한 구절이다.
　　○ ⊗

Q2 '돌계단에 기대어 길게 휘파람 부'는 행동은 화자의 내면 심리를 보여 준다.
　　○ ⊗

> **주제**
> 옛 왕조에 대한 회고와 인간사의 덧없음에 대한 깨달음
>
> **특징**
> ① 시각적, 청각적 심상을 활용하여 시상을 전개함
> **근거** (시각적 심상) '텅 빈 성엔 조각달 떠 있고 / 천 년 구름 아래 바위는 늙었네', '돌계단에 기대어 길게 휘파람 부노라니 / 산은 오늘도 푸르고 강은 절로 흐르네', (청각적 심상) '길게 휘파람 부노라니'
> ② 자연과 인간사의 대조를 통해 인생무상의 정서를 드러냄
> **근거** '텅 빈 성엔 조각달 떠 있고~천손은 지금 어느 곳에서 노니는가', '산은 오늘도 푸르고 강은 절로 흐르네'
>
> **해제**
> 「부벽루」는 고려 후기에 이색이 지은 한시로 시각적 이미지를 통해 부벽루의 황폐한 모습을 묘사함으로써 인간사의 무상함을 드러내고 있다. 옛 왕조(고구려)를 회고함으로써 덧없는 인간사에 대해 깨닫고 쇠락해가던 고려의 국운이 회복되기를 바라던 작가의 소망이 드러난다.
>
> 🔍 〈보기〉로 작품 보기
> 「부벽루」는 고려 말 이색이 고구려의 도읍이었던 평양성의 부벽루에 올라 감회를 읊은 한시이다. 원(元)나라가 평안도 지역을 점령하고 동녕부(東寧府)를 설치할 즈음 평양은 크게 황폐해졌고, 그 후 다시 고려의 땅이 되었지만 옛 모습을 되찾지 못했다. 이색은 부벽루 주위의 퇴락한 풍경을 바라보며 고구려의 시조인 동명왕과 관련된 기린마의 전설을 떠올리면서 고려의 국운(國運) 회복을 간절히 바라고 있다. 하지만 이러한 소망을 이루기 어렵다는 쓸쓸한 심정이 구체적 행위로 드러나 작품의 애상적 분위기를 짙게 하고 있다.

빠른 정답 ◐ 1. ○ 2. ○ 　[→ 해설 **p.229**]

鷰子初來時(연자초래시)	제비 한 마리가 처음 날아와서는
喃喃語不休(남남어불휴) Q¹	지지배배 그 소리 그치지 않네
語意雖未明(어의수미명)	말하는 뜻 분명히 알 수 없지만
似訴無家愁(사소무가수)	집 없는 서러움(삶의 터전을 빼앗김)을 호소하는 듯
榆槐老多穴(유괴로다혈)	"느릅나무와 홰나무가 오래되어 구멍이 많은데
何不此淹留(하불차엄류)	어찌하여 그곳에 깃들지 않니?"
燕子復喃喃(연자부남남)	제비 다시 지저귀며
似與人語酬(사여인어수)	사람에게 말하는 듯
榆穴鸛來啄(유혈관래탁) Q²	"느릅나무 구멍은 황새가 와서 쪼고
槐穴蛇來搜(괴혈사래수)	홰나무 구멍은 뱀이 와서 뒤진다오(그러니 내가 어디에 깃들어 살 수 있겠소)"

주제

지배층의 횡포로 인한 피지배층의 서러운 삶

특징

① 시적 화자와 제비가 대화하는 방식으로 시상을 전개함

근거 "느릅나무와 홰나무가 오래되어 구멍이 많은데 / 어찌하여 그곳에 깃들지 않니?" ~"느릅나무 구멍은 황새가 와서 쪼고 / 홰나무 구멍은 뱀이 와서 뒤진다오."

② 우의적인 방식으로 지배층의 횡포를 풍자함

근거 '제비'(피지배층), '황새, 뱀'(피지배층을 괴롭히는 지배층)

해제

「고시 8」은 조선 후기 지배층의 횡포와 수탈을 제비, 뱀, 황새 등의 동물을 등장시켜 우의적으로 드러내고 있는 작품이다. 피지배층인 백성들을 힘이 없는 제비로 형상화하여 지배층 관리들의 횡포를 간접적으로 비판하면서 억압받는 백성들의 모습을 실감나게 제시하고 있다.

빠른 정답 ◐ 1. ○ 2. ○   … 해설 **p.229**

Q¹ '그 소리'는 화자에게 동정심을 불러일으키는 계기가 된다고 볼 수 있다.

Q² '황새'와 '뱀'은 '제비'와 대비되는 존재로 화자에게 풍자의 대상이다.
◯ ✕

07 「보리타작(打麥行)」

정약용

新篘濁酒如湩白(신추탁주여동백) 새로 거른 막걸리가 젖빛처럼 뿌옇고
大碗麥飯高一尺(대완맥반고일척) 큰 사발에 보리밥 높이가 한 자(尺)만큼 높구나
飯罷取耞登場立(반파취가등장립) 밥을 먹고 나서 도리깨를 잡고 마당에 나서니
[A] 雙肩漆澤翻日赤(쌍견칠택번일적) 검게 탄 두 어깨가 햇볕을 받아 번쩍인다
呼邪作聲擧趾齊(호야작성거지제) 옹헤야 소리 내며 발맞추어 두드리니
須臾麥穗都狼藉(수유맥수도랑자) 삽시간에 보리 낟알이 온 마당에 가득하네
雜歌互答聲轉高(잡가호답성전고) 주고받는 노랫가락이 점점 높아지는데
但見屋角紛飛麥(단견옥각분비맥) 보이는 것은 지붕 위에 보리 티끌뿐이로다
觀其氣色樂莫樂(관기기색락막락) (보리타작하는 농민의) 그 기색을 살펴보니 즐겁기 짝이 없어
了不以心爲形役(요불이심위형역) 마음이 몸의 노예 되지 않았네
樂園樂郊不遠有(낙원락교불원유) 낙원이 먼 곳에 있는 게 아닌데
何苦去作風塵客(하고거작풍진객) 무엇하러 벼슬길에 헤매고 있으리오

Q1 [A]에서는 묘사를 통해 현장의 분위기를 생동감 있게 보여 주고 있다. ○ⓧ

Q2 보리타작을 하며 노래를 부르는 것에서 즐겁게 노동하는 모습을 청각적 심상을 사용하여 그리고 있음을 확인할 수 있다. ○ⓧ

Q3 1~8행에서는 경치를, 9~12행에서는 정서를 제시하는 선경후정의 구조를 확인할 수 있다. ○ⓧ

Q4 '무엇하러~있으리오'에서 설의적 표현을 통해 '벼슬길'에 대한 화자의 지향을 드러내고 있다. ○ⓧ

주제
농민의 건강한 삶에 대한 예찬과 자신의 지난 삶에 대한 반성

특징
① 선경후정의 시상 전개 방식을 사용함
근거 (선경) 1~8행: 보리타작을 하는 농민의 건강한 삶의 모습, (후정) 9~12행: 그것을 바라보는 화자의 반성
② 화자는 노동의 현장에서 노동하는 이들을 관찰하고 있음
근거 '그 기색을 살펴보니 즐겁기 짝이 없어'

해제
「보리타작」에서 화자는 노동의 현장에 있지만 노동의 주체가 아니라 여럿이서 함께 노동에 몰두하는 농민들의 모습을 관찰하고 있다. 이를 통해 노동하는 삶이 건강하다고 보는 작가의 가치관을 확인할 수 있다. 농민들은 '마음이 몸의 노예가 되지 않'고 육체와 정신이 통일된 건강한 삶을 살고 있다. '마음이 몸의 노예가 되지 않았네'와 '무엇하러 벼슬길에 헤매고 있으리오'는 마음이 몸의 노예가 되어 벼슬길을 헤맸던 작가 자신의 과거를 반성하는 구절로 볼 수 있다.

빠른 정답 ◑ 1. ○ 2. ○ 3. ○ 4. X ···→ 해설 **p.229**

不爲浮名役役忙(불위부명역역망)	헛된 이름(부귀공명) 따라 허덕허덕 바삐 다니지 않고
生涯追逐水雲鄕(생애추축수운향)	평생 물과 구름 가득한 마을을 찾아다녔네
平湖春暖煙千里(평호춘난연천리)	따스한 봄 잔잔한 호수엔 안개가 천 리에 끼었고
古岸秋高月一航(고안추고월일항) Q1	맑은 가을날 옛 기슭엔 달이 배 한 척을 비추네
紫陌紅塵無蒙昧(자맥홍진무몽매)	서울 길의 붉은 먼지(=벼슬길) 꿈에서도 바라지 않고
綠蓑靑蒻共行藏(녹사청약공행장)	푸른 도롱이에 부들 삿갓과 함께 살아간다네
一聲欸乃歌中趣(일성애내가중취)	어기여차 노랫소리는 뱃사람의 흥취이니
那羨人間有玉堂(나선인간유● 옥당) Q2	세상에 옥당 있다고 어찌 부러워하리오

● 해석의 틀 '옥당'은 조선 시대 '홍문관'을 이르는 말로, '공명'이나 '벼슬'을 의미한다. 즉 화자는 '홍진(세상)'의 삶이나 '옥당(벼슬)'의 추구를 헛된 것으로 여기고, 자연 친화적 삶을 긍정하고 있는 것이다.

주제
부귀공명을 거부하고 자연 속에 은거하며 사는 삶에 대한 만족감

특징
① 자연 속에 묻혀 사는 삶과 속세를 상징하는 이미지가 서로 대립됨
근거 (자연) '물, 구름, 호수, 안개, 달, 배, 도롱이' ↔ (속세) '헛된 이름, 붉은 먼지, 옥당'
② 시각적, 청각적 심상을 사용해 자연 친화적인 삶을 감각적으로 표현함
근거 (시각적 심상) '안개가 천 리에 끼었고', '푸른 도롱이에 부들 삿갓', (청각적 심상) '어기여차 노랫소리'

해제
「어옹」에서 '어옹'은 늙은 어부를 의미한다. 작품 속 어부는 생계의 수단으로 물고기를 잡는 어부가 아니라 자연에서 유유자적 한가롭게 즐기는 삶을 살고자 배를 타는 인물이다. 즉 이때의 '어옹'은 자신의 삶에 안분지족하며 살아가고 있는 '가(假)어옹'이라고 볼 수 있다. 늙은 어부의 생애를 통해 자연에 동화되어 한가하게 살아가고 싶은 작가의 심정을 읊은 작품인 것이다.

빠른 정답 ◐ 1. X 2. ◯ ⤷ 해설 **p.229**

Q1 '달이 배 한 척을 비추네'는 자연을 교감과 소통의 대상으로 여긴 화자가 '달'에 인격을 부여한 표현으로 볼 수 있다.
◯ ✕

Q2 화자는 '옥당'이라는 공간과 거리를 둠으로써 자신이 추구하는 삶의 가치를 역설하고 있다.
◯ ✕

千山鳥飛絕(천산조비절)　　　산이란 산에는 새 한 마리 날지 않고

萬逕人蹤滅(만경인종멸) Q1,Q2　길이란 길에는 사람 흔적이 끊어졌네

孤舟蓑笠翁(고주사립옹)　　　외로운 배 안의 도롱이(비옷)에 삿갓 쓴 늙은이

獨釣寒江雪(독조한강설) Q3　홀로 낚시하네 차가운 강에는 눈만 내리고

주제

눈 내린 강에서 홀로 낚시를 하고 있는 노인의 외로운 모습

특징

자연 풍경을 담담한 어조로 관찰하여 묘사함

　근거 '산이란 산에는~사람 흔적이 끊어졌네'

해제

「강설」은 당나라의 시인 유종원이 정치 개혁에 실패하고 좌천되었던 시기에 쓴 산수시(현실을 떠나 산수(자연)를 노래하는 경향의 시)이다. '새 한 마리 날지 않고' '사람 흔적이 끊어진' 강가는 속세를 초월한 대자연의 모습을 묘사한 것이다. 여기에 은거하고 있는 늙은이의 모습에 자신의 처지를 빗댐으로써 작가가 느낀 고독감을 형상화하고 있다.

빠른 정답 ◐ 1. ○ 2. ○ 3. ○ （⋯ 해설 **p.229**）

Q1 '새'와 '길'은 외부 세계와의 연결이라는 의미를 함축하고 있다.

◯ ✕

Q2 '날지 않고'와 '끊어졌네'는 시적 공간의 적막함을 강조한다.

◯ ✕

Q3 '눈만 내리고'는 늙은이의 고독을 심화한다.

◯ ✕

2부

고전(古典)으로 통하는 길

PART
III

민요와 잡가

형님 온다 형님 온다 분고개로 형님 온다
형님 온다 형님 온다 분고개로 형님 온다.

형님 마중 누가 갈까 형님 동생 내가 가지
형님 마중을 누가 갈까? 형님 동생인 내가 가지.

형님 형님 사촌 형님 시집살이 어떱뎁까
형님 형님 사촌 형님 시집살이 어떻습디까? – [사촌 동생(첫 번째 화자)의 질문]

이애 이애 그 말 마라 시집살이 개집살이 $^{Q1, Q2}$
이애 이애 그 말 말아라. 시집살이 개집살이다.

앞밭에는 당추 심고 뒷밭에는 고추 심어
앞밭에는 당추(고추의 방언) 심고, 뒷밭에는 고추 심어.

고추 당추 맵다 해도 시집살이 더 맵더라 ^{Q3}
고추와 당추가 맵다고 해도 시집살이가 더 맵더라.

둥글둥글 수박 식기(食器) 밥 담기도 어렵더라
둥글둥글한 수박처럼 둥근 그릇에 밥 담기도 어렵더라.

도리도리 도리소반(小盤) 수저 놓기 더 어렵더라
도리도리 도리소반(둥글고 작은 밥상)에 수저 놓기는 더 어렵더라.

오 리(五里) 물을 길어다가 십 리(十里) 방아 찧어다가
오 리 (떨어진 곳에서) 물을 길어다가 십 리 (떨어진 곳에서) 방아를 찧어다가,

아홉 솥에 불을 때고 열두 방에 자리 걷고 ^{Q4}
아홉 개의 솥에 불을 때고, 열두 개의 방에 자리를 치우고,

외나무다리 어렵대야 시아버니같이 어려우랴
외나무다리가 어렵다고 한들 시아버지같이 어렵겠느냐?

나뭇잎이 푸르대야 시어머니보다 더 푸르랴 ^{Q5}
나뭇잎이 푸르다고 한들 시어머니의 서슬보다 더 푸르겠느냐?

시아버니 호랑새요 시어머니 꾸중새요
시아버지는 (무서운) 호랑새요, 시어머니는 (혼내는) 꾸중새요,

동세 하나 할림새요 시누 하나 뾰족새요
동서 하나는 (고자질하는) 할림새요, 시누 하나는 (화 잘 내는) 뾰족새요,

시아지비 뾰중새요 남편 하나 미련새요 ^{Q6}
시아주버니는 (뾰로통한) 뾰중새요, 남편 하나는 (미련한) 미련새요,

자식 하난 우는 새요 나 하나만 썩는 샐세
자식 하나는 우는 새요, (이런 와중에) 나 하나만 썩는 새네.

귀먹어서 삼 년이요 눈 어두워 삼 년이요
(시집살이 때문에) 귀먹은 채 삼 년을 보내고, 눈을 감은 채 삼 년을 보내고,

말 못해서 삼 년이요 석 삼 년을 살고 나니 ^{Q7}
말을 못하며 삼 년을 보내서, 이렇게 석 삼 년(총 9년)을 살고 나니,

배꽃 같던 요내 얼굴 호박꽃이 다 되었네 ^{Q8}
배꽃같이 어여쁘던 이 내 얼굴이 호박꽃이 다 되었네.

삼단 같던 요내 머리 비사리춤이 다 되었네
삼단 같던 이 내 머리는 비사리춤이 다 되었네.(=매우 거칠어졌네.)

백옥 같던 요내 손길 오리발이 다 되었네
백옥 같던 이 내 손길이 오리발이 다 되었네.

열새 무명 반물치마 눈물 씻기 다 젖었네
아주 고운 무명으로 지은 짙은 남색 치마는 눈물을 씻느라 다 젖었네.

두 폭 붙이 행주치마 콧물 받기 다 젖었네
두 폭 붙이의 행주치마는 콧물을 받느라 다 젖었네.

울었던가 말았던가 베갯머리 소(沼) 이뤘네
(힘겨운 시집살이로 인해) 울었던가, (자식에게 위로 받으며) 말았던가. 베갯머리에 (눈물이) 연못을 이루었네.

그것도 소이라고 거위 한 쌍 오리 한 쌍
그것도 연못이라고 거위 한 쌍 오리 한 쌍(자식들을 비유한 표현)

쌍쌍이 때 들어오네
쌍쌍이 떼로 들어오네. – [사촌 형님(두 번째 화자)의 대답]

Q1 화자는 자신이 처한 상황을 부정적으로 규정하고 이후에 다양한 예들을 나열하고 있다.
ⓞ ⓧ

Q2 '이애 이애 그 말 마라'에서 화자는 상대의 물음에 대한 답변을 유보하고 있다.
ⓞ ⓧ

Q3 '형님 온다~시집살이 더 맵더라'에서 화자는 예전에 알고 지내던 인물과의 만남을 계기로 자신의 심정을 토로하고 있다.
ⓞ ⓧ

Q4 '오 리~자리 걷고'에서는 과장된 표현을 통해 며느리가 수행해야 하는 가사 노동을 강조하고 있다.
ⓞ ⓧ

Q5 '외나무다리~더 푸르랴'에서 감탄과 반성의 어조를 교차하여 복잡한 감정을 나타내고 있다.
ⓞ ⓧ

Q6 '시아버니~미련새요'에서는 시집 식구들을 일일이 지목하면서 그들에 대한 화자의 생각을 드러내고 있다.
ⓞ ⓧ

Q7 '귀먹어서~석 삼 년을 살고 나니'에서 며느리가 감당해야 하는 제약을 제시하며 힘든 처지를 보여 주고 있다.
ⓞ ⓧ

Q8 '배꽃 같던~다 되었네'에서 결혼 전후의 용모 변화를 자연물에 빗대어 시집살이의 고충을 토로하고 있다.
ⓞ ⓧ

주제

시집살이의 한과 체념

특징

① 대화의 형식, 반복, 대구, 대조, 열거 등을 사용함

근거 (대화의 형식) '사촌 형님 시집살이 어떱뎁까 / 이애 이애 그 말 마라 시집살이 개집살이', (반복) '형님 형님', (대구) '앞밭에는 당추 심고 뒷밭에는 고추 심어', (대조) '배꽃 같던 요내 얼굴 호박꽃이 다 되었네', (열거) '시아버니 호랑새요~나 하나만 썩는 샐세' 등

② 시집살이의 고충을 해학적, 풍자적으로 토로함

근거 '시아버니 호랑새요 시어머니 꾸중새요 / 동세 하나 할림새요 시누 하나 뾰족새요' 등

해제

「시집살이 노래」는 여성들이 부르던 민요로 봉건적 가족 관계 속에서 겪는 여성(며느리)의 고통스러운 삶을 그리고 있다. 시집살이의 고뇌를 구구절절하게 표현하면서도 해학적인 표현을 통해 그 고통을 감내하고 초월하려는 모습을 보여 주고 있다.

빠른 정답 ◐ 1. ○ 2. X 3. ○ 4. ○ 5. X 6. ○ 7. ○ 8. ○ ⟶ 해설 **p.230**

아리랑 아리랑 아라리요
아리랑 아리랑 아라리요

아리랑 고개 고개로 나를 넘겨 주게
아리랑 고개 고개로 나를 넘겨 주게.

아우라지 뱃사공아 배 좀 건너 주게 ^{Q1}
아우라지(두 갈래 이상의 물이 한데 모이는 물목)에 있는 뱃사공아, 배로 (나를) 좀 건너 주게.

싸리골 올동백이 다 떨어진다
싸리골(아우라지 건너편의 마을)에 있는 올동백(제철보다 일찍 꽃이 피는 동백)이 다 떨어진다.

[A]^{Q2}
민둥산 고비 고사리 다 늙었지마는
민둥산의 고비와 고사리는 다 늙었지만
이 집에 정든 임 그대는 늙지 마서요
이 집에 정든 임 그대는 늙지 마세요.

[B]^{Q3}
서산에 지는 해는 지고 싶어 지나
서산에 지는 해는 지고 싶어 지나?
정 들이고 가시는 임은 가고 싶어 가나
(나와) 정 들이고 가시는 임은 가고 싶어 가나?

[C]^{Q5}
성님 성님 사촌 성님 시집살이가 어떻던가 ^{Q4}
형님 형님 사촌 형님 시집살이가 어떻던가?
삼단 같은 요 내 머리 비사리춤 다 되었네
삼단 같은 이 내 머리(숱이 많고 긴 머리)가 비사리춤(벗겨 놓은 싸리 껍질의 묶음)이 다 되었네.

[D]^{Q6}
오늘 갔다 내일 오는 건 해 달이지만
오늘 갔다 내일 오는 것은 해와 달이지만
한 번 가신 우리 임은 그 언제 오나
한 번 가신 우리 임은 그 언제 오나?

[E]^{Q7}
당신이 날만침만 생각을 한다면
당신이 나만큼만 생각을 한다면(내가 임을 생각하는 것만큼만 임도 나를 생각한다면)
가시밭길 천 리라도 신발 벗고 오리라
가시밭길 천 리라도 신발 벗고 (나를 만나러) 오리라.

^{Q1} 작품 내에 청자를 설정하여 말을 건네는 형식을 활용하고 있다.　○ ⓧ

^{Q2} [A]에서는 임이 자연의 섭리에 영향을 받지 않기를 기원하는 말로 임에 대한 애정을 나타내고 있다.　○ ⓧ

^{Q3} [B]에서는 임이 떠나가는 것을 자연 현상에 빗대어 임을 이해하려는 마음을 드러내고 있다.　○ ⓧ

^{Q4} 단어를 반복하여 리듬감을 형성하고 있다.　○ ⓧ

^{Q5} [C]에서는 묻고 답하는 형식을 빌려 여성의 고단한 삶을 표현하고 있다.　○ ⓧ

^{Q6} [D]에서는 임이 떠나간 것은 자연의 순환적 질서에 따른 것이므로 돌아오지 않는 것도 그 질서에 따른 것으로 받아들이고 있다.　○ ⓧ

^{Q7} [E]에서는 기대만큼 자신을 충분히 사랑해 주지 않는 임에 대한 서운함을 표현하고 있다.　○ ⓧ

주제
오지 않는 임에 대한 그리움과 삶에 대한 한탄

특징
① 각 연이 독립적인 내용으로 구성되어 있음
② 말을 건네는 형식, 묻고 답하는 형식, 반복, 대구, 대조, 설의 등 다양한 표현 방법을 활용함
근거 (말을 건네는 형식) '나를 넘겨 주게', '배 좀 건너 주게', '그대는 늙지 마서요', '당신이 날만침만~신발 벗고 오리라' / (묻고 답하는 형식) '성님 성님 사촌 성님~비사리춤 다 되었네' / (반복) '아리랑 아리랑', '고개 고개', '성님 성님 사촌 성님' / (대구) '서산에 지는 해는~가고 싶어 가나' / (대조) '오늘 갔다 내일 오는 건~그 언제 오나' / (설의) '서산에 지는 해는~가고 싶어 가나' 등

해제
「정선 아리랑」은 우리의 민요인 아리랑 중 강원도 정선 지역에서 발생한 것을 가리키는데, 지금까지 채집된 것만 수백 수로 그 양이 적지 않다. 각 사설의 내용은 대부분 독립적이며 주제가 다양한데, 임에 대한 사랑, 자신의 신세 한탄, 세태 풍자 등의 내용이 자주 등장한다.

빠른 정답 ◐ 1. ○ 2. ○ 3. ○ 4. ○ 5. ○ 6. ✕ 7. ○　⋯→ 해설 **p.230**

이별이라네 이별이라네 이 도령 춘향이가 이별이로다
이별이구나 이별이구나 이 도령과 춘향이가 이별을 하는구나.

춘향이가 도련님 앞에 바짝 달려들어 눈물짓고 하는 말이
춘향이가 도련님 앞에 바짝 달려들어서 눈물지으며 하는 말이

도련님 들으시오 나를 두고 못 가리다
도련님 들으십시오 나를 두고는 못 갈 것입니다.

나를 두고 가겠으면 홍로화(紅爐火) 모진 불에
나를 두고 가겠다면 홍로화(붉은 화롯불) 모진 불에

다 사르겠으면 사르고 가시오
(나를) 다 불사르겠으면 태워 없애고 가십시오.

날 살려 두고는 못 가시리라
나를 살려 두고는 못 가실 것입니다.

잡을 데 없으시면 삼단같이 좋은 머리를 Q1
잡을 곳이 없으시다면 삼단같이 좋은 (내) 머리를

휘휘칭칭 감아쥐고라도 날 데리고 가시오
휘휘칭칭 감아쥐고서라도 나를 데리고 가십시오.

살려 두고는 못 가시리다
(나를) 살려 두고는 못 가실 것입니다.

날 두고 가겠으면 용천검(龍泉劍) 드는 칼로다
나를 두고 가겠다면 용천검(옛날 장수들이 쓰던 보검) 드는 칼을 가지고

요 내 목을 베겠으면 베고 가시오
이 내 목을 베겠다면 베고 가십시오.

날 살려 두고는 못 가시리라
나를 살려 두고는 못 가실 것입니다.

두어 두고는 못 가시리다
(나를 여기에) 두어 두고는 못 가실 것입니다.

날 두고 가겠으면 영천수(穎川水) 맑은 물에다 Q2
나를 두고 가겠다면 (중국) 영천수 맑은 물에다

던지겠으면 던지고나 가시오
(나를) 던지겠다면 던지고나 가십시오.

날 살려 두고는 못 가시리다
나를 살려 두고는 못 가실 것입니다.

이리 한참 힐난하다 할 수 없이 도련님이 떠나실 때
이렇게 한참을 트집을 잡아 따지고 들다 할 수 없이 도련님이 떠나실 때

방자 놈 분부하여 나귀 안장 고이 지으니
방자 놈에게 분부하여 나귀에 안장을 고이 지게 하니

도련님이 나귀 등에 올라앉으실 때
도련님이 나귀 등에 올라타서 앉으실 때

춘향이 기가 막혀 미칠 듯이 날뛰다가
춘향이 기가 막혀서 미칠 듯이 날뛰다가

우르르 달려들어 나귀 꼬리를 부여잡으니
우르르 달려들어 나귀 꼬리를 힘껏 붙들어 잡으니

나귀 네 발로 동동 굴러 춘향 가슴을 찰 때 Q3
나귀가 네 발로 동동 (바닥을) 힘주어 치며 춘향 가슴을 찰 때

안 나던 생각이 절로 나
안 나던 생각이 저절로 나

그때에 이별 별(別) 자 내인 사람 나와 한백 년 대원수로다
그때에 이별 별(別) 자를 만든 사람은 나와 한백 년 크게 원수를 진 사람이다.

깨치리로다 깨치리로다 박랑사 중 쓰고 남은 철퇴로
깨뜨릴 것이다 깨뜨릴 것이다 (장양이 철퇴로 진나라 시황제를 저격하게 했던) 박랑사에서 쓰고 남은 철퇴로

천하장사 항우 주어 이별 두 자를 깨치리로다
천하장사 항우에게 주어 이별 두 글자를 깨뜨릴 것이다.

Q1 '삼단같이 좋은 머리'는 인물이 지닌 자부심을 환기하여 좌절감을 완화하는 소재이다. ⓞ ⓧ

Q2 '영천수 맑은 물'은 초월적 공간에 대한 지향을 드러내어 현재의 고통과 대비하기 위한 소재이다. ⓞ ⓧ

Q3 '나귀 네 발로 동동 굴러'는 부정적인 상황을 희화화함으로써 당면한 현실을 풍자하는 표현이다. ⓞ ⓧ

할 수 없이 도련님이 떠나실 때
할 수 없이 도련님이 떠나실 때에

향단이 준비했던 주안을 갖추어 놓고
향단이가 준비했던 술상을 갖추어 놓고

풋고추 겨리김치 문어 전복을 곁들여 놓고
풋고추와 겨리김치와 문어와 전복을 곁들여서 놓고

잡수시오 잡수시오 이별 낭군이 잡수시오
잡수십시오 잡수십시오 이별하는 낭군이 잡수십시오.

언제는 살자 하고 화촉동방(華燭洞房) 긴긴 밤에
언제는 (함께) 살자고 하고 신혼부부가 첫날밤을 지내는 방에서 길고 긴 밤에

청실홍실로 인연을 맺고 백 년 살자 언약할 때
(혼례에 쓰는) 남색과 붉은색의 명주실로 인연을 맺고 백 년을 (함께) 살자 약속할 때

물을 두고 맹세하고 산을 두고 증삼(曾參) 되자더니
물을 두고 맹세하고 산을 두고 (고지식하여 약속을 반드시 지키던 공자의 제자인) 증삼처럼 되자더니(=약속을 지키자더니)

산수 증삼은 간 곳이 없고 ^{Q4}
산과 물, 증삼은 간 곳이 없고

Q4 '산수 증삼은 간 곳이 없고'는 기대가 어긋나 버린 사정을 부각하여 비애감을 심화하는 표현이다. ○ ⊗

이제 와서 이별이란 웬 말이오
이제 와서 이별이라는 것이 웬 말입니까?

잘 가시오
잘 가십시오.

잘 있거라
잘 있어라.

산첩첩(山疊疊) 수중중(水重重)한데 부디 편안히 잘 가시오
산과 물이 겹겹이 겹쳐 있는데 부디 편안하게 잘 가시오.

나도 명년 양춘가절이 돌아오면 또다시 상봉할까나 ^{Q5}
나도 내년에 따뜻하고 좋은 봄철이 돌아오면 또다시 서로 만날 수 있을까.

Q5 '명년 양춘가절이 돌아오면 또다시 상봉할까나'는 미래에 대한 전망을 바탕으로 대상과의 재회를 확신하는 표현이다. ○ ⊗

주제
이별의 상황과 그에 대한 슬픔

특징
① 해설자와 인물(춘향) 사이에서 역할을 바꾸어 가며 시상을 전개함
근거 (해설자) '이별이라네 이별이라네 이 도령 춘향이가 이별이로다', (춘향) '도련님 들으시오 나를 두고 못 가리다~날 살려 두고는 못 가시리다' 등
② 반복을 통해 이별의 상황에 직면한 인물의 감정을 강조하여 드러냄
근거 '못 가시리라'

해제
조선 후기에 발생한 잡가는 유흥적인 성격이 강한 갈래로, 판소리와 시조, 민요 등 다양한 갈래와 교섭하며 창작되었다. 그중 「춘향이별가」는 당대의 잡가 담당층이 「춘향전」의 대목을 부분적으로 잡가로 제작한 것으로, 청중의 공감을 이끌어내기 위해 이몽룡('도련님')과 이별해야 하는 상황에 직면한 춘향의 슬픔과 안타까움을 강조하여 드러내고 있다.

빠른 정답 ○ 1. X 2. X 3. X 4. ○ 5. X ⋯ 해설 **p.231**

화란춘성(花爛春城)하고 만화방창(萬化方暢)이라
봄이 온 성에 꽃이 흐드러지게 피어 가득하고 온갖 생명이 피어나는구나.

때 좋다 벗님네야 산천경개(山川景槪)를 구경 가세
시절이 좋구나 벗님들이여, 산과 강(자연)의 경치를 구경하러 가자꾸나.

죽장망혜 단표자로 천리강산 구경 가세
대나무 지팡이에 짚신 신고, 표주박 들고 천리강산을 구경 가자꾸나.

만산홍록(滿山紅綠)들은 일년(一年) 일도(一度) 다시 피어
온 산에 가득한 붉은 꽃과 푸른 잎들은 일 년에 한 번씩 다시 피어서

춘색을 자랑노라 색색이 붉었는데
봄빛을 자랑하느라고 색색이 붉은 빛인데.

창송취죽(蒼松翠竹)은 창창울울(蒼蒼鬱鬱)하고
푸른 소나무와 대나무는 푸르게 우거져 있고,

기화요초(琪花瑤草) 난만중(爛漫中)에 꽃 속에 잠든 나비 자취 없이 날아든다
아름다운 꽃과 풀이 어지럽게 피어 화려한 중에 꽃 속에서 잠든 나비가 자취도 없이 날아오른다.

유상앵비(柳上鶯飛)는 편편금(片片金)이요
버드나무 위에서 나는 꾀꼬리는 그 빛깔이 조각조각이 금색이고,

화간접무(花間蝶舞)는 분분설(紛紛雪)이라
꽃 사이에서 춤추는 나비들은 어지럽게 날리는 눈 같구나.

삼춘가절이 좋을시고
봄 석 달의 아름다운 계절이 좋구나.

도화만발(桃花滿發) 점점홍(點點紅)이로구나
복숭아꽃이 만발하여 여기저기 울긋불긋하게 피었구나.

어주축수(魚舟逐水) 애산춘(愛山春)이어던
고깃배를 타고 물결을 따라가며 봄 산의 경치를 즐기니

무릉도원(武陵桃源)이 예 아니냐
여기가 바로 무릉도원(신선이 사는 곳, 낙원, 이상향)이 아니겠느냐?

양류세지(楊柳細枝) 사사록(絲絲綠)하니
버드나무의 가는 가지가 실을 늘어놓은 것같이 푸르니

황산곡리(黃山谷裏) 당춘절(當春節)에
황산 골짜기 안이 봄을 맞는 때에

➕ 연명오류(淵明五柳)가 예 아니냐
도연명이 다섯 그루의 버드나무를 심고 즐겼다는 곳이 여기가 아니겠느냐?

[➕해석의 덤] 도연명은 중국의 대표적인 시인으로 자연을 노래한 작품을 많이 남겼으며, '무릉도원'이라는 표현의 유래가 된 「도화원기」를 지었다. 은거하며 마당에 버드나무 다섯 그루를 심고 스스로를 오류 선생이라 칭했다고 한다.

제비는 물을 차고 기러기 무리져서
제비는 물을 차며 날아 다니고 기러기는 무리를 지어서

거지 중천(居之中天)에 높이 떠서 두 나래 훨씬 펴고
하늘에 높이 떠서 두 날개를 활짝 펴고,

펄펄펄 백운 간(白雲間)에 높이 떠서
펄펄펄 흰 구름 사이에 높이 떠서

천리 강산 머나먼 길을 ➕ 어이 갈꼬 슬피 운다 ❓¹
천 리나 되는 머나먼 강산을 어떻게 갈꼬 (하며) 슬프게 운다.

[➕해석의 덤] 아름다운 봄 경치를 예찬하는 작품 전체의 분위기와 어울리지 않는 표현이다. 따라서 이는 일반적으로 화자의 정서를 드러낸다기보다는 새가 울며 날아간다는 상투적인 구절을 활용한 것으로 해석한다.

원산(遠山)은 첩첩(疊疊) 태산(泰山)은 주춤하여 ❓²
먼 산은 겹겹으로 펼쳐 있고, 높은 산은 멈칫하듯 우뚝 높이 솟아 있는데.

기암(奇巖)은 층층(層層) 장송(長松)은 낙락(落落)
기이한 바위는 층층이 쌓여 있고, 큰 소나무는 가지가 치렁치렁 늘어져

에이구부러져 광풍(狂風)에 흥을 겨워 우줄우줄 춤을 춘다 ❓³
허리가 구부러진 채 미친 듯 사나운 바람에 흥에 겨워 우쭐우쭐 춤을 춘다.

[A] ⎡ 층암 절벽상(層巖絕壁上)의 폭포수(瀑布水)는 콸콸 ❓⁴
    ⎢ 층층인 바위 절벽 위에 폭포수는 콸콸.
    ⎢ 수정렴(水晶簾) 드리운 듯 이 골 물이 주루루룩
    ⎣ 수정으로 만든 발을 드리워 놓은 듯 이 골짜기의 물이 주르르르룩.

❓¹ '슬피 운다'는 작품 전체에 영향을 주는 비애의 정서이다.
○ ⊗

❓² '거지 중천─원산─태산'을 통해 시선의 이동에 따라 시상을 전개되고 있음을 확인할 수 있다.
○ ⊗

❓³ '광풍에~춤을 춘다'에서는 비유적 표현으로 대상의 이미지를 형상화하고 있다.
○ ⊗

❓⁴ [A]에서 음성 상징어를 다채롭게 구사하여 생동감을 살리고 있다.
○ ⊗

저 골 물이 쏼쏼 열에 열 골 물이 한데 합수(合水)하여
저 골짜기의 물이 쏼쏼 흘러내리고, 많은 골짜기의 물이 한데 합쳐서

[B] Q5

천방져 지방져 소쿠라지고 펑퍼져 넌출지고 방울져
천방지방으로 풀어지고 용솟음치고, 평평하게 흐르고 길게 이어지고 방울져 내리며,

저 건너 병풍석(屛風石)으로 으르렁 콸콸
건너편 병풍처럼 둘러친 석벽으로 으르렁 콸콸,

흐르는 물결이 은옥(銀玉)같이 흩어지니
흐르는 물결이 은옥같이 (하얗게 물보라를 이루며) 흩어지니.

소부 허유(巢父許由) 문답하던 기산 영수(箕山潁水)가 예 아니냐 Q6
소부와 허유가 세상과 단절하고 지내던 기산, 영수가 여기가 아니냐.

주각제금(住刻啼禽)은 천고절(千古節)이요
주걱새(두견새)의 울음소리는 영원히 변하지 않는 절개를 알리고,

적다정조(積多鼎鳥)는 일년풍(一年豊)이라
구슬프게 우는 소쩍새의 울음소리는 한 해의 농사가 풍년 들 징조를 알리는구나.

일출낙조(日出落照)가 눈앞에 버려니 경개 무궁 좋을시고
해가 뜨는 것과 해가 지는 것이 눈 앞에 펼쳐지니 경치가 끝없이 좋구나.

> **주제**
> 아름다운 봄 경치에 대한 예찬
>
> **특징**
> ① 상투적인 한자어(한시구)와 음성 상징어를 활용한 고유어 표현이 공존함
> **근거** (한자어 표현) '화란춘성하고 만화방창이라', (고유어 표현) '이 골 물이 주루루룩', '저 골 물이 쏼쏼', '으르렁 콸콸' 등
> ② 전체적으로 4·4조가 중심을 이루는 가사의 성격이 강하게 드러남
> **근거** '때 좋다 벗님네야 산천경개를 구경 가세' 등
> ③ 열거, 비유 등의 다양한 표현 방법을 활용함
> **근거** (열거) '원산은 첩첩 태산은 주춤하여 / 기암은 층층 장송은 낙락', (비유) '광풍에 흥을 겨워 우줄우줄 춤을 춘다', '수정렴 드리운 듯', '은옥같이 흩어지니' 등
>
> **해제**
> 「유산가」는 12잡가 중 한 작품이다. 봄 경치를 즐기는 데에서 선인들이 지녔던 삶에 대한 낙천적인 태도와 유흥적인 태도를 확인할 수 있다. 관습적이고 상투적인 한시구가 쓰이기도 하였으나 폭포수를 묘사한 대목에서는 음성 상징어(의성어, 의태어)를 활용함으로써 우리말의 묘미를 살려 자연의 경치를 생동감있게 표현하였다.

빠른 정답 ◑ 1. X 2. O 3. O 4. O 5. O 6. X (⋯▶ 해설 **p.231**)

Q5 [B]에서 대상을 시각적, 청각적으로 묘사하여 구체적으로 형상화하고 있다.
(O)(X)

Q6 '소부 허유~예 아니냐'에서 역설적 표현을 사용하여 화자의 정서를 강조하고 있다.
(O)(X)

수능 국어

1등급을 위한

고전시가 해석

집중 학습 프로그램

정답과
해설

01 이조년, 「이화에 월백하고~」   ···→ 문제 p.34

Q1 ○

밝은 달빛을 받는 '이화'는 화자에게 애상감을 불러일으키는데, 이러한 슬픔의 정서는 전통적으로 '한'과 '슬픔'의 분위기를 자아내는 시어인 '자규(두견새)'를 통해 더욱 심화된다.

Q2 ×

초장의 '삼경(깊은 밤)'은 화자가 애상감을 느끼기에 적합한 시간적 배경이다. 하지만 화자가 삼경에 임과 이별하고 있다는 근거는 확인할 수 없다.

Q3 ○

종장에서 '다정(정이 많음)'한 마음이 심하여 잠 못 들어 하는 화자의 모습은 초, 중장에서 심화된 애상감을 주체하지 못하는 것으로 볼 수 있다.

02 원천석, 「흥망이 유수하니~」   ···→ 문제 p.34

Q1 ○

초장과 종장에서 '~로다', '~노라' 등의 영탄형 종결 어미를 사용한 혼잣말(독백)을 통해 왕조의 멸망에서 느끼는 안타까움, 쓸쓸함을 드러내고 있다.

Q2 ○

종장의 '석양'은 해가 지는 무렵으로 고려 왕조의 멸망과 대응되어 화자의 슬픔을 고조시키고 있다.

Q3 ○

화자는 '만월대'에서 느끼는 슬픔, 안타까움을 '눈물겨워 하노라'라고 직접적으로 토로하며 침울한 분위기를 조성하고 있다.

03 왕방연, 「천만리 머나먼 길에~」   ···→ 문제 p.35

Q1 ○

화자는 초장에서 임과 자신의 거리를 '천만리'라고 과장되게 표현함으로써 이별의 상황을 강조하고 있다.

Q2 ×

중장의 '냇가'는 화자가 앉아서 물소리를 들으며 임과의 이별로 인한 슬픔을 느끼고 있는 공간일 뿐, 성찰과는 관련이 없다.

Q3 ○

화자는 자신의 슬픔을 '저 물'에 투영하여 표현하고 있다. 밤에 흐르는 물소리가 자신의 마음과 같다고 한 데서 화자가 인간과 자연물의 동일시를 통해 슬픔을 표현하는 것을 확인할 수 있다.

04 송순, 「풍상이 섞어 친 날에~」   ···→ 문제 p.35

Q1 ○

초장의 '풍상'은 황국화가 겪는 시련으로, 이를 이겨내고 갓 피어난 황국화는 고난과 역경에도 굴하지 않는 지조와 절개를 상징한다. 따라서 '풍상'은 황국화의 지조와 절개를 더욱 돋보이게 하는 소재라고 볼 수 있다.

Q2 ○

초장의 '섞어 친'은 바람이 불고 서리가 내리는 궂은 날씨를 나타내는 표현이며, '갓 피온'은 그러한 시련을 이겨내고 황국화가 피어난 모습을 나타내기 위한 표현이다. 따라서 '섞어 친'과 '갓 피온'은 서로 대조적인 느낌을 준다고 볼 수 있다.

Q3 ○

초장의 '황국화'는 '풍상'과 같은 시련을 견뎌내며 지조와 절개를 지키는 태도를 상징한다. 반면에 '도리'는 쉽게 변절하는 태도를 상징하는 시어로 볼 수 있다. 그러므로 '황국화'와 '도리'는 서로 그 상징적인 의미가 대비되는 자연물에 해당한다.

Q4 ○

종장의 '님의 뜻'은 오상고절(서릿발이 심한 속에서도 굴하지 아니하고 외로이 지키는 절개)을 상징하는 '황국화'를 화자가 있는 옥당(홍문관)으로 보낸 임금의 뜻을 말하는 것이다. 이는 화자가 절개를 지키는 강직한 신하가 되기를 바라는 마음을 우회적으로 드러낸 것이라고 볼 수 있다.

05 황진이, 「어져 내 일이야~」   ···→ 문제 p.36

Q1 ○

초장의 '어져'에서 감탄사를 활용한 영탄적 표현이, '모르던가'에서 설의적 표현이 쓰인 것을 확인할 수 있다. 이를 통해 임을 떠나보낸 후 느끼는 화자의 후회와 한탄을 드러내고 있다.

Q2 ⓞ

중장의 '제 구태여'를 '가랴마는'과 연결지어 해석하면, 도치가 사용된 표현으로 볼 수 있다. 즉 '있으라고 말했다면 임이 구태여 떠나셨겠냐마는'이라는 의미로 해석할 수 있다. 이는 임이 떠난 행위 자체를 강조하는 효과를 가져온다. 한편 '제 구태여'를 종장의 '보내고'와 연결지어 해석하면, 화자가 구태여 임을 보내 놓고서 지금에서야 그리워하는 마음을 자신도 잘 모르겠다고 말하고 있는 의미인 것으로 볼 수 있다. 이는 임을 떠나보낸 화자의 행위를 강조하는 효과가 있다.

Q3 ⓧ

종장의 '보내고 그리는 정은 나도 몰라 하노라'는 겉으로는 강한 척 임을 떠나보냈지만 속으로는 임을 보내고 난 뒤 외로워하는 화자의 약한 내면을 드러낸 구절로 볼 수 있다. 이때 화자의 주된 정서는 그리움으로, 임에 대한 원망이 표현되었다고 보기는 어렵다.

06 임제, 「청초 우거진 골에〜」 ⋯› 문제 p.36

Q1 ⓧ

「청초 우거진 골에〜」의 주된 정서는 대상의 부재로 인한 안타까움이다. 자연의 섭리에 대한 경외감(공경하면서도 두려워하는 감정)은 확인할 수 없다.

Q2 ⓞ

과거 '홍안'을 지녔던 대상이 현재 '백골'로 묻혀 있어 부재하는 상황에 대한 안타까움을 종장의 '슬퍼 하노라'에서 직접적으로 드러내고 있다.

07 계랑, 「이화우 흩뿌릴 제〜」 ⋯› 문제 p.37

Q1 ⓞ

초장의 '이화우'에서는 화자가 임과 이별한 계절이 봄이라는 사실을 알 수 있으며, 중장의 '추풍낙엽'을 통해서는 화자가 임을 그리워하고 있는 현재의 계절이 가을이라는 사실을 확인할 수 있다. 이렇듯 초장과 중장에서는 계절적 이미지를 나타내는 시어를 통해 작품의 분위기를 형성하고 있다.

Q2 ⓧ

초장의 '이화우'와 중장의 '추풍낙엽'은 계절적 이미지를 나타내는 시어로, 화자가 봄에 이별한 임을 가을에 그리워하고 있는 상황임을 보여 준다. 하지만 이러한 시어를 통해 점층적 강조(뒤로 갈수록 의미가 강하게, 비중이 높게, 강도가 크게 되도록 표현하는 방법)를 활용한 것은 아니다.

08 홍랑, 「묏버들 가려 꺾어〜」 ⋯› 문제 p.37

Q1 ⓞ

초장의 '묏버들'은 임에게 바치는 화자의 지고지순한 사랑을 구체화한 소재이다. 화자는 산에 핀 버들 중에서도 좋은 것을 골라 꺾어서 임에게 보내며, 이를 주무시는 방의 창문 밖에 심어 두고 보기를 권하고 있다. 그러면서 밤사이 내리는 비에 그 산버들에서 새잎이 난다면 자신을 본 것처럼 여겨 달라고 말하고 있는데, 이를 통해 항상 임을 생각하며 그 곁을 지키고 싶어 하는 화자의 지극한 사랑을 확인할 수 있다.

09 정철, 「어와 동량재를〜」 ⋯› 문제 p.38

Q1 ⓞ

〈보기〉로 작품 보기에서 '국가를 집으로 표현'한 경우에 대해 설명했으므로 중장의 '기운 집'은 위태로운 상황에 놓인 국가(조선)를 상징한다고 볼 수 있다. 또한 '국가의 안정적인 경영을 위해서는 군신이 본분을 다해야 한다.'라고 했으므로 초장의 기운 집을 떠받칠 '동량재'는 국가의 바람직한 경영을 위해 필요한 인재를 의미한다고 볼 수 있다.

10 이항복, 「철령 노픈 봉을〜」 ⋯› 문제 p.38

Q1 ⓞ

초장과 종장의 내용을 통해서 현재 화자가 있는 곳은 '철령'이며, 임이 계신 곳은 '구중 심처(겹겹이 문으로 막은 깊은 궁궐)'임을 알 수 있다. 이를 통해 화자와 임 사이의 거리감을 알 수 있다.

11 박인로, 「조홍시가」 ⋯› 문제 p.39

Q1 ⓞ

화자는 쟁반 위에 놓여 있는 '조홍감'을 보고서 부모님을 떠올리고 있다. 따라서 초장의 조홍감은 외적으로는 작품 창작의 계기이고, 내적으로는 화자로 하여금 부모님에 대한 효심을 환기하게 만드는 소재라고 할 수 있다.

Q2 ⓞ

중장의 '유자'는 육적(유자)이라는 인물이 어머니께 드리기 위해 가슴에 귤을 품었다고 전해지는 중국의 고사와 관련이 있는 시어이다. 이는 부모님에 대한 지극한 효심이라는 작품의 주제 의식을 부각하는 역할을 한다.

Q3 ⊗

종장의 '품어 가 반길 이 없을새 그로 설워하나이다'는 쟁반 위에 놓인 붉은 홍시를 품 안에 넣어간다고 한들 이를 반가워할 부모님이 계시지 않는 상황에 대한 탄식을 드러내는 구절이다. 이러한 내용을 통해 주제 의식이 강조되고 있기는 하나, 반어적 표현이 사용된 부분은 찾아볼 수 없다.

12 조찬한, 「빈천을 팔려고～」 ⋯ 문제 p.39

Q1 ◯

화자는 중장에서 '빈천'을 사는 것에는 덤(이익)이 없기 때문에 누구도 먼저 흥정할 리 없음을 의문형 종결 어미 '～는가'를 활용한 설의적 표현으로 강조하고 있다.

Q2 ⊗

종장의 '강산'과 '풍월'은 자연을 의미할 뿐, 계절감을 드러내는 소재라고 볼 수 없다.

13 남구만, 「동창이 밝았느냐～」 ⋯ 문제 p.40

Q1 ◯

초장의 밝아오는 '동창'에서 아침이라는 시간적 배경을 알 수 있고, 지저귀는 '노고지리(종달새)'에서 봄이라는 계절적 배경을 알 수 있다. 이는 '아이'가 일어나서 농사일을 시작해야 하는 때임을 알려주는 것이다.

Q2 ◯

초장의 '노고지리 우지진다'는 종달새가 울고 있는 상황을 나타낸 것이므로 청각적 심상이라고 볼 수 있다.

14 김수장, 「초암이 적료흔듸～」 ⋯ 문제 p.40

Q1 ◯

초장과 중장에서 화자는 '초암'에서 음악을 즐기며 자연과 더불어 유유자적하게 지내는 모습을 보여 주고 있다.

Q2 ⊗

종장에서 화자는 자연에 묻혀서 유유자적하게 지내는 삶의 즐거움을 아는 사람이 없다고 말하고 있다. 이는 현재 자신의 삶에 대한 만족감을 드러내는 것일 뿐, 현실에서 도피하고 싶은 화자의 심정을 드러내는 것은 아니다.

15 이정보, 「국화야 너는 어이～」 ⋯ 문제 p.41

Q1 ⊗

초장의 '동풍'이 불어오는 '삼월'은 중장의 '낙목한천(잎이 지는 추운 계절)'과 대비되어 꽃을 피우기 좋은 조건의 배경을 의미한다. 작품에서 대상과 화자의 이별은 확인할 수 없다.

Q2 ◯

화자가 바라보고 있는 '국화'는 따뜻한 '삼월'이 아닌 '낙목한천(잎이 지는 추운 계절)'을 이기고 생명을 피워낸다. 따라서 중장의 '낙목한천'은 '국화'가 극복해야 하는 시련이라고 볼 수 있다.

Q3 ◯

중장의 '네 홀로'에서 '네(너)'는 국화를 가리킨다. '국화'는 '삼월동풍'에 피는 다른 꽃들과 달리 '낙목한천'에 꽃을 피우는데, 이를 통해 다른 꽃들과는 대조되는 국화의 고고한 속성이 나타난다.

Q4 ◯

종장의 '오상고절'은 서리를 이겨내고 피는 국화의 꿋꿋하고 높은 절개를 의미한다. 화자는 이런 속성을 지닌 것이 '너(국화)'뿐이라고 칭찬하고 있으므로 대상을 예찬하고 있다고 볼 수 있다.

16 안민영, 「임 이별 하올 적에～」 ⋯ 문제 p.41

Q1 ◯

초장에서 화자는 다리를 저는 나귀가 빨리 가지 못하는 것을 불평하지 말라고 이야기하고 있는데, 이를 통해 임과 함께하는 시간을 조금이나마 연장하고 싶어 하는 화자의 심정을 확인할 수 있다.

Q2 ⊗

종장인 '꽃 아래 눈물 적신 얼굴을 어찌 자세히 보리오'에서 '꽃 아래 눈물 적신 얼굴'은 이별을 슬퍼하는 임의 모습 혹은 임과 이별하는 상황에서 눈물을 흘리는 화자의 모습을 제시한 것일 뿐이다. 종장에서 화자의 감정이 이입된 대상은 나타나 있지 않다.

01 황희, 「사시가」 ⋯→ 문제 p.57

Q1 ◯

〈제1수〉에서는 '봄'이라는 계절을 직접 명시하고 있으며, 〈제2수〉에서는 '세우중', '녹음' 등의 시어를 통해 계절적 배경이 여름임을 짐작할 수 있다. 또한 〈제3수〉에서는 '대초볼 불근 골', '벼 벤 그루터기'라는 표현을 통해, 〈제4수〉에서는 '눈'이라는 표현을 통해 가을과 겨울이라는 계절적 배경을 짐작할 수 있다.

Q2 ◯

〈제1수〉의 '그물 깁고', 〈제2수〉의 '산전을 훗매'는 행위들은 자연 속에서 노동하며 살아가는 모습을 나타낸 구절이다. 이를 통해 자연을 노동하는 공간으로 인식하는 작가의 관점을 확인할 수 있다.

Q3 ◯

〈제3수〉의 '술 닉쟈 체쟝수 도라가니 아니 먹고 어이리'는 영탄적 표현을 통해 가을의 풍요로움을 즐기는 화자의 흥취를 드러내고 있다.

Q4 ✕

〈제4수〉에서 '늙은이'는 낚시에 재미가 깊어 눈이 깊은 줄도 모르고 있다. 화자의 관점에서 볼 때, '늙은이'는 겨울의 자연을 즐기는 존재라고 할 수 있으므로, 화자와 마찬가지로 안빈낙도의 삶의 자세를 드러내는 대상으로 보아야 한다.

02 이현보, 「어부단가」 ⋯→ 문제 p.58

Q1 ✕

〈제1수〉의 초장에서는 구체적인 어부의 생활을 확인할 수 없다. 화자는 자연에 은거하여 자연 친화적인 삶을 살고자 하는 인물이며, 실제 어부가 아니다. 따라서 어부의 생활이 구체적으로 나타나 있다고 볼 수 없다.

Q2 ◯

〈제1수〉의 '만경파(끝없이 넓은 바다 위)'는 어부의 생활 공간이다. 시름 없이 살고 있는 어부는 '만경파, 천심녹수, 만첩청산, 강호'에서 세속의 일을 잊고 있다. 따라서 속세를 뜻하는 '인세, 홍진, 장안, 북궐'과 '만경파'는 대비되는 공간이라고 볼 수 있다.

Q3 ◯

〈제1수〉에서 화자는 속세를 다 잊고 자연에서 살아가고 있다고 하였으나, 〈제5수〉에서 (북궐을) 잊은 적이 있겠느냐고 말하고 있다. 이를 통해 속세에 대한 미련을 아직 버리지 못한 화자의 내적 갈등을 확인할 수 있다.

Q4 ◯

화자는 속세를 떠나 현재 '강호'에서 은거하고 있다. 화자는 속세와 자연 사이의 거리감을 '천심녹수', '만첩청산', '십장홍진' 등 수(數) 표현으로 드러내고 있다.

Q5 ◯

〈제2수〉의 종장에서는 '∼후얘라' 등 감정을 강하게 토로하는 영탄적 표현을 통해, 자연에서 욕심없이 살아가는 화자의 모습을 강조하고 있다.

Q6 ◯

〈제3수〉의 초장에서는 자연에서 소박하게 살아가고자 하는 화자의 소망을 푸른 연잎에 밥을 싸고 버들가지에 고기를 꿰는 구체적인 모습을 통해 그려내고 있다.

Q7 ◯

〈제3수〉의 종장은 의문형 종결 어미 '∼ㄹ가'를 활용한 설의적 표현을 사용하였다. '자연의 참된 의미를 어느 분이 아시겠는가?'라는 의문에는 화자처럼 자연의 참된 의미를 아는 사람이 적다는 생각이 반영되어 있다.

Q8 ◯

화자가 〈제4수〉에서 자연을 대표하는 '한운(구름)'과 '백구'와 더불어 살고 싶다고 말하는 것을 통해 이들이 화자의 자연 친화적인 삶의 태도를 드러내는 자연물임을 알 수 있다.

03 이신의, 「단가 육장」 ⋯→ 문제 p.60

Q1 ◯

〈제3수〉의 제비는 유배지에 묶여 있는 화자와는 달리 자유롭게 하늘을 날 수 있는 존재이다. 자신과 대조되는 제비를 보며 '한숨 겨워'하는 화자를 통해 제비가 시름, 걱정을 불러일으키는(환기하는) 대상임을 알 수 있다.

Q2 ◯

〈제5수〉의 초장에서 화자는 인간에게 진정한 벗은 밝은 달뿐임을 의문형 종결 어미(설의)를 사용해 강조하고 있다.

··· 문제 p.62

Q1 (○)

〈제1수〉의 '이 두 일 말면 금수나 다를쏘냐' 이외에도 〈제16수〉의 '행장 유도ᄒ니 버리면 구태 구ᄒ랴', '뉘라서 회보미방ᄒ니 오라 말라 ᄒ느뇨' 등에서 의문형 어미를 활용하여 화자의 정서를 강조하고 있다.

Q2 (○)

〈제2수〉에서 화자는 '공명'을 이루기 위해 '부급동남'하였다고 했다. 이후 〈제4수〉에서는 '강호'에서 노는 것과 '임금을 섬기'는 일이라는 대조되는 삶의 방식이 나타나고 있는데, 이때 '임금을 섬기'는 일은 〈제2수〉에서 말한 '공명'과 관련된다. 따라서 〈제2수〉의 '부급동남'은 〈제4수〉의 '임금을 섬기'기 위해 화자가 행한 일이라고 볼 수 있다.

Q3 (○)

〈제4수〉에서 화자는 '강호'에서 노는 것과 '임금을 섬기'는 두 가지 삶의 방식 사이에서 '갈 데 몰라 ᄒ'며 방황하는 모습을 보여 준다. 이후 〈제8수〉에서는 '부귀 위기'이므로 '빈천거를 ᄒ오리라'라고 하였는데, 이때 '빈천거'는 앞서 화자가 갈등하였던 두 가지 삶의 방식 중 '강호'에서 노는 것에 해당한다. 따라서 화자가 '강호'를 선택한 이유 중 하나는 '부귀 위기'라고 볼 수 있다.

Q4 (✕)

〈제17수〉의 '성현의 가신 길'은 자연에 은거하는 것(은)과 세상에 나아가는 것(현)이 서로 다르지 않다는 화자의 깨달음과 관련된다. '은'과 '현' 사이에서 갈등하던 화자는 그 두 가지 방식의 도가 서로 '다르지 아니커니 아무 덴들 어떠리'라는 깨달음에 이르고 있는 것이다. 하지만 화자는 〈제2수〉에서 '공명'을 이루기 위해 '부급동남'하였다고 했으므로, '공명'을 이루기 위해 '성현의 가신 길'을 따르고자 한다는 설명은 적절하지 않다.

Q5 (○)

〈제8수〉에서 화자는 '부귀 위기ㅣ라 빈천거를 ᄒ오리라'라고 하여 자연에 은거하는 소박한 삶의 태도를 드러낸다. 그리고 〈제17수〉에서 '은'과 '현'의 도는 서로 다르지 않다고 하였으므로, 여기에는 '빈천거를 ᄒ'면서도 '도'를 실천할 수 있다는 화자의 생각이 담겨있다고 할 수 있다.

Q6 (○)

〈제4수〉에서 화자는 '강호'에서 노는 것과 '임금을 섬기'는 두 가지 삶의 방식 사이인 '기로'에서 '갈 데 몰라 ᄒ'며 방황하는 모습을 보여 준다. 화자의 이러한 내적 갈등은 〈제17수〉에서 '은커나 현커나 도ㅣ 어찌 다르리'라는 깨달음을 통해 해소되고 있다. '은'과 '현'이라는 두 가지 방식의 도가 서로 다르지 않으므로 '아무 덴들 어떠리'라는 결론에 이르게 됨으로써 화자의 고뇌가 해소되고 있는 것이다.

··· 문제 p.64

Q1 (○)

「도산십이곡」에서 작가는 자연 속에서 뜻을 세우고 학문을 수양하는 자세에 대해 노래하였다. 〈제1곡 언지1〉의 '천석고황'은 자연을 사랑하는 마음이 깊어 병이 되었다는 의미로, 화자가 지향하는 자연 친화적인 삶의 자세를 드러내는 표현이며 주제 의식을 드러내는 시어라고 볼 수 있다.

Q2 (○)

〈제2곡 언지2〉의 '연하'와 '풍월'은 화자가 바라보며 집, 친구로 삼은 자연물이다. 화자는 '연하', '풍월' 같은 자연을 향유하며 살아가는 자연 친화적인 삶에 만족하고 있다.

Q3 (○)

〈제2곡 언지2〉에서 화자는 자연을 벗 삼아 태평성대 속에서 허물없이 살고 싶다는 개인적 소망을 드러냈다. 〈제3곡 언지3〉에서는 개인적 삶에서 관심을 확대하여 세상의 순박한 풍습과 어진 인성, 즉 사회적 측면에 대해 말하고 있다.

Q4 (○)

〈제4곡 언지4〉의 초장과 중장에서 화자는 골짜기에 있는 '유란(그윽한 난초)'과 산에 걸려 있는 '백운(흰 구름)'이 보기 좋다고 하며 그 아름다움을 완상(즐기고 감상)하고 있다.

Q5 (✕)

〈제5곡 언지5〉의 '대'와 '수', '갈매기'는 자연에 묻혀 살고 있는 화자가 보고 있는 자연물이다. 그런데 '수(물)'는 움직임이 나타나고 '갈매기'는 '오명가명(왔다 갔다)' 하고 있으므로 정적인 이미지가 아니라 동적인 이미지가 나타난다고 보는 것이 적절하다.

Q6 (✕)

〈제5곡 언지5〉의 '교교백구'는 자연이 아닌 속세에 마음을 두고 있으므로 화자의 무심한 심정이 투영된 대상으로 볼 수 없다. 화자와 달리 세속적인 삶을 지향하는 부정적인 대상으로 해석할 수 있다.

Q7 (○)

〈제6곡 언지6〉의 화자는 꽃이 산에 가득 피어 있고, 달빛이 누대에 가득한 풍경을 경험한 후 사시(사계절)의 흥취가 사람의 흥취와 같다고 말하며 흥겨워 하고 있다. 따라서 '화만산'과 '월만대'는 화자의 충만감을 이끌어내는 풍경이라고 볼 수 있다.

Q8 (○)

〈제6곡 언지6〉에서 자연의 아름다움에 대한 화자의 인식은 '초장: 춘, 추(봄, 가을)→중장: 사시(사계절)→종장: 끝이 없음(영원)'으로 점점 확대되고 있다. 이를 통해 자연에서의 끝없는 즐거움을 추구하고자 하는 화자의 소망과 주제 의식을 집약적으로 드러내고 있다.

Q9 (○)

〈제7곡 언학1〉에서 화자는 수많은 책을 벗 삼아 사는 삶에 즐거움이 '무궁'하다고 말한다. 이는 자연에서 학문을 수양하며 사는 삶에 대한 만족감을 나타낸 것으로 볼 수 있다.

Q10 (×)

〈제10곡 언학4〉의 '어듸(벼슬길)'는 학문 수양에 골몰하지 않고 벼슬길에 마음을 두었던 과거 화자의 세속적인 삶을 의미한다. 그리고 화자는 '이제' 학문 수양의 길로 돌아왔으므로 화자의 과거와 현재는 대비된다고 볼 수 있다. 하지만 화자는 학문 수양에 소홀했던 일을 반성하고 있으므로 화자가 과거의 상황을 그리워한다고 볼 수는 없다.

Q11 (○)

〈제11곡 언학5〉에서 '청산'은 '만고(아주 오랜 시간 동안)'에 푸르름을 지니고, '유수'는 '주야(밤낮)'로 그치지 아니하는 불변성을 지닌 자연물이다. 화자는 산과 물의 변함 없는 모습을 보며 자신 또한 끊임없이 '학문을 수양하는 자세'가 필요하다는 점을 깨닫고 있다. 즉 화자는 자연물인 '청산'과 '유수'의 변함없는 속성에 빗대어 학문 수양의 의지를 다짐하고 있는 것이다.

Q12 (○)

〈제11곡 언학5〉의 '만고상청'은 글쓴이가 생각하는, 끊임없이 학문을 수양하는 바람직한 삶의 자세이다.

Q13 (○)

〈제11곡 언학5〉에서 화자는 끊임없이 학문을 수양해야 함을 이야기하고 있는데, 이는 〈제7곡 언학1〉의 '만권생애(수많은 책을 벗 삼아 보내는 것)'를 그치지 말아야 한다는 의미와 상통한다고 볼 수 있다.

Q14 (○)

'우부도 알며 ㅎ거니'는 어리석은 사람도 알아서 행할 수 있을 만큼 학문의 길이 쉬움을 의미한다. 〈제3곡 언지3〉의 '인성이 어지다 ㅎ니'는 인간의 품성이 본래부터 어질다는 것을 의미하는데, 이와 〈제12곡 언학6〉을 관련하여 이해한다면 누구나 본래부터 어진 인성을 바탕으로 자기 수양을 하고, '우부도 알며 행할 수 있는' 학문의 길을 닦을 수 있다는 것으로 해석할 수 있다.

---

06 이이, 「고산구곡가」 ⋯ 문제 p.66

Q1 (○)

화자는 '고산구곡담'을 '사롬이 모'르고 있었는데 자신이 '주모복거'하여 터를 정함으로써 '벗님늬'가 찾아오는 상황으로 변화하였음을 드러내고 있다.

Q2 (○)

〈제2수〉~〈제10수〉에서 '고산구곡'의 자연과 그 속에서 화자가 느끼는 정서가 나타나고 있는데, 각 수의 초장은 '~곡은 어디미오 ~에 ~다'의 구절을 반복하며 형식적 통일성을 유지하고 있다.

Q3 (×)

〈제2수〉에서 화자는 해가 비치고 안개가 걷히는 아침에 주변 풍경을 바라보고 있다. 이때 소나무 사이에 술통을 놓고 벗처럼 바라보고 있을 뿐, 자신을 찾아온 벗과 함께 아침 풍경을 감상하는 것은 아니다.

Q4 (○)

사람들이 '승지'인 아름다운 경치를 모르기 때문에 이를 세상 사람들에게 알려 주고자 하는 화자의 생각이 드러난다. 이를 의문형 종결 어미 '-리'를 통해 청자에게 묻는 방식으로 제시하고 있다.

Q5 (×)

〈제4수〉의 '어디미오'는 의문의 형식을 사용하고 있다. 하지만 구체적인 청자는 나타나지 않으며 곧바로 '취병에 닙 퍼졌다'라는 대답이 이어지고 있으므로 〈제4수〉의 초장에는 구체적인 청자에게 질문하는 형식이 아닌 자문자답의 형식이 사용됐다고 보는 것이 적절하다.

---

07 김득연, 「산중잡곡」 ⋯ 문제 p.68

Q1 (○)

〈제2수〉의 초장과 중장에서는 물고기를 헤아릴 수 있을 정도로 맑은 연못의 물과 마치 거문고와 비파 소리처럼 들리는 바람 소리에 대해 이야기하며 화자가 바라보는 주변 풍경을 묘사하고 있다. 또한, 종장에서 화자는 아름다운 자연 속에서 머무는 즐거움으로 인해 '도라갈 주룰 모ㄹ로다'라고 말하면서 자신의 심정을 드러내고 있다.

Q2 (×)

〈제2수〉의 '안자서 보고 듣거든 도라갈 주룰 모ㄹ로다'는 감탄형 종결 어미인 '~로다'를 통해 자연에서 머무는 즐거움을 표현한 구절로 볼 수 있다. 하지만 화자가 반성적 성찰을 드러낸 부분은 찾아볼 수 없다.

Q3 (×)

〈제3수〉에서 화자는 아름다운 자연 속에서 한가히 즐기느라 늙는 줄을 모르겠다고 말하고 있다. 하지만 화자가 '솔', '못', '풍월연하' 등의 자연물을 본받으려 하는 모습은 확인할 수 없다.

Q4 ⊙

〈제5수〉의 초장과 중장에서는 자연에서 산나물을 먹으며 살아가는 화자의 소박한 삶을 그려내고 있다. 종장에서는 그러한 삶이 '내 분인가 ᄒ노라'라고 말하며 현재의 삶에 대해 만족스러워하는 화자의 심정을 드러내고 있다.

Q5 ⊙

〈제6수〉의 '눔의외 부운 ᄀᄐ 부귀이사 브룰 주리 이시랴'에서는 설의적 표현을 사용하여 뜬구름 같이 덧없는 부귀는 부러워하지 않는다는 화자의 가치관을 강조하고 있다.

Q6 ⊙

〈제14수〉의 종장에서는 '이 몸이 ᄯᅩ 엇더ᄒᄒ'라고 묻고 '무릉인인가 ᄒ노라'라고 대답하고 있으므로, 자문자답의 방식이 사용되었다고 볼 수 있다. 이를 통해 화자는 자연에서 살아가는 자신의 삶이 무릉도원(이상향)에서 사는 신선의 삶과 다를 바 없다는 자긍심을 드러내고 있다.

[08] 박인로, 「입암이십구곡」 ···→ 문제 p.70

Q1 ⊙

〈제1수〉에서는 가장 영특한 사람들도 남에게 의지하지 않고 꼿꼿하게 서기가 어려운데, 바위는 오랜 세월 동안 곧게 선 모습이 변함이 없다고 말하고 있다. 이를 통해 바위를 인간보다 우월한 특성을 지닌 인격체로 제시하고 있음을 확인할 수 있다.

Q2 ⊙

〈제2수〉에서 화자는 바위를 우러러보며 '바람 서리'에도 불변하는 존재로 표현하면서 바위의 높고 굳센 속성을 예찬하고 있다.

Q3 ⊙

〈제3수〉에서 화자는 말 한마디 없지만 옛 모양 그대로 변함이 없는 참다운 태도를 지닌 바위를 벗으로 삼고 싶다는 마음을 드러내고 있다.

Q4 ⊙

〈제5수〉에서 화자는 바위가 지닌 꼿꼿하게 바로 서 있는 특성을 '본받음 직ᄒ다'고 말하고 있다.

Q5 ⊙

〈제6수〉에서 '나(바위)'는 '세정', 즉 세상의 형편이 크게 수상하다고 말하고 있다. 이를 통해 '나'가 지니고 있는 세태에 대한 부정적인 인식을 확인할 수 있다.

Q6 ✕

〈제6수〉의 '산 됴코 물 됴ᄒ 골에 삼긴 대로 늘그리라'는 자연 속에 묻힌 자신의 상황을 받아들이고 그대로 늙어가겠다는 바위의 뜻을 드러내는 표현일 뿐, 세속을 이상적인 공간으로 정화하려는 의지를 드러내는 것은 아니다.

Q7 ⊙

〈제6수〉를 바위가 답한 것으로 본다면, 〈제5수〉는 화자가 구름이 깊이 덮인 골짜기를 알 사람이 적어 바위를 찾지 못하기에 이를 '광야에 옮겨 모두 보게' 하고 싶다는 의견을 낸 구절로 볼 수 있다. 또한 〈제6수〉는 바위가 세상의 형편이 수상하여 사람들이 자신을 보아도 반길 리가 없으니 이 골짜기에서 생긴 대로 늙어 가겠다는 의견을 낸 것으로 볼 수 있다.

Q8 ✕

〈제8수〉에서는 '소허', '엄 처사' 같은 은자와 이별하였다가, 다시 '너(화자)'를 만나게 된 바위의 기쁨이 나타나고 있다. 하지만 이를 미래에 대한 낙관적 전망을 드러낸 것으로 보기는 어렵다.

Q9 ✕

'만고의 허다 영웅'에 대한 화자의 물음에 바위가 〈제8수〉에서 답변한 것으로 볼 때, 만고 영웅이던 '소허', '엄 처사'와의 만남과 이별을 말한 후 오늘에야 '너(화자)'를 만났다고 한 것은 '너'를 '만고의 허다 영웅'에 포함시킨 것이라고 볼 여지가 있다. 다만 이는 바위의 고고함을 부각시키는 것과는 관련이 없다.

Q10 ⊙

〈제5수〉와 〈제6수〉처럼 〈제7수〉와 〈제8수〉 역시 화자와 바위 간의 문답으로 볼 수 있다. 〈제7수〉에서 화자는 너(바위)를 보고 반가워한 수많은 영웅호걸들의 이야기를 궁금해 하고 있으며, 이에 대해 〈제8수〉에서 바위는 '소허', '엄 처사'를 만났던 일을 이야기한 뒤, '오늘사 또 너(화자)롤 만나니 시운인가 ᄒ노라'라고 답하고 있다.

[09] 박인로, 「자경」 ···→ 문제 p.72

Q1 ⊙

〈제1수〉는 맑은 거울에 티가 끼면 값을 주고 닦는 상황과 마음의 맑은 덕은 닦을 줄 모르는 상황을 대비하고 있다. 이를 통해 자신을 반성할 줄 모르고 덕행을 멀리하는 세상 사람들을 안타까워하는 화자의 심정을 확인할 수 있다.

Q2 ✕

〈제2수〉의 '성의관'과 '팔덕문'은 구체적인 공간이 아니라 화자가 지향하는 유교적 이상을 드러내는 상징적인 시어이다. 따라서 공간의 이동에 따라 화자의 의식이 변하는 모습이 나타난다고 볼 수 없다. 또한 화자는 '성의관 돌아들어' 팔덕문을 바라보고 있을 뿐이기에, 팔덕문으로 이동했다고 볼 수도 없다.

10 이별, 「장육당육가」 ⋯ 문제 p.73

Q1 ✕

'붉은 잎'은 '산'에 가득한 자연물일 뿐, 화자의 처지와 대비되어 나타나는 소재는 아니다.

Q2 ○

'세상에 득 찾는 무리'는 자연에서 유유자적하며 살아가는 '제 맛'을 모르는 사람들로, 화자와는 달리 세속적인 가치를 추구하는 인물이다.

Q3 ✕

화자가 자아를 성찰하는 모습은 나타나지 않으므로 '달'을 자아 성찰의 매개물이라고 볼 수는 없다.

11 김광욱, 「율리유곡」 ⋯ 문제 p.74

Q1 ○

〈제3수〉에서 화자는 좋지 않은 재료인 '거친 보리'로 술을 만들어 먹어야 하는 상황에서 '두나 쓰나 어이리'라며 상관이 없다는 태도를 보이고 있다. 이를 통해 물질적인 풍요를 중시하기보다는 조촐하고 소박한 삶을 살아가는 화자의 모습을 확인할 수 있다.

Q2 ○

〈제10수〉의 '아무리 매인 새 놓인다 한들 이토록 시원ᄒᆞ랴'에서 화자는 의문형 종결 어미를 활용한 설의적 표현을 통해, 고향으로 돌아온 자신의 시원함이 묶여 있던 새가 풀려난 것보다 더 크다는 만족감을 드러내고 있다.

Q3 ○

〈제16수〉에서 화자는 눈이 녹아 옛 모습을 되찾아가는 봄 풍경과 달리 '귀밑의 해묵은 서리'는 녹일 수 없다고 말하며 늙음에 대해 탄식하고 있다. 따라서 '봄'은 화자로 하여금 서글픔을 불러일으키는 계절적 배경이라고 할 수 있다.

12 윤선도, 「어부사시사」 ⋯ 문제 p.75

Q1 ○

'지국총'은 노 젓는 소리를 나타낸 음성 상징어이며, 이를 후렴구로 사용하고 있으므로 배경이 어촌의 배 위라는 것을 짐작할 수 있다.

Q2 ✕

춘사 〈제5수〉 초장의 '고은 볕티 쬐얀ᄂᆞ딕 믉결이 기름 굿다'에서 상승 이미지와 하강 이미지의 교차는 확인할 수 없다. 또한 이 구절은 화자의 심리 변화가 아니라 봄의 어촌 풍경을 묘사한 것이다.

Q3 ✕

화자는 고기잡이를 생업으로 삼는 어부가 아니라 속세를 떠나 강호에서 자연 친화적인 삶을 살고자 하는 인물이다. 춘사 〈제5수〉의 '흥이 나니 고기도 니즐로다'를 통해 고기잡이도 잊은 채 흥취를 즐기고 있는 화자의 모습을 확인할 수 있으므로 화자가 어부의 삶을 부러워한다는 설명은 적절하지 않다.

Q4 ✕

춘사 〈제6수〉에서 화자는 설의적 표현을 사용해 속세의 '삼공'도 부럽지 않고, '만승'도 생각하지 않아도 된다고 하며 자연에서의 삶에 대한 만족감을 드러내고 있으므로 화자가 심리적으로 갈등하고 있다고 볼 수는 없다.

Q5 ○

춘사 〈제7수〉 종장은 '～제눈 ～이오 ～제눈 ～로다'라는 통사 구조가 비슷한 구절을 대응시켜 운율감을 형성하고 있다.

Q6 ○

춘사 〈제8수〉의 '취ᄒᆞ야 누얻다가 여흘 아릭 ᄂᆞ리거다'에서는 어촌에서 배를 탄 이후 술을 마시며 한가롭게 흥취를 즐기는 화자의 모습이 드러난다.

Q7 ✕

춘사 〈제8수〉의 중장에서 화자는 어촌에서 유유자적 살아가는 자신의 삶에 만족하며 그곳이 '도원(무릉도원)' 즉 이상향에 가깝다고 느끼고 있다. 따라서 '도원'은 화자가 일시적으로 머무는 공간이 아니라 지향하는 공간이라고 보는 것이 적절하다.

Q8 ○

하사 〈제1수〉에서 화자는 궂은 비가 멈추고 시냇물이 맑아지자 낚싯대를 둘러메고 낚시를 할 수 있게 되었다는 생각에 흥겨워하고 있다. 즉 '낫대'는 자연 친화적인 삶을 즐기고 있는 화자의 흥을 돋우고 있다고 볼 수 있다. 또한 화자는 주변을 보며 안개 낀 강과 겹겹이 쌓인 봉우리가 누가 그려낸 것처럼 아름답다고 예찬함으로써 자연에서 느끼는 충만감을 표현하고 있다.

Q9 ○

하사 〈제1수〉의 '연강텹쟝'이 '그려낸' 것 같다는 구절에는 강과 산봉우리가 그림처럼 아름답다는 화자의 생각이 반영되어 있다. 즉 해당 구절에는 화자를 둘러싼 자연에 대한 긍정적 인식이 반영되어 있다고 볼 수 있다.

Q10 ✕

추사 〈제9수〉의 '됴션'은 바다(자연)에 떠 있는 배 위이고 '부셰'는 속세로 둘은 대조되는 공간이다. 화자는 낚싯배 위에서 자연을 즐기며 만족감을 느끼고 있으므로 '됴션'이 세속적 삶에 대한 화자의 미련을 반영한다는 설명은 적절하지 않다.

Q11 ○

추사 〈제9수〉에서 화자는 배 위가 좁다고 하더라도 속세보다 더 좋으며, 내일과 모레에도 낚시를 하며 배 위에서 지내고 싶다고 말하고 있다. 이를 통해 자연에서 유유자적하는 현재의 삶이 지속되기를 바라는 화자의 심리를 파악할 수 있다.

Q12 ○

동사 〈제8수〉의 '구룸'은 '세샹'을 가려주는 것인데, 이때 '세샹'은 부정적인 것들이 가득한 속된 현실을 의미한다. 따라서 '구룸'이 인간 세상의 부정적인 측면을 가려주는 역할을 한다는 설명은 적절하다.

13 윤선도, 「오우가」   ···› 문제 p.78

Q1 ○

〈제2수〉에서 빛깔이 자주 검어지는 구름과 그치는 적이 많은 바람 소리는 자연의 '가변성(변하는 성질)'을 보여 준다.

Q2 ✕

〈제3수〉에서 쉽게 지는 꽃과, 푸른 듯하다가 누른빛을 띠는 풀은 자연의 '불변성(변하지 않는 성질)'이 아닌 '가변성(변하는 성질)'을 보여 준다.

14 윤선도, 「만흥」   ···› 문제 p.79

Q1 ○

〈제1수〉의 '눔'들은 '띠집'을 짓고 소박하게 살고자 하는 화자를 비웃는 사람들로, 화자에 대해 부정적인 태도를 지닌 사람들이다.

Q2 ○

〈제1수〉의 '띠집'은 띠를 엮어 만든 초라한 집, '보리밥 픗ᄂᆞ믈'은 소박한 음식을 뜻한다. 이러한 소재를 통해 화자의 소탈한(예절이나 형식에 얽매이지 아니하고 수수하고 털털한) 삶의 자세를 엿볼 수 있다.

Q3 ○

〈제2수〉의 '그 나믄~잇으랴'는 자연에서 안분지족하는 삶 이외에는 관심을 두지 않겠다는 것을 의문형 종결 어미 '-랴'를 활용해 나타내고 있다. 이는 자연에서 도리를 추구하며 살아가는 삶에 대한 만족감, 자부심을 설의적으로 표현하여 강조한 것으로 볼 수 있다.

Q4 ○

〈제3수〉의 '말솜도~됴하후노라'에서 화자는 산에 대한 반가움과 긍정적인 인식을 영탄적 표현을 통해 직접적으로 드러내고 있다.

Q5 ✕

〈제4수〉에서 화자는 자연 속에서의 삶이 '삼공(삼정승)'과 '만승(천자)'보다 낫다고 생각하므로 '만승'은 화자가 부러움을 느끼는 대상으로 볼 수 없다.

Q6 ○

〈제4수〉에서는 자연 속에서의 삶이 삼정승과 천자의 자리보다 좋다고 과장하여 표현함으로써 현재 화자의 삶에 대한 만족감, 자족감을 강조하고 있다.

Q7 ○

〈제6수〉에서 화자가 '강산(자연)'을 지키며 사는 삶을 자신의 분수가 아니라 임금의 은혜로 얻은 것이라고 말하며 그 은혜를 갚고자 하는 데에서 세속을 완전히 잊은 것은 아님을 알 수 있다.

15 윤선도, 「견회요」   ···› 문제 p.80

Q1 ○

〈제1수〉의 '그 밧긔~이시랴'에서는 '-랴'라는 의문형 종결 어미를 사용한 설의적 표현을 통해 자기가 해야 할 일만 할 뿐, 그밖의 일은 근심하지 않겠다는 삶의 태도를 강조하고 있다.

Q2 ○

〈제3수〉에서 유배지에서 느끼는 슬픔과 임을 향한 마음을 '울어 예는 뎌 시내'에 이입하여 화자의 정서를 구체적으로 드러내고 있다.

Q3 ○

〈제4수〉의 중장에서 '많고'와 '하고'를 반복하면서 어버이에 대한 그리움의 정서를 강조하고 있다.

16 윤선도, 「몽천요」 ···→ 문제 p.81

Q1 ⓞ

이 작품이 윤선도가 조정을 떠나 자연에 은거하며 자신을 질시하던 세력을 의식하여 임금의 부름을 사양하던 때 지은 것임을 참고하면, '백옥루(옥황상제가 사는 천상의 궁궐)'는 임금님이 계신 궁궐을, '뭇신선'은 자신을 시기하는 신하들을 형상화한 것이 된다. 따라서 〈제1수〉의 '뭇신선'은 화자가 옥황(임금)의 부름을 사양한 원인에 해당한다고 볼 수 있다.

17 신계영, 「전원사시가」 ···→ 문제 p.82

Q1 ⓧ

〈하〉에서 화자는 꽃이 진 후에 나무 그늘이 깊어 가는 여름 경치에 대해 노래하고 있을 뿐, 꽃이 지는 것을 안타까워하고 있는 것은 아니다.

Q2 ⓞ

〈하〉의 '계면조 불러라 긴 조롬 씌오쟈'에는 '긴 조롬'을 깨고자 노래를 청하는 화자의 여유로운 모습이 나타나 있는 것을 확인할 수 있다.

Q3 ⓞ

〈추1〉의 '추흥 계워 ᄒᆞ노라'는 영탄적 표현을 사용하여 가을의 흥취를 즐기는 화자의 심정을 드러내고 있다.

Q4 ⓞ

〈추2〉에서 화자가 아이에게 안주로 준비하라고 말하고 있는 '자해(꽃게)'와 '황계(닭)'는 미각을 돋우는 소재로, 이를 통해 가을의 풍요로움을 즐기는 화자의 흥취를 드러내고 있다.

Q5 ⓧ

〈제석1〉에서 화자는 새해가 오는 것을 반겨하는 '아희둘'에게 그것을 즐거워하지 말라고 이야기하고 있다. 종장을 고려할 때, 이는 백발이 된 화자가 더 이상 새해가 오는 것을 기쁘게 여기지 않기 때문인 것으로 볼 수 있다. 〈제석1〉의 '아희둘'은 화자와는 달리 아직 새해가 오는 것을 반가워할 수 있는 '소년'으로, 화자가 추구하는 바를 이루어 주는 대상으로 보기는 어렵다.

Q6 ⓞ

〈제석1〉에서 새해가 오는 것을 즐거워하지 않는 화자는 새해가 오는 것을 즐기는 아이들에게 자신 또한 '새해 즐겨후다가 이 백발이 되'었다고 말하면서 '새해 온다 즐겨 마라'라고 훈계하고 있다.

18 이휘일, 「전가팔곡」 ···→ 문제 p.84

Q1 ⓧ

〈제1수〉에서 화자는 '하는 일이 무엇인고'라고 스스로에게 묻고, '이 중의 우국성심은 풍년을 원하노라'라고 스스로 답하고 있다. 하지만 화자는 이를 통해 풍년을 바라는 심정을 드러내고 있으므로, 해당 구절이 화자의 안타까움을 부각하고 있다고 볼 수는 없다.

Q2 ⓞ

〈제4수〉에서 화자는 의문형 종결 어미 '－오'를 활용한 설의적 표현을 통해 노동하는 삶에 대한 만족감을 드러내며 천 대의 마차와 만 섬의 곡식 같은 부귀영화를 부러워하지 않겠다는 깨달음을 표현하고 있다.

Q3 ⓞ

〈제5수〉에서 화자는 명령형 어미 '－아라'를 활용한 명령문을 통해, 상대방에게 농기구를 손질하라는 구체적인 행동을 지시하고 있다.

Q4 ⓞ

〈제2수〉는 봄, 〈제3수〉는 여름, 〈제4수〉는 가을의 농사일과 풍요, 〈제5수〉는 겨울에 해야 하는 일들을 제시하고 있다. 또한 〈제5수〉의 종장에서 다음 봄의 농사일을 준비하는 화자의 태도를 확인할 수 있다. 이는 화자가 시간의 순환성에 대해 인식하고 있음을 보여 준다.

Q5 ⓞ

〈제6수〉에서 화자는 '－자꾸나'와 같은 청유형 어미를 통해, 아이들에게 밭으로 나가기를 권유하고 있다.

Q6 ⓞ

〈제7수〉에서 화자가 고생한 농부들에게 '보리밥'과 '명아주 국'을 좀 더 일찍 먹이고자 하는 데에서, 힘들여 일하는 농부들에게 애정을 가지고 있음을 확인할 수 있다.

Q7 ⓞ

〈제6수〉는 새벽, 〈제7수〉는 끼니 때, 〈제8수〉는 저녁의 농촌의 모습을 그리며 하루 동안의 농촌 일상을 나타내고 있다.

19 이정환, 「비가」 ··· 문제 p.86

Q1 ⃝

〈제1수〉에서 화자는 꿈에서 '만 리 요양'을 다녀와 '학가 선객을 친히 뵌 듯ㅎ'다고 말하면서 그를 그리워하고 다시 만나 뵙고 싶어 하는 심정을 드러내고 있다. 참고로 이 작품에서 '학가 선객'은 청나라에 볼모로 잡혀간 세자를 상징하는 시어이다.

Q2 ⃝

'박제상'은 신라 시대 때의 인물로, 고구려와 일본에 잡혀간 왕의 아우를 구하라는 명령을 수행하다가 죽음을 맞이한 충신이다. 〈제4수〉에서 화자는 박제상에 견줄 만한 충신이 없는 현재의 상황에 대한 안타까움을 드러내고 있다.

Q3 ⃝

〈제6수〉에서 화자는 조정에 무신이 많음에도 불구하고 '신고혼 화친'을 맺게 된 상황에 대해 한탄하고 있다. 또한 화친을 맺은 뒤 세자가 청나라에 볼모로 잡혀가게 된 것이므로, 화자는 이로 인해 세자가 '이역 풍상'이라는 시련을 겪는다고 생각하고 있음을 추론해 볼 수 있다.

Q4 ⃝

〈제8수〉의 '풀'은 국가가 치욕을 경험한 상황에도 잘 자라며 '아는 일 업'는 자연물로, 전쟁 후의 치욕적인 상황에서 고뇌하는 화자의 모습과 대비되는 소재라고 할 수 있다.

Q5 ⃝

〈제9수〉의 '바람에 지나는 검불 갓ㅎ야 갈 길 몰라 ㅎ노라'에서는 청나라에 볼모로 잡혀간 두 왕자를 그리워하면서도, 이를 해결할 마땅한 방법을 찾을 수 없어 '갈 길 몰라' 하며 고뇌하고 있는 화자의 답답한 심정이 나타나고 있다.

Q6 ✕

〈제9수〉의 '검불'은 이렇다 할 목적지 없이 그저 바람에 따라 이리저리 구르는 존재로, 화자는 나라가 치욕을 당한 상황에서 갈 길 몰라 하며 방황하고 있는 자신을 '검불'에 빗대어 표현하고 있다. 하지만 '검불'을 통해 화자가 인생의 무상함을 느끼고 있는 것은 아니다.

20 권구, 「병산육곡」 ··· 문제 p.88

Q1 ⃝

'부귀'를 구하며 '빈천'을 싫어하는 것은 속세의 현실적 가치관을 따르는 것이므로 〈제1수〉에서 화자가 '부귀라 구치 말고 빈천이라 염치 말'라고 말하는 것은 '망기(속세의 일을 잊음)'를 지향하는 태도를 나타낸다고 볼 수 있다.

Q2 ⃝

〈제2수〉에서 '천심 절벽(천 길이나 되는 낭떠러지)'은 수직적 이미지, '일대 장강 흘너간다(한 줄기 긴 강이 흘러간다)'는 수평적 이미지를 나타내며, 이를 통해 절벽 아래로 강이 흐르는 공간을 묘사하고 있다.

Q3 ✕

'백구로 벗을 삼'는다고 한 것에서 화자가 자연(백구)과의 일체감을 강조하고 있음은 확인할 수 있지만, 〈제2수〉의 중장에서 대상에게 말을 건네는 방식은 사용되지 않았다.

Q4 ⃝

〈제2수〉에서 자연 속에서 '세간 소식'을 모르고 살아가겠다는 것은 시끄러운 속세와 거리를 두고자 하는 화자의 심정이 반영된 것이라고 볼 수 있다.

Q5 ⃝

〈제3수〉의 '보리밥', '파 생채' 등은 당시 서민들이 먹던 음식들로 화자의 소박한 삶의 모습을 보여 준다.

Q6 ⃝

'공산리 저 가는 달'에서 시각적 이미지가 나타나며, '혼자 우는 저 두견아'에서 청각적 이미지가 나타난다. 〈제4수〉의 초장은 이러한 감각적 이미지를 통해 애상적인 분위기를 조성하고 있다.

Q7 ⃝

〈제4수〉의 '어느 가지 의지하리'에서는 의문형 종결 어미를 사용한 설의적 표현을 통해 의지할 곳 없는 두견새의 처지를 드러내고 있다.

Q8 ⃝

〈제6수〉를 통해 화자는 '수삼 어촌(작은 어촌)'에서 낚시를 하며 여유롭게 살아가며, 이곳을 이상적 공간인 '무릉'으로 여기고 있음을 알 수 있다. 이를 통해 자신의 생활에 대한 화자의 만족감과 긍정적인 태도를 확인할 수 있다.

21 위백규, 「농가」 ··· 문제 p.90

Q1 ⃝

〈제2수〉의 '도롱이에 호미 걸고 뿔 굽은 검은 소 몰고'에서 농사일을 하기 위해 준비하고 길을 나서는 화자의 모습을 확인할 수 있다.

Q2 ⃝

〈제2수〉의 종장에서 '품 진 벗님'이 화자에게 함께 일하러 가자고 말하는 것을 통해 이웃 간에 서로 유대하고 협력하는 농촌 사람들의 모습을 확인할 수 있다.

Q3 ⓞ

〈제4수〉의 '청풍에 옷깃 열고 긴 휘파람 흘리 불 제'에서는 농사일을 하다가 잠시 휴식을 즐기는 것을 농부들이 시원한 바람을 맞고 휘파람을 부는 모습으로 확인할 수 있다.

Q4 ⓧ

〈제4수〉에서 '길 가는 손님'은 농사일 하는 모습을 바라보는 행인일 뿐, 현실과 거리를 두고자 하는 탈속적(속세를 벗어난) 인물이라고 볼 수 없다.

Q5 ⓧ

〈제9수〉의 종장은 '–고'라는 의문형 종결 어미를 사용하여 음식을 나누어 먹으며 즐거워하는 사람들의 모습을 그려내고 있을 뿐, 이를 통해 삶에 대한 반성적 태도를 드러내고 있는 것은 아니다.

㉒ 안민영, 「매화사」   ⋯→ 문제 p.92

Q1 ⓞ

〈제1수〉의 '이삼 백발옹'은 두어 명의 노인으로, 창에 비치는 매화를 보며 거문고를 연주하고 노래하면서 '매화'를 감상하고 있는 주체들이다.

Q2 ⓞ

〈제2수〉에서 화자는 '매화'가 '어리고 성긔'기 때문에 '눈'이 오면 꽃을 피울 수 없으리라 생각했지만 매화는 '기약'을 지켜 '두세 송이' 꽃을 피웠다고 말하고 있다. 이를 통해 화자는 매화가 꽃을 피운 것을 '눈 기약'을 지킨 결과라고 봄을 알 수 있다.

Q3 ⓞ

〈제2수〉의 '암향부동 ᄒᆞ더라'는 매화의 그윽한 향기가 마치 눈앞에 떠다니는 듯 느껴진다는 의미로, 매화의 향기라는 후각적 이미지를 시각적으로 형상화한 표현이라고 할 수 있다.

Q4 ⓞ

〈제3수〉의 '빙자옥질이여 눈 속에 네로구나'는 매화를 너라고 지칭하면서 동시에 '빙자옥질', 즉 얼음같이 맑고 깨끗한 살결과 구슬같이 아름다운 자질을 지닌 대상으로 그려내고 있다. 이는 매화를 의인화하여 그 맑고 깨끗한 속성을 강조하고자 한 표현으로 볼 수 있다.

Q5 ⓞ

〈제3수〉의 '아치고절'은 아담한 풍치와 높은 절개를 의미하는 표현으로, 추운날 꿋꿋이 꽃을 피워낸 매화에 부여된 관념적 속성으로 볼 수 있다.

Q6 ⓧ

〈제4수〉의 '황혼에 달이 오니'는 저녁에 달이 뜬 모습을 의미하므로, 매화를 비유적으로 표현한 것이 아니라 사전적 의미대로 '달'을 지칭한 표현으로 보아야 적절하다.

Q7 ⓞ

〈제4수〉는 '황혼에 달이 오니'에서 시각적 이미지를, '청향'에서 후각적 이미지를 활용하였으며, 이를 통해 매화가 지닌 속성을 예찬하고 있다.

Q8 ⓞ

〈제6수〉에서 '눈'과 '찬 기운'은 매화가 겪는 시련을 의미한다. 종장에서는 그러한 시련이 아무리 매화를 방해해도 봄이 찾아옴을 알리려는 의지는 빼앗지 못한다고 이야기하며 매화가 지닌 생명력을 부각하고 있다.

Q9 ⓧ

〈제8수〉에서 온 천지가 눈으로 뒤덮인 상황에서는 피어날 수 없는 '척촉'이나 '두견화'와 달리, '매화'는 흰 눈이 남아 있는 초봄에도 꽃을 피울 수 있는 존재로 그려지고 있다. 따라서 〈제8수〉는 매화를 '척촉', '두견화'와 대조하면서 그 차이점을 통해 매화만이 지닌 속성을 부각하고자 한 것으로 볼 수 있다.

Q10 ⓞ

〈제8수〉의 '알괘라 백설양춘은 매화밧게 뉘 이시리'는 설의적 표현을 통해 시련을 이겨내는 매화의 가치를 강조하고 있다.

㉓ 안서우, 「유원십이곡」   ⋯→ 문제 p.94

Q1 ⓞ

화자는 '홍진'처럼 속세를 나타내는 시어와 '백운', '녹수 청산'처럼 자연 세계를 나타내는 시어를 대조하여 자연을 벗하는 삶에 대한 긍정적 인식을 드러내고 있다.

Q2 ⓞ

〈제3장〉의 중장에서 화자는 '녹수 청산에 시룸 업시 늘거 가니'라고 하여 자연에서 근심 없이 늙어가는 삶의 모습을 긍정적으로 바라보고 있다.

Q3 ⓞ

〈제6장〉의 종장에서 화자는 '슬커나 즐겁거나 내 분인가 ᄒᆞ노라'라고 하여 속세를 싫어하고 자연을 즐기는 것이 자신의 분수에 맞다고 하고 있다. 즉, 화자는 강호를 선택한 자신의 결정이 분수에 맞는 것임을 드러내고 있는 것이다.

화자는 속세와 '절교'하고 자연 세계와 '위우'하는 삶의 자세를 지향하고 있다. 〈제6장〉의 '물외에 벗'은 자연 세계의 벗을 의미하므로 화자가 '위우'하고자 하는 대상에 해당한다. 그러나 〈제8장〉에서 '유정코 무심'한 것은 '풍진 붕우(인간 세상의 벗)'이며, '강호 구로(자연 세계의 벗)'가 '무심코 유정'한 것이라고 하였으므로, 자연 세계의 존재인 '물외에 벗'이 '유정코 무심'하다고 볼 수는 없다.

Q5 (X)

〈제9장〉의 중장에서 화자는 '호연 행색을 뉘 아니 부러ㅎ리'라고 하여 도연명과 한나라의 태부 소광이 관직을 버리려 했던 일을 긍정적으로 바라보고 있다. 이때 도연명과 태부 소광은 속세의 부귀영화를 멀리하고자 했던 인물이므로, '호연 행색'이 속세에 미련을 갖게 하는 가치에 해당한다고 할 수 없다.

Q6 (O)

〈제9장〉에서 화자는 '알고도 부지지ㅎ니 나도 몰나 ㅎ노라'라고 하여 관직을 쉽게 버리지 못하는 자신의 모습에 대한 내적 갈등을 보여준다. 한편 〈제11장〉에서 화자는 '이제는 가려 정ㅎ니 일흥 계워 ㅎ노라'라고 하여 자연을 선택한 자신의 결정에 대한 만족감, 흥겨움을 드러낸다.

PART I 사설시조

01 정철, 「장진주사」 ··· 문제 p.97

Q1 (O)

중장에서 '지게 위에 거적 덮'고 가는 것은 초라하고 쓸쓸한 죽음, '오색실 화려한 휘장'은 화려한 죽음을 표현한 것이다. 즉 죽음의 상황을 대조적으로 설정해 죽음은 누구에게나 반드시 오는 필연적인 것임을 강조하고 있다.

Q2 (X)

중장은 쓸쓸한 무덤가의 모습을 나타내고 있으나 의미가 상반되는 구절을 배열하고 있지는 않다.

02 작자 미상, 「두터비 파리를 물고~」 ··· 문제 p.97

Q1 (O)

'두터비'는 '파리'를 물고서 '백송골'을 보고는 놀라서 도망치기 때문에 '두터비', '파리', '백송골'의 관계에서 힘의 우위 관계는 '파리 〈 두터비 〈 백송골'이라고 할 수 있다.

Q2 (O)

'파리'는 힘없는 백성, '두터비'는 중간 관리, '백송골'은 고위 관리를 의미한다. 「두터비 파리를 물고~」에서는 백송골을 발견하고 도망가다가 '두터비'가 두엄 아래로 자빠지는 장면을 해학적으로 묘사하여 힘없는 백성 위에 군림하면서 자신보다 강자인 고위 관리 앞에서는 비굴한 모습을 보이는 중간 관리를 비판하고 있다.

03 작자 미상, 「어이 못 오던다~」 ··· 문제 p.98

Q1 (O)

화자는 중장에서 '성'에서부터 '궤'로 이어지는 연쇄적 표현을 통해 임이 오지 못하는 상황을 점점 그 범위를 좁혀 가며 구체화시키고 있다.

Q2 (X)

종장의 '훈 돌이 셜흔 놀이여니'에는 한 달이 삼십 일이나 되는데 임이 하루도 나를 보러 오지 않는다는 원망이 담겨 있을 뿐, 시간이 짧음에 대한 안타까움은 확인할 수 없다.

Q3 (O)

종장의 '날 보라 올 하루 업스랴'에는 자신을 보러 오지 않는 임('너')에 대한 화자의 그리움과 가벼운 원망의 정서가 공존한다.

04 박문욱, 「내게는 원수가 없어~」 ··· 문제 p.98

Q1 (O)

'홰홰'는 닭이 우는 모습을 표현한 의태어이며 '캉캉'은 개가 짖는 소리를 표현한 의성어로 닭과 개는 화자와 임의 사랑을 방해하고 있다. 따라서 이러한 음성 상징어가 화자에게 원망을 불러일으킨다는 설명은 적절하다.

Q2 (X)

화자는 임의 부재로 인한 슬픔을 개와 닭을 이용하여 드러내고 있다. 개와 닭은 임과의 만남을 방해하는 원망의 대상으로 나타나며, 화자는 이들을 없애겠다는 의지를 보이고 있다. 그러나 상황을 가정하는 표현은 나타나지 않는다.

05 작자 미상, 「개를 여라믄이나 기르되~」 ··· 문제 p.99

Q1 (O)

'개'는 '뮈온 님'이 오면 반기고 '고온 님'이 오면 짖어서 돌아가게 하므로 화자와 임의 만남을 방해하는 장애물이다. 종장에서 화자가 그러한 '개'를 얄밉게 여겨 '쉰 밥'이 있더라도 먹이지 않겠다고 말하는 데에서 개에 대한 원망을 확인할 수 있다.

Q2 (○)

화자는 오지 않는 임을 기다리고 있으나 임이 오지 않자 임에 대한 간절함은 원망으로 변한다. 하지만 화자는 임에게 원망을 직설적으로 토로하지 못하고 이를 개에게 전가시키며 '쉰 밥이 그릇그릇 난들 너 머길 줄이 이시랴'라는 해학적 표현을 통해 나타내고 있다.

06 작자 미상, 「임이 오마 하거늘~」 ···→ 문제 p.99

Q1 (○)

중장의 '버선을 벗어 품에 품고~워렁퉁탕 건너가서'에서 과장된 표현으로 허겁지겁 임을 맞이하려는 화자의 행동을 묘사하고 있다.

Q2 (○)

화자는 '거머희뜩'한 것을 '임'으로 착각하여 '워렁퉁탕(우당퉁탕)' 급하게 달려갔다. 이런 화자의 생각과 행동은 임과 만나고자 하는 절실함 때문이라고 볼 수 있다.

Q3 (✕)

화자는 '작년 칠월 사흗날'에 '주추리 삼대'를 본 적이 있으므로 처음 본 것이라 할 수 없다. 또한 '삼대'를 임으로 착각한 화자는 밤이었기에 아무도 보지 못해서 다행이라고 하였을 뿐, 임을 원망하는 모습은 나타나지 않는다.

07 작자 미상, 「귀쏘리 져 귀쏘리~」 ···→ 문제 p.100

Q1 (○)

'귀쏘리'는 늦은 밤에 '제 혼자' 슬프게 울고 있는 존재로 화자의 외로운 처지와 연결된다고 볼 수 있다. 또한 늦은 밤 들리는 귀뚜라미의 울음소리는 외롭고 쓸쓸한 작품 분위기를 형성한다.

Q2 (○)

자신의 잠을 깨우는 귀뚜라미를 얄밉다고 생각하는 화자의 모습에서 원망의 정서를 확인할 수 있다.

Q3 (○)

종장의 '두어라'에서 귀뚜라미를 원망하는 심정을 버리고 자신의 마음을 진정시키려는 화자의 태도를 확인할 수 있다.

Q4 (✕)

종장의 '무인 동방에 내 뜻 알 이는 너뿐인가 하노라'에는 귀뚜라미와 화자가 동병상련의 처지라는 인식이 드러나 있지만 자연과 조화를 이루는 삶의 태도는 확인할 수 없다.

PART Ⅱ 가사

01 정극인, 「상춘곡」 ···→ 문제 p.104

Q1 (○)

'홍진에 뭇친 분네 이 내 생애 엇더훈고'는 화자가 청자인 속세의 사람들에게 자연 속에 묻혀 살고 있는 자신의 삶이 어떠한지를 묻는 말이다. 이를 통해 화자는 '산림에 뭇쳐' 살며 '지락(즐거움)'을 느끼는 삶, 즉 자연 속에서 사는 삶에 대한 만족감과 자부심을 드러내고 있다.

Q2 (✕)

「상춘곡」에는 겨울이 지나고 돌아온 새봄의 아름다운 풍경이 감각적으로 나타난다. 화자는 꽃이 피고 새가 우는 봄의 풍경을 보며 흥겨움을 느끼고 있으므로 새봄이 애상감을 불러일으킨다고 보기는 어려우며, 이를 '인간의 유한성'을 상징하는 소재로 보는 것도 적절하지 않다.

Q3 (○)

'도화행화'는 계절적 배경이 봄이라는 것을 알려주며, '석양리'는 시간적 배경이 석양이 지는 저녁 무렵임을 알려준다. 즉 '도화행화논~프르도다'를 통해 시간적 배경이 봄날의 저녁 무렵임을 시각적으로 드러내고 있다고 볼 수 있다.

Q4 (○)

'수풀에 우는 새는 춘기를 뭇내 계워 / 소리마다 교태로다'에서 '새'는 화자의 감정이 이입된 대상으로, 이를 통해 봄의 아름다운 경치를 보며 흥겨워 하는 화자의 정서를 확인할 수 있다.

Q5 (○)

'화풍이 건듯 부러~낙홍은 옷새 진다'는 푸른 시냇물을 건너온 바람에 의해 붉은 꽃잎이 화자의 옷에 떨어지는 모습을 나타낸다. 이는 봄 경치의 아름다움을 즐기며 자연과 동화된 화자의 흥취와 풍류를 보여 준다.

Q6 (○)

'명사 조훈 믈에~청류를 굽어보니'에서 화자는 냇가의 경치를 감상하고 있는데, 고운 모래가 비치는 맑은 시냇물에 씻은 술잔에 술을 부어 마시며 풍류를 즐기고 있다.

Q⁷ ⊗

'써오느니 도화ㅣ로다 / 무릉이 갓갑도다 저 미이 권 거이고'에서 화
자는 시냇물에 떠내려오는 복숭아꽃을 보며 무릉도원(이상향)을 연
상하고 있다. 이는 자신이 보고 있는 봄날의 들판을 무릉도원에 빗대
어 표현한 것으로 화자가 있는 공간(자연)을 이상 세계와 동일시하는
것일 뿐, 이상 세계와 현실 세계의 차이를 강조하고자 한 것은 아니다.

Q⁸ ⊙

'청류를 굽어보니 써오느니 도화ㅣ로다'와 '무릉이 갓갑도다'를 통해 화
자가 시냇물에 떠내려오는 도화를 보며 무릉도원을 연상하고 있음을 알
수 있다. 이는 자연 속에서 이상향을 떠올리며 화자의 감흥이 점차 고조
된 것으로 볼 수 있다.

Q⁹ ⊙

'아모타 백년행락이 이만훈돌 엇지후리'에서는 의문형 종결 어미를
활용한 설의적 표현을 통해 '단표누항(선비의 소박한 시골 생활)'에
서 느끼는 화자의 즐거움을 표현하며 시상을 마무리하고 있다.

02 조위, 「만분가」   ⋯ 문제 p.106

Q¹ ⊗

'오색운~가렸으니'는 임금(성종)이 계신 천상의 궁궐을 묘사한 표현
이지만, 경치의 변화를 보여 주는 구체적인 묘사는 아니다.

Q² ⊙

'천상 백옥경'과 '자청전'은 임(임금)이 계신 곳을 의미하는데, 화자는
자신이 있는 이곳과 '구만 리'나 떨어져 있는 것 같아 현실에서는 물
론이거니와 '꿈이라도 갈동 말동'하다고 말하고 있다. 따라서 '구만 리'
를 화자와 대상(임) 사이의 거리감을 나타내는 표현으로 볼 수 있다.

Q³ ⊙

'싀어지어', '두견의 넋이 되어'에서 다른 존재(두견)가 되어서라도 임
과 재회하고 싶은 화자의 의지를 확인할 수 있다.

Q⁴ ⊙

화자는 임과 떨어져 있어 자신의 심정을 직접 토로하지 못하기 때문
에, '두견의 넋'이 되어서라도 자신의 심정을 토로하고자 한다. 따라
서 화자는 자연물인 '두견'을 활용하여 자신의 한스러운 심정을 드러
낸 것으로 볼 수 있다.

Q⁵ ⊗

화자는 저문 하늘의 '구름'이 되어 '자미궁'에 날아올라 가슴 속에 쌓
인 말을 임에게 실컷 아뢰고자 한다. 따라서 '구름'은 화자와 대상 사
이를 가로막는 장애물이 아니라 임의 곁으로 가고 싶어 하는 화자의
소망이 투영된 소재로 볼 수 있다.

Q⁶ ⊙

화자가 소망대로 '구름'이 되면 '바람'에 흩날려서 임께서 계신 '옥황
향안 전'에 다다를 수 있을 것이다. 즉 화자는 '바람'을 통해 임이 계신
곳으로 날아갈 수 있으므로 '바람'은 화자와 대상의 만남을 도와주는
매개물 역할을 한다고 볼 수 있다.

Q⁷ ⊙

'흉중의~슬뢰리라'에서 가슴 속에 있는 말(흉중에 쌓인 말씀)을 임
에게 실컷(슬커시) 전하고 싶어 하는 화자의 바람을 확인할 수 있다.

Q⁸ ⊙

'초객'은 억울하게 죽은 초나라의 굴원을 가리킨다. 화자가 자신을
'초객의 후신인가'라고 표현한 것은 자신 또한 굴원처럼 억울한 존재
임을 말하는 것이므로 '초객'은 화자가 동질감을 느끼는 존재라고 볼
수 있다.

Q⁹ ⊙

'공산 촉루(텅 빈 산의 해골)'는 유배 중인 화자를, '임자 없이 구니'는
버림받은 상황에서 느끼는 외로움과 쓸쓸함을 표현한 것이다.

Q¹⁰ ⊙

화자는 '소리'라는 청각적 이미지를 활용하여 임에게 소리를 알리고
싶은 자신의 심정을 드러내고 있다.

Q¹¹ ⊙

화자는 '만장송'이 되어 비바람 소리를 임의 귀에 들리게 하고 싶다
고 하였으며, '금강산 학'이 되어 슬픈 울음 소리를 임의 귀에 들리게
하고 싶다고 하였다. 즉 '만장송'과 '금강산 학' 모두 화자의 연군지
정(임금에 대한 그리움과 변함없는 사랑)이 투영된 소재로 임에 대한
화자의 변치 않는 마음이 반영되어 있는 것이다.

Q¹² ⊙

화자는 임과 이별하여 공산 촉루(텅 빈 산의 해골) 같이 임자 없이
굴러다니다가 '금강산 학'이 되는 상황을 가정하고 있다. 이때 '금강
산 학'이 '무음껏 솟아'오르는 모습에서 상승의 이미지를 확인할 수
있다.

Q13 ⊗

시간적 배경인 '둘 밝은 밤'은 임과 만날 수 없는 상황에서 임을 그리워하는 현재의 시간을 나타낼 뿐, 임과 재회한 순간을 뜻하는 시간으로 볼 수 없다.

Q14 ◎

화자는 '님의 집 창 밖에 외나모 매화'가 되어 그 그림자를 임의 옷에 비치게 하고 싶다는 소망을 드러내고 있다. 따라서 '매화'는 임을 향한 화자의 마음을 표상하는 소재라고 볼 수 있다.

Q15 ⊗

'침변의 이위는' 것은 '설중(눈 내리는 중)'에 혼자 피어 있는 '매화'인데, 이것은 임에 대한 화자의 절개를 상징한다. 즉 '침변의 이위는 듯'은 임이 처한 현재 상황이 아니라 임을 그리워하며 외롭게 살고 있는 화자의 현재 모습을 형상화한 것이다.

Q16 ◎

화자는 '님의 집 창 밖에 외나모 매화'가 되어 그 그림자가 임의 옷에 비치게 된다면 임께서 자신을 본 듯 여겨 반가워하실까 궁금해하고 있다. 따라서 '빗취어든'은 임의 곁에 있고 싶은 화자의 소망을 드러낸다고 볼 수 있다.

Q17 ⊗

화자는 '님의 집 창 밖에 외나모 매화'가 되어 그 그림자가 임의 옷에 비치게 된다면 임께서 자신을 본 듯 여겨 반가워하실까 궁금해하고 있을 뿐, 미래 상황에 대한 의혹(의심하여 수상히 여김)을 나타낸 것으로 보기는 어렵다.

Q18 ⊗

화자는 '빈 낚시대 빗기 들고' 비어 있는 배를 홀로 띄워 임이 계신 건덕궁으로 향하고 싶다는 심정을 드러내고 있으므로 '빈 낙대'는 화자가 현재 회피하고 싶어 하는 대상이 아니다.

Q19 ⊗

화자는 배를 홀로 띄워 임이 계신 건덕궁으로 향하고 싶다고 한 것이지, '건덕궁'을 화자가 현재 머무르고 있는 공간으로 볼 수는 없다.

03 송순, 「면앙정가」　　　→ 문제 p.111

Q1 ◎

[A]에서는 직유(~는 듯)를 활용하여 면앙정 주변의 아름다운 자연 풍경과 그곳에서 느낀 화자의 흥취를 강조하여 표현하고 있다. '어디로 가노라'와 '무슨 일 바빠서~밤낮으로 흐르는 듯'에서 어순의 도치가 나타났음을 확인할 수 있다.

Q2 ◎

'흰 구름 뿌연 연하 푸른 이는 산람이라'에서 '연하'와 '산람'은 계절적 배경이 봄임을 나타내는 시어이다. 즉 해당 구절은 면앙정 주변의 봄 풍경을 계절적 배경을 나타내는 시어를 사용해서 그려내고 있는 것이다.

Q3 ◎

'녹양에 우는 황앵 교태 겨워하는구나'에서 '황앵(노란 꾀꼬리)'은 화자의 감정이 이입된 대상으로, 아름다운 자연 풍경을 바라보는 화자의 만족감을 드러낸다.

Q4 ⊗

'된서리 빠진 후에 산빛이 금수로다'는 가을 산의 풍경이 마치 비단으로 수를 놓은 것 같다는 화자의 감상을 드러내고 있는 구절이다. 이러한 가을 산의 풍경은 '어적도 흥에 겨워 달을 따라 부는구나'에서 흥에 겨운 어부의 피리 소리와 연결되고 있다. 따라서 풍경의 변화를 통해 적막한 분위기(고요하고 쓸쓸한 분위기)가 드러나고 있다고 보기는 어렵다.

Q5 ◎

'어적도 흥에 겨워 달을 따라 부는구나'에서 '어적(어부의 피리)'은 청각적 심상이, '달'은 시각적 심상이 드러나는 부분이다. 이러한 청각적 심상과 시각적 심상은 조화를 이루며 가을 산의 밤 풍경과 이를 바라보는 화자의 감탄을 감각적으로 그려내고 있다.

Q6 ◎

'건곤도 가음열샤 간 데마다 경이로다'는 겨울이 되어 면앙정 주변에 눈이 내리자 가는 곳마다 그 풍경이 경이롭다는 의미이다. 이는 '경궁요대'와 '옥해은산'과 같이 아름다운 겨울 풍경을 바라보는 화자의 감회가 집약적으로 드러난 구절이라고 할 수 있다.

Q7 ⊗

'인간을 떠나와도 내 몸이 겨를 없다'는 아름다운 자연의 이곳저곳을 구경하느라 한가할 틈이 없음을 의미할 뿐, 화자가 자연 속에서의 한가한 삶을 즐길 여유도 없이 바쁘게 살고 있음을 드러내는 것이 아니다.

Q8 ◎

[B]에서 화자는 태평성대를 이룩했다고 알려진 '희황'이라는 고사 속 인물을 언급하여 자연에 묻혀 한가롭게 지내는 현재를 태평성대로 여기고 있음을 드러낸다. 또한 자신을 신선에 비유하며 '이태백'이 살아온다 하더라도 호탕정회(넓고 끝없는 정과 회포)가 더할 수 없을 것이라고, 자연과 하나가 된 자신의 삶에 만족감을 드러내고 있다.

04 정철, 「성산별곡」   ···▸ 문제 p.115

Q1 ✕

'산옹의 할 일'은 뒤에 이어지는 내용을 통해 자연 속에서의 한가로운 일상생활임을 알 수 있다. 따라서 '할 일'이 세상을 위해 해 나가야 할 과업을 의미한다고 볼 수 없다.

Q2 ◯

[A]의 '울 밑 양지 편에 외씨를 뿌려 두고'는 중국 진나라 때, 소평이 나라가 망하자 벼슬을 버리고 청문 부근에서 농사를 지으며 오이씨를 심었다는 고사를 인용한 것이다. 고사의 내용과 관련지어 생각했을 때, 산옹이 '외씨'를 뿌리는 모습은 자연에서 소박하게 살아가는 모습을 그려낸 것으로 볼 수 있다. 또한 고사를 고려하지 않더라도 '외씨를 뿌'리고 김을 매거나 흙을 돋우면서 가꾸는 모습에서 산옹의 소박한 일상을 확인할 수 있다.

Q3 ◯

'남풍이 건듯 불어 녹음을 헤쳐 내니'의 '남풍'과 '녹음'을 통해 계절적 배경이 여름임을 알 수 있다. 이는 '도화'가 피었다고 한 〈본사1〉의 봄 풍경에서 '남풍'이 불고 '녹음'이 우거진 여름으로 계절적 배경이 변화한 것이다.

Q4 ◯

'희황'은 태평성대를 이룬 중국 전설에 나오는 '복희씨'의 다른 이름으로, '태평한 세상'을 상징한다. 이러한 고사의 내용과 관련지어 생각하면, 화자가 '희황' 고사를 활용한 것은 자연에서 풋잠을 자다 깨며 느낀 평안함에서 '희황'으로 상징되는 태평함을 연상하였기 때문이라고 할 수 있다.

Q5 ◯

화자는 '한기(책)'를 통해 '만고 인물을 거슬러 헤아리'며 시운, 즉 시대의 운수가 흥했다가(역사의 영광) 망했다가(역사의 고난) 하는 것을 깨닫고 있다.

Q6 ✕

'거문고 줄을 얹어 풍입송이야고야 / 손인동 주인인동 다 잊어 버렸어라'에서 '손'과 '주인'은 어울려 거문고를 타며 '풍입송'을 즐기고 있다. 즉 두 사람은 함께 어울려 자연을 즐기고 있기에, 그 과정에서 화자의 소외감이 심화된다고 보는 것은 적절하지 않다.

Q7 ◯

'손'은 이 골짜기의 신선이 바로 '주인'이라 생각한다고 말하고 있다. 이는 자연을 즐기는 '주인'의 삶이 신선의 삶과 다름없다는 의미로, 화자가 손님의 말을 빌려 주인의 흥취있는 삶에 대한 흠모를 드러낸 것으로 이해할 수 있다.

05 정철, 「관동별곡」   ···▸ 문제 p.119

Q1 ✕

화자가 '강호애 병이 깁'다고 한 것은 자연 속에서 살고 있음을 표현한 것일 뿐, 인간이 자연에 귀의해야만 유한성에서 벗어날 수 있음을 드러내는 것으로 볼 수는 없으며, 이를 「관동별곡」의 주제 의식으로 보기도 어렵다.

Q2 ✕

'천고 흥망을 아논다 몰ᄋᆞ논다'에서 화자는 궁왕의 궁궐 터를 보며 흥망성쇠의 무상함을 느끼고 있을 뿐, 궁왕이 망하게 된 이유를 궁금해 하고 있는 것은 아니다.

Q3 ◯

화자는 금강산 산봉우리의 모습이 '부용'을 꽂아 놓은 듯하고 '북극'을 받치고 있는 듯하다는 등 감각적으로 표현함으로써 산봉우리의 아름다움과 웅장함을 생동감 있게 그려내고 있다.

Q4 ◯

'비로봉 상상두의 올라 보니 긔 뉘신고~넙거나 넙은 천하 엇씨ᄒᆞ야 젹닷 말고'에서 화자는 비로봉을 바라보며 동산, 태산에 올라 노국과 천하를 좁다고 했던 공자의 정신적인 경지를 떠올리고 있다. 즉 화자는 비로봉에 오르는 행위의 의미를 공자라는 성인의 체험에 빗대어 생각하고 있는 것이다.

Q5 ✕

'어와 뎌 디위룰 어이ᄒᆞ면 알 거이고 / 오ᄅᆞ디 못ᄒᆞ거니 ᄂᆞ려가미 고이ᄒᆞᆯ가'에서 화자는 동산과 태산에 올라 노국과 천하가 좁다고 말한 공자의 정신적인 경지를 떠올리며 그 경지에 이르지 못함을 실감하고 하산하려는 모습을 드러내고 있을 뿐이다. 화자가 현실에서 부딪힌 문제를 자연 속에서 해결하고자 하는 인식은 드러나지 않는다.

Q6 ◯

'마하연', '묘길상', '안문재'는 모두 화자가 거쳐 온 여정을 나타낸다. 따라서 '마하연 묘길상 안문재 너머 디여'에서는 화자가 자신이 지나온 장소를 나열하고 행위를 나타내는 서술어를 '너머 디여(내려가서)'로만 최소화함으로써 그 여정을 간결하고 압축적으로 제시했다고 볼 수 있다.

Q7 ◯

'천심 절벽을~여러히라'에서는 지상의 자연물인 '십이 폭포'를 천문 현상인 '은하수'에 빗대어 표현(비유)하고 있다.

Q8 ◯

'바다 밧근 하놀이니'라는 앞 구절에 나타난 '하놀'이 다음 구절인 '하놀 밧근 므서신고'의 첫머리로 이어지는 연쇄를 활용하여 바다에서 하늘로 이어지는 경계선인 수평선의 모습을 묘사하고 있다.

Q9 ◯

'져근덧 밤이 드러'에서 시간적 배경이 낮에서 밤으로 변화하였음을 확인할 수 있다.

06 정철, 「사미인곡」 ··· 문제 p.126

Q1 ◯

'매화'는 눈 속에서도 두세 가지의 꽃을 피워 그윽한 향기를 풍기고 있다. 화자가 이러한 매화를 꺾어 임이 계신 곳에 보내고 싶어 하는 것을 고려하면, 매화는 임을 향한 화자의 사랑과 지조를 상징한다고 볼 수 있다.

Q2 ✕

화자는 임이 없어 적막하며 비어 있는 '수막(수놓은 장막)'에서 임에 대한 그리움을 드러내고 있다. 따라서 '수막'은 '도피'의 공간이 아니라, 화자로 하여금 임의 부재를 실감하게 하는 공간인 동시에 사랑하는 임을 기다리는 공간으로 보는 것이 적절하다.

Q3 ◯

화자는 임에게 옷을 지어 보내려 했으나, 임이 계신 곳은 험한 산과 구름에 가로막혀 보이지 않는다. 이를 통해 '산'과 '구름'이 화자와 임 사이를 가로막는 장애물임을 알 수 있다.

Q4 ◯

'긴 밤'은 임이 부재한 겨울밤의 기나긴 시간을 의미한다. 화자는 이 긴 밤을 지새우며 '꿈에나 임을 보'기를 바라고 있으며, '앙금도 차도 찰샤 이 밤은 언제 샐꼬'에는 화자의 외로운 심정이 드러난다. 따라서 '긴 밤'은 임이 부재한 상황에서 화자가 홀로 견뎌내야만 하는 시간이며 화자의 부정적 인식이 반영된 시어라고 할 수 있다.

Q5 ◯

'편작이 열히 오나 이 병을 어찌하리'에서는 의문형 어미를 활용하여 편작과 같은 아무리 훌륭한 의사가 온다고 하더라도 임을 향한 그리움으로 인해 깊어진 자신의 병을 치료할 수는 없음을 설의적으로 드러내고 있다.

07 정철, 「속미인곡」 ··· 문제 p.129

Q1 ◯

'어와 너여이고 나의 사설 들어 보오'는 '저기 가는 저 각시~누굴 보러 가시는고'라고 질문한 것에 대한 다른 화자의 대답으로 볼 수 있다. 즉 〈서사〉에서는 서로 다른 두 명의 화자가 등장하고 있으며, 이들이 대화를 주고받는 형식으로 시상이 전개되고 있다.

Q2 ◯

화자는 임이 나를 반기는 얼굴빛이 예전과는 달라지고 결국 이별까지 하게 된 것은 자신이 임에게 '이래야 교태야 어지러이 굴었'기 때문이며, 자신의 죄가 '뫼같이 쌓였'다고 생각하고 있다. 즉 화자는 임과 이별하게 된 원인을 자신의 탓으로 돌리고 있는 것이다.

Q3 ✕

[A]에서 화자는 임의 '물 같은 얼굴(연약한 몸)'이 편안한지, '춘한 고열(봄날의 추위와 여름날의 고통스런 더위)' 속에 어떻게 지내고 계시며 '추일 동천(가을과 겨울)'은 누가 모시는지 등 임의 안부를 걱정하고 있다. 이를 통해 대상에 대한 화자의 관심과 애정을 확인할 수 있으나, 반어적 표현이 사용된 부분은 찾아볼 수 없다.

Q4 ✕

화자가 '높은 뫼'에 올라간 것은 그리운 임의 소식을 알고 싶어서이다. 따라서 이러한 행위를 임의 소식을 알고자 하는 화자의 간절한 마음, 임과의 거리를 좁히고자 하는 화자의 노력을 보여 주는 것으로 볼 수 있지만 '높은 뫼' 자체가 속세에서 벗어난 공간을 의미한다고 볼 수는 없다.

Q5 ◯

'산천이 어둡거니 일월을 어찌 보며'와 '지척을 모르거든 천리를 바라보랴'는 대구를 이루며 임의 소식을 알 길이 없어 답답해 하는 화자의 심정을 드러내고 있다.

Q6 ✕

'모첨 찬 자리의 밤중만 돌아오니'에서 시간의 흐름은 나타나지만 이에 따른 화자의 태도 변화는 드러나지 않는다. 화자는 임을 그리워하는 일관된 태도를 보이고 있으며, 임의 소식을 듣지 못한 채 한밤중이 되어서야 초가집 찬 잠자리로 돌아온 상황은 화자의 외롭고 쓸쓸한 처지를 부각하고 있다.

Q7 ◯

화자는 임을 그리워하는 정성(마음)이 지극하여 '꿈'에서나마 임을 다시 만나게 된다. 따라서 '꿈'은 임과의 재회에 대한 화자의 간절한 소망이 담긴 시어로 볼 수 있다.

Q8 ◯

임을 기다리던 화자는 꿈속에서나마 그리운 임의 모습을 다시 만나고 있다. 하지만 임과 재회한 기쁨에 목이 메어 마음에 품은 말을 채 꺼내지도 못한 상황에서 '오뎐된 계셩'에 의해 잠에서 깨어난다. 이처럼 꿈속에서 임과 재회한 화자가 다시금 꿈에서 깨도록 만드는 존재인 '오뎐된 계셩'은 임과의 재회를 바라는 화자의 간절한 소망을 방해하는 요소로 볼 수 있다.

Q9 ✕

'차라리 싀여디여 낙월이나 되어 이셔'에서 '낙월'은 임을 그리는 화자의 심정이 투영된 대상으로 볼 수 있다. 그러나 화자는 죽어서 다른 존재가 되기 전에는 임과의 만남이 불가능하다는 인식을 드러내고 있으므로, 임과의 재회와 관련하여 낙관적 태도를 보여 주고 있다고 보기는 어렵다.

08 허난설헌, 「규원가」 ⋯ 문제 p.132

Q1 ✕

'실솔(귀뚜라미)'은 가을 달빛이 비추는 밤에 화자의 침상에서 울고 있는 자연물로, 임 없이 외로운 밤을 슬픔으로 보내는 화자의 심정이 투영된 존재이다. 하지만 「규원가」에서 임에 대한 지조를 지키겠다는 화자의 태도는 확인할 수 없으므로, 이를 '지조'와 관련이 있는 것으로 보기 어렵다.

Q2 ✕

화자는 임에 대한 그리움 때문에 '꿈'에서라도 '임'을 보려고 하지만 '바람에 지는 잎과 풀 속에 우는 벌레' 때문에 잠을 깨고 만다. 따라서 독수공방하는 외로움과 서러움이라는 현실의 문제는 '꿈'이라는 환상의 장치로도 극복되지 못했다고 볼 수 있다.

Q3 ✕

은하수(장애물)로 막혀 있어도 '칠월 칠석' 날 일 년에 한 번 만나는 것을 놓치지 않는 '천상의 견우직녀'와 달리 화자는 자신과 '우리 임' 사이에 무슨 '약수(장애물)'가 있기에 소식조차 끊겼느냐고 한탄하고 있다. 즉 '천상의 견우직녀'는 임과 만날 수 있는 기약조차 없는 화자와 달리 일 년에 한 번은 만날 수 있기에 화자와 처지가 동일하다고 볼 수는 없다.

Q4 ◯

'나 같은 이 또 있을까'는 자신처럼 운명이 기구한 신세가 또 있겠느냐는 의미의 설의적 표현으로 화자의 외로움을 강조하고 있다.

09 허전, 「고공가」 ⋯ 문제 p.135

Q1 ✕

[A]에서 화자는 나라를 처음 세웠을 때를 회상하며 생각 없는 '고공'들에 대해 비판적 시선을 드러내고 있을 뿐, 과거 사실에 대해 반성적으로 성찰하지는 않고 있다.

Q2 ◯

'엊그제 왔던 도적'은 왜적을 의미하고, 이 왜적이 '아니 멀리 갔다'고 하는 것으로 보아 화자가 왜적의 재침략을 걱정하고 있음을 알 수 있다.

Q3 ◯

화자는 고공들이 '도적'이 멀리 가지 않았음에도 '화살'을 전혀 준비하지 않고(방비하지 않고) '옷 밥'만 다투는 이유가 '귀 눈'이 없어 그런 것이냐며 고공들을 우회적으로 비판하고 있다. 즉 중요한 문제에 대비하지 않고 사리사욕만 채우는 대상을 풍자하고 있는 것이다.

Q4 ✕

'옷 밥만 다투'는 '고공들'의 일을 한탄하며 '새끼 한 사리를 다 꼬겠'다는 언급에는 부정적인 상황에 대한 인식과 비판이 드러나고 있지만 체념의 태도는 확인할 수 없다. 오히려 화자는 성공적인 국가 재건을 이루는 데에 도움이 될 '새 일꾼'을 기다리고 있으므로, 도적들에 의해 무너진 집안을 일으키고자 하는 극복 의지가 드러나 있다고 볼 수 있다.

⟶ 문제 p.138

10 박인로, 「선상탄」

Q1 ✕

화자는 전쟁이 일어나게 된 원인이 배를 만든 '헌원씨'에게 있다고 생각하여 그를 원망하고 있는 것일 뿐, '헌원씨'를 추모하고 있는 것은 아니다.

Q2 ◯

화자는 '배'를 전쟁이 일어나게 된 원인으로 생각하고 있으므로 화자에게 '배'는 시름을 불러일으키는 대상이라고 볼 수 있다.

Q3 ◯

화자는 진시황이 모은 '동남동녀(수많은 어린 아이들)'가 우리나라를 침략하는 '왜'의 선조가 되었다고 생각하여 진시황을 원망하고 있다.

Q4 ◯

화자는 우리나라의 문물이 한나라, 당나라, 송나라에 뒤지지 않지만, 나라의 운수가 불행해서 '왜적의 흉한 침략'을 받았다고 생각하며 이를 원통해하고 있다.

Q5 ◯

화자는 임금을 모시지 못한 채로 늙어간다고 하더라도 나라와 임금에 대한 충성은 언제라도 잊을 수 없다고 말하며 '우국단심'을 다짐하고 있다.

11 박인로, 「누항사」

⟶ 문제 p.140

Q1 ◯

누항의 사전적 의미는 '좁고 지저분하며 더러운 거리'이다. 화자는 '누항 깊은 곳'에다 '초막'을 짓고 가난하게 살아가고 있으므로, '누항'은 가난한 현실로 인해 살아가기 어려운 화자의 상황을 드러내는 공간이라고 할 수 있다.

Q2 ◯

'서 홉 밥 닷 홉 죽'은 대단치 않은 음식으로, 밥만으로 모든 식구들을 먹일 수 없어 '죽'으로 양을 늘려 나눠 먹어야 하는 가난한 생활을 의미한다. 따라서 먹고 살기 힘들 정도로 가난한 생활을 하는 화자의 어려움을 구체적으로 보여 준다고 볼 수 있다.

Q3 ◯

화자는 가난한 형편으로 인해 생활에 어려움을 겪고 있지만 '장부'의 뜻을 바꾸지 않고, '안빈 일념'을 품고 있다. 즉 '장부 뜻'은 어려운 생활 속에서도 화자가 끝까지 지키고자 하는 안빈의 뜻을 말하는 것으로 볼 수 있다.

Q4 ✕

'안빈 일념'은 가난해도 편안하고 근심하지 않는 마음을 뜻한다. 화자는 어려운 현실 속에서 자신이 가진 '안빈 일념'을 지키는 것이 갈수록 어려워짐을 언급할 뿐, 「누항사」에서 과거에 현실과 타협하며 살았다는 언급이나 이에 대한 반성의 태도는 찾아볼 수 없다.

Q5 ◯

'빈곤한 인생' 속에서도 자신의 '일단심'을 잊지 않겠다고 다짐하는 모습에서 선비로서의 지조와 신념을 지키며 살겠다는 화자의 의지를 엿볼 수 있다.

Q6 ◯

화자가 임진왜란 5년 동안 '주검 밟고 피를 건너'며 '몇 백 전'의 전투를 치렀다는 것을 통해 '몇 백 전'이 죽음을 무릅쓰고 싸웠던 전쟁을 의미함을 알 수 있다.

Q7 ◯

화자는 봄을 맞아 '손수 농사짓기'를 하려고 하므로 '봄'은 한 해의 농사를 짓기 시작하는 때를 의미한다.

Q8 ✕

화자가 '내 분인 줄 알리로다'라고 말하는 것은 화자 자신의 궁핍함을 분수에 맞는 삶으로 수용하고 있음을 보여 주는 것이다. 하지만 화자가 자신보다 어려운 사람을 배려하는 태도가 나타나지는 않는다.

Q9 ◯

화자는 소가 없는 가난한 자신의 상황에 걱정이 많아 집주인에게 소를 빌리고자 왔음을 밝히고 있다. 이를 통해 가난 때문에 경제적으로 어려움을 겪는 화자의 모습을 확인할 수 있다.

Q10 ✕

화자는 와실(작고 누추한 집)에 들어가 소를 빌리지 못한 자신의 처지를 한탄하고 있다. 즉 와실은 화자의 궁핍한 상황과 고뇌를 보여 주는 공간일 뿐, 지향하는 세계의 모습을 담은 공간으로 볼 수는 없다.

Q11 ◯

자연물인 '대승(오디새)'이 '한을 돋'운다고 하며 가난하고 초라한 처지에서 느끼는 화자의 슬픔, 괴로움을 부각하고 있다.

Q12 ✕

화자는 봄에 해야 할 밭갈이를 하지 못하게 되자 우울해 하다가 날도 좋은 '쟁기'가 사용되지 못하고 걸려 있을 뿐인 현실에 자포자기하여 봄농사를 '후리쳐 던져 두'기로 한다. 따라서 해당 구절에서 노동의 가치를 중시하는 인생관은 찾아볼 수 없다.

Q13 ✕

화자는 소를 빌리지 못해 '춘경(봄갈이)'을 포기할 수밖에 없는 자신의 상태에 한숨을 지으며 자포자기의 심정을 드러내지만, 전쟁으로 인해 발생한 사회상에 대한 불만을 드러내고 있지는 않다.

Q14 ✕

'훌륭한 군자'는 이미 안빈낙도의 삶을 살고 있는 사람들이며, 화자가 '훌륭한 군자'들에게 빌리고자 하는 낚시대는 자연을 벗 삼는 삶의 모습을 보여 주는 소재이다. 따라서 화자가 권력욕에 빠진 위정자를 비판하고 있다는 설명은 적절하지 않다.

Q15 ○

화자는 가난한 자신의 삶을 걱정하지 않고 '풍월강산'에서 근심 없이 늙어가겠다고 다짐하고 있다. 이를 통해 자연속에 근심 없이 살아가는 안빈낙도의 삶을 추구하는 화자의 모습을 엿볼 수 있다.

Q16 ✕

화자는 먹고 사는 데 바빠 '강호'와 더불어 살겠다는 꿈을 잠시 잊었지만 후반부에서는 자신의 가난을 '명(운명)'으로 받아들이며, 이러한 자신의 삶에 '설운 뜻'은 없다고 하였다. 이는 '강호(자연)'에서의 '단사표음(가난한 삶)'을 족히 여기며 살아가겠다는 의지를 드러낸 구절로 볼 수 있다. 따라서 '강호'가 '설운 뜻'에서 오는 시름을 위로받기 위해 찾아가는 공간이라는 설명은 적절하지 않다.

12 정훈, 「탄궁가」 ···→ 문제 p.144

Q1 ✕

'일정 고루 하련마는 / 어찌 된 인생이 이다지도 괴로운고'는 하늘이 사람마다 고르게 만들어 내었을 텐데 자신의 인생이 유독 괴롭다는 의미이므로, 모든 사람이 평등하다는 신념을 드러낸 구절로 볼 수 없다.

Q2 ○

'동편 이웃 쟁기 얻고 서편 이웃 호미 얻고'에서는 대구의 방식을 통해 농사를 짓기 위해 이웃들에게 도움을 청해야 하는 화자의 궁핍한 처지를 드러내고 있다.

Q3 ○

[A]에서 화자는 봄이 되어 농사를 지으려 하지만 농기구도 없으며, 농기구를 빌려 온다 하더라도 밭에 뿌릴 씨앗조차 마땅치 않은 상황에 처해 있다. 화자는 이러한 상황에서 농사를 짓기도 어려운 현실에 대한 탄식을 드러내고 있다.

Q4 ○

화자는 '아이들'에게 어려운 여건이지만 '힘을 써'서 열심히 일해 달라고 부탁하며 현실의 어려움을 벗어나고자 하는 마음을 드러내고 있다.

Q5 ✕

'어찌 된 인생이'에는 화자의 비관적 인생관이 나타나 있다고도 볼 수 있으나, '싸리피 바랭이는 나기도 싫지 않던가'는 농사를 제대로 지을 수 없는 상황에서 잘만 자라는 잡초를 보며 탄식하는 말이다. 즉 이는 화자의 상황이 절망적임을 보여 주는 것일 뿐이므로 '싸리피 바랭이'에 낙관적 세계관이 드러난다고 할 수 없다.

Q6 ✕

화자는 '부역 세금'을 어떻게 낼지를 고민하고 있다. 이는 부역과 세금을 감당할 마땅한 방법이 없을 정도로 가난함을 의미하는 것이지, 가난을 핑계로 백성으로서의 의무를 모면하겠다는 의미를 나타낸 것이 아니다.

Q7 ✕

화자는 가난하여 나라에 진 빚과 이자를 갚을 방도를 마련하기 어렵고, 부역과 세금을 감당하기 힘든 처지에 놓여 있다. 하지만 화자가 가족들과 떨어져 지낸다고 볼 수 있는 근거는 없다.

Q8 (○)

다른 사람들에게는 비교적 따뜻한 겨울이라고 하더라도 몸을 가릴 의복이 제대로 없는 화자 자신에게는 겨울이 춥고 고통스럽다는 것을 표현한 것이다.

Q9 (○)

화자는 가난으로 인해 당장 먹고 살 양식도 없는 처지이기에 떡과 같은 음식을 해 먹는 것이 어려운 상황임을 솥에 붉은 녹이 끼었다는 표현으로 드러내고 있다.

Q10 (○)

화자는 '원근 친척 손님들은 어이하여 접대할꼬'라 하며 친척들이 찾아와도 그들에게 제대로 된 대접을 하기 어려운 상황에 대해 탄식하며 염려하고 있다.

Q11 (✕)

화자는 풍년임에도 가난하고 겨울에도 몸을 가릴 옷이 없는 등의 처지 속에서 세금과 집안의 대소사 등을 감당하지 못하는 것에 대해 '어려운 일'이 많다고 하였으므로, 자신의 능력에 대해 자신감을 드러내고 있다고 보기는 어렵다.

Q12 (○)

'어려서 지금까지 희로애락을 너(가난 귀신)와 함께하여'를 통해 화자의 궁핍한 생활이 어려서부터 지속되어 왔음을 알 수 있다.

Q13 (○)

화자가 술과 음식을 갖추어 (가난 귀신의) 이름을 부르며 '사방으로 가라'며 떠나 보내려고 하자 (가난 귀신이) 불평하며 우는 듯 꾸짖는 듯 협박하는 모습에서 의인화된 가난과 화자의 대화를 확인할 수 있다.

---

13 안조원, 「만언사」 　　··→ 문제 p.146

Q1 (✕)

[A]는 화자가 낚시를 하러 가서 바라본 주변의 풍경을 묘사하는 방식으로 시상이 전개되고 있을 뿐이며, 이때 계절의 변화는 확인할 수 없다.

Q2 (○)

'조대(낚시터)'는 화자가 낚싯대를 드리우고 무심히 앉아있는 공간이므로 화자가 현재 머무르는 공간이라고 볼 수 있다.

Q3 (✕)

화자는 낚시를 하고 있으나, 낚시를 하는 목적이 '취어(물고기를 잡는 것)'가 아니라 '지취를 취'하는 것(의지와 취향을 취하는 것)이라고 하였다. 따라서 은린옥척이 화자가 지향하는 대상이라고 볼 수는 없다.

Q4 (○)

화자는 '백구'가 가진 긴 부리로 '내 가슴'을 쪼아 헤치면 가슴 속에 있는 붉은 마음(단심)을 알 것이라고 말한다. 이어지는 구절인 '공명도 다 던지고 성은을 갚으리니'를 참고할 때, 이는 임금에 대한 변하지 않는 '일편단심'과 그리움을 의미한다고 볼 수 있다.

Q5 (✕)

화자가 '눈 씻'는 것은 봄바람 소리를 듣고 반가운 마음에 주변을 자세하게 보기 위한 것이다. 따라서 '눈 씻고'를 고생이나 슬픔같은 부정적인 의미로 해석할 수는 없다.

Q6 (○)

화자는 창문 앞의 '수지화(나무와 꽃)'가 자신을 향해 '웃는 듯 반기는 듯'하다고 말했다. 이는 봄에 생명력 넘치는 자연물을 본 화자의 반가움을 의인화된 표현으로 드러낸 것이라고 볼 수 있다.

Q7 (○)

화자는 봄에 핀 꽃이 예전에 보던 꽃이라고 하며 이를 '낙양 성' 안의 봄빛과 같다고 했다. 또한 '고향 원상(고향의 동산)'에도 이 꽃이 피었는지 궁금해하며 고향에 대한 그리움을 드러내고 있다. 따라서 '꽃'을 보며 연상하는 '낙양 성중'과 '고향 원상'은 화자가 돌아가고 싶어 하는 공간이라고 볼 수 있다.

Q8 ⊙

유배 오기 이전 꽃의 화려함을 즐기던 작년의 '웃음'과 현재 유배를 와서 슬픈 심정으로 꽃을 보면서 흘리는 '눈물'이 대비되어 화자의 서러움, 고생스러운 처지를 강조하고 있다.

Q9 ⊙

과거와 현재를 비교했을 때 변함없는 '꽃빛'과 쉽게 변하는 '인사'가 대비됨으로써 인간사의 가변성, 유한함이라는 속성이 드러나고 있다.

14 김춘택, 「별사미인곡」 ⋯▸ 문제 p.150

Q1 ⊙

화자는 '이별인들 같을손가'라는 설의적 표현을 통해 임과의 이별로 인한 슬픔을 드러내고 있다.

Q2 ⊙

'광한전 백옥경에 임을 뫼셔 즐기더니'는 '저 각시'가 과거 임과 함께 즐거운 시간을 보냈던 상황을 드러내는 구절이다.

Q3 ⊙

화자는 임이 떠나고 홀로 남은 자신의 서러운 상황이 각시에게도 '견줄 데 전혀 없'다고 말하며 부정적으로 받아들이고 있다.

Q4 ⊙

화자는 임을 위해 '원앙침과 비취금'을 준비했지만 그곳에 임을 '뫼셔 본 적 전혀 없'다고 말하며 임의 곁에 있어본 적 없이 홀로 외롭게 지내온 자신의 처지를 부각하고 있다.

Q5 ⊗

화자는 자신이 실을 내어 옷감을 짜는 일뿐만 아니라, 노래와 춤도 할 줄 모르는 부족한 사람이기 때문에 임의 사랑을 받지 못한 것이라 생각하고 있다. 하지만 해당 구절에서 임과 함께했던 과거에 대해 반성하는 모습은 나타나지 않는다.

Q6 ⊗

'정확'은 '죄인을 삶아 죽이는 큰 솥'을 뜻하고, '부월'은 '작은 도끼와 큰 도끼'를 의미한다. 이는 크기에 따른 대비적인 표현으로 볼 수 있지만, (정도가 점점 강해지거나 높아지는) 점층적 표현으로 볼 수는 없다.

Q7 ⊙

화자는 '임 향한 이 마음이 변할손가'라는 설의적 표현을 통해 자신이 일백 번 죽고 뼈가 가루가 되는 긴 시간이 지나더라도 임에 대한 사랑은 변함이 없을 것이라며 떨어져 있는 임에 대한 그리움을 드러내고 있다.

Q8 ⊙

화자는 임과 이별하게 된 상황이 조물주의 탓도 귀신의 훼방 때문도 아닌 '내 팔자' 때문이라고 말하고 있다. 이를 통해 화자의 운명론적 삶의 태도를 확인할 수 있다.

15 이광명, 「북찬가」 ⋯▸ 문제 p.152

Q1 ⊙

연쇄법은 앞말의 끝부분을 뒷말의 첫 부분에서 이어 받아 운율감을 형성하는 표현법이다. 앞 구절인 '잠든 밧긔 한숨이오'에서 '한숨'을 다음 구절인 '한숨 끝에 눈물일세'의 첫 부분에서 이어 받는 연쇄를 통해 화자의 한과 슬픔을 강조하고 있다.

Q2 ⊙

'밤밤마다 꿈에 뵈니'는 매일 밤 꿈에서 어머니를 뵐 정도로 어머니를 간절하게 그리워하는 화자의 심정을 표현한 구절로 볼 수 있다.

Q3 ⊙

'노친 소식 나 모를 제 내 소식 노친 알까'에서는 설의적 표현을 사용하여 어머니의 소식을 알지 못하고, 자신의 소식도 어머니께 전해드릴 수 없는 처지를 강조하고 있다. 또한 '일반고사 뉘 헤올고'에서도 설의적 표현을 통해 유배지에서 느끼는 화자의 괴로움을 아무도 헤아릴 수 없다는 의미를 강조하고 있다.

Q4 ⊗

'산과 강물'로 막혀 있어 어머니에게 갈 수 없는 화자와는 달리 '구름'은 어머니가 계신 '남천'으로 자유롭게 갈 수 있는 존재이므로 부러움의 대상이 된다. 하지만 '구름'이 유배 중에 있는 화자에게 현실 극복 의지를 불러 일으킨다고 볼 수 있는 근거는 없다.

Q5 ⊙

화자는 현재 어머니에 대한 그리움으로 잠 못 들고 있다. 화자는 흐르는 '내'와 나는 '새'가 되어서라도 어머니의 '집 앞'이나 창가로 가고자 하므로 '내'와 '새'는 화자의 소망과 그리움이 함축된 시어로 볼 수 있다.

Q6 (o)

화자는 어머니와 이별하여 떨어져 있는 상황을 '여의 잃은 용'과 '키 없는 배'에 비유하여 표현하고 있다. '여의주'는 용의 턱 밑에 붙어 뜻하는 대로 무엇이든 만들어 낼 수 있다고 하는 신묘한 구슬이고, '키'는 배의 방향을 조절하는 장치이다. 즉 '여의 잃은 용'과 '키 없는 배'는 소중한 것을 잃은 상태를 의미하는 비유적 표현으로 이해할 수 있다.

Q7 (x)

'여의 잃은 용'은 화자가 어머니와 이별하여 떨어져 있는 상황을 나타내는 것일 뿐, 신하를 귀양 보낸 임금의 안타까움은 확인할 수 없다.

Q8 (x)

'추풍의 낙엽같이 어드메 가 머무를꼬'에서는 가을 바람에 떨어지는 '낙엽'에 자신의 처지를 빗대어 표현하고 있을 뿐, 음성 상징어를 사용한 부분은 찾아볼 수 없다.

Q9 (o)

'나 아니면 뉘 뫼시며'에서는 자신이 아니면 어머니를 모실 사람이 없는 와중에 유배 때문에 어머니를 모시지 못하는 화자의 안타까움이 드러난다.

16 작자 미상, 「봉선화가」   ···→ 문제 p.154

Q1 (o)

'봄 삼월 지난 뒤에 향기 없다 웃지 마소'에서 화자는 사람들에게 '봉선화'에 향기가 없다고 하여도 웃지 말 것을 당부하고 있다. 이는 '취한 나비 미친 벌'을 두려워하기 때문이라고 하며, '봉선화'의 '정숙한 기상'을 언급하고 있으므로, 화자는 봉선화의 속성을 긍정적으로 평가하고 있다고 볼 수 있다.

Q2 (o)

'흰 백반을 갈아~곱게곱게 개어 내니'에서는 흰 백반을 갈아 부수어 손톱 위로 개어 올리는, 손톱에 봉선화 물을 들이는 과정을 구체적으로 제시하고 있다.

Q3 (o)

'~는 듯'이라는 비유적 표현(직유)을 반복하여 손톱에 봉선화의 붉은 빛이 스며드는 모습을 나타내고 있다.

Q4 (o)

화자는 봉선화 꽃잎과 백반 가루를 섞은 것을 손톱에 올리고 이것을 단단히 싸매는 것을 '비단에 옥글씨로 쓴 편지를 왕모에게 부치는 듯'하다고 말하며 감각적으로 묘사하고 있다. 이를 통해 봉선화 물들이기에 대한 화자의 정성과 기대감이 드러난다.

Q5 (x)

'가지에 붙어 있는 듯'한 '붉은 꽃'이란 붉은 꽃물이 든 손톱의 모습을 의미한다. 이를 '손으로 잡으려 하니 어지럽게 흩어'진다고 표현하여 움직이는 손가락의 모습을 역동적으로 나타내고 있지만, 봉선화의 속성을 파악하기 어려움을 표현하기 위한 것은 아니다.

Q6 (o)

'쪽 잎에서 나온 푸른 물이 쪽빛보다 푸르단 말'인 '청출어람'이라는 관용적 표현을 사용하여 봉선화 꽃물의 붉은 빛을 강조하고 있다.

Q7 (o)

화자는 꿈에서 '녹의홍상 한 여인'을 만나고 그 여인이 자신에게 하직 인사하는 것을 본 후, '아마도 꽃귀신이 내게 와 하직한 듯'하다며 봉선화가 떨어질 것임을 예감하고 있다.

Q8 (o)

화자는 '그대(봉선화) 자취 (꽃물을 들인) 내 손에 머물렀'음을 언급하며, 떨어져 지고 있는 봉선화를 위로하고 있다.

Q9 (x)

화자는 봄이 지나 도리화가 시든 후에 슬퍼해 줄 사람이 없다고 언급하며 꽃의 아름다움은 순간적인 것이라는 의미를 드러내고 있지만, 바람을 이기지 못한 꽃이 떨어지는 것에 무상감을 드러내고 있지는 않다.

Q10 (o)

화자는 정성스럽게 봉선화 물을 들이고, 봉선화가 낙화해도 자신의 손끝에는 그 흔적이 남아있다고 언급하며 봉선화에 대한 각별한 애정을 드러내고 있다.

⓱ 작자 미상, 「덴동어미화전가」

··· 문제 p.156

Q1 ⓞ

눈물, 콧물을 흘리고 있는 '청춘과녀'에게 '한 부인'이 '좋은 풍경 좋은 놀음에 / 무슨 근심 대단해서 낙루한심 웬일이오'라고 질문하고, 이에 청춘과녀가 '내 사정을 들어보소'라고 대답하고 있다. 이어지는 청춘과녀의 말에는 어린 나이에 결혼하고 남편을 잃은 신세 한탄이 나타난다.

Q2 ⓞ

[A]에서 화자는 '답답하다'라는 표현을 통해 '영결종천 이별(임과 사별)'한 괴로움을 직설적으로 드러내고 있다.

Q3 ⓞ

[B]에서 화자는 '꿈'이라는 시어를 반복하여 꿈에서나마 '우리 낭군(남편)'을 만나고 싶어 하는 소망을 드러내고 있다.

Q4 ✕

'청춘과녀'는 꿈속에서 임과 이야기하고자 하나 '꾀꼬리' 소리로 인하여 잠을 깨서 '꾀꼬리'를 '저놈의 새', '나와 백 년 원수'라 한다. 이를 통해 '꾀꼬리'는 화자에게 원망을 받는 소재임을 알 수 있지만 '꾀꼬리'로 인해 화자가 미래에 대해 기대감을 가진다고 볼 수는 없다.

Q5 ⓞ

'청춘과녀'는 마음 둘 곳이 없는 상황에 '심회를 조금 풀까' 하고 화전놀음에 참여했다고 말했다. 이를 통해 화전놀이로 근심을 풀고자 하는 부녀자의 심정을 알 수 있다.

Q6 ⓞ

화자는 짝이 있는 '천하 만물'과 짝(남편)을 잃은 '나'의 처지를 대조하여 자신의 외로운 신세를 한탄하고 있다.

Q7 ✕

[C]의 화자인 '청춘과녀'는 '화전놀음'에 참여하여 자신의 신세를 한탄하면서 '한심일세', '어찌할꼬' 등과 같은 영탄적인 표현을 통해 남편과 사별한 외로움을 드러내고 있을 뿐, '화전놀음'에 함께 참여한 대상에 대한 연민을 드러내고 있지는 않다.

Q8 ⓞ

'덴동어미'는 '신명 도망 못할지라 이내 말을 들어 보소' 이후에 십칠 세에 과부가 되었던 자신의 인생 역정을 전달하고 있다. 따라서 '이내 말을 들어 보소'를 기점으로 덴동어미의 과거 이야기를 담은 내부 이야기로 시상이 전환되었다고 볼 수 있다.

Q9 ✕

덴동어미는 '사람 눈'이 이상하기 때문에 '제대로 보면' 문제가 없는 것을 '새겨(고쳐) 보면' '눈이 캄캄 안 보'인다고 말했다. 덴동어미는 '예사 보는' 것, 즉 대상을 있는 그대로 보는 것이 중요하다고 말하고 있는 것이다. 이를 고려하면, '사람 눈'은 성숙한 인간이 가진 안목이 아니라 상황에 따라 마음이 동요되어 대상을 바라보는 안목을 의미한다고 할 수 있다.

⓲ 신계영, 「월선헌십육경가」

··· 문제 p.160

Q1 ⓞ

'만경 황운(아주 넓은 누런 구름)'은 곡식이 누렇게 익어 풍요로운 가을 농촌의 들판을 비유하는 표현이다. 즉 화자는 '만경 황운이 훈 빗치 되야 잇다'에서 전원생활의 풍요로운 결실을 '만경 황운'에 비유하고 있는 것이다.

Q2 ⓞ

'내노리'는 '고기잡이'를 의미하는데, 화자는 전원생활에서 '내노리'를 하면서 느끼는 여유를 '흐쟈스라(하자꾸나)'와 같이 청유형 어미를 사용하여 드러냈다.

Q3 ⓞ

'블근 게 여믈고 눌은 둙기 슬져시니'에서 화자는 가을을 맞이한 전원의 풍족함을 '붉은 게'와 '누런 닭'에서 드러나는 색채 이미지를 통해 드러내고 있다.

Q4 ✕

화자는 가을의 풍족함을 지닌 아름다운 자연 경치를 흐뭇하게 바라보고 있는데, '경도 됴커니와 생리라 괴로오랴'는 주변 경치가 좋을 뿐만 아니라 현실 생활의 '생리'도 괴롭지 않다는 것을 설의적으로 드러낸 표현이다. 따라서 화자가 생업의 현장에서 고단함을 느끼고 있다고 보기는 어렵다.

Q5 ⓞ

화자는 '모재'에 비친 햇빛을 보며 이 햇빛이 '옥루(임금께서 계신 곳)'에도 똑같이 비칠 것이라고 생각하고 있다. 이는 '햇빛'이라는 자연 현상을 보고 그리움의 대상인 임금을 떠올린 것이라 할 수 있다.

Q6 ⓞ

화자는 달빛이 비치는 아름다운 밤에 '술'을 마시며 흥겨움을 느끼고 있으므로 운치 있는 자연 풍경 속에서 풍류를 즐기는 상황이 나타난다고 볼 수 있다.

Q7 ⭕

[A]에서 화자는 '세상 공명'을 '계륵(그다지 큰 소용은 없으나 버리기에는 아까운 것)'으로 여기고 있다. 이를 참고할 때 '강호 어조'와 함께 지내겠다고 맹세하면서도 '옥당금마(관직 생활)'의 '몽혼(꿈)'에 대해 이야기한 것은, 화자가 '강호'에서 은거하는 삶을 긍정하면서도 정치 현실에 대한 미련을 완전히 버리지 못했음을 보여주는 것이라고 할 수 있다.

19 김인겸, 「일동장유가」 ⋯ 문제 p.166

Q1 ⭕

'대풍'이 일어나 악화된 기상 상황을 '태산'이라는 거대한 자연물에 비유하여 표현하고 있다.

Q2 ⭕

상승 이미지인 '올랐다가'와 하강 이미지인 '내려지니'의 대비를 통해 화자가 탄 배가 거친 파도에 의해 오르내리는 상황을 강조하고 있다.

Q3 ❌

'성난 고래 동한 용'에서 역동성이 느껴진다고 볼 수 있으나 이는 악화된 기상 상황을 비유한 것일 뿐, 이를 통해 공간의 분위기를 긍정적으로 바꾸고 있지 않다.

Q4 ⭕

'이런 구경'은 화자가 해가 솟아오르는 풍경을 보며 감탄과 만족감을 드러낸 표현으로 볼 수 있다.

Q5 ❌

'장한 구경'은 화자인 '퇴석 선생'의 글 짓는 재주를 본 '전승산'의 감탄과 놀라움이 드러난 표현일 뿐, 화자의 아쉬움을 드러내지는 않는다.

01 득오, 「모죽지랑가」 ⋯ 문제 p.170

Q1 ❌

화자가 대상을 '낭'이라고 부르며 말을 건네고 있으나 그와 주고받은 대화를 인용하지는 않았다.

Q2 ⭕

'길'은 화자가 '낭'과 다시 만나길 소망하는 마음을 형상화한 것으로, 상대를 그리워하며 (그에게) 향해 가는 길로 볼 수 있다.

02 월명사, 「제망매가」 ⋯ 문제 p.171

Q1 ⭕

화자는 누이의 죽음으로 인해 생사에 대해 생각해 보며, 생사의 길이 이곳에 있기에 머뭇거린다. 따라서 '머뭇거리고'라는 표현에는 생사의 문제에 대한 화자의 고뇌가 함축되어 있다고 볼 수 있다.

Q2 ❌

'잎'은 '가을 이른 바람'에 떨어지고 있으므로, 수동성(스스로의 의지가 아니라 다른 것의 작용을 받아 움직이는 성질)이 드러난다고 볼 수 있다. 하지만 '잎'은 화자 자신을 비유한 것이 아니라, 어린 나이에 죽음을 맞이한 '누이'를 비유한 시어이다.

Q3 ⭕

화자는 '미타찰'에서 죽은 누이를 만나게 될 날을 도를 닦으며 기다리겠다고 하였다. 따라서 '미타찰'은 화자가 먼저 죽은 누이를 다시 만날 수 있는 공간이며, 죽은 누이와 재회하길 소망하는 화자의 지향을 함축하는 공간으로 볼 수 있다.

01 작자 미상, 「동동」 ⋯ 문제 p.173

Q1 ❌

'아으 동동다리'는 각 연의 마지막 행에서 반복되는 후렴구로, 이를 통해 작품 전체에 통일성이 부여된다.

Q2 (○)

〈서사〉에서 후렴구를 제외한 부분인 '덕으란 곰비예~나ᅀᆞ라 오소이다'를 현대어로 풀어 보면 '덕은 뒤에 바치옵고 복은 앞에 바치오니 / 덕이며 복이라 하는 것을 드리러 오십시오'가 된다. 이는 '덕'과 '복'을 드리며 축하하는 송축의 내용으로 볼 수 있다.

Q3 (○)

남녀 간의 사랑 노래를 포함한 민간의 노래였던 고려가요는 궁중의 노래로 수용된 이후 풍속을 교화하는 수단으로 활용되기도 하였다. 이러한 점을 고려할 때, 〈이월령〉에서 화자가 사랑하는 임의 모습이 등불 같다고 하며 예찬하는 내용 역시 '만인'을 비추는 '등ㅅ불'의 속성을 제시함으로써 모두가 우러러볼 만한 임의 덕을 읊고자 한 내용이라고 해석하는 것이 가능해진다.

02 정서, 「정과정」 ⟶ 문제 p.175

Q1 (○)

화자는 자신에 대한 허황된 소문들에 대해 '잔월효성'도 진실을 모두 알 것이라고 말하며 자신의 결백과 억울한 심정을 토로하고 있다.

Q2 (○)

'뉘러시니잇가', '니ᄌᆞ시니잇가' 등의 의문문을 사용해 '님'에게 말을 거는 듯한 효과를 내고 있다.

03 작자 미상, 「서경별곡」 ⟶ 문제 p.176

Q1 (○)

'셔울'은 화자가 현재 머무르고 있는 공간으로, 화자는 임과 이별해야 한다면 '셔울'을 떠나서라도 임을 따라가겠다는 의지를 드러내고 있다.

Q2 (✕)

화자는 '질삼뵈'를 버리고서라도 임을 따라가겠다는 의지를 드러내고 있을 뿐, '질삼뵈'를 회피하고 싶어 하지는 않는다.

Q3 (✕)

화자는 임께서 자신을 사랑만 해주신다면 울면서 따라가겠다고 말하고 있다. 즉 '우러곰'은 임의 심정이 아니라, 화자의 심정을 드러낸 구절로 보아야 적절하다.

Q4 (○)

화자는 임이 떠난다면 (임과 함께하기 위해) '질삼뵈'를 버리고서라도 울면서 임을 좇아가겠다는 뜻을 드러내고 있다. 즉 '좃니노이다'는 임의 곁에 있고 싶어 하는 화자의 소망을 드러낸다고 볼 수 있다.

Q5 (✕)

화자는 '긴히ᄯᅳᆫ 아즐가 긴힛ᄯᅳᆫ 그츠리잇가'라고 말하며, 구슬이 바위에 떨어져도 끈은 끊어지지 않듯이 임을 향한 자신의 믿음 역시 쉽게 끊어지지 않을 것이라는 뜻을 강조하고 있다. 따라서 '그츠리잇가'를 미래 상황에 대한 의혹을 드러내는 구절로 보기는 어렵다.

04 작자 미상, 「청산별곡」 ⟶ 문제 p.178

Q1 (○)

화자는 '멀위랑 ᄃᆞ래'를 먹으며 '청산'에 살기를 소망하고 있다. 이때 '청산'은 밭을 갈고 농사를 짓는 일상적인 공간과 구별되는 곳으로, 화자가 살고자 하는 이상향으로 볼 수 있다.

05 작자 미상, 「가시리」 ⟶ 문제 p.180

Q1 (✕)

화자는 임과의 이별에 대해 '날러는 엇디 살라 ᄒᆞ고'라고 말하며 이별의 슬픔과 임에 대한 서운함을 직접적으로 드러내고 있다. 하지만 자연물에 화자의 감정을 의탁하는 모습은 나타나지 않는다.

PART III 한시

01 최치원, 「추야우중」 ⟶ 문제 p.183

Q1 (○)

'가을바람'은 '세상 어디에도 날 알아주는 이 없'다고 말하는 화자의 처지와 대응되며, 작품의 쓸쓸한 분위기를 고조한다.

Q2 (○)

화자는 '세상 어디에도 날 알아주는 이 없'다고 말하며 자신의 능력을 알아주지 않는 시대 현실에 대한 한탄을 드러내고 있다.

02 최치원, 「제가야산독서당」 ⟶ 문제 p.183

Q1 (○)

화자는 '옳고 그름을 따지는 다툼 소리' 즉 어지러운 세속의 소리가 들릴까봐 '흐르는 물'로 온 산을 둘러 세속과 거리를 두고자 하였다.

03 최치원, 「촉규화」 　　　　　··· 문제 p.184

Q1 (○)

'부끄러워', '참고 견디네'에서 '촉규화'의 내면이 서술되고 있는데, 이는 화자가 자신의 처지에 대한 부끄러움과 한탄을 드러낸 것으로 볼 수 있다.

04 정지상, 「송인」 　　　　　··· 문제 p.185

Q1 (○)

화자는 이별의 슬픔으로 흘리는 자신의 눈물이 해마다 대동강의 푸른 물결에 더해져 대동강 물이 마르지 않으리라고 말하고 있다. 이는 이별의 슬픔을 강물의 흐름과 연결시켜 과장되게 표현한 것이라 볼 수 있다.

05 이색, 「부벽루」 　　　　　··· 문제 p.186

Q1 (○)

'천 년'이라는 시간이 흐르는 동안 '바위'가 늙었다고 표현함으로써, 세월의 흐름을 시각적으로 형상화하였다.

Q2 (○)

길게 휘파람 부는 행위를 통해 화자가 옛 왕조를 떠올리면서 느끼는 세월의 무상함을 확인할 수 있다.

06 정약용, 「고시 8」 　　　　　··· 문제 p.187

Q1 (○)

'그 소리'는 제비가 지저귀는 소리로, 화자는 이를 듣고 힘없는 백성들의 고통을 알게 된다. 따라서 '그 소리'는 화자에게 백성에 대한 동정심을 불러일으키는 계기가 된다고 볼 수 있다.

Q2 (○)

'황새'와 '뱀'은 힘없는 '제비'의 삶의 터전을 빼앗는 존재이므로 '제비'와 대비된다고 볼 수 있다. 화자는 '제비'의 입을 빌려 힘없는 백성을 괴롭히는 '황새'와 '뱀' 같은 존재들을 풍자하고 있다.

07 정약용, 「보리타작」 　　　　　··· 문제 p.188

Q1 (○)

3~4행에서는 보리타작에 나서는 과정을, 5~6행에서는 노동요를 부르며 보리타작을 하는 과정을 묘사하여 노동의 현장을 생동감 있게 보여 주고 있다.

Q2 (○)

'옹헤야'라는 노동요 소리를 통해 즐겁게 노동하는 모습을 청각적 이미지로 제시하고 있다.

Q3 (○)

1~8행은 농민들의 건강한 삶과 보리타작하는 현장의 역동적 정경을 보여 주는 '선경' 부분에 해당한다. 9~12행은 농민들을 바라보는 화자의 즐거움과 관직에 몸담고 살았던 것에 대한 반성의 심정을 보여 주는 '후정'으로 볼 수 있다.

Q4 (✕)

'무엇하러~있으리오'는 의문형 종결 어미를 사용한 설의적 표현으로 볼 수 있지만, 이는 '벼슬길'에 대한 화자의 지향이 아닌 '지양'을 표현하고 있는 것이다.

08 설장수, 「어옹」 　　　　　··· 문제 p.189

Q1 (✕)

화자가 '평생 물과 구름 가득한 마을을 찾아'다'닌 것을 고려하면, 화자는 자연 친화적 태도를 지니고 있으며 자연을 교감의 대상으로 여기고 있음을 짐작할 수 있다. 하지만 '달'이 '배 한 척'을 비추는 장면은 자연의 모습을 드러낸 것일 뿐, '달'에 인격을 부여한 것으로 볼 수는 없다.

Q2 (○)

벼슬이나 부귀를 의미하는 '옥당'을 부러워하지 않는 화자의 모습에서 세속과 거리를 두고 자연 속에서의 삶을 추구하는 화자의 가치관을 확인할 수 있다.

09 유종원, 「강설」 　　　　　··· 문제 p.190

Q1 (○)

산에 '새 한 마리 날지 않'고, '길'에 사람 흔적이 끊긴 것은 외부 세계와의 단절을 의미하므로, '새'와 '길'이 외부 세계와의 연결을 의미한다고 볼 수 있다.

Q2 (○)

'새'와 '길'은 외부 세계와의 연결을 의미하므로, 새가 '날지 않'고 길에 사람 흔적이 '끊어'져 있는 것은 외부 세계와 단절되어 시적 공간이 적막함을 강조하는 것으로 볼 수 있다.

Q3 (○)

외부 세계와 단절되어 '홀로 낚시하'는 상황에 '눈만 내리'는 것은 적막한 분위기를 부각하므로, 늙은이의 고독감을 심화한다고 볼 수 있다.

Q8 ◯

시집살이의 고통 때문에 자신의 용모가 변해버린 것을 '배꽃'과 '호박꽃'이라는 자연물을 활용하여 말하고 있다.

01 작자 미상, 「시집살이 노래」 (민요) ⋯→ 문제 p.192

Q1 ◯

화자는 시집살이 상황을 '개집살이'라며 부정적으로 규정한 이후, 다양한 예를 나열하면서 시집살이의 고통을 구체적으로 제시하고 있다.

Q2 ✕

사촌 형님은 시집살이가 어떠하냐고 묻는 사촌 동생에게 '이애 이애 그 말 마라 시집살이 개집살이'라며 즉시 답변하고 있다. 따라서 물음에 대한 답변을 유보했다는 설명은 적절하지 않다.

Q3 ◯

화자는 사촌 동생과의 만남을 계기로 시집살이의 괴로움을 토로하고 있다.

Q4 ◯

시집살이의 고된 노동을 '오 리(2km)' 떨어진 곳에서 물을 긷고, '십 리(4km)' 떨어진 곳에서 방아를 찧고, '아홉 솥'에 불을 때고, '열두 방'에 있는 자리를 치워야 하는 일이라고 과장되게 표현하며 강조하고 있다.

Q5 ✕

'외나무다리~더 푸르랴'에서는 시아버지와 시어머니같이 어렵고 무서운 사람이 없음을 설의적 표현을 통해 강조하고 있다. 일반적으로 '감탄'은 대상의 놀라움에 대한 긍정적인 표현이므로 시집살이의 어려움을 감탄의 어조로 제시했다고 볼 수 없으며, 반성적 어조도 확인할 수 없다.

Q6 ◯

화자는 시아버지, 시어머니, 동서, 시누, 시아주버니, 남편 등 시댁 식구들을 일일이 나열하고, 화자가 생각하는 그들의 특징을 '호랑새', '꾸중새' 등으로 제시하고 있다.

Q7 ◯

해당 구절에서는 시집살이의 고통을 귀머거리 삼 년, 봉사 삼 년, 벙어리 삼 년이라고 칭하는 관습적 표현을 사용하고 있다. 이는 가부장적 질서 속에서 며느리가 감당해야 했던 당시의 인습적 제약을 드러낸 것이라고 할 수 있다.

02 작자 미상, 「정선 아리랑」 (민요) ⋯→ 문제 p.194

Q1 ◯

화자는 '뱃사공'에게 '배 좀 건너 주'라는 부탁을 하고 있다. 즉 '뱃사공'을 청자로 설정하여 말을 건네는 형식을 활용하고 있는 것이다.

Q2 ◯

화자는 자연의 섭리에 따라 늙은 '고비'나 '고사리'와 달리 '임'은 늙지 않기를 기원하고 있으며, 이를 통해 임에 대한 애정을 나타내고 있다.

Q3 ◯

지고 싶지 않아도 저녁이 되면 '지는 해'에 임이 떠나 가는 것을 빗대어, 임이 떠나고 싶어 떠난 것은 아닐 것이라며 임을 이해하려는 마음을 드러내고 있다.

Q4 ◯

'성님 성님 사촌 성님'에서 '성님'을 반복하여 리듬감을 형성하고 있다.

Q5 ◯

화자가 '사촌 성님'에게 '시집살이'가 어떤지를 묻고, '사촌 성님'이 대답하는 형식, 즉 묻고 답하는 형식을 활용하고 있으며, 시집살이 때문에 '삼단'같이 숱이 많고 길었던 머리가 '비사리춤'과 같이 거칠어졌다는 대답을 통해 당시 여성의 고단한 삶을 확인할 수 있다.

Q6 ✕

화자는 오늘 가더라도 내일 다시 오는 '해 달'과는 달리 한 번 가고 다시 오지 않는 '임'에 대한 서운함을 드러내고 있으므로 화자가 임이 떠나간 것을 자연의 순환적 질서에 따른 것으로 받아들이고 있다고 볼 수 없다.

Q7 ◯

화자는 자신이 임을 생각하는 만큼만 임이 자신을 생각한다면 '가시밭길 천 리라도 신발 벗고' 올 것이라 말하며 기대만큼 자신을 충분히 사랑해 주지 않는 임에 대한 서운함을 표현하고 있다.

03 작자 미상, 「춘향이별가」 (잡가)　⋯→ 문제 p.195

Q1 ⊗

'휘휘칭칭 감아쥐고라도 날 데리고 가시오'를 통해 '삼단같이 좋은 머리'는 머리채를 손으로 휘어 잡혀 끌려간다고 하더라도 '도련님'과 함께하고 싶은 화자의 마음을 강조하기 위한 소재임을 알 수 있다.

Q2 ⊗

'영천'은 초월적 공간이 아닌 중국의 옛 지명이며, '영천수'는 현재의 고통과 대비되는 소재가 아니라, 이별이라는 현재의 상황을 거부하기 위해 사용된 소재라고 볼 수 있다.

Q3 ⊗

나귀가 네 발을 구르며 춘향을 발로 차는 상황을 통해 이별이라는 부정적인 상황을 희화화하고 있으나, 현실에 대한 비판적 시각이 나타나지 않으므로 '풍자'가 나타났다고 볼 수는 없다.

Q4 ◯

'도련님'은 춘향과 '청실홍실로 인연을 맺고 백 년 살자 언약'하고 '증삼'처럼 약속을 반드시 지킨다고 했지만, 실제로는 약속을 어기고 춘향을 떠나고자 한다. 이를 고려하면 '산수 증삼은 간 곳이 없고'는 백년해로의 약속에 대한 기대가 어긋난 사정을 부각하여 비애감을 심화한다고 볼 수 있다.

Q5 ⊗

'명년 양춘가절'이라는 미래에 대한 전망을 바탕으로 재회를 소망하고는 있지만, 재회를 확신하고 있는 것은 아니다.

04 작자 미상, 「유산가」 (잡가)　⋯→ 문제 p.197

Q1 ⊗

「유산가」는 봄산의 경치를 즐기는 화자의 흥겨움이 잘 드러난 작품으로 자연 속에서 즐거움을 누리는 낙천적인 태도와 유흥적 삶의 자세를 확인할 수 있다. '슬피 운다'는 관용적 표현일 뿐이며, 작품 전체에 영향을 주는 비애의 정서를 나타낸다고 볼 수 없다.

Q2 ◯

화자는 '거지 중천(하늘)'에 떠 있는 제비와 기러기에서 '원산'과 '태산'에 있는 바위, 소나무, 폭포수 등으로 시선을 이동하며 시상을 전개하고 있다.

Q3 ◯

'장송(큰 소나무)'이 바람에 흔들리는 모습을 의인화하여 '흥을 겨워' 춤을 추는 것으로 표현하였다.

Q4 ◯

'콸콸', '주루루룩' 같은 음성 상징어를 사용하여 폭포가 흐르는 광경의 동적인 이미지를 생동감 있게 표현하고 있다.

Q5 ◯

폭포수가 흐르는 모습을 '쏼쏼', '으르렁 콸콸' 등의 음성 상징어를 활용하여 청각적으로 묘사하고 있다. 또한 '물이 한데 합수하여', '천방져~방울져' 등에서는 물이 흐르는 모습을 시각적으로 묘사하고 있다.

Q6 ⊗

'소부'와 '허유' 같은 고사 속 인물들을 인용하여 자연 속에서 사는 삶의 자세를 강조하고 있으나, 역설적 표현은 확인할 수 없다.

부록

자세한 설명을 제시한 페이지는 빨간색으로, 상징적 의미가 유사한 시어들은 '≒'으로 표시하였습니다.

시어 및 구절	해석의 핵심	페이지
ㄱ		
강호(江湖) ≒ 임천 ≒ 산수 ≒ 풍월	자연	57, 58, 62, 81, 94, 104, 115, 119, 142, 164
개 ≒ 닭	임에 대한 원망을 전가한 대상	98
계성(鷄聲) ≒ 꾀꼬리 소리	임과의 만남을 방해하는 대상	130, 156
곶	꽃, 여성을 상징하는 소재	176
공명(功名)	유학자로서의 입신양명	62, 73, 105, 147
귀밑의 해묵은 서리	하얗게 센 머리(세월에 따른 노화)	74
귀쏘리(실솔)	가을의 계절감, 외로움과 쓸쓸함의 정서	100, 133
금수(錦繡)	수 놓은 비단, 아름다운 경치의 비유	67, 105, 112
ㄴ		
낚시(대), 낙대, 낙딕	자연 친화적 태도, 자연 속의 유유자적한 삶	47, 57, 66, 73, 74, 75, 109, 142, 147
남풍(南風)이 건듯 불어 녹음(綠陰)을 헤쳐 내니	바람(風)을 통해 나타내는 계절의 변화(봄 → 여름)	116
네 귀를 씻은 샘	허유의 고사, 속세의 거부	73
녈구름, 구름	장애물, 간신을 빗댄 소재	122, 127, 130
녹음(綠陰)	여름의 계절감	57, 82, 126
ㄷ		
도롱이(녹사의) ≒ 죽장망혜 ≒ 수간모옥 ≒ 모(茅)재	소박한 삶의 모습	57, 88, 90, 104, 115, 147, 197
도화(桃花), 무릉(武陵)(무릉도원, 도원)	이상향, 자연 속 삶에 대한 만족감	49, 68, 76, 88, 105, 115, 116, 197
동풍(東風)이 건듯 불어 적설(積雪)을 다 녹이니	바람(風)을 통해 나타내는 계절의 변화(겨울→봄)	74, 126
ㅁ		
매화(梅花)	임금에 대한 지조와 절개, 아치고절	43, 60, 92, 108, 126
무심(無心)	욕심이 없음	47, 58, 62, 116, 126, 142
물(시냇물)	감정 이입을 통한 슬픔의 정서 표현	35, 80
ㅂ		
백옥루(白玉樓) ≒ 백옥경(白玉京) ≒ 광한전(廣寒殿) ≒ 천상 ≒ 천상십이루(天上十二樓)	옥황상제 / 신선이 기거하는 공간, 임금의 궁궐의 비유	81, 106, 116, 122, 126, 129, 150
보리밥 ≒ 풋ᄂᆞ물 ≒ 단사표음(簞食瓢飮) ≒ 단표누항(簞瓢陋巷)	소박한 삶	79, 88, 105, 143
북궐(北闕) ≒ 구중(九重) ≒ 구중 심처(九重深處)	왕(임금)이 있는 궁궐	38, 58, 86
북쪽	왕(임금)이 있는 한양	139
북풍(北風) ≒ 삭풍(朔風)	겨울 바람, 겨울의 계절감	46, 82, 117
빈 배 ≒ 빈 산(공산(空山))	외로움의 정서	51, 88, 108, 117, 130
빈천(貧賤) - 강산(江山)과 풍월(風月)	안빈낙도의 삶	39
빗 ≒ 져 ≒ 연지분(臙脂粉) ≒ 홍상(紅裳) ≒ 길쌈 ≒ 질삼뵈	여성 화자	126, 127, 150, 155, 173, 174, 176
ㅅ		
사계절 경치 묘사(산람, 녹음, 된서리, 빙설)	자연에서 즐기는 풍류 예찬	112, 115~117
사창(옥창) ≒ 규방(규중)	여인의 방(의 창), 여성 화자	98, 100, 132, 155
삼경(三更)	깊은 밤	34, 183
소허(巢許)(소부와 허유)	자연에의 은거	71, 79, 198
솔	임금에 대한 변함없는 충성	60

	ㅇ	
약수(弱水)	전설 속의 강, 장애물	107, 133
어부(漁父)	자연에 묻혀 사는 인물(가어옹)	58
역군은(亦君恩)(임금 은혜)	자연 친화 속 유교적 충의	79, 114, 165
열두 때 길도 길샤 설흔 날 지리(支離)ᄒ다 ≒ 하루도 열두 때 한 달도 서른 날	수치를 통한 정서 강조	128, 132
오상고절(傲霜孤節)	사군자 중 국화, 임금에 대한 충성과 절개	41
옥당(玉堂)	홍문관, 공명 / 관직 생활	35, 189
이화(梨花) ≒ 두견화(杜鵑花) ≒ 도리화 ≒ 양류(楊柳) ≒ 행화(杏花) ≒ 도화(桃花)	봄의 계절감	34, 35, 37, 51, 82, 93, 104, 105, 106, 122, 155, 159, 197
인사(人事) ↔ 산천	인간 세상과 자연의 대비	48
인세(人世) ≒ 인간(人間) ≒ 십장홍진(十丈紅塵) ≒ 홍진 ≒ 세사 ≒ 세정(世情) ≒ 세상(세샹) ≒ 세간	속세, 인간 세상	58, 62, 70, 76, 77, 79, 88, 94, 104, 113, 116, 124, 142, 160, 189
임에 대한 변함없는 사랑(매화 ≒ 옷 ≒ 청광 ≒ 양춘)	임(임금)에 대한 화자의 사랑(충성)	128
	ㅈ	
자규(子規)(두견새, 접동새)	한과 서러움의 정서	34, 106, 122
조화신공(造化神功)이 물물마다 헌ᄉ롭다 ≒ 조물이 헌사하여 ≒ 천공이 호사로와 ≒ 조화옹이 헌ᄉ토 헌ᄉ할샤	아름다운 경치에 대한 감탄	104, 112, 117, 120
	ㅊ	
천석고황(泉石膏肓) ≒ 강호(江湖)애 병(病) ≒ 연하고질	자연 친화적 삶에 대한 만족감	64, 119
첫 번째 화자의 말 → 두 번째 화자의 대답	대화의 형식을 통한 상황과 심리 제시	129, 141, 156
추풍낙엽(秋風落葉) ≒ 추풍 ≒ 서리	가을의 계절감	37, 74, 77, 82, 106, 107, 112, 127, 152, 183
	ㅌ	
태산 같은, 성난 고래 동한 용	화자의 심정과 처한 상황 강조	166
	ㅍ	
풍상(風霜)	시련과 고난	35, 86
	ㅎ	
해 ≒ 하늘	임금	49
홍안(紅顔)	젊어서 혈색이 좋은 얼굴	36, 134
황운(黃雲)	누렇게 익은 곡식들, 가을의 계절감	82, 112
흥망(興亡)	국가 / 왕조의 번영과 쇠락	34, 43, 119
희황(羲皇)(복희씨)	태평성대	113, 116

고전시가 해석 풀이집

고전을 면하다

3판 2쇄 발행 2024년 2월 1일

기획 홀수 편집부
편집 · 검토 윤지숙 장혜진 이수현 이소정 박효비 장종필 조나리 박지선 위혜리 김현주
디자인 유초아 이재욱

발행처 주식회사 도서출판 홀수
출판사 신고번호 제374-2014-0100051호
ISBN 979-11-89939-76-2